黎虎文集 第六卷

中国古代『吏民』问题研究

黎 虎◎著

中国社会科学出版社

目　录

“吏户”献疑

——从长沙走马楼吴简谈起

长沙走马楼吴简公布之后，在讨论“吏民田家莂”的过程中，论者多认为吴简中的“吏民”是“吏户”与“民户”或“吏籍”与“民籍”合称之意，也就是说吴简中的“吏”与普通编户不同而被另立户籍①。而认为魏晋南北朝时期存在独立于民户之外的“吏户”是学术界的一个传统观点，几成定论。孙吴一向被认为是“吏户”形成的重要时期和典型。长沙走马楼吴简是反映孙吴时期社会状况的第一手资料，那么，吴简中是否存在“吏户”呢？辨析这个问题对于认识“吏户”问题是个关键，不仅有助于对吴简，也将有助于对魏晋南北朝社会的认识。本文以为不论吴简或传世文献资料都不能证明魏晋南北朝时期存在独立于民户之外的“吏户”②。兹不揣谫陋，略陈管见，就正于先进。

一　吴简中的“吏”与“民”同为基层编户

长沙走马楼吴简中的“吏”与秦汉时期一样，也是与“民”一起被编制于乡里基层之中的。《嘉禾吏民田家莂》所载主要为嘉禾四、五年长沙郡境“吏民”交纳赋税的明细簿籍，其基本登录格式为：“××丘（里）××（身份）××（姓名），田（若干）……”。“身份”栏中分

---

① 高敏：《〈吏民田家莂〉中所见“余力田”、“常限”田等名称的涵义试析》，《郑州大学学报》（社会科学版）2000 年第 5 期；蒋福亚：《〈嘉禾吏民田家莂〉中的诸吏》，《文史哲》2002 年第 1 期；王素、宋少华、罗新：《长沙走马楼简牍整理的新收获》，《文物》1999 年第 5 期。

② 汪征鲁首先从选官角度对“吏户”问题提出异议，并作了详细的论证。详见汪征鲁《魏晋南北朝选官体制研究》上编第二章第二节“若干观点之商榷”，福建人民出版社 1995 年版，第 101—113 页。

别为“男子”“大女”“州吏”“郡吏”“县吏”“州卒”“郡卒”“县卒”“军吏”“复民”“士”等[①]。可见所谓“吏民”是包括普通农民（男子、大女）、吏（州吏、郡吏、县吏）、卒（州卒、郡卒、县卒）、军吏、复民、士六种身份的人民。“吏民”一词虽然从先秦以至明清都在应用，可谓与中国古代历史相始终，但其含义并不太明确。吴简的发现，加深了我们对于“吏民”这一概念的认识，所谓“吏民”并非单纯指普通农民和政府机构中的吏员，实际上包含了乡里基层编户中的各种各类人员，就目前所见吴简而论，除了普通农民和州郡县吏之外，还有州郡县卒、军吏、复民、士等不同身份的人。可以说，凡编制于乡里基层之中的编户均属“吏民”的范畴。那么，吴简中的这些“州吏”“郡吏”“县吏”等是否为独立于“民户”之外的“吏户”呢？不是。这只是当时簿籍登记中必须注明的户主身份而已，犹如今日户口登记中注明某人为“工人”“干部”“教师”等身份一样，并非存在什么“工人户”“干部户”“教师户”等。《嘉禾吏民田家莂》全书涉及基层“丘”（里）约 324 个，其中户主为男子者 1383 人，为大女者 84 人，为州吏者 37 人，为郡吏者 57 人，为县吏者 67 人，为州卒者 10 人，为郡卒者 9 人，为县卒者 13 人，为军吏者 17 人，为复民者 13 人，为士者 9 人。合计 1699 人（户主身份佃田总亩数不清者不计入），他们均被编制于各个“丘”“里”之中。其中“吏”共计 161 人，分属于州、郡、县三级地方政府之中，其人数亦由低级行政单位向高级行政单位依次递减。全书所载 1699 人实际就是 1699 户，因为这些簿籍所登记的是每个家庭交纳赋税的情况，故每个人都代表一个家庭。如以一户五口计算，则共有 8495 人。其中“吏”161 人，则“吏”占全体人口中的 1.895%。天纪四年（280）吴国有“吏三万二千”“男女口二百三十万”[②]，其“吏”为全国“民”数的 1.39%。走马楼吴简中的“吏”“民”比率较吴亡时全国的“吏”“民”比率稍大。不过走马楼吴简的记载并不是完整的，而是残缺不全的，而且嘉禾

---

① 长沙市文物考古研究所、中国文物研究所、北京大学历史学系走马楼简牍整理组编著：《长沙走马楼三国吴简·嘉禾吏民田家莂（上）》（以下简称《嘉禾吏民田家莂》），文物出版社 1999 年版。

② （晋）陈寿撰，（南朝·宋）裴松之注，陈乃乾校点：《三国志》卷四八《吴书·三嗣主传·孙晧传》注引《晋阳秋》，中华书局 1959 年版，第 1177 页。

四、五两年中当有重复者，因此这种差别是可以理解的，应该说两者的“吏”“民”比率大体上是一致的。因此我们可以认为走马楼吴简的“吏”“民”结构状况，基本上是当时吴国“吏”“民”结构状况的反映。这些“吏”分布于324个“丘”中的84个“丘”中。这84个“丘”中都是既有一般的“民”，又有“吏”，其分布情况举例如下：

1. 下伍丘：州吏1，郡吏3，县吏1，军吏1，州卒1，男子17，不详1。(4·5—4·29)

2. 弦丘：州吏1，郡吏3，县吏2，州卒2，郡卒1，县卒5，男子26，大女1，不详1。(5·436—5·477)

3. 梦丘：郡吏3，县吏2，州卒1，郡卒1，县卒1，男子18，大女3。(5·761—5·789)

4. 弹溲丘：州吏1，郡吏3，县吏1，州卒2，郡卒1，县卒2，男子26，大女3。(5·921—5·959)①

由此可见，“吏”与“民”是错杂居处于同一“丘”之中的，一个基层“丘”中，既有“男子”“大女”等“民”和“卒”“军吏”等身份的人，又有州、郡、县的“吏”。这种基层编制情况可以得到文献记载的印证，左思《吴都赋》：“横塘查下，邑屋隆夸。长干延属，飞甍舛互。”注云：“建业南五里有山岗，其间平地，吏民杂居。”② 也是“吏民”错杂居处于同一邑里之中③。

由于“吏”“民”一起编制于乡里基层之中，故当时各乡、里政府在

---

① 《嘉禾吏民田家莂》(上)，第73—76、216—219、251—254、270—274页。

② (梁)萧统编，(唐)李善注：《文选》卷五(左思)《吴都赋》，上海古籍出版社1986年版，第217页。

③ 此类史例甚多，如曹魏明帝向青州刺史了解管宁的情况，刺史向魏明帝报告说：管宁“有族人管贡为州吏，与宁邻比，臣常使经营消息。”(《三国志》卷一一《魏书·管宁传》，第358页)表明州吏与普通编户居住在同一乡里中。晋孝武帝时豫章太守范宁，“欲遣十五议曹下属城采求风政，并吏假还，讯问官长得失。”徐邈与范宁书曰：“知足下遣十五议曹各之一县，又吏假归，白所闻见，诚是足下留意百姓，故广其视听。”认为这是“纵小吏为耳目也。”[(唐)房玄龄等撰：《晋书》卷九一《儒林·徐邈传》，中华书局1974年版，第2356—2357页]小吏与百姓同居住于乡里，故能访得属县官长情况。

上报材料中，凡涉及户口数量时都是"吏民"一起进行统计和上报的：

1. ☐平里新□□□□吏民合十三口□☐（壹·4126）

2. ☐右小武陵乡领四年吏民一百九十四□民口九百五十一人吏口□□[算]一千三百卌四钱（壹·4985）

3. ☐□□阳里领吏民合五十八户口食三百☐（壹·5576）

4. ☐□中里领吏民卌八户☐（壹·8162）

5. 集凡乐乡领嘉禾四年吏民合一百七十三户口食七百九十五人☐（壹·8482）

6. ☐[列][所]领吏民合廿七户口食七十四人（壹·8677）

7. □迁里领吏民户二百五十五户口一千一百一十三人收□□口算钱合六万二千一百一十八钱（壹·9407）

8. 右小赤里领吏民户□□五口食一百廿二……（壹·9420）

9. 右高迁里领吏民卌八户口食一百八十人（壹·10229）

10. 右平阳里领吏民卌六户口食□百□□人（壹·10248）

11. 右吉阳里领吏民卌六户口食一百七十三人（壹·10397）[①]

上列11简之表述形式主要有二：一是×乡（×里）领×年"吏民合××户，口食××人"；二是×乡领×年"吏民××户，民口××人，吏口××人"。前一种形式的共同特点是将"吏"与"民"的户数和口数完全合在一起统计，并不分开统计的；后一种形式有1简（简2），是将"吏民"户数合计而口数分别为"民口""吏口"统计的。由此可知，大部分是将"吏民"户、口合计而不分的，少数情况下虽然口数分别记作"民口""吏口"，但是户数还是合计在一起的。这表明当时"吏"与"民"的户籍是被编制在一起的，因而统计时是不分的，他们都是归地方基层政府所"领"属的编户。上述诸简，除简4126、4985、8162之外，其余8简所载户数、口数基本完整，共有628户，2855人，平均每户

① 长沙市文物考古研究所、中国文物研究所、北京大学历史学系走马楼简牍整理组编著：《长沙走马楼三国吴简·竹简（壹）》下《释文》，文物出版社2003年版，第980、998、1011、1063、1070、1074、1088、1088、1105、1105、1108页。以下凡引用此书均简称为"壹"。

4.55人。天纪四年（280）吴国有“户五十二万三千”“男女口二百三十万”①，平均每户4.4人。两者户均人口数亦大体相符，这一方面表明当时基层政府所统计和上报的户口数是包括“吏”与“民”的，并不单独计算所谓“吏户”的；另一方面也可证明天纪四年孙吴全国户口统计中的“吏三万二千”，并非民户之外单独的“吏户”，其“男女口二百三十万”也是“吏”与“民”合并统计的全国总户口数，进而表明当时孙吴从乡里基层政府到中央朝廷都是采取将“吏”与“民”合并统计的同一方式的。

由于“吏”与其他身份的“吏民”同样为基层政府所管辖，故上级政府需要了解吏家的情况时是通过基层政府进行的：东乡劝农掾殷连“被书条列州吏父兄人名年纪为簿。辄科核乡界”（J22—2543）。广成乡劝农掾区光“被书条列州吏父兄子弟伙处人名年纪为簿。辄隐核乡界”②。这些乡里政府吏员是在其“乡界”之内进行了解所辖州吏家庭成员状况的，然后将所了解的情况上报上级政府的。新近公布的吴简资料进一步强化了我们对于这个问题的认识：南乡劝农掾谢韶也曾接到这样的任务，于是他派遣多名吏员进行调查，在其“被书条列乡界州吏父兄子弟”的上报公函中强调这些州吏家庭成员为“乡领”③之“吏民”。

由于“吏民”均被编制于同一基层乡里之中，因此当时上报户口《年纪簿》时也都是“吏民”一起而不分的，如：“南乡谨列嘉禾四年吏民户数（?）口食人名年纪簿”（壹·9088）、“☑小武陵乡□嘉禾四年吏民人名妻子年纪簿”（壹·10153）。④这种《年纪簿》就是对于本乡里编户民的统计报表。又由于“吏民”的户籍均被编制于同一基层乡里之中，因此征收赋税时是将“吏民”一起登记、造册、统计、上报的。《嘉禾吏民田家莂》所载“嘉禾四年吏民田家莂”开头四简曰：

---

① 《三国志》卷四八《吴书·三嗣主传·孙晧传》注引《晋阳秋》，第1177页。

② 以上两简引自《长沙走马楼二十二号井发掘报告》第3章“简牍”第2节“关于户口簿籍内容的简牍”，《嘉禾吏民田家莂》（上），第32页。

③ 长沙简牍博物馆、中国文化遗产研究院、北京大学历史学系、故宫研究院古文献研究所走马楼简牍整理组编著：《长沙走马楼三国吴简·竹简（捌）》下《释文》（以下凡引用此书均简称“捌”），捌·3342（1），第732页。

④ 壹·9088、10153，第1082、1103页。

1. 南乡谨列嘉禾四年吏民田家别顷亩旱熟收米钱布付授吏姓名年月都莂（4·1）

2. 环、乐二乡谨列嘉禾四年吏民田家别莂如牒（4·2）

3. 东乡谨列四年吏民田家别莂（4·3）

4. □□谨嘉禾吏民田顷亩收钱布萆如牒（4·4）①

这四简为征收赋税时各乡总结、上报明细簿籍前面的标题，其后便逐“丘”、逐户开列所佃田亩种类数量及其赋税数量等。这表明上述六种身份的人，都属于“吏民”的范畴，都属于基层编户民；没有证据表明存在独立于基层编户之外的“吏户”。

二 吴简中的“吏”与“民”享有平等的权利和义务

吴简中的“吏”不仅与其他身份的“民”一起编户，而且其权利、义务与普通编户相同，甚至还稍优于普通编户。

首先，走马楼吴简中的“吏”在经济上都有与“民”同样的“名田”（“占田”）的权利。现已公布的第一批吴简主要为嘉禾四、五年长沙郡临湘侯国（县）田户曹署官吏制作的一种莂券，“记录了居住在当地的州郡县小吏与百姓佃租官家田地的块数、亩数，当年受旱与正常收获的田亩数。”② 也就是说，这些“吏民”都是国有土地的租佃者。租佃国有土地即所谓“假公田”，是汉魏时期农民获得土地的重要方式之一。汉宣帝地节元年（前69）三月，“假郡国贫民田。”颜师古注曰：“权以给之，不常与。”③“假公田”乃当时“名田”制度的一种重要补充。“名田”与“假公田”的性质虽然不同，但由于私田日益发展，可供“名”的土地日益减少，“假公田”遂日益成为无地少地农民获得土地的重要方式之一。当大部分土地成为私田之后，无地少地的“贫弱之家”除了

① 《嘉禾吏民田家莂》，第73页。

② 《嘉禾吏民田家莂》，《嘉禾四年吏民田家莂解题》，第71页。

③ （汉）班固撰，（唐）颜师古注：《汉书》卷八《宣帝纪》，中华书局1962年版，第246页。

"或耕豪民之田"之外，即通过租佃国有土地而获得生业之本，以占著名籍。胶东相王成治理有方，宣帝地节三年（前67）下诏表彰其政绩之一为"流民自占八万余口"，颜师古注曰："占者，谓自隐度其户口而著名籍也。"① 又注曰："隐度名数而来附业也。"② 可知"流民自占"即登记户口并得以"附业"者。所谓"附业"当多为通过租佃国有土地而获得耕地。"假田"是当时国家招抚流民、驱民务本的重要措施，如地节三年（前67）宣帝诏令全国各地"流民还归者，假公田"③，永光元年（前43）元帝诏令天下"无田者皆假之"④，诸如此类诏令不绝如缕。

公田是否能够真正"假"予农民，一直是汉魏时期国家与官僚、豪强等大土地所有者在土地问题上一个斗争焦点。公田是官僚、豪强觊觎、争夺的目标，西汉成帝时王立"占垦草田数百顷"不仅有国有荒地，还有大量农民耕种的公田就是一个著名的案例。"时帝舅红阳侯（王）立使客因南郡太守李尚占垦草田数百顷，颇有民所假少府陂泽，略皆开发，上书愿以入县官。有诏郡平田予直，钱有贵一万万以上。"⑤ 王立勾结地方长官将公田以及已经假予农民的土地占为已有，然后转手倒卖，以获取高额利润。在"贫者亡立锥之地"愈演愈烈的情况下，"假公田"多少无疑是农民经济权益实现的重要体现和主要标志。吴简中的"吏民"就是这样的"占田"者。现将《嘉禾吏民田家莂》一书中六种不同身份的吏民"佃田"（即"占田"）的情况进行统计，得到如下的数据（参见表1）：

表1 《嘉禾吏民田家莂》"吏民"户口、田亩统计表

	人（户）数	总田亩数	人（户）均田亩数	人（户）均田亩数名次
普通农民（男子、大女）	1467	43453.02	29.620327	6
吏（州吏、郡吏、县吏）	161	8315.2916	51.647773	2
卒（州卒、郡卒、县卒）	32	961.875	30.058593	5

① 《汉书》卷八《宣帝纪》，第248页。

② 《汉书》卷八九《循吏传·王成传》，第3627页。

③ 《汉书》卷八《宣帝纪》，第249页。

④ 《汉书》卷九《元帝纪》，第287页。

⑤ 《汉书》卷七七《孙宝传》，第3258页。

续表

	人（户）数	总田亩数	人（户）均田亩数	人（户）均田亩数名次
军吏	17	584	34. 352941	4
复民	13	499	38. 384615	3
士	9	713	79. 222222	1
合计	1699	54526. 186	32. 093105	

资料来源：《嘉禾吏民田家莂》。其明细数据，见拙著《先秦汉唐史论》（北京师范大学出版社2016年版）所附《〈嘉禾吏民田家莂（四年）〉所见吏民田亩数统计表》《〈嘉禾吏民田家莂（五年）〉所见吏民田亩数统计表》《〈嘉禾吏民田家莂〉无年份标识吏民田亩数统计表》。今将此三表附于文后。统计限于户主身份、占田总亩数明确者。本文在《历史研究》发表时由于篇幅所限而没有附上述三表。2016年《先秦汉唐史论》出版时对上述三表重新进行反复核查、统计，只有少许数字有微小变化，基本统计数据仍如当年《历史研究》文之旧。

从表1可以获得如下认识：（1）“吏”与“民”一样享有“占田”的权利。（2）当时长沙地区的人（户）均“占田”亩数为32. 093105亩。（3）六种身份的“吏民”人（户）均田亩数多寡依次为士、吏、复民、军吏、卒、普通农民。（4）士、吏、复民、军吏的人（户）均田亩数高于平均田亩数；卒和普通农民的人（户）均田亩数低于平均田亩数。前四者为“吏民”中占田的相对优势群体，后二者为相对弱势群体。（5）“吏”居于六类社会群体之第二位，其占田数量为普通农民的1. 74（1. 7436597）倍。

由此可见，“吏”是当时基层编户中经济地位高于普通农民而处于相对优势地位的群体，仅从这一点来说，把“吏”说成是社会地位比普通农民低下的群体也是有问题的。

此外，从吴简可知孙吴时期已经实行户品制度，现已公布的简牍中可以看到的有上品、中品、下品、下品之下等品级。户品是家赀状况的反映。其中身份标明为“男子”“大男”的普通农民有“上品”户13，“中品”户9；身份标明为“吏”者，有“上品”户3，“中品”户4[①]。

---

① 《长沙走马楼三国吴简·竹简（壹）》，身份标明为“男子”“大男”的普通农民者，“上品”见壹·170、171、172、177、291、377、396、420、430、433、468、1277、1278，第898、898、898、898、900、902、903、903、903、903、904、920、920页；“中品”见壹·378、379、466、1426、1518、1525、1542、1543、1552，第902、902、904、923、925、925、925、925页。身份标明为“吏”者，“上品”见壹·173、1226、1303，第898、919、920页；“中品”见壹·1519、1540、5472，第925、925、1008页（此简曰：“其二户给库吏中品”，故以2户计）。

简中亦多有"吏"为"下品"及"下品之下"者，但由于普通农民中的"下品"及"下品之下"户缺载，无法进行统计，故现在只能将"吏"及普通农民中的"上品""中品"户进行对比（参见表2）：

表2 吏与普通农民户品比较表

	总户数	上品	上品占总户数百分比	中品	中品占总户数百分比
普通农民	1467	13	0.89	9	0.61
吏	161	3	1.86	4	2.48

资料来源：《长沙走马楼三国吴简·竹简（壹）》。

如以《嘉禾吏民田家莂》中的"吏民"身份明确者户口统计总数为参照，则普通农民中的"上品"占总户口数的0.89%，"中品"占总户口数的0.61%；而"吏"的"上品"占总户口数的1.86%，"中品"占总户口数的2.48%。不论"上品"还是"中品"，"吏"均多于普通农民。这个统计当然不能说是十分确切的，但"吏"的户品高于普通农民大体上应该是成立的，这就进一步印证了上文统计所表明"吏"在六种"吏民"中处于第二位的优势地位情况。

其次，走马楼吴简中的"吏"在经济上与"民"同样都有交纳赋税或被优复的权利和义务。《嘉禾吏民田家莂》记录了当时"吏民"向国家交纳赋税的详细情况，他们在假公田的同时需要交纳相应数量的米、布、钱等。"吏民"佃种的土地主要分两种以纳税，一为"二年常限田"，一为"余力田"，这两种田又按照旱、熟不同情况交纳不同标准的赋税。嘉禾四年的征收标准："二年常限田"熟田每亩收税米1斛2斗、布2尺、钱70；旱田税米免收，唯每亩收布6寸6分、钱37。"余力田"熟田每亩收租米4斗5升6合，旱田免收；布、钱与"二年常限田"同。嘉禾五年的征收标准有所调整："余力田"中的熟田租米由4斗5升6合降为4斗，"二年常限田"与"余力田"中的旱田所征每亩布6寸6分、钱37悉免，熟田每亩收钱由70钱增加为80钱。其余与嘉禾四年同。"吏"与普通农民一样按照上述标准交纳赋税。但是"吏"中的"州吏"享有一定的优惠，嘉禾四年州吏所佃"二年常限田"中的熟田每亩征收租米5斗8升6合，而不是按一般民众每亩1斛2斗征收，优惠率为48.8%。嘉禾五年有所变动，除一部分州吏继续按照每亩5斗8升6合征收外，一部分州吏则按照每亩1斛2斗征收。后者虽较嘉禾四年负担有所加重，但也仍然与普通农民征收标准相同，而总体上则仍较普通农民优惠[①]。

上述六种“吏民”的占田数量的排名次序与他们在交纳赋税方面的优惠待遇基本上是成正比例的，与“吏”一样享受赋税优惠待遇者，尚有“士”“复民”，此三者不仅占田数量依次高于普通农民，而且比普通农民依次享有赋税方面不同程度的优惠待遇。他们的社会地位的排列与上述经济地位的排列相当。

“士”是当时基层“吏民”中占田数量最高者，远远高于其他五类群体，为普通农民的2.67倍。其享受赋税方面的优惠亦大于其他群体。他们租佃的熟田“依书不收钱布”，政府明令给予免除。税米亦不见征收。只征收旱田每亩布6寸6分、钱37。那么，这些“士”是什么人呢？颇疑这里的“士”，即《续汉志》所载之“学士”。汉代基层，每“乡置有秩、三老、游徼。本注曰：……三老掌教化。凡有孝子顺孙，贞女义妇，让财救患，及学士为民法式者，皆扁表其门，以兴善行。”[②] 这个记载说明了两个问题，一是乡里之中是存在“学士”这样一个群体的[③]；二是他

---

① 州吏较郡县吏享有赋税方面优惠可能有如下两方面原因：一与州吏、郡县吏供职地点的远近不同有关。孙吴时期长沙郡与临湘县的治所均在今长沙市区，而它们的上级单位荆州州治则远在今湖北江陵。长沙地区的“吏”到郡、县服役的距离是一致的，而到州服役则远得多，相应的开支大一些，因此给予州吏一定优惠当在情理之中。服役远近与服役者的开销负担是有关系的，汉文帝时贾誼上书曰：“今淮南地远者或数千里，越两诸侯，而县属于汉。其吏民繇役往来长安者，自悉而补，中道衣敝，钱用诸费称此，其苦属汉而欲得王至甚，逋逃而归诸侯者已不少矣。”（《汉书》卷四八《贾谊传》，第2261页）淮南诸县属于汉的“吏民”到长安服徭役，中间经过两个诸侯属地，路途遥远，花费较大，故他们苦于属汉而纷纷投奔诸侯。二与州吏的地位高于郡县吏亦可能有关。西晋时熊远被“县召为功曹，不起，强与衣帻，扶之使谒。十余日荐于郡，由是辟为文学掾。远曰：‘辞大不辞小也。’固请留县。”（《晋书》卷七一《熊远传》，第1884页）功曹为县廷纲纪右职，为属吏之最高职位；文学掾为不掌实权之学官。但是熊远认为功曹“小”，文学掾“大”，实则表明郡吏大于县吏。由此可以推知地方政府之属吏依所属政府不同级别而有大小高下之分。秦汉魏晋地方官府制度一脉相承，故孙吴之制亦当如此。

② （晋）司马彪撰，（梁）刘昭注补：《续汉书·百官志五》，点校本《后汉书志》第二十八，中华书局1965年版，第3624页。

③ 两汉六朝乡里有“学士”之事实，如：东汉末，曹纯“承父业，富于财，僮仆人客以百数，纯纲纪督御，不失其理，乡里咸以为能。好学问，敬爱学士，学士多归焉，由是为远近所称。”（《三国志》卷九《魏书·曹仁附弟纯传》注引《英雄记》，第277页）此曹纯少年乡居时接纳学士之事实。刘宋人沈驎士“少好学，家贫，织帘诵书，口手不息。宋元嘉末，（转下页）

们是受到政府重视的一个群体。大概他们之中足以"为民法式者"较多，故特别提出对于其中"为民法式者"加以表彰。因其对于社会风气之改良起着重要表率作用，故得以与"孝""义"之人一样受到表彰。由于这一群体之特殊作用和地位[①]，从而得到一些优惠照顾似亦在情理之中。

"吏"除了享受上述赋税方面的优惠待遇之外，还可与"民"一样享有复除的权利。现已公布的吴简《竹简》（壹）中共有31简身份明确而得以复除者：

1. 富贵里户人公乘胡礼年五十四算一肿两足复☑（壹·2957）
2. 妻大女訾年廿三算一肿两足复☑（壹·2896）
3. 妻大女思年卅三算一肿两足复（壹·3286）
4. 妻大女思年卅三算一尽（?）肿两足复（壹·2938）
5. 子小女国年廿八算一肿两足复（壹·2941）
6. 妻大女□年廿五算一肿两足复（壹·3067）
7. 客小妻大女妾年卅算一肿两足复（壹·10242）
8. 张妻大女姑年卌八踵两足复（壹·5480）
9. 民冯汉年七十二踵两足复（壹·8986）
10. 妻大女□年五十八算一肿两足复（壹·3938）
11. 大女贞年卅三算一肿右足复（壹·3981）
12. 高平里户人公乘高郡年卌一算一苦腹心病复（壹·3945）
13. 子公乘客廿八算一苦腹心病复（壹·3075）

（接上页）文帝令尚书仆射何尚之抄撰《五经》，访举学士，县以驎士应选。"［（梁）萧子显撰：《南齐书》卷五四《高逸·沈驎士传》，中华书局1972年版，第943页］此乡居学士被县政府选拔向朝廷推荐之事实。梁人宗懔"少聪敏好学，昼夜不倦，乡里号为'童子学士'。"［（唐）姚思谦撰：《梁书》卷四一《王规传》附《宗懔传》，中华书局1973年版，第584页］此乡里有学士之事实。

① 蔡邕在谈到汉明帝为光武帝起庙一事时说："……自执事之吏，下至学士，莫能知其所以两庙之意。"（《续汉书·祭祀志下》注引蔡邕《表志》，点校本《后汉书志》第九，第3196页）表明"学士"虽与"执事之吏"有别，但国家遇有疑难问题时均备咨询，非以其官职而以其学识受到尊重。

14. ▨公乘文礼年卅六算一苦腹心病复（壹·10495）
15. 富贵里户人公乘李平年卌□算一盲右目复▨（壹·3048）
16. 富贵里户人公乘廖湛年卅六算一刑左手复（壹·3372）
17. 高平里户人公乘鲁开年卅二算一刑左手复（壹·3017）
18. 常迁里户人公乘邓卿年卅三算一刑左手复（壹·3071）
19. 妻大女晭年廿七算一刑左手复（壹·3982）
20. 常迁里户人公乘何著年五十四算一刑两足复（壹·2950）
21. 尾妻大女汝年十五算一刑右足复（壹·3328）
22. 雷寡婹大女杷年卅三算一刑右足复（壹·2880）
23. ▨妻大女汝年廿九算一雀右足复（壹·10200）
24. 子公乘未年廿一算一雀两足复（壹·10544）
25. 宗妻大女妾年卅二算一八十一复（壹·2971）
26. 子公乘宗廿四算一八十□复（壹·2993）
27. 素寡妇大女思年卅六算一八十可复（壹·3322）
28. 谷阳里户人公乘张豫年廿三算一□□□□▨复（壹·3978）
29. 小成里户人公乘五陵年卌六给县吏复（壹·9435）
30. 谷阳里户人公乘郑畜年卅六算一给州吏复（壹·3323）
31. 子公乘生年廿三算一真吏复（壹·3346）①

上引31简中，简3、4当为一人，则实有30人。第1至第28简所载27人均为普通农民，第29至第31简所载3人均为吏。27位普通农民得到复除的原因有三个方面：一是患有疾病。其中第1至第10简九人均“肿两足”，第11简一人“肿右足”；第12至第14简三人均“苦腹心病”；第15简一人“盲右目”。二是因受刑而致残。第16至第24简均属此类，其中第16至第19简四人均“刑左手”，第20至22简三人分别“刑两足”或“刑右足”，第23、24简两人分别被“雀右足”或“雀两

① 以上分见《长沙走马楼三国吴简·竹简（壹）》（下），第955、954、963、955、955、958、1105、1008、1080、977、977、977、958、1110、957、965、956、958、977、964、953、1104、1111、955、956、964、977、1089、964、964页。又，另有3简记载“复”，但享受“复”待遇者的身份不明，分别为：壹·3043、3790、10516，第957、973、1110页。

足"，即被截脚①。三是因家中有八十以上老人，第25、26、27简三人均属此类。第28简谷阳里户人公乘张豫复除之原因记载缺损，其原因大概不外上述三种，从前例观之，所缺损四字当为"苦腹心病"。这些资料表明，普通农民在患病、残疾和受肉刑伤残之后，或家中有八十以上老人时，可以得到复除的待遇，最后3简为"吏"之复除，表明"吏"不必具备上述原因即可得到复除的待遇。这是孙吴"吏"的待遇优于普通农民的又一事实。孙吴这个制度是继承汉代的制度。《周礼》记载乡大夫之职，"以岁时登其夫家之众寡，辨其可任者。国中自七尺以及六十，野自六尺以及六十有五，皆征之。其舍者，国中贵者、贤者、能者、服公事者、老者、疾者皆舍。以岁时入其书"。注曰："郑司农云：'征之者，给公上事也。舍者，谓有复除舍不收役事也。贵者，谓若今宗室及关内侯皆复也。服公事者，谓若今吏有复除也。老者，谓若今八十、九十复羡卒也。疾者，谓若今癃不可事者复之。'"② 郑司农所谓"今"乃东汉，上述31例吴简包含了东汉时期对于"服公事者""老者""疾者"的复除。汉代"吏有复除"的制度为孙吴所继承，表明吴简中的"吏"与前代"吏"的待遇是有承袭关系的。

第三，走马楼吴简中的"吏"在政治上与"民"同样都有赐爵的平等权利。自商鞅变法确立军功赐爵制度之后，赐爵成为中国古代一项重要的政治、经济制度，是功臣将相获取政治、经济权益的保证。在此基础上，秦汉时期又派生出一种赐民爵的制度，统治者在赐给"吏民"钱、谷、布帛、牛酒的同时，有时也赐予爵称。这种赐爵虽然实际的政治、经济权益不多，但也是编户齐民政治待遇的一种体现。魏晋南北朝继续实行这种赐爵制度。曹魏时期的赐民爵，如黄初元年（220）"赐男子爵人一级"、黄初三年（222）"赐天下男子爵人二级"③，甘露五年（260）陈留王奂即皇帝位，于是"大赦，改年，赐民爵及谷、帛各有差"④ 等。

---

① "雀"，当为"截"之简写。《说文》："截，断也。从戈，雀声。"（汉）许慎撰，（清）段玉裁注：《说文解字注》十二下《戈部》，上海古籍出版社1988年版，第631页。

② （汉）郑玄注，（唐）贾公彦疏，赵伯雄整理，王文锦审定：《周礼注疏》卷一二《乡大夫》，北京大学出版社2000年版，第348页。

③ 《三国志》卷二《魏书·文帝纪》，第76、80页。

④ 《三国志》卷四《魏书·三少帝纪·陈留王纪》，第147页。

那么，这个时期的赐民爵是否仍然包括“吏”呢？曹魏之外的孙吴是否也实行赐爵制度呢？因为《三国志》没有记载，过去我们并不清楚。现在通过走马楼吴简，这些问题可以得到答案。吴简记载显示，孙吴继续赐予“吏民”爵。《长沙走马楼三国吴简·竹简》（壹）所载有爵民户竹简共349例，其中明确为“吏”“卒”而有爵者共53例。在这53例中，“给县吏”者6例，“给郡吏”者8例，“给州吏”者6例，“真吏”29例，“给军吏”者2例，“给县卒”者2例。除2例“给县卒”、2例“给军吏”者外，其余49例均为“吏”。除去53例为吏、卒的爵号之外，其余296例为普通农民所有。如果我们以《嘉禾吏民田家莂》一书所载户主身份明确者为参照数，比较一下普通农民与“吏”拥有爵号的比例，那里的普通农民有1467人，吏161人，则普通农民拥有爵号者占20%，吏拥有爵号者占30%。表明在孙吴时期各色“吏”人不仅与“民”同样有得到赐爵的权利，可能在这方面还优于普通农民。由此可见，孙吴继承汉制，也是赐予“吏民”爵。目前所见吴简所记民爵全部为“公乘”。公乘为第八等爵，秦汉制度“吏民爵不得过公乘”[①]，公乘为民爵最高一级。不过从吏民所赐爵称均为公乘，可以知道这种爵位是一种虚衔，已无多大实际意义。南北朝也实行赐予“吏民”爵的做法。宋孝武帝大明二年（458）诏曰：“吏身可赐爵一级，军户免为平民。”[②] 北魏太和十七年（493）“以皇太子立，诏赐民为人后者爵一级，为公士；曾为吏属者爵二级，为上造；鳏寡孤独不能自存者，人粟五斛。”[③] 可见“吏”与“民”一样仍然可以得到赐爵，有时还略优于普通农民。

由上所述可知，吴简中的“吏”与普通农民一样有着在经济、政治等方面的平等权利和义务，在某些方面还略优于普通农民，把他们说成比普通农民低贱的群体与历史实际并不相符。

三　“吏户”论若干文献资料依据之辨析

已有吴简资料既已不能证明“吏户”的存在，那么，传世文献资料

---

① 《续汉书·百官志五》注引刘劭《爵制》，点校本《后汉书志》第二十八，第3632页。

② （梁）沈约撰：《宋书》卷六《孝武帝纪》，中华书局1974年版，第121页。

③ （北齐）魏收撰：《魏书》卷七下《高祖纪下》，中华书局1974年版，第172页。

是否能够证明呢？吴简的发现，使我们对于相关传世文献资料也有了新的认识。

认为魏晋南北朝时期存在独立于民户之外的"吏户"的主要根据有如下几项文献材料，试略加辨析。

第一项是《蜀记》和《晋阳秋》中关于吴、蜀亡国时所献的簿籍。王隐《蜀记》记载炎兴元年（263）蜀亡，后主"遣尚书郎李虎送士民簿，领户二十八万，男女口九十四万，带甲将士十万二千，吏四万人，米四十余万斛，金银各二千斤，锦绮彩绢各二十万匹，余物称此。"①《晋阳秋》记载天纪四年（280）吴亡，王濬"收其图籍，领州四，郡四十三，县三百一十三，户五十二万三千，吏三万二千，兵二十三万，男女口二百三十万，米谷二百八十万斛，舟船五千余艘，后宫五千余人。"②论者据此认为吴、蜀两国都是民、吏、兵分籍的，"吏户""兵户"与"民户"分开，另立户籍，亦即上述统计数字中除了民户之外，分别还有蜀国"吏户"四万、吴国"吏户"三万二千③。这种解释是值得商榷的。那么，这两条史料中的户口统计及其性质究竟如何呢？

首先，我们来探讨一下这两则资料所由的问题。欲探求这两则资料的来源，需先从汉代的上计制度谈起。如所周知，汉代已经确立了严格的上计制度，地方政府每年"秋冬岁尽，各计县户口垦田，钱谷入出，盗贼多少，上其集簿。"④郡国汇总所属县、邑、道所呈资料之后再上报中央。现在这种地方政府的上计集簿的实例已经在尹湾汉墓简牍中发现，

---

① 《三国志》卷三三《蜀书·后主传》注引《蜀记》，第901页。

② 《三国志》卷四八《吴书·三嗣主传·孙皓传》注引《晋阳秋》，第1177页。

③ 持此说者代表性论著有：（1）唐长孺：《三至六世纪江南大土地所有制的发展》，上海人民出版社1957年版，第41页；（2）张泽咸：《六朝的徭役制度》，《社会科学战线》编辑部编，《中国古史论集》，吉林人民出版社1981年版，第224页；（3）高敏主编：《魏晋南北朝经济史》（下），上海人民出版社1996年版，第548—549页。其他论著中持此说者不胜枚举。笔者于1983年曾草关于魏晋徭役制度稿，在当时的北京师范大学魏晋南北朝研究室内部例会中宣读，后即捐弃箧笥。1997年，以《魏晋徭役制度三题》为题收入《何兹全先生八十五华诞纪念文集》（中国社会科学出版社1997年版）。1999年编《魏晋南北朝史论》，捡出收入其中，一仍旧稿，未作任何修改。其中有关吏役问题即全部套用"吏户"论观点（见拙著《魏晋南北朝史论》，学苑出版社1999年版，第279—284页）。

④ 《续汉书·百官志五》注引胡广曰，点校本《后汉书志》第二十八，第3623页。

这件东海郡的《集簿》是成帝晚年之物[①]，所记内容与上引胡广所说大体相符。由此我们可以知道，汉代史籍所记各项统计资料实来源有自，许多资料就是来自地方政府的上计资料的，《汉书·地理志》所载全国的户、口数即来自这种上计《集簿》的户口数字的统计自不待言，其所载各郡国、县邑、侯国数，以及《汉书·百官公卿表》所载县、道、国、邑乃至乡、亭数，亦均来自这种上计《集簿》的统计数字，东海郡《集簿》中即有郡境县、邑、侯国直至乡、亭的统计数字。汉代国土资源资料[②]亦来自这种上计资料，《汉书》卷二八下《地理志下》记载全国领土“提封田一万万四千五百一十三万六千四百五顷：其一万万二百五十二万八千八百八十九顷，邑居道路，山川林泽，群不可垦；其三千二百二十九万九百四十七顷，可垦不垦；定垦田八百二十七万五百三十六顷。”[③]在记载全国领土总面积之后，将它们分为“群不可垦”“可垦不垦”“定垦”三类，此亦来自各郡国之统计。东海郡《集簿》即有相应的“提封五十一万二千九十二顷八十五亩二□”“□国邑居园田廿一万一千六百五十二□□十九万百卅二……”“种宿麦十万七千三百□十□顷”[④]等项统计。这里的第一项与《地理志》所载完全相同，为东海郡的“提封”数；第二项中的头一个数字当为《地理志》所指“邑居道路，山川林泽，群不可垦”之面积，其次一个数字当为《地理志》所谓“可垦不垦”之面积；第三项的数字当为《地理志》所谓“定恳田”之面积[⑤]。现将《汉书·地理志》与东海郡《集簿》国土资源统计（顷数以下略）列表对照于下（参见表3）。

---

① 连云港市博物馆、东海县博物馆、中国社会科学院简帛研究中心、中国文物研究所编：《尹湾汉墓简牍·前言》，中华书局1997年版，第1页。

② 早在战国时期魏国的李悝在为魏文侯作尽地力之教中已提出“地方百里，提封九万顷，除山泽邑居参分去一，为田六百万亩”（《汉书》卷二四上《食货志上》，第1124页）的国土资源调查思想。

③ 《汉书》卷二八下《地理志下》，第1640页。按：中华书局标点本这段话是逗点到底，本文引用时作了如是改变。

④ 《尹湾汉墓简牍·集簿》，第77—78页。

⑤ 准此，则《尹湾汉墓简牍·集簿》上引三项记载之中“人如前”“卅五万九千六”两句，似均不属这里的统计内容，当另有所属，疑为错简。

表3　《汉书·地理志》与东海郡《集簿》国土资源统计对照表

	提封	群不可垦	可垦不垦	定垦	后三项合计	提封与后三项差额	差额比率
《汉书·地理志》	145136405 顷	102520000 顷	32290947 顷	8270536 顷	143081483 顷	2054922 顷	1.4
东海郡《集簿》	512092 顷	211652 顷	190132 顷	107300 顷	509084 顷	3008 顷	0.587

资料来源：连云港市博物馆、东海县博物馆、中国社会科学院简帛研究中心、中国文物研究所编：《尹湾汉墓简牍》，中华书局1997年版。

从两者对照可见，汉志所载群不可垦、可垦不垦、定垦田三项合计与提封数的差额比率较东海郡的相应统计差额比率稍大，但汉志所载为全国领土数，其差额比率大于东海一郡领土数差额比率应属于正常范围内。也就是说，汉志所载国土资源统计数字乃来源于各地方政府如东海郡《集簿》的这种上计资料。

与此相同，《汉书·百官公卿表》序末的一个统计数字："吏员自佐史至丞相，十二万二百八十五人。"① 亦当来自各郡国之上计。这个记载表明汉代统计"吏员"的范围上自中央政府的最高长官丞相，下至各级政府的小吏。东海郡《集簿》也分别统计了郡府、都尉府和县廷、侯府的吏员数，而总计全郡"吏员二千二百三人"，这个数字包括了上自太守下至各部门的佐史，其统计范围与汉表所载相同。中央政府将各地的这种上计资料，加上中央政府各部门的吏员统计数字而得出了全国的吏员数字②。我们还可以从汉代全国与东海郡"吏""民"的比例情况以证明其主要依据地方政府上计资料统计而成之推断不误。据尹湾出土的西汉《集簿》记载，东海郡有"吏"2203，"民"1396290，"吏"为"民"的0.158%。汉表所载全国吏员数为120285，《汉书·地理志》

---

① （唐）杜佑撰，王文锦、王永兴、刘俊文、徐庭云、谢方点校：《通典》卷一九《职官典一·官数》谓此为"哀帝时数，兼诸府州郡胥吏。"唯其所载吏员数与汉表有异，为"十三万二百八十五员"（中华书局1988年版，第108页）。

② 对吏员进行统计为国家要务之一，先秦已然，据《商君书·去强第四》谓："强国知十三数：竟（按，即'境'）内仓口之数，壮男壮女之数，老弱之数，官士之数，以言说取食者之数，利民之数，马牛刍藁之数。欲强国，不知国十三数，地虽利，民虽众，国愈弱至削。"（蒋礼鸿撰：《商君书锥指》卷一《去强第四》，中华书局1986年版，第34页）这些统计项目大多已见于日后上计之内容，其中"官士之数"与汉魏统计资料中吏员之数相似。

所载全国人口数为59594978，“吏”为“民”的0.202%。西汉全国的“吏”“民”比率略大于东海郡，因《汉书》所载吏员除了地方政府之外，还包括中央政府吏员，故比一个郡的吏员数稍大应属正常。所以我们可以认为《汉书》所记载的全国吏民比例关系与东海郡的吏民比例关系基本上是吻合的。显然，汉表所载全国吏员总数就是来自包括东海郡《集簿》这样一些地方政府上报材料的统计数字而成的①。也就是说，汉代从基层至中央政府都只统计吏员个人人数，而并没有另外有“吏户”之统计数字，故汉表与东海郡《集簿》所载吏员数均为吏员的人数而非户数。

魏晋继承汉代的上计制度，担任“上计掾”“上计吏”② 者史不绝书就是明证。从上面引述的蜀、吴两国簿籍资料可以看到它们的统计项目中也有户口、州郡县、吏员、钱谷等数字，与汉代的上计内容大体相同，因而它们也应当是根据上计资料编制的③。故蜀、吴两国“吏四万人”“吏三万二千”这两项统计数字应与汉代一样，也是根据各地上计资料加上中央各部门的吏员数字而总计的。蜀、吴两国的吏员统计数字与《汉书·百官公卿表》中的吏员统计数字的来源和性质是一致的，一脉相承的，是对现任中央直至地方各级长吏与下吏人员数的统计。

其次，我们再来探讨一下这些吏员数是在蜀、吴两国户口总数之外还是之内的呢？按照“吏户”论的说法，《晋阳秋》和《蜀记》中所载吴、蜀两国的“吏”数是在两国总户口数之外的、单独的“吏户”。从尹湾所出东海郡《集簿》来看，其吏员2203人中，属于“长吏”者有：郡府为“太守一人、丞一人”，都尉府为“都尉一人、丞一人”，县廷为“令七人、长十五人、相十八人、丞卌四人、尉卌三人”（黎案：含盐官、

---

① 论者或疑东海郡《集簿》所统计之有些项目不见于胡广所言集簿内容中，因而怀疑东海郡《集簿》不一定是上计资料，可能是郡府自己保存的资料。实则胡广所言为举其大略，并非包括集簿中的全部内容，何况注家引用前人说法时有所简略亦属常事。东海郡《集簿》为上计资料应无疑义。

② 参见《三国志》卷二三《魏书·裴潜传》、卷二六《魏书·邓艾传》、卷四四《蜀书·姜维传》,《晋书》卷三四《羊祜传》、卷三七《宗室·义阳成王（司马）望传》等。

③ 曹魏与蜀、吴两国一样实行上计制度，也应当有这些统计资料，但是三国之中独未见曹魏的统计资料，这是因为蜀、吴两国是在被敌国战败之后被迫交出国家档案，故得以公之于世。而曹魏与上述两国不同，它是被其政权内部权臣司马氏逐步篡权而亡，故国家档案没有被公布。

铁官长吏），侯府为“侯家丞十八人”。以上合计为149人。据《东海郡下辖长吏名籍》，这149人均为东海郡之外的人[①]。汉代地方官吏之任用有严格的籍贯限制，自武帝之后“凡中央任命之地方官，上自郡国守相，下迄县令、长、丞、尉、边候、司马均用非本郡人。”[②] 而地方政府之掾属则皆为本地人，“盖其时惟守相命于朝廷，而自曹掾以下无非本郡之人。”[③] 则其余2054人皆为本郡人，外郡人只占7.25%。由此可知，东海郡吏员2203人绝大多数为本郡人，亦即东海郡之编户齐民——“吏民”。他们是东海郡总户口数之内的人员，并非在这个总户口数之外的人员。而那149位外郡人，亦分属于各自所在不同郡县的编户齐民——“吏民”，亦同样汇总在国家总户口数之内。这样我们可以知道汉表所统计之全国吏员人数，即为全国总户口数之内的人员，并非在总户口数之外的人员。魏晋南北朝时期的地方行政制度对于汉代制度多所继承，其中地方官吏籍贯限制制度方面，“至此时或保存或废弃……废弃者，长官不能用本籍人……而汉制属吏必用本籍人，此乃地方豪族之特权，故不致放弃，是以此制亦终南朝不改。”[④] 则不仅地方政府属吏为本地人，地方政府长官也日渐可由本地人担任了。亦即各地方政府吏员绝大多数为本地编户民——“吏民”。而继承汉代上计制度的三国，其地方政府吏员亦大多数为本地编户民无疑，证之于吴简中的州、郡、县吏均纳入基层编户的户口数之内进行上报，故上述蜀、吴两国吏员统计数字亦必然是在当时全国户口总数之内的数字，而非另外之“吏户”。也就是说，我们在统计吴、蜀两国的户口总数时，如果把“男女口”总数与“吏”若干之数相加视为当时吴、蜀两国的总口数，则属于重复计算，这样得出的户口总数不能认为是真实的。

最后，这些吏员数是“人”还是“户”？持“吏户”论的著述，往

---

① 《尹湾汉墓简牍》，第85—95页。

② 严耕望：《中国地方行政制度史·甲部　秦汉地方行政制度》，台北“中研院”《历史语言研究所专刊》之45A，1997年影印四版，第347页。

③ （明）顾炎武著，（清）黄汝成集释：《日知录集释》卷八《掾属》，上海古籍出版社1985年版，第630页。

④ 严耕望：《魏晋南北朝地方行政制度史》，台北“中研院”《历史语言研究所专刊》之45，1963年版，第384页。

往将他们说成是“户”[①]。如果蜀、吴之“吏四万人”“吏三万二千”是在两国户口总数之外独立的“吏户”数，则上引蜀、吴两国的户口总数就不是原来的数字，而都应在原有“民”户口数基础上加上“吏户”的数字而发生了变动，蜀国的“户二十八万”，加上“吏户”四万，就成了三十二万户；如以每个家庭五口计算，则蜀国“吏户”四万，合二十万人，加上“男女口九十四万”，就成了一百一十万人。吴国亦然，“户五十二万三千”加上“吏三万二千”户，总户数就成了五十五万五千；“男女口二百三十万”加上吏十六万人，就成了二百四十六万人。如果蜀、吴两国的“兵户”也作如是论，则其总户口数将发生更大的变动。故我们认为上述蜀、吴“吏”的统计数字都是指“人”而非指“户”。蜀国之“吏四万人”，《蜀记》明言为人数，已不待言，由此亦可以推知吴国之“吏三万二千”亦当为“人”而不是“户”[②]。

由上所述可知，《蜀记》和《晋阳秋》中关于蜀、吴两国的户口统计资料并不能证明当时有编户之外单独的所谓“吏户”的存在。

第二项是孙休永安元年诏。这也是论者经常征引以证明“吏户”存在的一项重要根据。孙休永安元年（258）诏曰：“诸吏家有五人，三人兼重为役，父

---

① 王永兴：《读敦煌吐鲁番文书札记》有云：“据此，魏常道乡公景元四年灭蜀时，蜀有吏户四万。晋武帝太康元年灭吴时，吴有吏户三万。”（《北京大学学报》1994年第1期）又见所著《王永兴学述·我国中古时期的户籍及其反映的社会特点》，浙江人民出版社1999年版，第231页。总之，持此说法之论著甚多，不烦赘举。

② 【整理者按】：2020年5月12日黎虎先生来函见赐：“近日读《晋书》，发现了一条材料，我过去批吏户论时没有见到这条材料，很遗憾，现在我没有什么地方可以用它，只有你有机会用，可以在批判吏户论时使用，故发上供参考。”其时正遵嘱整理先生文稿（先生原拟出版《魏晋南北朝史论·增订本》，本文亦在“增订”范围），即考虑将此材料补充进去，并得先生首肯。故此处据先生信函所示，将此材料以为补苴焉。《晋书》卷二《文帝纪》：景元四年（263）“夏，帝将伐蜀，乃谋众曰：‘……计蜀战士九万，居守成都及备他郡不下四万，然则余众不过五万……’”（第38页）云云。这条材料是司马昭在伐蜀前所发布的“动员令”，其中所云“蜀战士”的数据应该比较可信，因为他在决定伐蜀之前必定做了相应的调查研究。司马昭估计蜀的兵力总数为九万，与王隐《蜀记》所载“带甲将士十万二千”相差了一万二千人，可能司马昭单纯指“战士”，而《蜀记》所云“将士”，却同时包括军官、军吏与战士在内；还有一种可能是《蜀记》系蜀国国家档案所记，与司马昭伐蜀时的实际兵力相比已经发生了一些变化。无论何种情况，关键是无论“九万”抑或“十万二千”，都清楚地表明《蜀记》所记载的数据都是指“人”而不是“户”，《晋阳秋》所载孙吴情况亦然。蜀领户二十八万，男女口九十四万，吴户五十二万三千，男女口二百三十万，就是两国的户口总数，此外的兵、吏、后宫等都是人数，它们都包括在总户口数之内，而不是在总户口数之外的数据。

兄在都，子弟给郡县吏，既出限米，军出又从，至于家事无经护者，朕甚愍之。其有五人，三人为役，听其父兄所欲留，为留一人，除其米限，军出不从。”①这个材料也是不能证明“吏户”存在的。

首先，我们看一下永安元年诏书发布的背景。这是孙休即位伊始所下的诏书，太平三年（258）九月，权臣孙綝废吴主孙亮，改立孙亮兄孙休为帝，十月己卯孙休即位，改元永安，十一月壬子颁发了这个诏书，亦即即位次月所颁诏书。一般新主继位多以革前朝弊政自诩，而孙休的帝位为意外所得，更需收揽人心。时孙休“方欲自显于天下”；而孙休本人又“素好善慕名”②。因而这个诏书未免有夸张前朝弊政以示革故鼎新之意，以收揽人心之嫌，故对其中所述问题应作客观分析。诏书所指“诸吏家”所受赋役之累虽然存在，但也不能认为当时所有“吏家”均如此遭遇，对其普遍性和程度究竟如何应有恰当估计。在这个诏书颁布后次月，孙休还有一份针对“吏民”的诏书：“古者建国，教学为先，所以道世治性，为时养器也。自建兴以来，时事多故，吏民颇以目前趋务，去本就末，不循古道。夫所尚不惇，则伤化败俗。其案古置学官，立五经博士，核取应选，加其宠禄；科见吏之中及将吏子弟有志好者，各令就业。一岁课试，差其品第，加以位赏。使见之者乐其荣，闻之者羡其誉。以敦王化，以隆风俗。”③ 建兴（252—253）为孙亮即位初的年号。诏书认为目前存在的诸社会问题是从“建兴以来”的五六年间导致的，亦即为孙亮朝所造成的问题，因而他要革除前朝弊政，重整学校，特别要从“见吏之中”和“将吏子弟”中选拔人才入学培养，以便加以职位。如果按照“吏户”论的说法，这时的“吏”被另立户籍，是比普通民户命运更为悲惨的依附民，而且世代为吏，不得改变云云。这不仅不能解释我们在上文中所揭示吴简中的种种事实，即以永安元年的两件诏书亦难于自圆其说。“吏户”及其子弟何以能够被选拔入学并“加以位赏”？而且孙休诏中还说到当时“吏民颇以目前

① 《三国志》卷四八《吴书·三嗣主传·孙休传》，第1157页。按，中华书局点校本1959年版、1982年版此段诏书文字的句读都不准确，故本文引用时径改。

② 《三国志》卷四八《吴书·三嗣主传·孙休传》注引《襄阳记》，第1156页。

③ 《三国志》卷四八《吴书·三嗣主传·孙休传》，第1158页。

趋务，去本就末，不循古道。”其中的“吏”可以“去本就末”的情况又当如何解释？

其次，永安元年诏书中的“吏家”并非指“吏户”。论者或将这里的“吏家”一词径直认为即是“吏籍”或“吏户”，是值得商榷的。“吏家”一词秦汉时代已经出现，并非三国时期才产生的新词。汉文帝时晁错对策曰：“秦始乱之时，吏之所先侵者，贫人贱民也；至其中节，所侵者富人吏家也；及其末涂，所侵者宗室大臣也。”[①] 汉元帝时太原太守张敞病故，其“所诛杀太原吏吏家怨（张）敞”而刺杀了其子[②]。耿纯对光武帝说：“臣本吏家子孙”，因其父耿艾曾“为王莽济平尹”[③]，即济平太守。可见“吏家”即官吏人员之家，并包括太守这样的中高级官员以及属于“富家”层级的官员，并非都是低贱的下吏，更非特指“吏户”。魏晋时期亦然。“魏景初中，阳城县吏家有怪，无故闻拍手相呼。”[④] 吴主孙晧曾经“使黄门备行州郡，科取将吏家女。其二千石大臣子女，皆当岁岁言名，年十五六一简阅，简阅不中，乃得出嫁。后宫千数，而采择无已。”[⑤] 晋武帝亦曾以“司、冀、兖、豫四州二千石将吏家，补良人以下。”[⑥] 这些“吏家”的词义与汉代是相同的，凡有家人为吏者均可称为“吏家”，为将吏者则称为“将吏家”。这些“吏家”上自二千石高官，下至县吏之类小吏，并非特指身份地位“十分卑贱”的“吏户”。汉代的“吏家”并非“吏户”，魏晋时期的“吏家”也没有证据证明已经变化为“吏户”了。

复次，永安元年诏书原义辨析。唐长孺先生对于永安元年诏书有这么一段解说：“这种‘家有五人，三人兼重为役’，似是五丁抽三，也即征发兵士时常见的‘三五发卒’。但下文又说‘家事无经护者’，显然一

① 《汉书》卷四九《晁错传》，第2296页。

② 《汉书》卷七六《张敞传》，第3226页。

③ 《后汉书》卷二一《耿纯传》，第764页。

④ （宋）李昉等编：《太平广记》卷三六八《精怪一》“阳城县吏”条引《搜神记》，中华书局1961年版，第2926页。又，（晋）干宝撰，汪绍楹校注：《搜神记》卷一八作：“魏景初中，咸阳县吏王臣家有怪，无故闻拍手相呼。”（中华书局1979年版，第215页）则此“吏家”乃指县吏王臣之家。

⑤ 《三国志》卷五〇《吴书·妃嫔传·孙晧滕夫人传》注引《江表传》，第1203页。

⑥ 《晋书》卷三一《后妃传上·武元杨皇后传》，第953页。

家丁男（可能五人中包括次丁男）全被征发。诏书说‘朕甚悯之’①，要改变这种情况，却是‘听留一人’，家有五人，三人从役，家中应有二人，只留下一人，还有一人怎样呢？诏书很不明白。总之，原先是那些吏家空户从役，经过‘宽恤’，准许留下一人。”② 这种解释是否符合诏书原意呢？似有商榷之余地。这里首先需辨明诏书中的“五人”是指“吏家”全部家庭人口，还是五个服役的男丁（即所谓“五人中包括次丁男”）？窃以为这里的“五人”是指“吏家”全部家庭人口，而不是指“吏家”中有五个服役者。这个诏书是由前后相关的两段话组成，以“朕甚愍之”一句为其分界。第一段是指出存在的问题。其所指出的问题有二：一是诸吏中的五口之家有三人从役（即“父兄在都，子弟给郡县吏”）的情况；二是“既出限米，军出又从”。以上二者导致的结果是“家事无经护者”（因为丁男或半丁男都已征发，只剩下妇孺二人在家）。后一段是针对以上存在问题提出的纠正措施。其措施亦有二：一是如果五口之家有三人从役，则三人中听留一人，改为二人从役；二是改为“除其米限，军出不从”。通过这样两项措施才能改变“家事无经护者”的状况（由吏家自主选择，则可将三人中最为有利于“经护”“家事”之人丁留下）。并非在继续坚持三人从役的前提下，只是将家中二人留下一人。按照唐先生那样的解释，自然就会产生“还有一人怎样呢？诏书很不明白”的情况，而且那样也是不可能改变原来“家事无经护者”状况的。所以“空户从役”之说似并不符合诏书原意及当时的实际情况。而且从诏书全文观之，并非全部“吏家”皆然，第一段说“诸吏家有”如此如此“者”，第二段便说“其有”这种情况存在者应当如何如何。可见永安元年诏书中关于“诸吏家”境遇的情况虽然存在，但这只是一部分人、一个时期的遭遇，并非全体吏人的遭遇均如此，不可将这一材料过分夸大、扩展。从诏书原意观之，认为此乃非正常情况，属于弊政，

---

① 按，《三国志》所载诏书原文“朕甚愍之”，唐长孺先生在《魏晋南北朝时期的吏役》一文（包括《江汉论坛》1988 年第 8 期原刊文，以及中华书局 2011 年整理本“唐长孺文集”之《山居存稿续编》所收录者）中，均将“愍”写为“悯”字。其意涵并无不同，但与《三国志》所载文字却有所差异。

② 唐长孺：《魏晋南北朝时期的吏役》，《江汉论坛》1988 年第 8 期。又见《山居存稿续编》，第 137 页。

应当予以纠正。

最后，永安元年诏书中的“吏家”与吴简中的“吏”乃一脉相承。《嘉禾吏民田家莂》所载为孙权嘉禾四、五年（235、236）事，下距永安元年（258）约22年左右。永安元年诏书所反映出来的吏家境况，在嘉禾年间都已经不同程度存在：吴简中的“吏”须交纳“限米”，永安诏中的“吏家”亦然；吴简中“吏”的“父兄子弟”需承担吏役，永安诏中的“吏家”亦然，不过是更加繁重而已。

吴简资料显示孙权时政府经常对于“吏”的“父兄子弟”进行核查，如：

1. 东乡劝农掾殷连被书条列州吏父兄人名、年纪为簿，辄科核乡界，州吏三人，父兄二人刑踵叛走，以下户民自代。谨列年纪以审实，无有遗脱。若有他官所觉，连自坐。嘉禾四年八月廿六日破莂保据（J22・2543）

2. 广成乡劝农掾区光言：被书条列州吏父兄子弟伙处人名年纪为簿。辄隐核乡界，州吏七人，父兄子弟合廿三人。其四人刑踵聋颐病，一人夜病物故，四人真身已逸及随本主在官，十二人细小，一人限田，一人先出给县吏。隐核人名年纪相应，无有遗脱。若后为他官所觉，光自坐。嘉禾四年八月廿六日，破莂保据。①

3. 诸乡谨列郡县吏兄弟叛走人名簿（壹・7849）

4. 右□乡郡县吏兄弟合十五人前后各叛走□趣刘阳吴昌醴陵⧄（壹・7454）

5. 县吏毛章弟颀年十五　以嘉禾三年十二月十七日叛走（壹・7865）

6. 县吏毛车世父青年卌九　以嘉禾三年十二月十七日叛走（壹・7868）

7. 郡故吏史戙弟政年十五　嘉禾四年四月十日叛走（壹・

---

① 以上两简引自《长沙走马楼二十二号井发掘报告》第3章“简牍”第2节“关于户口簿籍内容的简牍”，《嘉禾吏民田家莂》（上），第32页。

7882）

8. 郡吏黄□弟□年十三　嘉禾二年十月十八日叛走（壹·7893）

9. [郡]吏谷汉兄子□年廿九　嘉禾三年二月十九日叛走（壹·7905）

10. 郡吏监训兄帛年卅[八]　嘉禾四年四月十五日叛走（壹·7975）

11. 县吏五训兄[瞻]年卅　嘉禾三年十一月九日叛走（壹·7980）①

根据上级政府指令，地方基层政府须对于本地所管辖的州郡县吏家的"父兄子弟"情况进行核查，并将核查情况造册上报。所谓"父兄子弟"，不仅指其直系的父亲、兄弟和儿子，而且包括旁系的叔伯子侄。不过他们应为"伙处"者，亦即尚未分家析产之人。简7868县吏姓名如作"毛车"，则叛走者为其"世父"。目前所见吴简人名均为单名，故此条之县吏当为毛车。简7905表明郡吏谷汉之"兄子"也在核查范围。不仅现职吏，而且故吏的父兄子弟也在核查之列。可见政府不仅要控制吏人本身，还要控制吏人的"父兄子弟"。为什么政府需要调查吏家的"父兄子弟"情况呢？就是因为吏家"父兄子弟"中的丁男、半丁男都有可能被征召服吏役，因此孙吴政权需要及时掌握吏家"父兄子弟"的情况。这一方面是国家需要掌握吏家"父兄子弟"情况，以便赋役。另一方面则是国家为了保持"吏"这个队伍的稳定性，以保证吏役的需求，防止其脱离编户的一种努力。在汉末、魏晋编户大量流失，劳动力争夺激烈的时代背景下，这样的努力是不足为奇的。

永安诏中吏家的状况是吴简吏家的进一步发展形态。上引区光简所载广成乡之州吏7人，共计有"父兄子弟"23人，平均每户3.29人，除去12人"细小"不在服役范围之内，其余11人当属服役范围内的丁男、半丁男。这11位服役范围内的丁男、半丁男，存在四类情况：一类因病

---

① 《长沙走马楼三国吴简·竹简（壹）》（下），第1057、1048、1057、1057、1058、1058、1058、1058、1060、1060页。

残在家，有 5 人；二类逃亡，简文所记“真身已逸及随本主在官”为 4 人，姑且各以 2 人计，则“真身已逸”者为 2 人；三类“随本主在官”，从上述简文中析出为 2 人，他们是自行随州吏到荆州任所，故不属于服吏役者；四类在服吏役，其中 1 人“出给县吏”，属于服吏役者无疑，还有 1 人耕种“限田”，也属于吏役，因为吏及其“父兄子弟”是需要交纳“限米”的。[①] 是则服吏役者共为 2 人。据此，则广成乡 7 位州吏的 23 位“父兄子弟”中只有 2 人在服吏役，约占 8.7%，平均每户 0.29 人；11 位役龄范围内的丁男、半丁男只有 18% 的人在服吏役。广成乡资料所见州吏家庭服役的情况是：7 位州吏自己在服吏役，加上“父兄子弟”0.29 人服吏役，则每户有 1.29 人服吏役。以上情况表明吴简中的“吏”除了自己服役之外，家属也是需要服役的，孙亮时“父兄在都，子弟给郡县吏”那样的情况已经不同程度存在。有的吏家有“父兄子弟”叛走之后，还“以下户民自代”就是这种情况的反映。但是另一方面又表明嘉禾年间的吏役并没有孙亮时期那么严重。嘉禾年间的吏家约有 1.29 人服吏役，到了孙亮时期已发展到 3 人服吏役，加重了一倍以上。

从孙权时期到孙休时期二十多年间，吏家境况之发展变化大体经历了三个阶段：孙权时期（嘉禾年间）吏家之“父兄子弟”被征发的情况已经出现，这时大约每户 1.29 人服吏役，而且可能“军出不从”；孙亮时期发展到有些五口之家 3 人从役的严重状况，而且“军出又从”；孙休时期则加以纠正，规定五口之家从役者不得超过 2 人，恢复“军出不从”。孙休时期吏家状况优于孙亮时期而逊于孙权时期。

那么，上述状况能否说明“吏户”的存在呢？不能。

上述状况之一是吏家除了自己服役之外，其“父兄子弟”也是需要服役的。论者往往据此认为吏人“全家服役”“空户从役”，以此作为“吏户”之重要标志。一方面我们可以指出，吏家之服役状况往往被过分夸大，实际上嘉禾年间和孙休诏中经纠正之后的规定应为其常态，亦即五口之家有 1.29—2 人服役。而孙亮时期 3 人服役那种状况乃非正常状态，属于弊政、暴政之表现。另一方面我们还可以指出，户主自己服役之外，其“父兄子弟”也需要服役的情况并非只是吏家如此，而是除了

---

① 看来孙吴时吏家交纳的“限米”不是在所占田中支付，而是通过耕种“限田”来交纳。

少数享有免役特权者之外的各种基层民众均如此。如所周知，中国古代社会历代均规定了民众徭役之年龄起止，根据年龄不同而区分为"老""小""中""丁"等，不论其役龄如何变化和调整，一般来说前二者不服役，后二者均需服役则是各个朝代一致的，因而家有 1 人以上服役的情况是普遍的现象，"吏""民"皆然。汉代徭役号称宽简，但仍然存在"今五十已上至六十，与子孙服挽输，并给徭役"[①] 的情况，家中"老"者尚与"小"者同时服役，则"中"与"丁"同时服役更不足为奇。孙吴亦然。孙权时由于"征役繁数，重以疫疠，民户损耗"，骆统上疏曰："今强敌未殄，海内未乂，三军有无已之役，江境有不释之备，徵赋调数，由来积纪，加以殃疫死丧之灾，郡县荒虚，田畴芜旷，听闻属城，民户浸寡，又多残老，少有丁夫"[②]。华覈上疏揭露孙皓徭役繁重时说："今帑藏不实，民劳役猥""今事多而役繁，民贫而俗奢。"其具体情况是："都下诸官，所掌别异，各自下调，不计民力，辄与近期。长吏畏罪，昼夜催民，委舍佃事，遑赴会日，定送到都，或蕴积不用，而徒使百姓消力失时。到秋收月，督其限入，夺其播殖之时，而责其今年之税，如有逋悬，则籍没财物，故家户贫困，衣食不足。宜暂息众役，专心农桑……军兴以来，已向百载，农人废南亩之务，女工停机杼之业。"[③] 由于家中丁男、半丁男乃至妇女被征发，所剩多为病残和老人，同吏家一样也出现了"家事无经护者"的状况，以致农桑失修，耕织俱废。陆凯为孙权以来的老臣，他在孙皓时多次上书揭露其时徭役的情况，指出农民"耕种既废，所在无复输入，而分一家父子异役。"[④] 也是父兄子弟同时服役。

据传为他的上书中有一段揭露当时有的妇女被皇室征为乳母之后，其家之徭役并不能得到减免的情况，云："先帝在时，亦养诸王太子，若取乳母，其夫复役，赐与钱财，给其资粮，时遣归来，视其弱息。今则不然，夫妇生离，夫故作役，儿从后死，家为空户，是不遵先帝十二

① 王利器校注：《盐铁论校注》卷三《未通第十五》，中华书局 1992 年版，第 192 页。

② 《三国志》卷五七《吴书·骆统传》，第 1335 页。

③ 《三国志》卷六五《吴书·华覈传》，第 1468 页。

④ 《三国志》卷六一《吴书·陆凯传》，第 1402 页。

也。”[①] 说是在孙权时征召民妇为乳母之后，其家庭可以得到丈夫免役等优惠，到了孙皓时则其丈夫以及儿子均照样服役，以致“家为空户”。这些都是普通民户服役者为1人以上之反映。

上述状况之二是吏家的“父兄子弟”叛走的情况比较普遍和严重。这显然是孙吴时期赋税徭役苛重的结果。从上引简9435、3323、3346可以知道，吏在“给吏”期间是可以得到复除的。大概这种复除还不足以平衡吏家沉重的负担，故逃亡现象仍然是严重的。但是，叛走的情况并非吏家独然，民户亦然。以三国时期而论，虽然百姓不堪赋税徭役的繁重而逃亡的现象都很普遍，但是孙吴政权较魏、蜀更有过之而无不及。孙吴以江南一隅之地而与天下争衡，故百姓赋役格外沉重，陆逊曾向孙权建议“宽赋息调”，孙权辩解道：“至于发调者，徒以天下未定，事以众济。若徒守江东，修崇宽政，兵自足用，复用多为？顾坐自守可陋耳！若不豫调，恐临时未可便用也。”[②] 后来他又对大臣说：“自孤兴军五十年，所役赋凡百皆出于民。天下未定，孽类犹存，士民勤苦，诚所贯知。然劳百姓，事不得已耳。”[③] 赋役之苛重可以说贯穿于孙吴政权之始终，以致百姓逃亡现象一直十分严重。建安五年（200）孙策死，其弟孙权为将军，时陆逊年二十一，“始仕幕府，历东西曹令史，出为海昌屯田都尉，并领县事。县连年亢旱，（陆）逊开仓谷以振贫民，劝督农桑，百姓蒙赖。时吴、会稽、丹杨多有伏匿，逊陈便宜，乞与募焉。”[④]“伏匿”意即逃亡[⑤]。黄武二年（223）吴郡太守朱治“徙封故鄣”，屯此以“镇抚山越”，岁余而卒，时在黄武三年（224），史称“是时丹杨深地，频有奸叛。”[⑥] 贺邵上疏指出孙皓时期由于“征发赋调，烟至云集”“是以父子

① 《三国志》卷六一《吴书·陆凯传》，第1406页。

② 《三国志》卷四七《吴书·吴主传》，第1133页。

③ 《三国志》卷四七《吴书·吴主传》，第1142页。

④ 《三国志》卷五八《吴书·陆逊传》，第1343页。

⑤ （清）王先慎撰，钟哲点校：《韩非子集解》卷一七《诡使第四十五》：“悉租税、专民力，所以备难充仓府也。而士卒之逃事状匿，附托有威之门，以避徭赋而上不得者万数。”这里的“状匿”即“伏匿”，《集解》引王先谦曰：“‘状’即‘伏’字，形近而误。”（中华书局2003年版，第412页）。《史记》卷七九《范雎列传》：战国时魏人范雎遭须贾陷害，“魏人郑安平闻之，乃遂操范雎亡，伏匿，更名姓曰张禄”，而逃亡于秦（第2401页）。

⑥ 《三国志》卷五六《吴书·朱治传》，第1304—1305页。

相弃，叛者成行。”[①] 可见百姓叛走情况之严重。凤凰三年（274）“秋七月，遣使者二十五人分至州郡，科出亡叛。”[②] 就是百姓逃亡情况严重的反映。孙吴统治区叛走情况严重，还与其民族构成和地理特点有关。这里广泛分布着许多被称为山越的少数民族，一方面山越所受赋役之累更加苛重，因而他们的叛逃现象就更为严重，史称“山越好为叛乱，难安易动。”[③] 另一方面，山越地区又为其他地区百姓逃避赋役提供了条件，山越比较集中的丹杨“地势险阻，与吴郡、会稽、新都、鄱阳四郡邻接，周旋数千里，山谷万重……逋亡宿恶，咸共逃窜。”[④] 岭南的交州地区也是“百姓怨叛，山贼并出。”[⑤] 其“合浦以北，民皆摇动，因连避役，多有离叛。”[⑥] 广义而言，吴简出土的长沙郡也属于山越地区，孙权曾以张承“为长沙西部都尉。讨平山寇，得精兵万五千人。”[⑦] 黄盖为武陵太守，“后长沙益阳县为山贼所攻，（黄）盖又平讨。”[⑧] 故吴简中的吏民叛走现象比较严重，与此也有一定关系。所以，孙吴时期不论普通农民还是“吏”，叛走情况都是严重的，其性质是一致的，不能据此而断定“吏”是比普通农民低贱的“吏户”。

从孙权至孙亮、孙休时期，吏家之状况发生了量而非质的变化，吴简中并无“吏户”，则孙亮、孙休时期也不存在“吏户”。

“吏”一方面较一般编户民处于一定的优势地位，另一方面又受到政府严格的管束和繁重的役使。这是他们作为国家机器的必要组成部分（包括下层小吏）的地位所决定的。他们因为是“吏”而不因为是“吏户”而处于这种境况。国家编户民中存在不同的社会群体，他们之间有着这样那样一些差异不足为奇。普通农民通过一般的徭役为封建国家承担义务，“吏”则通过“吏役”而为封建国家承担义务，从这个角度而言，后者可以说具有“特殊户口”的性质。但作为国家赋役之承担者，

① 《三国志》卷六五《吴书·贺邵传》，第1458页。
② 《三国志》卷四八《吴书·三嗣主传·孙晧传》，第1170页。
③ 《三国志》卷六〇《吴书·贺全吕周钟离传》“评曰”，第1395页。
④ 《三国志》卷六四《吴书·诸葛恪传》，第1170页。
⑤ 《三国志》卷四三《吴书·薛综传》，第1252页。
⑥ 《三国志》卷六五《吴书·华覈传》，第1465页。
⑦ 《三国志》卷五二《吴书·张昭传》，第1224页。
⑧ 《三国志》卷五五《吴书·黄盖传》，第1285页。

则两者又是一致的。吴简资料表明核查吏家亲属的情况是通过他们户籍所在乡里基层组织进行的，进一步证明当时并无另外独立的“吏户”。从吴简存在的嘉禾年间至孙亮、孙休时期大约二十余年，吴简中的吏并非“吏户”，二十余年间这些吏何以变成“吏户”了呢？这么重大的户籍制度演变有什么资料得以证明呢？似乎没有。因此，孙亮、孙休时期也不存在独立于编户之外的“吏户”。

附表

《嘉禾吏民田家莂（四年）》所见吏民田亩数统计表

简号	身份／总田亩数／丘名	普通民户		吏			军吏	卒			复民	士
		男	女	州吏	郡吏	县吏		州卒	郡卒	县卒		
四五	下伍	12(12,0)										
四六	下伍	3(3,0)										
四七	下伍	30(30,0)										
四八	下伍	8(8,0)										
四九	下伍				164(96,68)							
四一〇	下伍	21(10,11)										
四一二	下伍	61(0,61)										
四一四	下伍	24(19,5)										
四一五	下伍	8(8,0)										
四一六	下伍				20(20,0)							
四一七	下伍	34(14,20)										
四一八	下伍	30(7,23)										
四一九	下伍						21(21,0)					
四二〇	下伍							51(28,23)				
四二一	下伍					87(61,21)						
四二二	下伍	14(10,4)										
四二三	下伍	25(25,0)										

续表

简号	身份/总田亩数/丘名	普通民户		吏			军吏	卒			复民	士
		男	女	州吏	郡吏	县吏		州卒	郡卒	县卒		
四二四					46(41,5)							
四二五		22(10,12)										
四二七		67(55,12)										
四二八				10(10,0)								
四二九		20(20,0)										
四三〇	下和	17(17,0)										
四三一	上和				33(33,0)							
四三二		55(10,45)										
四三三	上	40(40,0)										
四三四		30(30,0)										
四三五		40(40,0)										
四三六		36(36,0)										
四三七		71(71,0)										
四三八		25(25,0)										
四三九			30(30,0)									
四四〇		47(47,0)										
四四一	上□	43(43,0)										

续表

简号	身份 / 总田亩数 / 丘名	普通民户		吏			军吏	卒			复民	士
		男	女	州吏	郡吏	县吏		州卒	郡卒	县卒		
四四二	己酉										29(29,0)	
四四三	己酉										23(23,0)	
四四四	己酉										38(□,□)	
四四五	己酉										41(41,0)	
四四六	己酉										45(□,□)	
四四七	己酉										30(□,□)	
四四八	己酉										47(47,0)	
四四九	己酉										47(47,0)	
四五〇	己酉										35(35,0)	
四五一	己酉										49(□,□)	
四五二	己酉										29(29,0)	
四五三	小赤	73(73,0)										
四五四	小赤		85(85,0)									
四五五	小赤	30(30,0)										
四五六	小赤	28(28,0)										
四五七	小赤	66(66,0)										
四五八	小赤	60(60,0)										
四五九	小赤	60(60,0)										

续表

简号	身份／总田亩数／丘名	普通民户		吏			军吏	卒			复民	士
		男	女	州吏	郡吏	县吏		州卒	郡卒	县卒		
四六〇	小赤	7(7,0)										
四六一		54(54,0)										
四六二		15(15,0)										
四六三		27(27,0)										
四六四		20(20,0)										
四六五		59(59,0)										
四六六		76(76,0)										
四六七		29(29,0)										
四六八		63(63,0)										
四六九		30(30,0)										
四七〇		39(39,0)										
四七一		25(25,0)										
四七二		67(67,0)										
四七三		51(51,0)										
四七四		58(58,0)										
四七五		29(29,0)										
四七六		13(13,0)										

续表

简号	身份 / 总田亩数 / 丘名	普通民户		吏			军吏	卒			复民	士
		男	女	州吏	郡吏	县吏		州卒	郡卒	县卒		
四七七	夫	62(62,0)										
四七八		70(70,0)										
四七九		50(50,0)										
四八〇		41(41,0)										
四八一		49(49,0)										
四八二		60(60,0)										
四八四			10(10,0)									
四八五		23(23,0)										
四八六		50(50,0)										
四八七		50(50,0)										
四八八		52(52,0)										
四八九		93(93,0)										
四九〇		73(73,0)										
四九一	五唐	28(28,0)										
四九二		30(30,0)										
四九三		25(25,0)										
四九四			23(23,0)									
四九五		33(33,0)										

续表

简号	身份 总田亩数 丘名	普通民户		吏			军吏	卒			复民	士
		男	女	州吏	郡吏	县吏		州卒	郡卒	县卒		
四九六	五唐	39(39,0)										
四九七						39(39,0)						
四九八		33(33,0)										
四九九		21(21,0)										
四一〇〇		30(30,0)										
四一〇一		20(20,0)										
四一〇二		18(18,0)										
四一〇三		25(25,0)										
四一〇四		38(38,0)										
四一〇五		52(52,0)										
四一〇六		4(4,0)										
四一〇七			30(30,0)									
四一〇八		6(6,0)										
四一〇九		14(14,0)										
四一一〇					35(35,0)							

续表

简号	身份/总田亩数/丘名	普通民户		吏			军吏	卒			复民	士
		男	女	州吏	郡吏	县吏		州卒	郡卒	县卒		
四一一一	中唫	42(20,22)										
四一一三		27(27,0)										
四一一四					120(80,40)							
四一一五				40(40,0)								
四一一六		25(25,0)										
四一一七		19(19,0)										
四一一八		85(85,0)										
四一一九		27(27,0)										
四一二〇		54(30,24)										
四一二一		90(70,20)										
四一二二		20(20,0)										
四一二三		20(20,0)										
四一二四		138(88,50)										
四一二五		30(30,0)										
四一二六		25(25,0)										
四一二七		25(25,0)										
四一二八		50(50,0)										
四一二九		20(20,0)										

续表

简号	身份/总田亩数/丘名	普通民户		吏			军吏	卒			复民	士
		男	女	州吏	郡吏	县吏		州卒	郡卒	县卒		
四一三一	公田	10(□,□)										
四一三三		19(19,0)										
四一三四		13(13,0)										
四一三五			12(12,0)									
四一三六		29(□,□)										
四一三七		11(11,0)										
四一三八		49(49,0)										
四一三九		7(7,0)										
四一四〇	平支	10(10,0)										
四一四一		13(13,0)										
四一四二		34(34,0)										
四一四三		10(10,0)										
四一四五		40(40,0)										
四一四八		26(26,0)										
四一四九		20(20,0)										
四一五一		5(5,0)										
四一五二		16(16,0)										
四一五三		85(85,0)										

续表

简号	身份 / 总田亩数 / 丘名	普通民户		吏			军吏	卒			复民	士
		男	女	州吏	郡吏	县吏		州卒	郡卒	县卒		
四一五七	平	11(11,0)										
四一五八		13(13,0)										
四一五九		14(14,0)										
四一六〇		19(19,0)										
四一六一		20(20,0)										
四一六二		23(23,0)										
四一六三		30(30,0)										
四一六四		3(3,0)										
四一六五		32(32,0)										
四一六六		23(23,0)										
四一六七		24(24,0)										
四一六八		50(50,0)										
四一六九		20(20,0)										
四一七〇		12(12,0)										
四一七一		29(29,0)										
四一七二		95(35,60)										
四一七三		51(11,40)										
四一七四		33(33,0)										

续表

简号	身份/总田亩数/丘名	普通民户		吏			军吏	卒			复民	士
		男	女	州吏	郡吏	县吏		州卒	郡卒	县卒		
四一七五	平	42(42,0)										
四一七六		29(29,0)										
四一七七		25(25,0)										
四一七八		43(43,0)										
四一七九		77(27,50)										
四一八〇		76(76,0)										
四一八一	平	16(16,0)										
四一八二		68(68,0)										
四一八三		32(32,0)										
四一八四		21(21,0)										
四一八五	平			40(40,0)								
四一八七	平阳	3(3,0)										
四一八八	石下丘	30(30,0)										
四一八九		55(55,0)										
四一九〇							24(24,0)					
四一九二		50(50,0)										
四一九三		87(67,20)										
四一九四		34(15,19)										

续表

简号	身份 / 总田亩数 / 丘名	普通民户		吏			军吏	卒			复民	士
		男	女	州吏	郡吏	县吏		州卒	郡卒	县卒		
四一九五	石下丘	80(80,0)										
四一九六		10(10,0)										
四一九七		11(11,0)										
四一九八				40(40,0)								
四一九九		13(13,0)										
四二〇〇				34(34,0)								
四二〇一		60(60,0)										
四二〇二		39(39,0)										
四二〇三			16(16,0)									
四二〇四		24(24,0)										
四二〇五		79(44,35)										
四二〇六		8(8,0)										
四二〇七		12(12,0)										
四二〇八		25(25,0)										
四二〇九		88(88,0)										
四二一〇			36(36,0)									
四二一二	合	8(8,0)										
四二一三		115(12,103)										

续表

简号	身份/总田亩数/丘名	普通民户		吏			军吏	卒			复民	士
		男	女	州吏	郡吏	县吏		州卒	郡卒	县卒		
四二一四	李	9(9,0)										
四二一五	倚	11(11,0)										
四二一六	利		33(33,0)									
四二一七		92(92,0)										
四二一八		30(30,0)										
四二一九		45(45,0)										
四二二〇		37(37,0)										
四二二一		113.90 (113.90,0)										
四二二二		62(62,0)										
四二二三		87(87,0)										
四二二四		87(87,0)										
四二二五		110(90,20)										
四二二六				40(40,0)								
四二二七		49(49,0)										
四二二八		20(20,0)										
四二二九		34(34,0)										
四二三〇				40(40,0)								

续表

简号	身份 / 总田亩数 / 丘名	普通民户		吏			军吏	卒			复民	士
		男	女	州吏	郡吏	县吏		州卒	郡卒	县卒		
四二三一	利	79(79,0)										
四二三二		62(62,0)										
四二三三		65(59,6)										
四二三四		32(32,0)										
四二三五		67(67,0)										
四二三六		60(60,0)										
四二三七	何	40(□,□)										
四二三八		90(50,40)										
四二三九		30(30,0)										
四二四〇		100(100,0)										
四二四一		30(30,0)										
四二四二		134(110,24)										
四二四三		50(□,□)										
四二四四		58(58,0)										
四二四五		40(40,0)										

续表

简号	身份 / 总田亩数 / 丘名	普通民户		吏			军吏	卒			复民	士
		男	女	州吏	郡吏	县吏		州卒	郡卒	县卒		
四二四六	伻	20(□,□)										
四二四七		29(29,0)										
四二四八		19(19,0)										
四二四九		15(15,0)										
四二五〇						140(100,40)						
四二五一		17(17,0)										
四二五二		80(80,0)										
四二五三		13(13,0)										
四二五四		12(□,□)										
四二五五		12(12,0)										
四二五六		25(19,6)										
四二五七		46(40,6)										
四二五八		35(35,0)										
四二五九		18(18,0)										
四二六〇		9(9,0)										
四二六一			25(25,0)									
四二六二						130(109,21)						
四二六三					110(95,15)							

续表

简号	身份/总田亩数/丘名	普通民户		吏			军吏	卒			复民	士
		男	女	州吏	郡吏	县吏		州卒	郡卒	县卒		
四二六四	伻	7(7,0)										
四二六五		22(22,0)										
四二六六						89(60,29)						
四二六七		10(10,0)										
四二六八		21(21,0)										
四二六九		89(89,0)										
四二七〇					108(93,15)							
四二七一	伻下	5(5,0)										
四二七二	伻上	10(10,0)										
四二七三					72(72,0)							
四二七四		37(37,0)										
四二七五		5(5,0)										
四二七七	阿田	50(50,0)										
四二七八	东	34(34,0)										
四二七九		33(33,0)										
四二八〇		12(12,0)										
四二八一		8(8,0)										
四二八二		36(36,0)										

续表

简号	身份/总田亩数/丘名	普通民户		吏			军吏	卒			复民	士
		男	女	州吏	郡吏	县吏		州卒	郡卒	县卒		
四二八三	东			56(40,16)								
四二八四	东	12(12,0)										
四二八五	东	17(17,0)										
四二八六	东	26(26,0)										
四二八七	东	54(54,0)										
四二八八	东	2(2,0)										
四二八九	东	34(34,0)										
四二九〇	东	45(45,0)										
四二九一	东	23(23,0)										
四二九二	东	40(40,0)										
四二九三	东溪	7(7,0)										
四二九四	东溪	27(27,0)										
四二九五	东溪	3(3,0)										
四二九六	弦		20(20,0)									
四二九七	函	10(□,□)										
四二九八	昭	10(10,0)										
四二九九	昭	10(10,0)										
四三〇〇	昭	25(25,0)										

续表

简号	身份 / 总田亩数 / 丘名	普通民户		吏			军吏	卒			复民	士
		男	女	州吏	郡吏	县吏		州卒	郡卒	县卒		
四三〇一	昭	25(25,0)										
四三〇二		4(4,0)										
四三〇三	前龙	40(40,0)										
四三〇五	桐山	10(□,□)										
四三〇六		4(4,0)										
四三〇七		30(30,0)										
四三〇八		19(19,0)										
四三〇九		6(6,0)										
四三一〇	桐佃				17(17,0)							
四三一一	桐唐	17(17,0)										
四三一二		19(19,0)										
四三一三		20(□,□)										
四三一四				36(□,□)								
四三一五		27(27,0)										
四三一六						9(9,0)						
四三一七		16(16,0)										
四三一八		10(10,0)										

续表

简号	身份 / 总田亩数 / 丘名	普通民户		吏			军吏	卒			复民	士
		男	女	州吏	郡吏	县吏		州卒	郡卒	县卒		
四三一九	郭渚	24(24,0)										
四三二〇		58(58,0)										
四三二一		50(50,0)										
四三二二		44(44,0)										
四三二三		21(21,0)										
四三二四		14(14,0)										
四三二五		18(18,0)										
四三二六		36(36,0)										
四三二七		27(27,0)										
四三二八		21(21,0)										
四三二九		28(28,0)										
四三三〇		40(40,0)										
四三三一		27(27,0)										
四三三二		38(38,0)										
四三三三		10(10,0)										
四三三四		15(15,0)										
四三三五		19(19,0)										
四三三六		22(22,0)										

续表

简号	身份 总田亩数 丘名	普通民户		吏			军吏	卒			复民	士
		男	女	州吏	郡吏	县吏		州卒	郡卒	县卒		
四三三七	郭渚	24(24,0)										
四三三八		19(19,0)										
四三三九		17(17,0)										
四三四〇		30(30,0)										
四三四一		21(21,0)										
四三四二		23(23,0)										
四三四三		80(80,0)										
四三四四		57(57,0)										
四三四五		31(31,0)										
四三四六			26(26,0)									
四三四七		31(31,0)										
四三四八		36(36,0)										
四三四九		21(21,0)										
四三五〇		50(50,0)										
四三五一	浸顷	132(53,79)										
四三五二	顷	29(29,0)										
四三五三			80(80,0)									
四三五四		52(52,0)										

续表

简号	身份/总田亩数/丘名	普通民户		吏			军吏	卒			复民	士
		男	女	州吏	郡吏	县吏		州卒	郡卒	县卒		
四三五五	顷	10(10,0)										
四三五六		20(20,0)										
四三五七		7(□,□)										
四三五八		40(40,0)										
四三五九		20(20,0)										
四三六〇			30(30,0)									
四三六一	区		40(40,0)									
四三六二		100(100,0)										
四三六三		50(50,0)										
四三六四						36.120 (36.120,0)						
四三六五			60(60,0)									
四三六六		35(35,0)										
四三六七		58(58,0)										
四三六九		31(31,0)										
四三七〇	略	4(4,0)										
四三七一		10(10,0)										

续表

简号	身份／总田亩数／丘名	普通民户		吏			军吏	卒			复民	士
		男	女	州吏	郡吏	县吏		州卒	郡卒	县卒		
四三七二	梨下	17(17,0)										
四三七三		26(26,0)										
四三七四		18(18,0)										
四三七五		16(16,0)										
四三七六		22(22,0)										
四三七七		18(18,0)										
四三七八		51(51,0)										
四三七九		105(105,0)										
四三八〇		29(29,0)										
四三八一		36(36,0)										
四三八二		19(19,0)										
四三八三		21(21,0)										
四三八四	进渚	10(10,0)										
四三八五		10(□,□)										
四三八六	淦			40(40,0)								
四三八七		20(20,0)										
四三八八	寇	5(□,□)										

续表

简号	身份/总田亩数/丘名	普通民户		吏			军吏	卒			复民	士
		男	女	州吏	郡吏	县吏		州卒	郡卒	县卒		
四三八九	湛上	52(52,0)										
四三九〇		135(135,0)										
四三九一		86(11,75)										
四三九二		33(33,0)										
四三九三		16(16,0)										
四三九四		67(67,0)										
四三九五		36(36,0)										
四三九六	湛龙	29(29,0)										
四三九七				60(40,20)								
四三九八		20(20,0)										
四三九九		13(13,0)										
四四〇〇		48(48,0)										
四四〇一		14(14,0)										
四四〇二		16(16,0)										
四四〇三						29(29,0)						
四四〇四		8(8,0)										
四四〇五		84(84,0)										
四四〇六	新			49(40,9)								

续表

简号	身份/总田亩数/丘名	普通民户		吏			军吏	卒			复民	士
		男	女	州吏	郡吏	县吏		州卒	郡卒	县卒		
四四〇七	新	29(29,0)										
四四〇八	新唐	5(5,0)										
四四〇九		17(17,0)										
四四一〇		10(10,0)										
四四一一		134(114,20)										
四四一二		112(93,19)										
四四一三			23(23,0)									
四四一四		66(66,0)										
四四一五		92(92,0)										
四四一六		124(104,20)										
四四一七		132(102,30)										
四四一八		97(60,37)										
四四一九		80(80,0)										
四四二〇		50(50,0)										
四四二一		94(72,22)										
四四二二	厌下	22(22,0)										
四四二三	僕				40(40,0)							
四四二四					10(□,□)							

续表

简号	身份 / 总田亩数 / 丘名	普通民户		吏			军吏	卒			复民	士
		男	女	州吏	郡吏	县吏		州卒	郡卒	县卒		
四四二五	语	13(13,0)										
四四二六	语	42(□,□)										
四四二七	语	10(10,0)										
四四二八	语	25(25,0)										
四四二九	语	14(14,0)										
四四三〇	绪下	16(16,0)										
四四三一	绪下	24(24,0)										
四四三二	绪中	15(15,0)										
四四三三	绪中	35(35,0)										
四四三四	绪中	70(70,0)										
四四三五	绪中	33(33,0)										
四四三六	绪中		16(16,0)									
四四三七	绪中	23(23,0)										
四四三八	绪中	43(43,0)										
四四三九	绪中		73(73,0)									
四四四〇	绪中	21(21,0)										
四四四一	绪中	37(37,0)										
四四四二	绪中				45(45,0)							

续表

简号	身份/总田亩数/丘名	普通民户		吏			军吏	卒			复民	士
		男	女	州吏	郡吏	县吏		州卒	郡卒	县卒		
四四四三	绪中	40(40,0)										
四四四四		41(41,0)										
四四四五		3(3,0)										
四四四六		6(6,0)										
四四四七		30(30,0)										
四四四八		35(35,0)										
四四四九		37(37,0)										
四四五〇		32(32,0)										
四四五一		13(13,0)										
四四五二		31(31,0)										
四四五三		46(46,0)										
四四五四		18(18,0)										
四四五五		9(9,0)										
四四五六		13(13,0)										
四四五七		6(6,0)										
四四五八		10(10,0)										

续表

简号	身份 / 总田亩数 / 丘名	普通民户		吏			军吏	卒			复民	士
		男	女	州吏	郡吏	县吏		州卒	郡卒	县卒		
四四五九	横	7(7,0)										
四四六〇	横	19(19,0)										
四四六一	横			79(□,□)								
四四六二	横溪	1(1,0)										
四四六三	穀								119(26,93)			
四四六四	虑	12(□,□)										
四四六五	虑	10(□,□)										
四四六六	刘里	53(47,6)										
四四六七	刘里	51(51,0)										
四四六八	刘里	45(40,5)										
四四六九	刘里	90(90,0)										
四四七〇	刘里	27(27,0)										
四四七一	刘里	64(52,12)										
四四七二	刘里	47(42,5)										
四四七三	刘里	49(43,6)										
四四七四	刘里	62(59,3)										
四四七五	刘里	59(57,2)										
四四七六	刘里	69(69,0)										

续表

简号	身份 / 总田亩数 / 丘名	普通民户		吏			军吏	卒			复民	士
		男	女	州吏	郡吏	县吏		州卒	郡卒	县卒		
四四七七	刘里		90(90,0)									
四四七八		65(55,10)										
四四七九		81(81,0)										
四四八〇		98(98,0)										
四四八一		74(64,10)										
四四八二		49(39,10)										
四四八三		40(40,0)										
四四八四		62(62,0)										
四四八五		38(27,11)										
四四八六		46(46,0)										
四四八七		25(25,0)										
四四八八		9(9,0)										
四四八九		24(24,0)										
四四九〇	楪											75(75,0)
四四九一												53(53,0)
四四九二												94(94,0)
四四九三												79(79,0)
四四九四		16(16,0)										

续表

简号	身份／总田亩数／丘名	普通民户		吏			军吏	卒			复民	士
		男	女	州吏	郡吏	县吏		州卒	郡卒	县卒		
四四九五	楼											87(87,0)
四四九六												101(101,0)
四四九七	霖	47(47,0)										
四四九八		7(7,0)										
四四九九		10(10,0)										
四五〇〇		29(29,0)										
四五〇一	让何	13(13,0)										
四五〇二		14(14,0)										
四五〇三		12(12,0)										
四五〇四	断	17(17,0)										
四五〇五		15(15,0)										
四五〇六	中□中	20(20,0)										
四五〇七		29(29,0)										
四五〇九	□			65(□,□)								
四五一〇	栗	5(□,□)										
四五一一	□□			20(20,0)								
四五一二					21(21,0)							
四五一三				60(60,0)								

续表

简号	身份/总田亩数/丘名	普通民户		吏			军吏	卒			复民	士
		男	女	州吏	郡吏	县吏		州卒	郡卒	县卒		
四五一四	□□			40(40,0)								
四五一五		17(17,0)										
四五一六		30(30,0)										
四五一七		30(17,13)										
四五一八		19(19,0)										
四五二〇	□□	69(36,33)										
四五二一		43(43,0)										
四五二三		68(68,0)										
四五二五	□□	21(21,0)										
四五二六		17(12,5)										
四五二七		61(61,0)										
四五二九		7(7,0)										
四五三〇	□	10(10,0)										
四五三一	□□	33(33,0)										
四五三五	□下	9(9,0)										
四五三六	□□										37(□,□)	
四五三八		9(□,□)										
四五三九		20(20,0)										

续表

简号	身份/总田亩数/丘名	普通民户		吏			军吏	卒			复民	士
		男	女	州吏	郡吏	县吏		州卒	郡卒	县卒		
四五四〇	□	15(15,0)										
四五四一		20(20,0)										
四五四二	□□				25(25,0)							
四五四三		13(13,0)										
四五四四	□	70(70,0)										
四五四五	□□	22(22,0)										
四五四六		5(5,0)										
四五四七		86(49,37)										
四五四八												79(□,□)
四五四九	□	4(4,0)										
四五五〇												76(76,0)
四五五二		90(90,0)										
四五五三		34(34,0)										
四五五四	□□	27(□,5)										
四五五五		31(31,0)										
四五五六	□田	6(6,0)										
四五五七	▨□□	35(15,20)										
四五五八	□	126(98,28)										

续表

简号	身份 / 总田亩数 / 丘名	普通民户		吏			军吏	卒			复民	士
		男	女	州吏	郡吏	县吏		州卒	郡卒	县卒		
四五五九	□□	9(9,0)										
四五六〇	□	30(0,30)										
四五六一	□□	28(28,0)										
四五六二		5(5,0)										
四五六三		93(93,0)										
四五六四	□	21.4(21.4,0)										
四五六五		29(29,0)										
四五六六	□□	33(33,0)										
四五六七		42(42,0)										
四五六八		10(10,0)										
四五六九					57(57,0)							
四五七〇	□	30(30,0)										
四五七一	□□	47(47,0)										
四五七二		38(38,0)										
四五七三	□	54(54,0)										
四五七五				158(108,50)								
四五七八		17(17,0)										
四五七九		6(6,0)										

续表

简号	身份 / 总田亩数 / 丘名	普通民户		吏			军吏	卒			复民	士
		男	女	州吏	郡吏	县吏		州卒	郡卒	县卒		
四五八〇	□□	19(19,0)										
四五八一	□	10(10,0)										
四五八二		12(12,0)										
四五八三		94(94,0)										
四五八四		57(57,0)										
四五八五	□□	38(38,0)										
四五八六	□	123(93,30)										
四五八七		92(34,57)										
四五八八		7(7,0)										
四五八九	□□										49(□,□)	
四五九一	□	7(□,□)										
四五九二	□□	44(44,0)										
四五九三	□	50(50,0)										
四五九四		54(54,0)										
四五九七	□□	13(13,0)										
四五九八	□	35(35,0)										
四五九九		5(5,0)										
四六〇〇		40(40,0)										

续表

简号	身份/总田亩数/丘名	普通民户		吏			军吏	卒			复民	士
		男	女	州吏	郡吏	县吏		州卒	郡卒	县卒		
四六〇二	□	3(3,0)										
四六〇三		105(105,0)										
四六〇四		36(36,0)										
四六〇五		53(53,0)										
四六〇六		40(40,0)										
四六〇七		100(100,0)										
四六〇八	□□	30(7,23)										
四六〇九	□中	8(8,0)										
四六一二	□□	47(47,0)										
四六一七		62(62,0)										
四六二一	□	93(93,0)										
四六二二		80(80,0)										
四六二三	□□	45(45,0)										
四六二四	□											69(69,0)
四六三五	□□	50(50,0)										
四六三九	□	36(36,0)										
四六四〇		34(34,0)										
四六四一		65(65,0)										

续表

简号	丘名 \ 总田亩数 \ 身份	普通民户		吏			军吏	卒			复民	士
		男	女	州吏	郡吏	县吏		州卒	郡卒	县卒		
四六四四	□	40(40,0)										
四六四七		33(33,0)										
四六五二					55(55,0)							
四六五九		32(32,0)										
四六六六	□□	20(20,0)										
四六七三					10(□,□)							
四六八二						41(□,□)						
四六九三		23(23,0)										
四六九八		4(4,0)										
四七二八		4(4,0)										
四七三六		30(30,0)										
四七六一		5(5,0)										

说明：①小数点后亩积为“步”。240 步为一亩。四舍五入。

②凡户主身份不明者，凡田亩数不明、不完整者均不计入。

③确为原登记有误、有缺者，依校改数。

④总田亩数中括号中的数据，前者表示二年常限田，后者表示馀力田。

⑤“……”、“□”均表示记载不清，或没有。

《嘉禾吏民田家莂（五年）》所见吏民田亩数统计表

简号	身份 / 总田亩数 / 丘名	普通民户		吏			军吏	卒			复民	士
		男	女	州吏	郡吏	县吏		州卒	郡卒	县卒		
五一	三州	28.7 (28.7,0)										
五二		20(20,0)										
五三								5.120 (5.120,0)				
五四		21.120 (21.120,0)										
五五		34(34,0)										
五六		18(18,0)										
五七		19(19,0)										
五八		28(28,0)										
五九		43(43,0)										
五一〇			10(10,0)									
五一一	下伍	23.230 (23.230,0)										
五一二		20.220 (20.220,0)										
五一三		20.190 (20.190,0)										
五一四		23.170 (23.170,0)										

续表

简号	身份/总田亩数/丘名	普通民户		吏			军吏	卒			复民	士
		男	女	州吏	郡吏	县吏		州卒	郡卒	县卒		
五一五	下伍	7.70 (7.70,0)										
五一六	下伍	21.140 (21.140,0)										
五一七	下伍	12.220 (12.220,0)										
五一八	下伍	31.70 (31.70,0)										
五一九	下和	27(27,0)										
五二〇	下和	77(77,0)										
五二一	下和	16(16,0)										
五二二	下和	13.120 (13.120,0)										
五二三	下和								65(65,0)			
五二四	下和	30(30,0)										
五二五	下俗	38(31,7)										
五二六	下俗	43(38,5)										
五二七	下俗	10(10,0)										
五二八	下俗	20(20,0)										
五二九	下俗	7(7,0)										

续表

简号	身份 / 总田亩数 / 丘名	普通民户		吏			军吏	卒			复民	士
		男	女	州吏	郡吏	县吏		州卒	郡卒	县卒		
五三○	下俗	50(50,0)										
五三一			60(60,0)									
五三二		40(35,5)										
五三三		11(11,0)										
五三四		20(?,7)										
五三五		16(16,0)										
	大田		5(5,0)									
五三八	上利			46(46,0)								
五三九				20(20,0)								
五四○		7(7,0)										
五四一	上伻	23(23,0)										
五四二		5(5,0)										
五四三	上和				23.120 (23.120,0)							
五四四						31(31,0)						
五四五		5.120 (5.120,0)										
五四六		26.120 (26.120,0)										

续表

简号	身份/总田亩数/丘名	普通民户		吏			军吏	卒			复民	士
		男	女	州吏	郡吏	县吏		州卒	郡卒	县卒		
五四七	上和						75(72,5)					
五四八		20(20,0)										
五四九							47(47,0)					
五五〇		32(32,0)										
五五一	上	9.120 (9.120,0)										
五五二	上	24(24,0)										
五五三		7(7,0)										
五五四		8(8,0)										
五五五		20(20,0)										
五五六		25(?,0)										
五五七		40(40,0)										
五五八		11(11,0)										
五五九		28(28,0)										
五六一		12(12,0)										
五六二		28(21,7)										
五六三		31(26,5)										
五六四		6(6,0)										

续表

简号	身份／总田亩数／丘名	普通民户		吏			军吏	卒			复民	士
		男	女	州吏	郡吏	县吏		州卒	郡卒	县卒		
五六五	上	29(22,7)										
五六六	上	5(5,0)										
五六七	上	18(13,5)										
五六八	上	28(20,8)										
五六九	上	34(34,0)										
五七〇	上	80(80,0)										
五七一	上				35(30,5)							
五七二	上	18(15,3)										
五七三	上		9(1,8)									
五七四	上	7(7,0)										
五七五	上俗		30(30,0)									
五七六	上俗	50(42,8)										
五七七	上俗	39(39,0)										
五七八	上俗	19(19,0)										
五七九	上俗	31(31,0)										
五八〇	上俗	18(18,0)										
五八一	上俗	24(24,0)										
五八二	上俗	27(23,4)										

续表

简号	身份/总田亩数/丘名	普通民户		吏			军吏	卒			复民	士
		男	女	州吏	郡吏	县吏		州卒	郡卒	县卒		
五八三	上俗	123(103,20)										
五八四		70(70,0)										
五八五		5(5,0)										
五八六		36(31,5)										
五八七		46(41,5)										
五八八		37(37,0)										
五八九		28(23,5)										
五九〇		8(8,0)										
五九一		10(10,0)										
五九二		25(17,8)										
五九三		40(40,0)										
五九四		17(11,6)										
五九五		52(47,5)										
五九六		72(72,0)										
五九七		5(5,0)										
五九八		43(38,5)										
五九九		33(33,0)										
五一〇〇		42										

续表

简号	身份 / 总田亩数 / 丘名	普通民户		吏			军吏	卒			复民	士
		男	女	州吏	郡吏	县吏		州卒	郡卒	县卒		
五一〇一	上俗	12(12,0)										
五一〇二		2(2,0)										
五一〇三		31(26,5)										
五一〇四			25(20,5)									
五一〇五		139(139,0)										
五一〇六	小赤	10(10,0)										
五一〇七	夫	20(20,0)										
五一〇八		46(46,0)										
五一〇九		50(50,0)										
五一一〇		18(18,0)										
五一一一	夫	2(2,0)										
五一一二		36(36,0)										
五一一三		8(8,0)										
五一一四					6(6,0)							
五一一五			111.120 (111.120,0)									
五一一六		42(42,0)										
五一一七		18(18,0)										

续表

简号	身份/总田亩数/丘名	普通民户		吏			军吏	卒			复民	士
		男	女	州吏	郡吏	县吏		州卒	郡卒	县卒		
五一一一	夫	2(2,0)										
五一一二		36(36,0)										
五一一三		8(8,0)										
五一一四					6(6,0)							
五一一五			111.120 (111.120,0)									
五一一六		42(42,0)										
五一一七		18(18,0)										
五一一八	巴	5.60 (5.60,0)										
五一一九	芳	31.160 (31.160,0)										
五一二〇		15.220 (15.220,0)										
五一二一		52.170 (52.170,0)										
五一二二	平						14(14,0)					

续表

简号	身份 总田亩数 丘名	普通民户		吏			军吏	卒			复民	士
		男	女	州吏	郡吏	县吏		州卒	郡卒	县卒		
五一二三	平支	13.120 (13.120,0)										
五一二四		25.210 (25.210,0)										
五一二五		19.70 (19.70,0)										
五一二六		29.220 (29.220,0)										
五一二七		18.210 (18.210,0)										
五一二八		22.210 (22.210,0)										
五一二九		32.70 (32.70,0)										
五一三〇		27.180 (27.180,0)										
五一三一			20.170 (20.170,0)									
五一三二		9.10 (9.10,0)										
五一三三		28.140 (28.140,0)										
五一三四		25.70 (25.70,0)										

续表

简号	身份/总田亩数/丘名	普通民户		吏			军吏	卒			复民	士
		男	女	州吏	郡吏	县吏		州卒	郡卒	县卒		
五一三五	平	48(48,0)										
五一三六	平阳	7(7,0)										
五一三七		11.120(11.120,0)										
五一三八		4(4,0)										
五一三九		5(5,0)										
五一四〇			5(5,0)									
五一四一		13(13,0)										
五一四二		18(18,0)										
五一四三		38(38,0)										
五一四四	平乐		8.120(8.120,0)									
五一四五			37(37,0)									
五一四六		27(27,0)										
五一四七		10(10,0)										
五一四八		16(16,0)										
五一四九		10(10,0)										
五一五〇		34(34,0)										
五一五一		37(37,0)										

续表

简号	身份/总田亩数/丘名	普通民户		吏			军吏	卒			复民	士
		男	女	州吏	郡吏	县吏		州卒	郡卒	县卒		
五一无二	平乐	33(33,0)										
五一五三						23(23,0)						
五一五四		15(15,0)										
五一五五					81(81,0)							
五一五六		9(9,0)										
五一五七		6(6,0)										
五一五八		18(18,0)										
五一五九							36(36,0)					
五一六〇		30(30,0)										
五一六二		21(20,1)										
五一六三		30(30,0)										
五一六四		33(33,0)										
五一六五		21(20,1)										
五一六六		15.120 (15.120,0)										
五一六七					90(90,0)							
五一六八		18(18,0)										
五一六九		33(33,0)										

续表

简号	身份 / 总田亩数 / 丘名	普通民户		吏			军吏	卒			复民	士
		男	女	州吏	郡吏	县吏		州卒	郡卒	县卒		
五一七〇	平乐		47(47,0)									
五一七一	平乐	18(18,0)										
五一七二	平乐	30(30,0)										
五一七三	平乐	28(28,0)										
五一七四	平乐	45(45,0)										
五一七五	平乐	20(20,0)										
五一七六	平乐	27(27,0)										
五一七七	平乐	33(33,0)										
五一七八	平乐	25(25,0)										
五一七九	平乐	28(28,0)										
五一八0	平乐	43(43,0)										
五一八一	平乐	18(18,0)										
五一八二	平乐	16(16,0)										
五一八三	平乐	37(37,0)										
五一八四	石下	7.50(7.50,0)										
五一八五	石下	11.60 (11.60,0)										
五一八六	石下	10.140 (10.140,0)										

续表

简号	身份/总田亩数/丘名	普通民户		吏			军吏	卒			复民	士
		男	女	州吏	郡吏	县吏		州卒	郡卒	县卒		
五一八七	石下	1.200 (1.200,0)										
五一八八		51.210 (51.210,0)										
五一八九		20.20 (20.20,0)										
五一九〇		5.80(5.80,0)										
五一九一		27.40 (27.40,0)										
五一九二		27(27,0)										
五一九三		18.200 (18.200,0)										
五一九四		42.110 (32.110,10)										
五一九五		19.10 (19.10,0)										
五一九六		17.150 (17.150,0)										
五一九八		22.120 (22.120,0)										
五一九九		5.150 (5.150,0)										

续表

简号	身份/总田亩数/丘名	普通民户		吏			军吏	卒			复民	士
		男	女	州吏	郡吏	县吏		州卒	郡卒	县卒		
五二〇〇	石下	30.80 (30.80,0)										
五二〇一		32.10 (32.10,0)										
五二〇二		12.150 (12.150,0)										
五二〇三		5.170 (5.170,0)										
五二〇四		20.30 (20.30,0)										
五二〇五		20.150 (20.150,0)										
五二〇六		11.10 (11.10,0)										
五二〇七		16.40 (16.40,0)										
五二〇八		25.110 (25.110,0)										
五二〇九		8.100 (8.110,0)										
五二一〇		17(17,0)										
五二一一		22.220 (22.220,0)										

续表

简号	身份 总田亩数 丘名	普通民户		吏			军吏	卒			复民	士
		男	女	州吏	郡吏	县吏		州卒	郡卒	县卒		
五二一二	石下	6.20 (6.20,0)										
五二一三		72(72,0)										
五二一四		31.90 (31.90,0)										
五二一五		7.10 (7.10,0)										
五二一六		12.190 (12.190,0)										
五二一七		17.30 (17.30,0)										
五二一八		15.180 (15.180,0)										
五二一九		23.220 (23.220,0)										
五二二一		8.230 (8.230,0)										
五二二二		35.180 (35.180,0)										
五二二三		18.10 (18.10,0)										
五二二四		62.70 (62.70,0)										

续表

简号	身份/总田亩数/丘名	普通民户		吏			军吏	卒			复民	士
		男	女	州吏	郡吏	县吏		州卒	郡卒	县卒		
五二二五	石下	74.160(74.160,0)										
五二二六		76.180(76.180,0)										
五二二七		9.180(9.180,0)										
五二二八		22.10(22.10,0)										
五二二九		5.220(5.220,0)										
五二三〇		7.190(7.190,0)										
五二三一						12.140(12.140,0)						
五二三二		13.60(13.60,0)										
五二三三		20.160(20.160,0)										
五二三四	石羊	59(59,0)										
五二三五	伍社	66(66,0)										
五二三六		21(21,0)										
五二三七		48(48,0)										

续表

简号	身份 / 总田亩数 / 丘名	普通民户		吏			军吏	卒			复民	士
		男	女	州吏	郡吏	县吏		州卒	郡卒	县卒		
五二三八	伍社		35(35,0)									
五二三九	伍社	3(3,0)										
五二四〇	伍社	20(20,0)										
五二四一	伍社	30(30,0)										
五二四二	伍社	35(35,0)										
五二四三	伍社		41(41,0)									
五二四四	伍社	12(12,0)										
五二四五	伍社	27(27,0)										
五二四六		18.220(18.220,0)										
五二四七		78(78,0)										
五二四八	伻	27(27,0)										
五二四九	伻	73(73,0)										
五二五〇	伻	9(9,0)										
五二五一	伻	4(4,0)										
五二五二	伻	22(22,0)										
五二五三	伻	16(16,0)										
五二五四	伻	33(33,0)										

续表

简号	身份／总田亩数／丘名	普通民户		吏			军吏	卒			复民	士
		男	女	州吏	郡吏	县吏		州卒	郡卒	县卒		
五二五五	伻	25(25,0)										
五二五六		19(19,0)										
五二五七		8(8,0)										
五二五八		18(18,0)										
五二五九		5(5,0)										
五二六〇		29(29,0)										
五二六一	旱	25(20,5)										
五二六二		9(9,0)										
五二六三		12(12,0)										
五二六四		12(12,0)										
五二六五		53(53,0)										
五二六六		43(43,0)										
五二六七		72(72,0)										
五二六八		21(21,0)										
五二六九		18(18,0)										
五二七〇		36(29,7)										
五二七一		42(42,0)										
五二七二		22(22,0)										

续表

简号	身份/总田亩数/丘名	普通民户		吏			军吏	卒			复民	士
		男	女	州吏	郡吏	县吏		州卒	郡卒	县卒		
五二七三	旱	23.120 (23.120,0)										
五二七四		24(24,0)										
五二七五		19(19,0)										
五二七六		9(9,0)										
五二七七		47(47,0)										
五二七八	旱中	2(2,0)										
五二七九		30(30,0)										
五二八〇		21(21,0)										
五二八二	里中	7(7,0)										
五二八三							13(13,0)					
五二八四			3(3,0)									
五二八五		8(7,1)										
五二八六		13(13,0)										
五二八七		17(17,0)										
五二八八						2(2,0)						
五二八九			16(16,0)									
五二九〇						9(9,0)						

续表

简号	身份/总田亩数/丘名	普通民户		吏			军吏	卒			复民	士
		男	女	州吏	郡吏	县吏		州卒	郡卒	县卒		
五二九一	里中	3(3,0)										
五二九二	吴	49(49,0)										
五二九三	利	20(20,0)										
五二九四		12.120(?,0)										
五二九五		17(17,0)										
五二九六		10(10,0)										
五二九七		58(58,0)										
五二九八		18.120 (18.120,0)										
五二九九		46(46,0)										
五三〇〇		50(40,10)										
五三〇一		127(117,10)										
五三〇二			17(17,0)									
五三〇三		10(10,0)										
五三〇四		57(57,0)										
五三〇五						37(37,0)						
五三〇六		58(58,0)										
五三〇七		12(12,0)										

续表

简号	身份 总田亩数 丘名	普通民户		吏			军吏	卒			复民	士
		男	女	州吏	郡吏	县吏		州卒	郡卒	县卒		
五三〇八	利	77(77,0)										
五三〇九						185(185,0)						
五三一一		82(62,10)										
五三一二		11(11,0)										
五三一三		22(22,0)										
五三一四						19(19,0)						
五三一五		40(30,10)										
五三一六		13(13,0)										
五三一七		49(49,0)										
五三一八		29(29,0)										
五三一九						97(97,0)						
五三二〇						195(195,0)						
五三二一		20(20,0)										
五三二二		15(15,0)										
五三二三		24(24,0)										
五三二四					20(20,0)							

续表

简号	丘名＼总田亩数＼身份	普通民户		吏			军吏	卒			复民	士
		男	女	州吏	郡吏	县吏		州卒	郡卒	县卒		
五三二五	何	59(59,0)										
五三二六	何	25(25,0)										
五三二七	何	52(52,0)										
五三二八	何		25(25,0)									
五三二九	何	19(19,0)										
五三三〇	何	29(29,0)										
五三三一	何	25(25,0)										
五三三三	何	50(50,0)										
五三三四	何	16(16,0)										
五三三五	伻					109.150 (89.150,20)						
五三三六	伻						18.60 (18.60,0)					
五三三七	伻					40.50 (40.50,0)						
五三三八	伻		30.80 (30.80,0)									
五三三九	伻	18(17,1)										

续表

简号	身份 / 总田亩数 / 丘名	普通民户		吏			军吏	卒			复民	士
		男	女	州吏	郡吏	县吏		州卒	郡卒	县卒		
五三四〇	伯				61(61,0)							
五三四一		24(24,0)										
五三四二						20(20,0)						
五三四三	武龙	70.150(70.150,0)										
五三四四		14.120(14.120,0)										
五三四五						133.220(133.220,0)						
五三四六		12.120(12.120,0)										
五三四七		4.10(4.10,0)										
五三四八			19.110(19.110,0)									
五三四九		34.120(34.120,0)										
五二五〇	林	8(8,0)										
五二五一		16(16,0)										
五二五二		35(35,0)										
五二五三						79(79,0)						

续表

简号	身份/总田亩数/丘名	普通民户		吏			军吏	卒			复民	士
		男	女	州吏	郡吏	县吏		州卒	郡卒	县卒		
五三五四	林	17(17,0)										
五三五五		25(25,0)										
五三五六		61(61,0)										
五三五七		18(18,0)										
五三五八		119(119,0)										
五三五九		107(□,□)										
五三六〇					73(73,0)							
五三六一		42(42,0)										
五三六二		43(□,□)										
五三六三		38(?,0)										
五三六四		40(40,0)										
五三六五		18(18,0)										
五三六六		11(11,0)										
五三六七			38.200 (38.200,0)									
五三六八			23(23,0)									
五三六九		36(36,0)										
五三七〇		27(27,0)										

续表

简号	身份/总田亩数/丘名	普通民户		吏			军吏	卒			复民	士
		男	女	州吏	郡吏	县吏		州卒	郡卒	县卒		
五三七一	林	32(32,0)										
五三七二		10(10,0)										
五三七三		18(18,0)										
五三七四		27(27,0)										
五三七五		19(19,0)										
五三七六		23(23,0)										
五三七七	英		57(57,0)									
五三七八	松田	8(8,0)										
五三七九		9(9,0)										
五三八〇		20(17,3)										
五三八一		50(50,0)										
五三八二		12(12,0)										
五三八三		5(5,0)										
五三八四			8(8,0)									
五三八五		14(14,0)										
五三八六		12(12,0)										
五三八七		15(10,5)										
五三八八		24(19,5)										

续表

简号	身份/总田亩数/丘名	普通民户		吏			军吏	卒			复民	士
		男	女	州吏	郡吏	县吏		州卒	郡卒	县卒		
五三八九	松田	10(10,0)										
五三九〇	松田	3(3,0)										
五三九一	松田	25(25,0)										
五三九二	松田	2(2,0)										
五三九三	松田	26(20,6)										
五三九四	松田	76(76,0)										
五三九五	松田	25(20,5)										
五三九六	松田	14(14,0)										
五三九七	松田	15(15,0)										
五三九八	松田	33(23,10)										
五三九九	松田	70(60,?)										
五四〇〇	松田	33(33,0)										
五四〇一	松田	31(26,5)										
五四〇二	松田	46(36,10)										
五四〇三	松田	4(4,0)										
五四〇四	杷		10(10,0)									
五四〇五	杷					8.100(8.100,0)						

续表

简号	身份／总田亩数／丘名	普通民户		吏			军吏	卒			复民	士
		男	女	州吏	郡吏	县吏		州卒	郡卒	县卒		
五四〇六	杷	7(7,0)										
五四〇七	杷					75(75,0)						
五四〇八	杷	23(23,0)										
五四〇九	杷	20.120 (20.120,0)										
五四一〇	杷				24(24,0)							
五四一一	杷					49(49,0)						
五四一二	杷	15.120 (15.120,0)										
五四一三	杷	15(15,0)										
五四一四	杷	28(28,0)										
五四一五	杷	8(8,0)										
五四一六	东					39.120 (39.120,0)						
五四一七	东		2(2,0)									
五四一八	东					62.120 (4.120,5)						
五四一九	东薄	34(34,0)										
五四二〇	东薄					30.120 (30.120,0)						

续表

简号	身份 / 总田亩数 / 丘名	普通民户		吏			军吏	卒			复民	士
		男	女	州吏	郡吏	县吏		州卒	郡卒	县卒		
五四二一	东薄							32.120 (32.120,0)				
五四二二	东薄					34.120 (34.120,0)						
五四二三	和	38.120 (38.120,0)										
五四二四	周陵									10(10,0)		
五四二五	於	42.120(12,3)										
五四二六	於上		26.120 (26.120,0)									
五四二七	於上	20.120 (20.120,0)										
五四二八	於上	17(□,□)										
五四二九	於上	19(19,0)										
五四三〇	於上	22(22,0)										
五四三一	於上	30(30,0)										
五四三二	於上								19.120 (19.120,0)			
五四三三	泊	46(46,0)										
五四三四	泊			14(□,□)								
五四三五	波	40(40,0)										

续表

简号	身份/总田亩数/丘名	普通民户		吏			军吏	卒			复民	士
		男	女	州吏	郡吏	县吏		州卒	郡卒	县卒		
五四三六	弦	3(□,□)										
五四三七								38(38,0)				
五四三八										17(17,0)		
五四三九		18(18,0)										
五四四〇		38(38,0)										
五四四一		20(20,0)										
五四四二		14(14,0)										
五四四三								28(28,0)				
五四四四		25(25,0)										
五四四五		8(8,0)										
五四四七		20.120 (20.120,0)										
五四四八		24(24,0)										
五四四九										4(4,0)		
五四五〇					58(58,0)							
五四五一		24(24,0)										
五四五二						4(4,0)						
五四五三		38(38,0)										

续表

简号	身份/总田亩数/丘名	普通民户		吏			军吏	卒			复民	士
		男	女	州吏	郡吏	县吏		州卒	郡卒	县卒		
五四五四	弦	11(11,0)										
五四五五		10(10,0)										
五四五六		10(10,0)										
五四五七		10(10,0)										
五四五八										9(9,0)		
五四五九		6(6,0)										
五四六〇					76(76,0)							
五四六一		12(12,0)										
五四六二					63(63,0)							
五四六三		11(11,,0)										
五四六四		27(27,0)										
五四六五		16(16,0)										
五四六六				53(53,0)								
五四六七			14(14,0)									
五四六八		24.99 (24.99,0)										
五四六九		13(13,0)										
五四七〇										6(6,0)		

续表

简号	身份 / 总田亩数 / 丘名	普通民户		吏			军吏	卒			复民	士
		男	女	州吏	郡吏	县吏		州卒	郡卒	县卒		
五四七一	弦								30(30,0)			
五四七二		38(38,0)										
五四七三						32(32,0)						
五四七四										9(9,0)		
五四七五		8(7,1)										
五四七六		33(33,0)										
五四七七		20(20,0)										
五四七八	函	16(16,0)										
五四七九		9(9,0)										
五四八〇		3(3,0)										
五四八一		29(29,0)										
五四八二							125(125,0)					
五四八三		24(24,0)										
五四八四		8(8,0)										
五四八五		10(10,0)										
五四八六	胡萇						29(29,0)					
五四八七		27(27,0)										
五四八八		5.100(□,□)										

续表

简号	身份 / 总田亩数 / 丘名	普通民户		吏			军吏	卒			复民	士
		男	女	州吏	郡吏	县吏		州卒	郡卒	县卒		
五四八九	胡袠	182(182,0)										
五四九〇		8(8,0)										
五四九一	南疆	4(4,0)										
五四九二		8.100(□,□)										
五四九三		35(30,5)										
五四九四		30(23,7)										
五四九五		12(12,0)										
五四九六		31(25,6)										
五四九七		10(10,0)										
五四九八		5(5,0)										
五四九九		4(4,0)										
五五〇〇		38(33,5)										
五五〇一		10(10,0)										
五五〇二		15(15,0)										
五五〇三		31(31,0)										
五五〇四		36(31,5)										
五五〇五		16(6,10)										
五五〇六		11(11,0)										

续表

简号	身份/总田亩数/丘名	普通民户		吏			军吏	卒			复民	士
		男	女	州吏	郡吏	县吏		州卒	郡卒	县卒		
五五〇七		32(25,□)										
五五〇八		7(7,0)										
五五〇九		49(39,10)										
五五一〇		56(56,0)										
五五一一		57(57,0)										
五五一二		32(27,5)										
五五一三		52(42,10)										
五五一四		22(22,0)										
五五一五	侠					50(50,0)						
五五一六	侠				71.110 (71.110,0)							
五五一七	侠	17.164 (17.164,0)										
五五一八	侠	20.230 (20.230,0)										
五五一九	侠	10.20 (10.20,0)										
五五二〇	侠	20(20,0)										
五五二一	侠	8.40 (8.40,0)										

续表

简号	身份/总田亩数/丘名	普通民户		吏			军吏	卒			复民	士
		男	女	州吏	郡吏	县吏		州卒	郡卒	县卒		
五五二二	侠	7.10（7.10,0）										
五五二三	侠	1.160（1.160,0）										
五五二四	度					100.120（100.120,0）						
五五二五	度	6（6,0）										
五五二六	度		8（8,0）									
五五二七	度						42（42,0）					
五五二八	度				30（30,0）							
五五二九	度	12（12,0）										
五五三〇	度	12（12,0）										
五五三一	度	8（8,0）										
五五三二	度	10（10,0）										
五五三三	度	160（160,0）										
五五三四	度	70（70,0）										
五五三五	度	16（16,0）										
五五三六	度		40（40,0）									
五五三七	度	1（1,0）										

续表

简号	身份/总田亩数/丘名	普通民户		吏			军吏	卒			复民	士
		男	女	州吏	郡吏	县吏		州卒	郡卒	县卒		
五五三八	度	15(15,0)										
五五三九	度	8(8,0)										
五五四〇	度	9(9,0)										
五五四一	度	5(5,0)										
五五四二	度					37(37,0)						
五五四三	度	6(6,0)										
五五四四	度	5(5,0)										
五五四五	度				125(125,0)							
五五四六	度	42(42,0)										
五五四七	度	10(10,0)										
五五四八	度	49(49,0)										
五五四九	度	55. 120 (55. 120,0)										
五五五〇	桐	15(15,0)										
五五五一	桐	30(30,0)										
五五五二	桐	27(27,0)										
五五五三	桐	8(8,0)										
五五五四	桐	6(□,□)										

续表

简号	身份 总田亩数 丘名	普通民户		吏			军吏	卒			复民	士
		男	女	州吏	郡吏	县吏		州卒	郡卒	县卒		
五五五五	桐	25(25,0)										
五五五六	桐					89(89,0)						
五五五七	桐	23(23,0)										
五五五八	桐	35(35,0)										
五五五九	桐	10(10,0)										
五五六〇	栗	18(18,0)										
五五六一	栗	70(70,0)										
五五六二	栗	10(10,0)										
五五六三	栗	18(18,0)										
五五六四	栗	14(14,0)										
五五六五	栗	20(20,0)										
五五六六	栗	40(40,0)										
五五六七	栗	29(29,0)										
五五六八	栗				40(40,0)							
五五六九	栗	4(4,0)										
五五七〇	莫	61.10 (61,10,0)										
五五七一	莫	25.170 (25.170,0)										

续表

简号	身份 / 总田亩数 / 丘名	普通民户		吏			军吏	卒			复民	士
		男	女	州吏	郡吏	县吏		州卒	郡卒	县卒		
五五七二	莫		38.230 (38.230,0)									
五五七三	租下	7(7,0)										
五五七四		37(37,0)										
五五七五		12(12,0)										
五五七六		5(5,0)										
五五七七		2(2,0)										
五五七八		34(34,0)										
五五七九		76(76,0)										
五五八〇						13(13,0)						
五五八一		14(14,0)										
五五八二	倉	40(40,0)										
五五八三		15(15,0)										
五五八四		26(26,0)										
五五八五		70(70,0)										
五五八六		23(23,0)										
五五八七	逢唐	26(26,0)										
五五八八		23(23,0)										

续表

简号	身份/总田亩数/丘名	普通民户		吏			军吏	卒			复民	士
		男	女	州吏	郡吏	县吏		州卒	郡卒	县卒		
五五八九	逢唐	23(23,0)										
五五九〇	逢唐	29(29,0)										
五五九一	逢唐				96(64,32)							
五五九二	逢唐	22(22,0)										
五五九三	逢唐	12(12,0)										
五五九四	逢唐	15(15,0)										
五五九五	旁	26(26,0)										
五五九六	唐中	22(22,0)										
五五九七	唐中	16(16,0)										
五五九八	浸	16(16,0)										
五五九九	浸顷	34(34,0)										
五六〇〇	浸顷	13(13,0)										
五六〇一	浸顷									23.120 (23.120,0)		
五六〇二	专	8(8,0)										
五六〇三	专	23(23,0)										
五六〇四	专					44(44,0)						
五六〇五	专	3(3,0)										

续表

简号	身份/总田亩数/丘名	普通民户		吏			军吏	卒			复民	士
		男	女	州吏	郡吏	县吏		州卒	郡卒	县卒		
五六〇六	专	18(18,0)										
五六〇七	区		25(25,0)									
五六〇八		10.120(10.120,0)										
五六〇九		14.120(14.120,0)										
五六一〇		35(35,0)										
五六一一		39(39,0)										
五六一二		62(62,0)										
五六一三		11(11,0)										
五六一五		3.120(3.120,0)										
五六一六					8(8,0)							
五六一七						79(79,0)						
五六一八						10.120(10.120,0)						
五六一九					100(100,0)							
五六二〇		12(12,0)										
五六二一		23(23,0)										

续表

简号	身份／总田亩数／丘名	普通民户		吏			军吏	卒			复民	士
		男	女	州吏	郡吏	县吏		州卒	郡卒	县卒		
五六二二	区	42. 100 (42. 100,0)										
五六二三	区		61. 120(□,□)									
五六二六	区	62. 120 (62. 120,0)										
五六二七	区	25(25,0)										
五六二八	区	15(15,0)										
五六二九	区	101(101,0)										
五六三〇	区	30(30,0)										
五六三二	区	5(5,0)										
五六三三	常略	57(57,0)										
五六三四	常略								23. 120 (23. 120,0)			
五六三五	常略	30. 120 (30. 120,0)										
五六三六	常略	8(8,0)										
五六三七	常略	65(65,0)										
五六三八	常略	8. 120 (8. 120,0)										
五六三九	常略								37(37,0)			

续表

简号	身份/总田亩数/丘名	普通民户		吏			军吏	卒			复民	士
		男	女	州吏	郡吏	县吏		州卒	郡卒	县卒		
五六四〇	常略	29.120 (29.120,0)										
五六四一		23.120 (23.120,0)										
五六四二		33.120 (33.120,0)										
五六四三									37.120 (37.120,0)			
五六四四	略	2(2,0)										
五六四五		28(28,0)										
五六四六		8(8,0)										
五六四七		3(3,0)										
五六四八		16(16,0)										
五六四九		10(10,0)										
五六五〇							8(8,0)					
五六五一		7.100 (7.100,0)										
五六五二			21.100 (21.100,0)									
五六五三		21.100 (21.100,0)										

续表

简号	身份/总田亩数/丘名	普通民户		吏			军吏	卒			复民	士
		男	女	州吏	郡吏	县吏		州卒	郡卒	县卒		
五六五四	略	31. 160 (31. 160,0)										
五六五五		14(14,0)										
五六五六		34(34,0)										
五六五七		28(?,0)										
五六五八		165(60,5)										
五六五九	唫	1. 130 (1. 130,0)										
五六六〇		7. 120 (7. 120,0)										
五六六一				71. 120 (71. 120,0)								
五六六二		42. 130 (42. 130,0)										
五六六三		35. 50 (35. 50,0)										
五六六四						58. 80 (58. 80,0)						
五六六五				51. 70 (51. 70,0)								
五六六六		78. 120 (78. 120,0)										

续表

简号	身份／总田亩数／丘名	普通民户		吏			军吏	卒			复民	士
		男	女	州吏	郡吏	县吏		州卒	郡卒	县卒		
五六六七	唅	11.120 (11.120,0)										
五六六八	唅	7.50 (7.50,0)										
五六六九	梨下	3(2,1)										
五六七〇	淦	2.200 (2.200,0)										
五六七一	淦	47.160 (47.160,0)										
五六七二	淦	11.70 (11.70,0)										
五六七三	淦	6.220 (6.220,0)										
五六七四	淦	30.10 (30.10,0)										
五六七五	淦	15.180 (15.180,0)										
五六七六	淦			82.60 (82.60,0)								
五六七七	淦	15.190 (15.190,0)										
五六七九	淦	10.70 (10.70,0)										

续表

简号	身份/总田亩数/丘名	普通民户		吏			军吏	卒			复民	士
		男	女	州吏	郡吏	县吏		州卒	郡卒	县卒		
五六八〇	淦	4.70 (4.70,0)										
五六八一	渚	102(102,0)										
五六八二	寇	4.120 (4.120,0)										
五六八三		10.120 (10.120,0)										
五六八四		27.120 (27.120,0)										
五六八五		6(6,0)										
五六八六		30(30,0)										
五六八七		7.120 (7.120,0)										
五六八八		34(34,0)										
五六九〇		15.120(?,0)										
五六九一		10.41 (10.41,0)										
五六九二	楮		39(39,0)									

续表

简号	身份/总田亩数/丘名	普通民户		吏			军吏	卒			复民	士
		男	女	州吏	郡吏	县吏		州卒	郡卒	县卒		
五六九三	楮下	8.170 (8.170,0)										
五六九四	楮下	38.90 (38.90,0)										
五六九五	楮下			85.80 (85.80,0)								
五六九六	楮下	71.140 (71.140,0)										
五六九七	楮下	5.10 (5.10,0)										
五六九八	楮下	33.20 (33.20,0)										
五六九九	楮下							34.10 (34.10,0)				
五七〇〇	楮下	24.70 (24.70,0)										
五七〇一	楮下	13.140 (13.140,0)										
五七〇二	湛			40(□,□)								
五七〇三	湖田	27.60 (27.60,0)										
五七〇四	湖田	12.10 (12.10,0)										

续表

简号	身份／总田亩数／丘名	普通民户		吏			军吏	卒			复民	士
		男	女	州吏	郡吏	县吏		州卒	郡卒	县卒		
五七〇五	湖田			67.210 (67.210,0)								
五七〇六	湖田	7.100 (7.100,0)										
五七〇七	湖田	7.140 (7.140,0)										
五七〇八	湖田	8.120 (8.120,0)										
五七〇九	湖田	33.180 (33.180,0)										
五七一〇	湖田	21.20 (21.20,0)										
五七一一	湖田	17.110 (17.110,0)										
五七一二	湖田	73.180 (73.180,0)										
五七一三	湖田	7.120 (7.120,0)										
五七一四	温		8(8,0)									
五七一五	温	7(7,0)										
五七一六	温	21.120 (21.120,0)										
五七一七	温	24(24,0)										

续表

简号	身份/总田亩数/丘名	普通民户		吏			军吏	卒			复民	士
		男	女	州吏	郡吏	县吏		州卒	郡卒	县卒		
五七一八	温	13(13,0)										
五七一九	温	7(7,0)										
五七二〇	温	4(4,0)										
五七二一	温	6(6,0)										
五七二二	温	12(7,5)										
五七二三	温		6(6,0)									
五七二四	温	7(7,0)										
五七二六	温	37(37,0)										
五七二七	温	15(15,0)										
五七二八	温	8(8,0)										
五七二九	温	22(22,0)										
五七三〇	温	46(36,10)										
五七三一	温	22(14,8)										
五七三二	温	6(6,0)										
五七三三	贺			40(□,□)								
五七三四	杨	21(21,0)										

续表

简号	身份/总田亩数/丘名	普通民户		吏			军吏	卒			复民	士
		男	女	州吏	郡吏	县吏		州卒	郡卒	县卒		
五七三五	杨	55(50,5)										
五七三六		34(23,11)										
五七三七		11(6,5)										
五七三八		37(37,0)										
五七三九						34(34,0)						
五七四〇		1(1,0)										
五七四一		10(10,0)										
五七四二		7(7,0)										
五七四三		11(11,0)										
五七四四		2(2,0)										
五七四五		19(16,3)										
五七四六		15(15,0)										
五七四七		71(71,0)										
五七四八		45(40,5)										
五七四九						25(25,0)						
五七五〇		5(5,0)										
五七五一		25(21,4)										
五七五二		86(86,0)										

续表

简号	身份 / 总田亩数 / 丘名	普通民户		吏			军吏	卒			复民	士
		男	女	州吏	郡吏	县吏		州卒	郡卒	县卒		
五七五三	杨	29(15,14)										
五七五四	杨	8(8,0)										
五七五五	杨	12(11,1)										
五七五六	杨					21(21,0)						
五七五七	杨	38(33,5)										
五七五八	杨		10(10,0)									
五七五九	杨	15(15,0)										
五七六○	杨	1(1,0)										
五七六一	梦									21(21,0)		
五七六二	梦				27(27,0)							
五七六三	梦	13(13,0)										
五七六四	梦	10(10,0)										
五七六五	梦	11(11,0)										
五七六六	梦								14(14,0)			
五七六七	梦					19(19,0)						
五七六八	梦		5(5,0)									
五七六九	梦	21(21,0)										
五七七○	梦					33(33,0)						

续表

简号	丘名 / 总田亩数 / 身份	普通民户		吏			军吏	卒			复民	士
		男	女	州吏	郡吏	县吏		州卒	郡卒	县卒		
五七七一	梦	3(3,0)										
五七七二			16(16,0)									
五七七三					28(28,0)							
五七七四		24(24,0)										
五七七五		13(13,0)										
五七七六		25(25,0)										
五七七七					37(37,0)							
五七七八			3(3,0)									
五七七九		9(9,0)										
五七八〇		20(19,1)										
五七八一		9(9,0)										
五七八二		9(9,0)										
五七八三		6(6,0)										
五七八四								44(44,0)				
五七八五		4(4,0)										
五七八六		12(12,0)										
五七八七		10(10,0)										
五七八八		24(24,0)										

续表

简号	身份 总田亩数 丘名	普通民户		吏			军吏	卒			复民	士
		男	女	州吏	郡吏	县吏		州卒	郡卒	县卒		
五七八九	梦	6(6,0)										
五七九〇	新成				19(19,0)							
五七九一				40(?,0)								
五七九二		3(3,0)										
五七九三		8(8,0)										
五七九四						91(91,0)						
五七九五		9(9,0)										
五七九六		163(153,10)										
五七九七	新唐	34.210 (34.210,0)										
五七九八		12.120 (12.120,0)										
五七九九		1.220 (1.220,0)										
五八〇〇						58.160 (58.160,0)						
五八〇一					45.230 (45.230,0)							

续表

简号	身份 / 总田亩数 / 丘名	普通民户		吏			军吏	卒			复民	士
		男	女	州吏	郡吏	县吏		州卒	郡卒	县卒		
五八〇二	廉	40. 120 (40. 120,0)										
五八〇三		17. 100 (17. 100,0)										
五八〇四		48. 10 (48. 10,0)										
五八〇五		36. 10 (36. 10,0)										
五八〇六			31. 140 (31. 140,0)									
五八〇七		105. 140 (105. 140,0)										
五八〇八		16. 130 (16. 130,0)										
五八〇九		5. 230 (5. 230,0)										
五八一〇		50. 40 (50. 40,0)										
五八一一		45. 50 (45. 50,0)										
五八一二		30. 110 (30. 110,0)										
五八一三		49. 230 (49. 230,0)										

续表

简号	身份 总田亩数 丘名	普通民户		吏			军吏	卒			复民	士
		男	女	州吏	郡吏	县吏		州卒	郡卒	县卒		
五八一四	廉	21.100 (21.100,0)										
五八一五	廉	52.30 (52.30,0)										
五八一六	廉	35.50 (35.50,0)										
五八一七	资	53(53,0)										
五八一八	资	18(□,□)										
五八一九	沱	4.120 (4.120,0)										
五八二〇	沱	20.120 (20.120,0)										
五八二二	僕	23(23,0)										
五八二三	僕	17.10 (17.10,0)										
五八二四	僕					23(23,0)						
五八二五	僕	21(21,0)										
五八二六	僕	22(22,0)										
五八二七	僕	19(19,0)										
五八二八	僕	4(4,0)										

续表

简号	丘名/总田亩数/身份	普通民户		吏			军吏	卒			复民	士
		男	女	州吏	郡吏	县吏		州卒	郡卒	县卒		
五八二九	僕	17.140 (17.140,0)										
五八三〇		5.120 (5.120,0)										
五八三一		18(18,0)										
五八三二		4(4,0)										
五八三三			22(22,0)									
五八三四						44(44,0)						
五八三五		42(42,0)										
五八三六		59(59,0)										
五八三七					53(53,0)							
五八三八					13(13,0)							
五八三九					31(31,0)							
五八四〇		11(11,0)										
五八四一		63(63,0)										
五八四二		17(17,0)										

续表

简号	身份/总田亩数/丘名	普通民户		吏			军吏	卒			复民	士
		男	女	州吏	郡吏	县吏		州卒	郡卒	县卒		
五八四三	尽	11(11,0)										
五八四四	尽	6(6,0)										
五八四五	尽	28.120（28.120,0）										
五八四六	尽	10(10,0)										
五八四七	尽		9(9,0)									
五八四八	尽					50(50,0)						
五八四九	尽	14(14,0)										
五八五〇	尽									24(24,0)		
五八五一	尽	17(17,0)										
五八五二	尽				92(92,0)							
五八五三	绪	15.220（15.220,0）										
五八五四	绪	31(31,0)										
五八五五	绪下		13.100（13.100,0）									
五八五六	绪中	23(23,0)										

续表

简号	身份/总田亩数/丘名	普通民户		吏			军吏	卒			复民	士
		男	女	州吏	郡吏	县吏		州卒	郡卒	县卒		
五八五七	捞	5(5,0)										
五八五八	捞	51(51,0)										
五八五九	捞				60(60,0)							
五八六〇	捞					20(20,0)						
五八六一	捞	8(8,0)										
五八六二	捞	38(38,0)										
五八六三	捞	6(5,1)										
五八六四	捞	6(5,1)										
五八六五	捞	20(20,0)										
五八六六	捞	5(3,1)										
五八六七	虑	42(42,0)										
五八六八	虑	52(7,2)										
五八六九	虑	33(33,0)										
五八七〇	虑	31(31,0)										
五八七一	暹	31.90(31.90,0)										
五八七二	暹						28.180(28.180,0)					

续表

简号	身份 / 总田亩数 / 丘名	普通民户		吏			军吏	卒			复民	士
		男	女	州吏	郡吏	县吏		州卒	郡卒	县卒		
五八七三	逻	17. 130（17. 130,0）										
五八七四		17. 150（17. 150,0）										
五八七五		51. 220（31. 220,20）										
五八七六	刘里	50（50,0）										
五八七七		24（24,0）										
五八七八		64（64,0）										
五八七九		19（19,0）										
五八八〇		37（37,0）										
五八八一		41（41,0）										
五八八二		27（27,0）										
五八八三		22（22,0）										
五八八四		38（38,0）										
五八八五		13（13,0）										
五八八六		3（3,0）										
五八八七		5（5,0）										
五八八八		17（17,0）										

续表

简号	身份 / 总田亩数 / 丘名	普通民户		吏			军吏	卒			复民	士
		男	女	州吏	郡吏	县吏		州卒	郡卒	县卒		
五八八九	刘里		2(2,0)									
五八九0		68(68,0)										
五八九一		29(29,0)										
五八九二		13(13,0)										
五八九三		97(97,0)										
五八九四							7(7,0)					
五八九五		10(10,0)										
五八九六		4(4,0)										
五八九七		84(84,0)										
五八九八		37(37,0)										
五八九九		5(5,0)										
五九〇〇		122(122,0)										
五九〇一			181(181,0)									
五九〇二		15(15,0)										
五九〇三		12(12,0)										
五九〇四				29(29,0)								
五九〇五			34(34,0)									
五九〇六		42(42,0)										

续表

简号	身份 / 总田亩数 / 丘名	普通民户		吏			军吏	卒			复民	士
		男	女	州吏	郡吏	县吏		州卒	郡卒	县卒		
五九〇七	刘里						21(21,0)					
五九〇八			4(4,0)									
五九〇九		23(23,0)										
五九一一			50(50,0)									
五九一二					68(68,0)							
五九一三	渍	12(12,0)										
五九一四						28(28,0)						
五九一五					96(96,0)							
五九一六		42(42,0)										
五九一七		6(6,0)										
五九一八					51(51,0)							
五九一九		6(6,0)										
五九二〇					91(91,0)							
五九二一	弹	11(10,1)										
五九二二		6(5,1)										
五九二三			12(12,0)									
五九二四				50(50,0)								
五九二五		18(18,0)										

续表

简号	身份/总田亩数/丘名	普通民户		吏			军吏	卒			复民	士
		男	女	州吏	郡吏	县吏		州卒	郡卒	县卒		
五九二六	弹	11(11,0)										
五九二七	弹									17.80 (17.80,0)		
五九二八	弹	7(6,1)										
五九二九	弹	23(23,0)										
五九三〇	弹	10(10,0)										
五九三一	弹	4(4,0)										
五九三二	弹		15(15,0)									
五九三三	弹		5(5,0)									
五九三四	弹	7(7,0)										
五九三五	弹	16(16,0)										
五九三六	弹	31(31,0)										
五九三七	弹	11(11,0)										
五九三八	弹	51(51,0)										
五九三九	弹								20(20,0)			
五九四〇	弹							51(51,0)				
五九四一	弹					30(30,0)						
五九四二	弹				24(24,0)							

续表

简号	身份 总田亩数 丘名	普通民户		吏			军吏	卒			复民	士
		男	女	州吏	郡吏	县吏		州卒	郡卒	县卒		
五九四三	弹	12.164 (12.164,0)										
五九四四		26(16,0)										
五九四五					29(29,0)							
五九四六		18(18,0)										
五九四七		26(□,□)										
五九四八		20(20,0)										
五九四九					5(5,0)							
五九五〇		12(12,0)										
五九五一		21(21,0)										
五九五二										27(27,0)		
五九五三		5(5,0)										
五九五四		10(10,0)										
五九五五								20(20,0)				
五九五六		5(5,0)										
五九五七		5(5,0)										
五九五八		29(29,0)										
五九五九		20(20,0)										

续表

简号	身份／总田亩数／丘名	普通民户		吏			军吏	卒			复民	士
		男	女	州吏	郡吏	县吏		州卒	郡卒	县卒		
五九六〇	龙	21(21,0)										
五九六一		54(54,0)										
五九六二		30.100 (30.100,0)										
五九六三		142(132,10)										
五九六四		29(29,0)										
五九六五		12.220 (12.220,0)										
五九六六			33(33,0)									
五九六七		9(9,0)										
五九六八		56(51,5)										
五九六九		10(10,0)										
五九七〇			8(□,□)									
五九七一		38(38,0)										
五九七二		30(30,0)										
五九七三	钖	8(8,0)										
五九七四		34(34,0)										

续表

简号	身份/总田亩数/丘名	普通民户		吏			军吏	卒			复民	士
		男	女	州吏	郡吏	县吏		州卒	郡卒	县卒		
五九七五		19(19,0)										
五九七六						20. 120 (20. 120,0)						
五九七七						48(48,0)						
五九七八		11(11,,0)										
五九七九		8(8,0)										
五九八〇		4(3,1)										
五九八一						49. 120 (49. 120,0)						
五九八二						46. 120 (46. 120,0)						
五九八四		2(2,0)										
五九八五		6(6,0)										
五九八六		2(2,0)										
五九八七		35. 120 (35. 120,0)										
五九八八			4(4,0)									
五九八九		120(120,0)										
五九九〇	鷴	12(12,0)										
五九九一		46(46,0)										

续表

简号	身份 / 总田亩数 / 丘名	普通民户		吏			军吏	卒			复民	士
		男	女	州吏	郡吏	县吏		州卒	郡卒	县卒		
五九九二	鷴	10(10,0)										
五九九三		30(30,0)										
五九九四		3(3,0)										
五九九五		31(24,7)										
五九九六		16(16,0)										
五九九七		11(11,0)										
五九九八		11(11,0)										
五一〇〇〇		31(31,0)										
五一〇〇一	……						33(33,0)					
五一〇〇二					152(152,0)							
五一〇〇三				53.220 (53.220,0)								
五一〇〇四	……			36.120 (36.120,0)								
五一〇〇五	□□	15(15,0)										
五一〇〇六	……					41(41,0)						
五一〇〇七	□□	18(18,0)										
五一〇〇八		60.50 (60.50,0)										

续表

简号	身份 / 总田亩数 / 丘名	普通民户		吏			军吏	卒			复民	士
		男	女	州吏	郡吏	县吏		州卒	郡卒	县卒		
五一〇〇九	□□	6(6,0)										
五一〇一〇					83.90 (83.90,0)							
五一〇一一	□□	105(100,5)										
五一〇一二	□姑					11(11,0)						
五一〇一三	□		36(36,0)									
五一〇一四		4(4,0)										
五一〇一五		72.120 (72.120,0)										
五一〇一六	□□□	46(□,□)										
五一〇一七	……	20(20,0)										
五一〇一八	□下	29.20 (29.20,0)										
五一〇一九	□						42(42,0)					
五一〇二〇		87(□,□)										
五一〇二一			6(6,0)									
五一〇二二		18(13,5)										
五一〇二四	□□	120(120,0)										
五一〇二五	□					33(33,0)						

续表

简号	身份 总田亩数 丘名	普通民户		吏			军吏	卒			复民	士
		男	女	州吏	郡吏	县吏		州卒	郡卒	县卒		
五一〇二六	□	18.30 (18.30,0)										
五一〇二七	□□	13(13,0)										
五一〇二八	□中	10(10,0)										
五一〇二九	□□	17(17,0)										
五一〇三〇	□		68(68,0)									
五一〇三一		41(36,5)										
五一〇三二	……					16(16,0)						
五一〇三三	□□	17(17,0)										
五一〇三四	□	57(57,0)										
五一〇三五		80(80,0)										
五一〇三六		92.120 (92.120,0)										
五一〇三七				32(□,□)								
五一〇三八		14(14,0)										
五一〇三九			20(20,0)									
五一〇四〇		39(39,0)										
五一〇四一	□中	8(8,0)										
五一〇四二	□□	12(12,0)										

续表

简号	身份 总田亩数 丘名	普通民户		吏			军吏	卒			复民	士
		男	女	州吏	郡吏	县吏		州卒	郡卒	县卒		
五一〇四四	□中	16(16,0)										
五一〇四五	□龙									39.120 (39.120,0)		
五一〇四六		26.10 (26.10,0)										
五一〇四七	□	19(19,0)										
五一〇四八	□汤	20(□,□)										
五一〇四九	□□	58.20 (58.20,0)										
五一〇五〇	□	28(27,1)										
五一〇五一		34(34,0)										
五一〇五二		5(5,0)										
五一〇五四	□□		7(7,0)									
五一〇五五		39(39,0)										
五一〇五六	□下	6(□,□)										
五一〇五七	□□	8(8,0)										
五一〇五八		14(14,0)										

续表

简号	身份/总田亩数/丘名	普通民户		吏			军吏	卒			复民	士
		男	女	州吏	郡吏	县吏		州卒	郡卒	县卒		
五一〇五九	□	36(36,0)										
五一〇六〇		33(33,0)										
五一〇六一								37(37,0)				
五一〇六二		32(27,5)										
五一〇六三	□□									48(48,0)		
五一〇六四	□	29(29,0)										
五一〇六五		63(58,5)										
五一〇六六	□□	20(20,0)										
五一〇六七		30(30,0)										
五一〇六八	□	8(8,0)										
五一〇七〇		23(23,0)										
五一〇七一		35(35,0)										
五一〇七二		36(36,0)										
五一〇七三		33(33,0)										
五一〇七四	□中	218(□,□)										
五一〇七五	□□	21(21,0)										

续表

简号	身份 / 总田亩数 / 丘名	普通民户		吏			军吏	卒			复民	士
		男	女	州吏	郡吏	县吏		州卒	郡卒	县卒		
五一〇七六		20(20,0)										
五一〇七七	□	38(38,0)										
五一〇七八		29(29,0)										
五一〇七九	□□	5(5,0)										
五一〇八〇	□	34(34,0)										
五一〇八二	□					54(54,0)						
五一〇八四	□	21(17,4)										
五一〇八五	□□	29(29,0)										
五一〇八六	□					31(31,0)						
五一〇八八		7(7,0)										
五一〇八九		34(34,0)										
五一〇九〇	□	11(10,1)										
五一〇九一		11.40(11.40,0)										
五一〇九二			25.150(25.150,0)									
五一〇九三	……	17(17,0)										
五一〇九四	……	31(31,0)										
五一〇九五	□□	11(11,0)										

续表

简号	丘名＼总田亩数＼身份	普通民户		吏			军吏	卒			复民	士
		男	女	州吏	郡吏	县吏		州卒	郡卒	县卒		
五一〇九六	□	5(5,0)										
五一〇九七	□□	17(17,0)										
五一〇九八	□					23(23,0)						
五一〇九九		14(14,0)										
五一一〇〇		80(80,0)										
五一一〇一		52(□,10										
五一一〇三	□□	71.170 (71.170,0)										
五一一〇六	□□	5(5,0)										
五一一三一	□	64(19,2)										
五一一三二	……	46(46,0)										
五一一三三		33.130 (33.130,0)										
五一一三四	□				50(50,0)							
五一一四〇	……	21.120 (21.120,0)										
五一一四二	……	10(10,0)										
五一一四四	□□	27(27,0)										
五一一四五	□	30.120 (30.120,0)										

续表

简号	身份/总田亩数/丘名	普通民户		吏			军吏	卒			复民	士
		男	女	州吏	郡吏	县吏		州卒	郡卒	县卒		
五一一五五		37.120 (37.120,0)										
五一一五八	□□		12(12,0)									

《嘉禾吏民田家莂》无年份标识“吏民”佃田数表

简号	身份 / 总田亩数 / 丘名	普通民户		吏			军吏	卒			复民	士
		男	女	州吏	郡吏	县吏		州卒	郡卒	县卒		
○二		36（□，□）										
○三	平支	75（44，0）										
○四	平支	28（□，□）										
○六	平支	16（□，□）										
○七	平乐	7（□，□）										
○一○	平乐	37（37，0）										
○一一	石下	8（□，□）										
○一二	石下					32（32，0）						
○一三	伻	12（12，0）										
○一四	伻	17（17，0）										
○一五	何	35（35，0）										
○一六	东溪	5（5，0）										
○一七	采中	10（10，0）										
○一八	弦	7（7，0）										
○一九	南疆	6（6，0）										
○二一	顷		40（40，0）									
○二三	梦	10（10，0）										
○二四	梦	13（□，□）										

续表

简号	身份/总田亩数/丘名	普通民户		吏			军吏	卒			复民	士
		男	女	州吏	郡吏	县吏		州卒	郡卒	县卒		
○二七	暹	24.100（□，□）										
○二八	□	24.30（□，□）										
○二九		20（□，□）										
○三一	□□	7（7，0）										

说明：①小数点后亩积为"步"。240步为一亩。四舍五入。
②凡户主身份不明者，凡田亩数不明、不完整者均不计入。
③确为原登记有误、有缺者，依校改数。
④总田亩数中括号中的数据，前者表示二年常限田，后者表示馀力田。
⑤"……"、"□"均表示记载不清，或没有。

总数据统计表

<table>
<tr><td colspan="2" rowspan="2">身份
类别</td><td colspan="2">普通民户</td><td colspan="3">吏</td><td colspan="3">卒</td><td rowspan="2">军吏</td><td rowspan="2">复民</td><td rowspan="2">士</td><td rowspan="2">合计</td></tr>
<tr><td>男</td><td>女</td><td>州</td><td>郡</td><td>县</td><td>州</td><td>郡</td><td>县</td></tr>
<tr><td colspan="2" rowspan="2">人（户）数</td><td>1383</td><td>84</td><td>37</td><td>57</td><td>67</td><td>10</td><td>9</td><td>13</td><td rowspan="2">17</td><td rowspan="2">13</td><td rowspan="2">9</td><td rowspan="2">1699</td></tr>
<tr><td colspan="2">1467</td><td colspan="3">161</td><td colspan="3">32</td></tr>
<tr><td rowspan="9">田亩数</td><td rowspan="2">总田亩</td><td>40941 亩
23375 步</td><td>2407 亩
1830 步</td><td>1896 亩
780 步</td><td>3121 亩
550 步</td><td>3284 亩
2100 步</td><td>340 亩
250 步</td><td>364 亩
360 步</td><td>254 亩
320 步</td><td>583 亩
240 步</td><td>499 亩</td><td>713 亩</td><td></td></tr>
<tr><td colspan="2">43348 亩 25205 步</td><td colspan="3">8301 亩 3430 步</td><td colspan="3">958 亩 930 步</td><td>583 亩
240 步</td><td>499 亩</td><td>713 亩</td><td></td></tr>
<tr><td>折算后</td><td>43453. 02 亩</td><td>8315. 2916 亩</td><td>961. 875 亩</td><td>584 亩</td><td>499 亩</td><td>713 亩</td><td>54526. 186 亩</td><td></td><td></td><td></td><td></td><td></td></tr>
<tr><td rowspan="2">常限田</td><td>38502 亩
23255 步</td><td>2394 亩
1830 步</td><td>1801 亩
780 步</td><td>2941 亩
550 步</td><td>3095 亩
2100 步</td><td>317 亩
250 步</td><td>271 亩
360 步</td><td>254 亩
320 步</td><td rowspan="2">540 亩
240 步</td><td rowspan="2">499 亩</td><td rowspan="2">713 亩</td><td rowspan="2"></td></tr>
<tr><td colspan="2">40896 亩 25085 步</td><td colspan="3">7837 亩 3430 步</td><td colspan="3">842 亩 930 步</td></tr>
<tr><td>折算后</td><td colspan="2">41000. 52 亩</td><td colspan="3">7851. 2916 亩</td><td colspan="3">845. 875 亩</td><td>541 亩</td><td>499 亩</td><td>713 亩</td><td>51450. 686 亩</td></tr>
<tr><td rowspan="2">余力亩</td><td>2139 亩</td><td>13 亩</td><td>95 亩</td><td>180 亩</td><td>136 亩</td><td>23 亩</td><td>93 亩</td><td>0</td><td rowspan="2">5 亩</td><td rowspan="2">0</td><td rowspan="2">0</td><td rowspan="2">2684 亩</td></tr>
<tr><td colspan="2">2152 亩</td><td colspan="3">411 亩</td><td colspan="3">116 亩</td></tr>
<tr><td>折算后</td><td colspan="2">2152 亩</td><td colspan="3">411 亩</td><td colspan="3">116 亩</td><td>5 亩</td><td>0</td><td>0</td><td>2684 亩</td></tr>
<tr><td colspan="2">人（户）均田亩数</td><td colspan="2">29. 620327 亩</td><td colspan="3">51. 647773 亩</td><td colspan="3">30. 058593 亩</td><td>34. 352941 亩</td><td>38. 384615 亩</td><td>79. 22222 亩</td><td>32. 093105 亩</td></tr>
</table>

注：以 240 步为亩折算。

［原刊《历史研究》2005年第3期，中国人民大学报刊复印资料《魏晋南北朝隋唐史》2005年第5期全文转载。2016年收入《先秦汉唐史论》下编“吏民”卷，北京师范大学2016年版；又收入长沙简牍博物馆编《走马楼吴简研究论文精选》上册，岳麓书社2016年版。今据黎虎先生最新修订稿，并综合参考上述文本整理而成，并将《先秦汉唐史论》下编“吏民”卷所附“《嘉禾吏民田家莂（四年）》所见吏民田亩数统计表”附后。李文才敬识］

魏晋南北朝“吏户”问题再献疑

——“吏”与“军吏”辨析

“吏户”论是20世纪五六十年代以来中国魏晋南北朝史学界的主流观点之一，被学术界广泛接受和应用，几乎成为定论。这个观点认为魏晋南北朝时期存在“吏户”，他们是由秦汉时期的低级官吏演变而来的特殊服役者，他们有单独的户籍——“吏籍”，其身份地位是较一般平民低贱的依附民。这种“吏户”形成于三国，发展于两晋南朝。20世纪九十年代长沙走马楼吴简出土之后，论者继续以“吏户”论的观点去解释吴简资料及相关问题。孙吴时期这里的地方政府田赋、簿籍等档案中记载了民户男女以及州、郡、县吏卒及其他身份的人员，直接将他们概括称之为“吏民”[①]，论者认为这是“吏户”与“民户”或“吏籍”与“民籍”合称之意。拙文《“吏户”献疑——从长沙走马楼吴简谈起》[②] 对此提出质疑，认为吴简中的“吏”与“民”同为基层编户，并无另外之“吏籍”或“吏户”；“吏”与“民”享有平等的权利和义务，其经济、政治等方面的权益和地位不仅与普通农民相同，某些方面还高于普通农民，他们并非在普通农民地位之下的依附民。“吏户”论的观点既与出土简牍——“长沙走马楼三国吴简”资料相悖，于传世文献亦不足徵。“吏户”论所指的“吏”是行政系统的“吏”，但是在具体论证时，却常常以军事系统的“军吏”的有关资料作为证据，从而不仅将行政系统之

---

① 长沙市文物考古研究所、中国文物研究所、北京大学历史学系走马楼简牍整理组编著：《嘉禾吏民田家莂》，文物出版社 1999 年版；长沙市文物考古研究所、中国文物研究所、北京大学历史学系走马楼简牍整理组编著：《长沙走马楼三国吴简·竹简（壹）》，文物出版社 2003 年版。

② 黎虎：《“吏户”献疑——从长沙走马楼吴简谈起》，《历史研究》2005 年第 3 期。

"吏"与军事系统之"吏"混为一谈，甚而将行政系统之"吏"与军事系统之士卒亦混为一谈。因此，根据这些未加甄别的资料所作出的论断就很难说是符合历史实际的。兹就其比较经常援引的"将吏""吏士""吏兵""武射吏""武吏""文武吏"等"军吏"方面的资料辨析于下，以就正于方家。

一　关于"将吏"与"吏"

有关"将吏"的记载就是被经常用于论证"吏户"问题的资料群之一。为了证明魏晋南北朝时期吏役繁重，论者征引南朝萧齐文惠太子萧长懋以"将吏"建筑宫苑之事作为根据，用于证明"吏"被征发进行土木营建，或用于证明"吏役"有番假，如此等等。这条材料的原文是："（萧齐）永明中，二宫兵力全实，（文惠）太子使宫中将吏更番役筑，宫城苑巷，制度之盛，观者倾京师。"[①] 这里明言当时文惠太子宫中"兵力全实"，故他得以令"宫中将吏更番役筑"。这些参与建筑宫苑的"将吏"显然是其"兵力"中的成员。史称文惠太子"性颇奢丽"，其所居"宫内殿堂，皆雕饰精绮，过于上宫。"因而有此修建之举。他大事修建宫苑是背着其父齐武帝的，因"虑上宫望见"，故而采取了诸多掩饰的手法。后来他的举动还是被齐武帝发现，齐武帝"见其弥亘华远，壮丽极目，于是大怒，收监作主帅，太子惧，皆藏匿之，由是见责。"[②] 可见这个工程监作者也是他所辖"兵力"中的成员。故文惠太子"由是大被诮责"[③]。此事纯属皇太子骄奢淫逸的胡作非为，所役使者乃其所掌握之军队成员，并非所谓"吏"。

为了论证"吏"被征发服兵役，论者举齐明帝时王敬则谋反、张瓌"遣将吏三千人迎拒"[④] 之事以为论据之一。这里的"将吏"是什么人呢？王敬则谋反前，明帝即"以张瓌为平东将军、吴郡太守，置兵佐，密防（王）敬则。"[⑤] 文中明指齐明帝特为张瓌"置兵佐"以防备王敬

---

① （梁）萧子显撰：《南齐书》卷二一《文惠太子传》，中华书局1972年版，第401页。

② 《南齐书》卷二一《文惠太子传》，第401页。

③ （宋）司马光编著，（元）胡三省音注：《资治通鉴》卷一三八，齐武帝永明十一年（493）正月，中华书局1956年版，第4326页。

④ 《南齐书》卷二四《张瓌传》，第455页。

⑤ 《南齐书》卷二六《王敬则传》，第485页。

则，可知其所遣“将吏三千人”即这些“兵佐”成员。故《南史》记此事曰：“及敬则反，（张）瓌遣兵迎拒”[①]；《通鉴》亦记作“张瓌遣兵三千拒（王）敬则”[②]。可见这些“将吏”是泛指“兵”（即军队）而非“吏”。虽然有个别论者也引用了《南史》这则记载，但却解释说这是六朝时期“兵吏混称”的表现，认为这个材料还是“说明六朝时期经常用吏从事战斗”[③]。事实上，上述史籍中“将吏”的概念是明确的，均以之指“兵”（即军队），并没有用于指“吏”，也并不存在什么“兵吏混称”的问题。

那么，“将吏”是军事系统中的何等成员？其具体含义是什么？《尉缭子》曰：“将吏弃卒独北者，尽斩之。”军法规定“将吏”不可抛弃所部之“卒”而径自逃跑，可知“将吏”是士卒之统率者。同书又曰：“卒后将吏而至大将所一日，父母妻子尽同罪。”[④] 可见“将吏”是居于“大将”之下、士“卒”之上的中下级将佐吏员。西汉武帝时贰师将军李广利伐大宛，“而将吏贪，多不爱士卒，侵牟之，以此物故众。”[⑤] 此“将吏”为行军统帅李广利与“士卒”之间的一个群体，他们有权力“侵牟”士卒，可见他们是士卒之“顶头上司”。晁错对汉文帝说：“陛下幸忧边境，遣将吏发卒以治塞，甚大惠也。”[⑥] 这里亦以“将吏”居“士卒”之上而为其统率者。东汉建武五年（29）耿弇与吴汉大破富平、获索起义军后，光武帝“诏（耿）弇进讨张步。（耿）弇悉收集降卒，结部曲，置将吏，率骑都尉刘歆、太山太守陈俊引兵而东……”[⑦] 耿弇以建威大将军身份组建征讨张步之军队，在收集富平、获索降卒为“部曲”的同时即“置将吏”，从而能够成军以东征。上述材料表明，军队是由统军将领、将吏、士卒这样三个层级而构成的，而“将吏”是士卒之上、

---

① （唐）李延寿撰：《南史》卷三一《张裕附孙瓌传》，中华书局1975年版，第814页。

② 《资治通鉴》卷一四一，齐明帝永泰元年（498）四月，第4427页。

③ 张泽咸：《六朝的徭役制度》，载《中国古史论集》，吉林人民出版社1981年版，第223页。

④ 钟兆华校注：《尉缭子校注》卷四《兵令下第二十四》，中州书画社1982年版，第77页。

⑤ （汉）司马迁撰，（南朝·宋）裴骃集解，（唐）司马贞索隐，（唐）张守节正义：《史记》卷一二三《大宛列传》，中华书局1959年版，第3178页。

⑥ （汉）班固撰，（唐）颜师古注：《汉书》卷四九《晁错传》，中华书局1962年版，第2286页。

⑦ （南朝·宋）范晔撰，（唐）李贤等注：《后汉书》卷一九《耿弇传》，中华书局1965年版，第708页。

统军将领之下的一个群体。

魏晋南北朝时期亦是如此。黄初元年（220）张辽以前将军统军屯合肥以御吴，曹丕“给（张）辽母舆车，及兵马送辽家诣屯，敕辽母至，导从出迎。所督诸军将吏皆罗拜道侧，观者荣之。”① 这些参与迎接张辽母亲、家属的“将吏”就是统帅张辽所辖之部属。景初二年（238）司马懿征辽东，“时有兵士寒冻”，司马懿“乃奏军人年六十已上者罢遣千余人，将吏从军死亡者致丧还家。”② “将吏”战亡者可以归葬故里，而“军人”则无此优待，两者处置和待遇的不同反映了他们地位之差别。齐东昏侯永元二年（500），萧颖胄于江陵奉南康王萧宝融为主，萧宝融下令：“所领内系囚见徒，罪无轻重，殊死已下，皆原遣。先有位署，即复本职。将吏转一阶。从征身有家口停镇，给廪食。凡诸杂役见在诸军带甲之身，克定之后，悉免为民。”③ 其中“将吏”可以获得“转一阶”的奖赏，而“带甲之身”——士卒只获得“悉免为民”的待遇，两者待遇、地位之差异也是显然的。

地方军府亦然。西晋建兴三年（315）“王敦左迁陶侃，使（王）廙代为荆州。将吏马俊、郑攀等上书请留侃，敦不许。”④ 陶侃时为使持节、宁远将军、南蛮校尉、荆州刺史。马俊、郑攀为陶侃荆州军府之“将吏”。萧齐永明六年（488）房法乘被任命为交州刺史，“（房）法乘至镇，属疾不理事，专好读书。长史伏登之因此擅权，改易将吏，不令法乘知。录事房季文白之，法乘大怒，系（伏）登之于狱。十余日，登之厚赂法乘妹夫崔景叔得出，将部曲袭州执法乘，谓之曰：‘使君既有疾，不宜劳。’因之别室。”⑤ 此事在永明八年（490）。是交州军府亦置“将吏”，而长史、录事为军府僚佐，属“将吏”中重要成员；“将吏”之下则有“部曲”。

“将吏”不仅在军事系统的阶级中居于士卒之上，而且在政治上亦占

---

① （晋）陈寿撰，（南朝·宋）裴松之注，陈乃乾校点：《三国志》卷一七《魏书·张辽传》，中华书局1959年版，第520页。

② （唐）房玄龄等撰：《晋书》卷一《宣帝纪》，中华书局1974年版，第12页。

③ 《南齐书》卷八《和帝纪》，第111页。

④ 《晋书》卷七六《王廙传》，第2004页。

⑤ 《南齐书》卷五八《东南夷·交州传》，第1018页。

有相当之地位。高堂隆上疏魏明帝，指陈时政弊端之一曰：“将吏奉禄，稍见折减，方之于昔，五分居一；诸受休者又绝廪赐……”① 可见“将吏”日常食国家“奉禄”，在休假期间还能享受国家的“廪赐”。孙皓为了采择后宫，“使黄门备行州郡，科取将吏家女。其二千石大臣子女，皆当岁岁言名。年十五六一简阅，简阅不中，乃得出嫁。后宫千数，而采择无已。”② 其采择后宫的主要对象就是“将吏”家女，“将吏”之上焉者包括“二千石大臣”。泰始（265—274）中，晋武帝“博选良家以充后宫”“司徒李胤、镇军大将军胡奋、廷尉诸葛冲、太仆臧权、侍中冯荪、秘书郎左思及世族子女并充三夫人九嫔之列。司、冀、兖、豫四州二千石将吏家，补良人以下。”③ “将吏”家女仍为采择对象之一，这里“将吏”与“二千石”并列，而位次于朝廷公卿。晋武帝泰始元年（265）诏：“诸将吏二千石已下遭三年丧者，听归终宁。庶人复除徭役。”④ 西晋平吴之后，下令“孙氏将吏渡江者复十年，百姓复二十年。”⑤ 可知“将吏”在“庶民”“百姓”之上⑥。“将吏”还有参与朝廷决策的机会，黄

① 《三国志》卷二五《魏书·高堂隆传》，第 715 页。

② 《三国志》卷五〇《吴书·妃嫔传孙晧滕夫人传》注引《江表传》，第 1203 页。

③ 《晋书》卷三一《后妃上·武元杨皇后传》，第 953 页。

④ （唐）杜佑撰，王文锦、王永兴、刘俊文、徐庭云、谢方点校：《通典》卷八〇《礼典四十·沿革四十·凶礼二》“总论丧期”条，中华书局 1988 年版，第 2159 页。

⑤ 《资治通鉴》卷八一，晋武帝太康元年（280）五月，第 2569 页。

⑥ 【整理者按】：上引《资治通鉴》的这条材料从字面上看，“百姓”复二十年，而“将吏”仅复十年，似乎“百姓”地位高于“将吏”。2017 年 8 月某日，我的研究生在学习此文时提出了这个疑惑，我即通过电邮向黎虎先生寻求释疑解惑。黎先生于 8 月 27 日专函回复答疑，解释如下：“一、从字面上看，‘孙氏将吏渡江者复十年，百姓复二十年。’百姓优待过于将吏，似乎百姓地位高于将吏。二、这个材料是在太康元年平吴时颁布的对待孙吴各方面人员的不同政策，上自孙晧，下至百姓，其中孙晧之外的“吴之旧望，随才擢叙。孙氏大将战亡之家徙于寿阳，将吏渡江复十年，百姓及百工复二十年。”（《晋书·武帝纪》）这里的‘吴之旧望’‘孙氏大将’‘将吏’等均属孙吴政权的骨干分子（借用今天的术语可以谓之‘反革命分子’‘反动派’），而与普通老百姓‘百姓及百工’有所区别，故采取不同政策。处于‘反革命分子’下层、百姓之上的‘将吏’虽然可以得到‘复十年’的宽大政策，但是也透露出这样的信息：他们从此的命运是回家务农，与还在政治上有出路的‘随才擢叙’的‘吴之旧望’有所区别了。这里给予老百姓的复除年数的确相当优惠，这是为了争取历来号称难治的江东民心。因此，这条资料仍然证明‘将吏’地位在‘庶民’之上。三、但是，在征引这条材料之后，应当有所说明，否则容易让读者误会。文章中缺少这一说明，是一缺点，应当补上。所以，你那位研究生发现这个漏洞，功不可没，应当予以鼓励和表扬。以后发现存在什么问题，恳请随时指出。以上所述，不知然否？仅供参考。”［《黎虎先生致李文才信（2017 年 8 月 27 日）》未刊稿］

龙元年（229）孙权“欲还都建业，而虑水道泝流二千里，一旦有警，不相赴及，以此怀疑。及至夏口，于坞中大会百官议之，诏曰：‘诸将吏勿拘位任，其有计者，为国言之。’诸将或陈宜立栅栅夏口，或言宜重设铁锁者，权皆以为非计。时（张）梁为小将，未有知名，乃越席而进曰……（孙）权以（张）梁计为最得，即超增梁位。后稍以功进至沔中督。”① 可知“将吏”包括在“百官”之中，有时有机会参与朝廷的百官决策大会。

“将吏”是一个宽泛的概念，如果进一步加以区分则有“将”有“吏”，“将吏”是由这两个词素而组成的复合词。刘宋泰始二年（466），晋安王刘子勋于寻阳称帝反抗宋明帝刘彧，湘州从事何慧文依附于刘子勋。同年九月平定刘子勋后，宋明帝“以何慧文才兼将吏……使吴喜宣旨赦之。”胡三省注曰：“有将才，又有吏才也。”② 释“将吏”为“将”与“吏”。上述黄龙元年孙权在夏口召开百官会议的记载表明，其中“将”的高下层级相去悬远，包括从无名“小将”到统帅之左右——高级将领在内。前举王敦以王廙代陶侃为荆州刺史时，陶侃“将吏马俊、郑攀等上书请留侃”③，同书另处记此事曰：“（陶）侃故将郑攀、马儁等乞侃于（王）敦”④。《晋书·陶侃传》记此事云：“侃之佐吏将士诣（王）敦请留侃。敦怒不许。侃将郑攀、苏温、马儁等不欲南行，遂西迎杜曾以距（王）廙。”⑤ 可知马、郑二人实为陶侃之“将”，泛称则谓之“将吏”。“将吏”一词的另一内涵则为“吏”。刘宋永初二年（421）刘裕“初限荆州府置将不得过二千人，吏不得过一万人；州置将不得过五百人，吏不得过五千人。兵士不在此限。”⑥ 这个记载中前者“荆州府”为荆州都督府，即荆州都督区首州——荆州军府，后者所称之“州”则为荆州都督区所统其他诸州军府。两类军府均由“将”“吏”两部分成员组

---

① 《三国志》卷五一《吴书·宗室传·孙奂传》注引《江表传》，第1209页。

② 《资治通鉴》卷一三一，宋明帝泰始二年（466）九月，第4122页。

③ 《晋书》卷七六《王廙传》，第2004页。按，马俊，同书《陶侃传》《朱伺传》《杜曾传》均作“马儁”；《资治通鉴》卷八九、卷九一则作“马隽”。

④ 《晋书》卷八一《朱伺传》，第2121页。

⑤ 《晋书》卷六六《陶侃传》，第1772页。

⑥ （梁）沈约撰：《宋书》卷三《武帝纪下》，中华书局1974年版，第57页。

成。此二者合称则所谓“将吏”[①]。《宋书·百官志》记公府佐吏曰：“长史、从事中郎主吏，司马主将。”[②] 由其上佐长史、司马等分别主管府中之“将”与“吏”。而“宋齐以下，诸州之置军府者，其组织略如公府，惟视军号大小而递损其规制。”[③] 是则地方军府亦由长史、司马分别主管其“将”与“吏”，而在“将吏”之下则为兵士。永初二年之令规定了荆州军府及所统诸州军府之“将”“吏”编制限额之外，还规定“将吏”之下的“兵士”员额则不受限制。据此，则不论行军或军府之编制，粗分则由统帅、将吏、士兵三部分成员组成；细分则由统帅、将、吏、士兵四部分成员组成。

那么，“将吏”中的“吏”具体是些什么人呢？他们即史籍中常见的“军吏”[④]。在魏晋南北朝时期，狭义的“军吏”是指居于“军将”和“士兵”之间的一个群体；广义的“军吏”也可包括“军将”在内，与“将吏”的涵义基本上相同。上述刘裕规定的荆州都督府及其所统诸州军府中的“吏”就是指狭义的“军吏”，而与“将”有着层级高下和员额多少的区别。“军吏”有时可径称为“吏”，如：“贺拔岳营于河曲，有军吏独行，忽见一老翁，须眉皓素，谓之曰：‘贺拔岳虽复据有此众，然终无所成。当有一宇文家从东北来，后必大盛。’言讫不见。此吏恒与所亲言之，至是方验。”[⑤] 这里即先称“军吏”，后称为“吏”，此“吏”实际上是“军吏”。“军吏”是与士兵相结合而存在，而形成为一个不可分割的整体——军队，两者同属军事系统而有上下层级之别。晋元帝以戴若思“出为征西将军、都督兖豫幽冀雍并六州诸军事、假节，加散骑常侍。发投刺王官千人为军吏，调扬州百姓家奴万人为兵配之”[⑥]。“军吏”发“投刺王官”为之，“兵”则调“百姓家奴”为之；前者千人，后者

① 前引《晋书·陶侃传》所载“佐吏将士”一词，实际上包含“将、佐、吏、士”等多种身份，“将”“吏”是其中的两种，合起来即可称为“将吏”。与《宋书·武帝纪下》所载正相吻合。

② 《宋书》卷三九《百官志上》，第1223页。

③ 严耕望：《中国地方行政制度史》上编《魏晋南北朝地方行政制度》上册，台北“中央研究院”历史语言研究所专刊之45，第176页。

④ 参见拙文《说“军吏”——从长沙走马楼吴简谈起》，《文史哲》2005年第2期。

⑤ （唐）令狐德棻等撰：《周书》卷一《文帝纪上》，中华书局1971年版，第6页。

⑥ 《晋书》卷六九《戴若思传》，第1847页。

万人。两者的区分是显然的。这种区分与永初二年的规定是一致的。

上述永初二年关于荆州及其所统诸州军府“将”“吏”限额的记载是“吏户”论经常加以征引的资料，用以证明魏晋南北朝时期“吏”的数量庞大，将两者相加而谓荆州有“吏”一万五千人云云。这是将军事系统的“军吏”与行政系统的“吏”混为一谈。永初二年之前的义熙八年（412）刘裕同样有一个针对荆州地区的命令，在平定刘毅之后下令曰：“州郡县吏，皆依尚书定制实户置。”[①] 这个命令是关于荆州行政系统置“吏”限额的规定，故需依尚书省的规定，根据户口多少而确定置“吏”数额，与此后九年即永初二年针对荆州军府置“吏”的规定是在对象和性质上均不相同的两回事，一个是关于州郡县行政系统“吏”员数额的规定，一个是关于荆州军府“军吏”数额的规定，而“吏户”论却将两者混为一谈。在长沙走马楼吴简的基层编户中，州郡县“吏”与“军吏”是两个不同的群体[②]，进一步印证这两种“吏”是有区别的。

二 关于“吏士”“吏兵”与“吏”

与上述情况相同，论者还将有关“吏士”“吏兵”等方面的资料群作为论述“吏户”问题的证据。

为了强调魏晋南北朝时期吏役的繁重，论者征引曹魏王朗奏议中“吏士小大，并勤稼穑”一语，以证明这个时期吏的地位低落，要为州郡耕种公田云云。此语出《魏名臣奏》所载王朗“节省奏”，这句话的前后文是这样的：“当今诸夏已安，而巴蜀在画外。虽未得偃武而弢甲，放马而戢兵，宜因年之大丰，遂寄军政于农事。吏士小大，并勤稼穑，止则成井里于广野，动则成校队于六军，省其暴繇，赡其衣食。”[③] 这是曹丕称帝后司空王朗针对当时存在“或乃兵既久屯，而不务营佃”[④] 的情况提出的建议，其目的是“寄军政于农事”，因此要求“吏士小大，并勤稼穑”，其主要意图是用军队中的“吏士”以事农耕。这样他们平时则可

① 《宋书》卷二《武帝纪中》，第29页。

② 参见长沙市文物考古研究所、中国文物研究所、北京大学历史学系走马楼简牍整理组编著《长沙走马楼三国吴简·嘉禾吏民田家莂》，文物出版社1999年版。

③ 《三国志》卷一三《魏书·王朗传》注引《魏名臣奏》，第410页。

④ 《三国志》卷一三《魏书·王朗传》注引《魏名臣奏》，第410页。

“成井里于广野”，战时则可“成校队于六军”，实行亦兵亦农。这里的“吏士”分明是指军队中的成员——军吏与士卒。

论者又以《三国志·徐盛传》所载“吏士”参战一事以证明“吏”常被驱使作战。事实上，这里的“吏士”也不是行政系统之“吏”而是“兵”。本传曰：“孙权统事，以（徐盛）为别部司马，授兵五百人，守柴桑长，拒黄祖。（黄）祖子（黄）射，尝率数千人下攻（徐）盛。（徐）盛时吏士不满二百，与相拒击，伤（黄）射吏士千余人。已乃开门出战，大破之。（黄）射遂绝迹不复为寇。”① 这里明言孙权授予徐盛五百“兵”，他在抗拒黄射时所用的“吏士”二百人，即五百“兵”中的一部分，黄射被徐盛击伤的“吏士”一千余人也同样是士兵，而作战是“吏士”的本分。

那么，“吏士”的含义究竟是什么呢？战国时期军事家在论及军队的训练和指挥时强调：“将必明告吏士，申之以三令。”② 可知“吏士”是在“将”指挥之下的军队成员。汉宣帝时赵充国奉命伐羌，他的上疏中有云：“步兵九校，吏士万人。”③ 其中步兵“九校”即九部共有“吏士”万人。建安十三年（208）曹操“至赤壁，与（刘）备战，不利。于是大疫，吏士多死者，乃引军还。”次年，曹操“军合肥”，令曰：“自顷已来，军数征行，或遇疫气，吏士死亡不归”④。前者是参与赤壁之战的“军”中成员，后者是指出征牺牲的“军”中成员。曹魏时颜斐为京兆太守，青龙年间（233—237）“司马宣王在长安立军市，而军中吏士多侵侮县民，（颜）斐以白宣王。宣王乃发怒召军市候，便于斐前杖一百……宣王遂严持吏士。自是之后，军营、郡县各得其分。”⑤ 这里明确将“吏士”指为“军中”成员，是与地方系统——“郡县”之“吏”不同的另一系统成员。

“吏士”也是一个比较宽泛的词，它是“军吏士卒”或“将吏士卒”的合称。西汉元帝永光二年（前42）冯奉世率兵六万讨西羌，复派韩安

---

① 《三国志》卷五五《吴书·徐盛传》，第1298页。

② 曹胜男、安娜译注：《六韬》第六《犬韬》，中华书局2007年版，第215页。

③ 《汉书》卷六九《赵充国传》，第2987页。

④ 《三国志》卷一《魏书·武帝纪》，第31、32页。

⑤ 《三国志》卷一六《魏书·仓慈传》注引《魏略》，第513—514页。

国率募士万人支援，“未进，闻羌破而还。诏罢吏士，颇留屯田，备要害处。”此即解散征羌军队，留下其中部分“吏士”进行屯田。胡三省注曰：“吏，军吏；士，卒也。”① 将“吏士”视为“军吏”与“士卒”之合称。汉王元年（前206）刘邦就国，“至南郑，诸将及士卒多道亡归，士卒皆歌思东归。韩信说汉王曰：‘项羽王诸将之有功者，而王独居南郑，是迁也。军吏士卒皆山东之人也，日夜跂而望归……’”② 前面的“诸将及士卒”与后面的“军吏士卒”所指相同。而班固记此事曰：“吏卒皆山东之人，日夜企而望归”③。他将“军吏士卒”简称为“吏卒”。可知“吏卒”与“吏士”的涵义也是相同的。司马迁记张骞通西域事曰：“自博望侯开外国道以尊贵，其后从吏卒皆争上书言外国奇怪利害，求使。”④ 而班固则记作：“自（张）骞开外国道以尊贵，其吏士争上书言外国奇怪利害，求使。”⑤ 总之，“吏士”或“吏卒”，就是“将吏士卒”或“军吏士卒”的简称⑥，包含了军队中的“军将”“军吏”和士兵等成员，他们相互依存，缺一不可，从而构成完整的军队体制。

“吏兵”也同样被用于作为论证“吏户”问题的论据。论者或引用《晋书·石季龙载记》中的下面记载以作为十六国与魏晋一样实行“吏户”制度的证据。这个记载的全文是：“右仆射张离领五兵尚书，专总兵要，而欲求媚于石宣，因说之曰：‘今诸公侯吏兵过限，宜渐削弱，以盛储威。’宣素疾石韬之宠，甚说其言，乃使离奏夺诸公府吏，秦、燕、义

---

① 《资治通鉴》卷二八，汉元帝永光二年（前42）十一月，第921页。

② 《史记》卷八《高祖本纪》，第367页。

③ 《汉书》卷一上《高祖纪上》，第30页。

④ 《史记》卷一二三《大宛列传》，第3171页。

⑤ 《汉书》卷六一《张骞传》，第2695页。

⑥ “吏卒”又可用于行政系统，则其含义变为“吏”（州吏、郡吏、县吏）、“卒”（州卒、郡卒、县卒）的合称，而与军事系统的“吏卒”含义有别。如：东汉安帝纪延光三年（124）“济南上言，凤凰集台县丞霍收舍树上。赐台长帛五十匹，丞二十匹，尉半之，吏卒人三匹。”（《后汉书》卷五《安帝纪》，第238页）此“吏卒”为县长、县丞、县尉之下的县吏、县卒。曹魏嘉平元年（249）高平陵事变后，曹爽被软禁在家，司马懿“发洛阳吏卒围守之”，此“吏卒”，胡三省注曰：“洛阳令所主吏卒也。”［《资治通鉴》卷七五，魏邵陵厉公嘉平元年〔249〕正月，第2378页］北魏太延元年（435）十二月下诏整顿吏治，其中有云：“州、郡、县不得妄遣吏卒，烦扰民庶。”［（北齐）魏收撰：《魏书》卷四上《世祖纪上》，中华书局1974年版，第86页］这些都是指地方政府所辖之“吏”和“卒”。

阳、乐平四公听置吏一百九十七人，帐下兵二百人，自此已下，三分置一，余兵五万，悉配东宫。”① 这里的“吏兵”是些什么人呢？这个记载很清楚地表明“吏兵”包括“府吏”和“兵”两种人员，而他们均由“五兵尚书”所管辖调度。“五兵尚书”是魏晋时期列曹尚书之一，其职责正如这段引文所说是“专总兵要”的。由此可知，“吏兵”是属于“五兵尚书”管辖调度范围内的军事系统人员。“吏兵”中的“府吏”即“将吏”“军吏”。显然，“吏兵”与上述“吏士”的涵义是一致的。《灵帝纪》曰：“中平五年，徵（董）卓为少府，敕以营吏士属左将军皇甫嵩，诣行在所。卓上言：‘凉州扰乱，鲸鲵未灭，此臣奋发效命之秋。吏士踊跃，恋恩念报，各遮臣车，辞声恳恻，未得即路也。辄且行前将军事，尽心慰恤，效力行阵。’六年，以卓为并州牧，又敕以吏兵属皇甫嵩。卓复上言：‘臣掌戎十年，士卒大小，相狎弥久，恋臣畜养之恩，乐为国家奋一旦之命，乞将之州，效力边陲。’”② 这里董卓所辖军队，先被称为“吏士”，后称为“吏兵”。可见“吏士”“吏兵”是相通的，他们都是董卓“掌戎十年”中的部下，他们都是“兵”而不是行政系统之“吏”。

以“吏兵”指军事系统人员在魏晋时期的史籍中是普遍的。孙权爱将潘璋“所领兵马不过数千，而其所在常如万人。征伐止顿，便立军市，他军所无，皆仰取足。然性奢泰，末年弥甚，服物僭拟。吏兵富者，或杀取其财物，数不奉法。监司举奏，权惜其功，而辄原不问。”③ 这里的“吏兵”即潘璋所统率的“兵马”中的成员，大概由于潘璋经常设置“军市”，故其“吏兵”中有因此致富者，而他们又为性情奢侈的潘璋所垂涎而遭劫杀。东晋孝武帝时范宁上书说：“方镇去官，皆割精兵器仗以为送故，米布之属不可称计……送兵多者至有千余家，少者数十户。既力入私门，复资官廪布。兵役既竭，枉服良人，牵引无端，以相充补。若是功勋之臣，则已享裂土之祚，岂应封外复置吏兵乎！”④ 这里的“吏兵”也是指军队中的军吏和士卒。而这条材料也是经常被用于论证“吏

① 《晋书》卷一〇六《石季龙载记上》，第2773页。

② 《三国志》卷六《魏书·董卓传》注引《灵帝纪》，第172页。

③ 《三国志》卷五五《吴书·潘璋传》，第1300页。

④ 《晋书》卷七五《范汪附子宁传》，第1987页。按，中华书局标点本此处句读有误，今径改。

户”问题的。

论者又引用《晋书·姚苌载记》中的下述记载以证明十六国时期存在“吏户”制度：后秦“（姚）苌下书，兵吏从征伐，户在大营者，世世复其家，无所豫。”① 何谓“大营”？本载记曰：“初，关西雄杰以苻氏既终，（姚）苌雄略命世，天下之事可一旦而定。（姚）苌既与苻登相持积年，数为（苻）登所败，远近咸怀去就之计，惟征虏齐难、冠军徐洛生、辅国刘郭单、冠威弥姐婆触、龙骧赵恶地、镇北梁国儿等守忠不贰，并留子弟守营，供继军粮，身将精卒，随（姚）苌征伐。时诸营既多，故号（姚）苌军为大营，大营之号自此始也。”② 由此可见，所谓“营”即兵营，“大营”特指姚苌所部兵营。这里的“兵吏”与上述“吏兵”同，只是颠倒使用而已。这些享受复除的“兵吏”是姚苌大营中的军吏、士卒。这个材料仅表明姚秦实行“营户”（即“军户”“兵户”）制度，而与“吏户”无涉。

三　关于“武射吏”“武吏”“文武吏”与“吏”

与上述情况相同，“武射吏”“武吏”与“文武吏”等方面的资料也被“吏户”论者用于作为其重要的论据。

“武射吏”是论者经常作为“吏户”的证据而加以运用的资料之一，或用以证明“吏”被驱使作战，或用以证明三国时期吏员膨胀，等。事实上，“武射吏”是汉末和三国孙吴地区的一个兵种名称，他们是“兵”而不是“吏”。孙吴的军队，常冠以各种名号，马端临总结道：“吴多舟师，而兵有解烦、敢死两部，又有车下虎士，丹阳青巾，交州义士，及健儿、武射之名。”③ “武射吏”即为其中孙吴诸兵名号之一。孙权为了与刘表争夺岭南地区，建安十五年（210）派遣步骘为“交州刺史、立武中郎将，领武射吏千人，便道南行。”④ 这是步骘赴任时作为中郎将所率领

① 《晋书》卷一一六《姚苌载记》，第2972页。

② 《晋书》卷一一六《姚苌载记》，第2968页。

③ （元）马端临撰：《文献通考》卷一五一《兵考三·兵制》，中华书局1986年版，第1317页。

④ 《三国志》卷五二《吴书·步骘传》，第1237页。

的部队。孙权还曾以骆统“出为建忠中郎将，领武射吏三千人。”[①] 这也是骆统作为中郎将所统帅的战士。用这些资料去证明“吏役”繁重，他们被用于农业生产之外还用于作战云云，并不符合历史的实际。“武射吏”来源有自，西汉时已有“武射”为称之战士，卫青部将张次公的父亲张隆即“轻车武射也。以善射，景帝幸近之也。”[②] 西汉建立后，“高祖命天下郡国选能引关蹶张、材力武猛者，以为轻车、骑士、材官、楼船。”[③] “轻车”即其诸兵种之一。“轻车，古之战车也。”[④] 可见“武射”为汉代“轻车”兵种中的射手。孙吴时期的“武射吏”当为承此演变而来的兵种。

有关“武吏”的记载也是论者在论述“吏户”问题时经常加以应用的资料，尤以《宋书·徐豁传》关于“大田武吏”的记载最为其重要论据之一。刘宋元嘉三年（426）“遣大使巡行四方，并使郡县各言损益”时，始兴太守徐豁所陈三事之一曰：“郡大田，武吏年满十六，便课米六十斛，十五以下至十三，皆课米三十斛，一户内随丁多少，悉皆输米。且十三岁儿，未堪田作，或是单迥，无相兼通，年及应输，便自逃逸，既遏接蛮、俚，去就益易。或乃断截支体，产子不养，户口岁减，实此之由。谓宜更量课限，使得存立。今若减其米课，虽有交损，考之将来，理有深益。”[⑤]

“武吏”究竟是些什么人呢？秦汉时期行政部门的吏员根据其分工的不同，而有“文吏”与“武吏”之别，“文吏者，习文法之事，若功曹五官掾史等。武吏者，劾捕之事，若督盗贼游击等。”[⑥] 这种武吏大概类似于现在的法警。魏晋时期“武吏”的性质与此不同。西晋太康元年（280）“吴平之后，帝诏天下罢军役，示海内大安，州郡悉去兵，大郡置

① 《三国志》卷五七《吴书·骆统传》，第1335页。

② 《史记》卷一一一《卫将军骠骑列传》，第2943页。

③ （汉）应劭撰，（清）孙星衍校集：《汉官仪》卷上，周天游点校：《汉官六种》，中华书局1990年版，第152页。

④ （晋）司马彪撰，（梁）刘昭注补：《续汉书·舆服志上》，点校本《后汉书志》第二十九，中华书局1965年版，第3650页。

⑤ 《宋书》卷九二《良吏·徐豁传》，第2266页。

⑥ 黄晖撰：《论衡校释》卷一六《商虫篇》注引沈钦韩《左传补注》，中华书局1990年版，第714页。按，据篇名校释，“商虫”之“商”当作“適”，今本以字形相近而讹作“商”（第713页）。其说可从。

武吏百人，小郡五十人。”[①] 这种“武吏”是用以代替原来州郡兵的地方武装，与原来作为地方行政部门吏员之“武吏”具有不同的性质，这种武吏是“兵”而非“吏”。这种地方武装性质的“武吏”早在太康元年之前已经出现。西晋为了灭吴，于咸宁三年（277）诏益州刺史王濬罢屯田兵以建造船只，其别驾何攀“进曰：‘今见佃兵但六百人，计作船六七年财可胜万人。后者未成，前者已腐，无以辅成国意。宜辄召回守休兵，及诸武吏，并万余人造作，岁终可辨。’（王）濬及纲纪疑辄召万兵，欲先上，须报。攀曰：‘官家虽欲伐吴，疑者尚多，卒闻召万兵，必不见听。以佃兵作船，船不时成。当辄召，以速为机。设当见却，功夫已成，势不得止。’濬善之……任（何）攀典舟船器仗。”[②] 其中“宜辄召回守休兵，及诸武吏”一句，在同书卷8《大同志》中作“宜召诸休兵，借诸郡武吏。”[③] 这里将屯田兵以及何攀建议召集之休假士兵、诸郡武吏，统称为“兵”。可见这时地方行政部门已经有了士兵性质的“武吏”。而这时尚在晋武帝罢州郡兵之前三年，由此还可推知咸宁之前的泰始年间这种性质的“武吏”也可能已经出现。

马隆，东平平陆人，“少而智勇，好立名节。魏兖州刺史令狐愚坐事伏诛，举州无敢收者。隆以武吏托称愚客，以私财殡葬，服丧三年，列植松柏，礼毕乃还，一州以为美谈。署武猛从事。”[④] 是则早在曹魏时期地方政府中已经有了武吏。“泰始中，将兴伐吴之役，下诏曰：‘吴会未平，宜得猛士以济武功。虽旧有荐举之法，未足以尽殊才。其普告州郡，有壮勇秀异才力杰出者，皆以名闻，将简其尤异，擢而用之。苟有其人，勿限所取。’兖州举隆才堪良将。稍迁司马督。”[⑤] 马隆正是在伐吴这个时代背景下从“武吏”中被拔擢为“将”的，他之所以被选中，是因为他具有“壮勇秀异”“才堪良将”的条件，足以成为伐吴之战的“猛士”。

---

① 《晋书》卷四三《山涛传》，第1227页。

② （晋）常璩撰，任乃强校注：《华阳国志校补图注》卷一一《后贤志十四·何攀传》，上海古籍出版社1987年版，第649—650页。

③ 《华阳国志校补图注》卷八《大同志三》，第440页。

④ 《晋书》卷五七《马隆传》，第1554页。

⑤ 《晋书》卷五七《马隆传》，第1554页。关于马隆的出身，干宝《晋纪》亦谓“兖州武吏东平马隆”（《三国志》卷二八《魏书·王凌传》注引，第761页）。

马隆这样的“武吏”当是何攀建议召集以造伐吴战船的州郡“武吏”。看来太康元年于诸郡设置士兵性质的“武吏”并非突然，是根据已有成例而作出的决定，然后推向全国。

上述孙吴时期步骘为交州刺史时领“武射吏”千人赴任，《水经注》引王氏《交广春秋》曰：“建安十六年，吴遣临淮步骘为交州刺史，将武吏四百人之交州，道路不通。苍梧太守长沙吴巨拥众五千，骘有疑于巨，先使谕巨，巨迎之于零陵，遂得进州。巨既纳骘而后有悔，骘以兵少，恐不存立。巨有都督区景，勇略与巨同，士为用。骘恶之，阴使人请巨，巨往告景，勿诣骘。骘请不已，景又往，乃于厅事前中庭俱斩，以首徇众”①。将步骘所率“武射吏”称为“武吏”，则“武射吏”亦属“武吏”范围之内。这里将步骘所统“武吏”亦径称为“兵”，那么地方武装性质的“武吏”可能早在汉魏之际已经出现了。

西晋末年，罢州郡兵的措施虽然可能被破坏，但这种地方武装性质的“武吏”却继续存在。西晋末年张昌之乱时，雍州刺史刘沈“将州兵万人征西府五千人，自蓝田关以讨之”。其部众被司马颙逼夺，于是“长沙王（司马）乂命（刘）沈将武吏四百人还州”②。可见这时“州兵”与“武吏”同时存在。王如，“京兆新丰人也。初为州武吏，遇乱流移至宛。”③ 他即雍州之“武吏”。萧齐时，“中书舍人纪僧真幸于武帝，稍历军校，容表有士风。谓帝曰：‘臣小人，出自本县武吏，邀逢圣时，阶荣至此……唯就陛下乞作士大夫。’”④ 其为“武吏”是在刘宋时期。他由“武吏”而“稍历军校”的经历，也从一个侧面反映了“武吏”的“兵”的性质。

始兴郡的大田“武吏”也应当是这样的“兵”而非“吏”。以“兵”从事农业是魏晋以来的传统，西晋泰始四年（268）傅玄指出：“自顷以

---

① （北魏）郦道元著，（民国）杨守敬、熊会贞疏，段熙仲点校，陈桥驿复校：《水经注疏》卷三七《泿水》，江苏古籍出版社1989年版，第3094—3095页。《交广春秋》，据同书赵注引虞喜《志林》：太康八年（287），广州大中正王范上《交广二州春秋》。杨守敬按：虞说本《吴志·孙策传·注》，此书《隋志》不著录，盖已佚。《新唐志》有《交广二州记》一卷，或是残帙。（第3094页）其说可参。

② 《晋书》卷八九《忠义·刘沈传》，第2306页。

③ 《晋书》卷一〇〇《王如传》，第2618页。

④ 《南史》卷三六《江夷附曾孙（江）敩传》，第943页。

来，日增田顷亩之课，而田兵益甚”[①]。咸宁元年（275）晋武帝诏曰：“今以邺奚官奴婢著新城，代田兵种稻”[②]。可证西晋有“田兵”。北魏宣武帝正始三年（506）“发河北数州田兵二万五千人，通缘淮戍兵合五万余人，广开屯田。”[③] 这是北魏有“田兵”。“田兵”又称“佃兵”[④]，实为专业屯田兵[⑤]。西晋初年傅玄说：“旧兵持官牛者，官得六分，士得四分；自持私牛者，与官中分，施行来久，众心安之。今一朝减持官牛者，官得八分，士得二分；持私牛及无牛者，官得七分，士得三分，人失其所，必不欢乐。臣愚以为宜佃兵持官牛者与四分，持私牛与官中分，则天下兵作欢然悦乐，爱惜成谷，无有损弃之忧。”[⑥] 对于田兵（佃兵）的剥削量高达十分之六乃至十分之八，可知统治者对于“兵”的课赋繁重远高于其他人群是一贯的政策。故刘宋时期始兴郡以“武吏”从事农耕，是不足为奇的事情；始兴郡的“武吏”虽然不是屯田兵，但是他们作为“兵”的一种而遭受的正是魏晋以来对于“兵”的一贯的苛重课赋。

有关“文武吏”的资料也是“吏户”论者的主要根据之一。《晋书·应詹传》以“文武吏”进行“课佃”的记载，即为论者所经常征引的重要资料。在晋明帝时王敦之乱后，应詹出任江州刺史前建议：“都督可课佃二十顷，州十顷，郡五顷，县三顷。皆取文武吏医卜，不得挠乱百姓。三台九府，中外诸军，有可减损，皆令附农。市息末伎，道无游人，不过一熟，丰穰可必。然后重居职之俸，使禄足以代耕。”[⑦]

“文武吏”是些什么人呢？“文武吏”或亦简称“文武”。“文武”在

---

① 《晋书》卷四七《傅玄传》，第1321页。

② 《晋书》卷二六《食货志》，第787页。

③ 《魏书》卷七九《范绍传》，第1756页。（唐）李延寿撰：《北史》卷四六《范绍传》（中华书局1974年版，第1701页）略同。

④ 《晋书》卷三八《宣五王·扶风王（司马）骏传》，第1125页；同书卷四七《傅玄传》，第1321页。

⑤ （宋）李昉等撰：《太平御览》卷三三七《兵部·六八》引干宝《晋纪》：“曹爽留车驾宿伊水南，伐木为鹿角，发屯田兵数千人以为备。”（中华书局1960年版，第1548页）

⑥ 《晋书》卷四七《傅玄传》，第1321页。

⑦ 《晋书》卷七〇《应詹传》，第1860页。

汉代是指从中央到地方的文武百官和吏员。如："正月旦，百官朝贺，光禄勋刘嘉、廷尉赵世各辞不能朝，高赐举奏：'皆以被病笃困，空文武之位……'"[①] 这里的"文武"是泛指"百官"。东汉顺帝永和（136—141）年间任峻为洛阳令，"擢用文武吏，皆尽其能。"[②] 这是指地方政府中的文、武吏员。魏晋南北朝时期在承袭汉代这一传统的基础上，称谓之实有了较大的变化。除了以"文武"指从中央到地方行政系统的百官吏员之外，还指军事系统中的"将吏""军吏"，甚至有时也包括士兵在内。这种情况到了东晋南朝时期愈加显著。

东晋太元十年（385）卫将军谢安死，晋孝武帝以司马道子"领扬州刺史、录尚书、假节、都督中外诸军事。卫府文武，一以配骠骑府。"[③]"卫府"为谢安卫将军府，"骠骑府"为司马道子骠骑将军府。这里的"文武"即指军府之将吏、军吏等成员。司马道子后来又被"拜侍中、太傅，置左右长史、司马、从事中郎四人，崇异之仪，备尽盛典。其骠骑将军僚佐文武，即配太傅府。"[④] 这里的"文武"即指其军府之"僚佐"。西晋建兴三年（315）熊远反对司马睿亲征杜弢，说："今公亲征，文武将吏、度支筹量、舟舆器械所出若足用者，然后可征。"[⑤] 这里的"文武"指其"将吏"。东晋末年刘毅在上表中说："况乃地在无虞，而犹置军府文武将佐，资费非要，岂所谓经国大情，扬汤去火者哉!"[⑥] 这里以"文武"指军府之"将佐"。上述事例均以"文武"来指军府之将吏、军吏等成员。

史载西晋齐王司马攸"虽未之国，文武官属，下至士卒，分租赋以给之，疾病死丧赐与之。"[⑦] 可知"文武"是在"士卒"之上的群体。但是"文武"有时也包括士卒在内，东晋隆安二年（398）杨佺期等攻建康时，朝廷以左卫将军桓修"为龙骧将军、荆州刺史、假节，权领左卫文

---

① （汉）蔡质撰，（清）孙星衍校集：《汉官典职仪式选用》，周天游点校：《汉官六种》，第203页。

② 《后汉书》卷七六《循吏列传·王涣传附任峻传》，第2470页。

③ 《晋书》卷六四《简文三子·司马道子传》，第1732页。

④ 《晋书》卷六四《简文三子·司马道子传》，第1739页。

⑤ 《晋书》卷七一《熊远传》，第1886页。

⑥ 《晋书》卷八五《刘毅传》，第2208—2209页。

⑦ 《晋书》卷三八《文六王·齐王（司马）攸传》，第1131页。

武之镇。”[①] 胡三省注此事曰：“左卫文武，左卫将军府之僚属及部曲也。”[②] 东晋义熙六年（410）荆州刺史刘道规抵御谯纵部属桓谦，“乃会将士，告之曰：‘桓谦今在近畿，闻者颇有去就之计。吾东来文武，足以济事。若欲去者，本不相禁。’”[③] 胡三省注此事曰：“东来文武，谓（刘）道规从行将佐兵士也。”[④] 这里的“文武”都是包括士卒在内的，故有时径称“文武部曲”[⑤]，有时称“部曲文武”[⑥]。

上述应詹建议在都督、州、郡、县以“文武吏”课佃，是包括军事系统和行政系统的“文武吏”在内的。那么“文武吏”的具体内涵是什么呢？萧齐永明十一年（493）“立南郡王（萧）昭业为皇太孙，东宫文武悉改为太孙官属。”胡三省注曰：“东宫官属，文则太傅、少傅、詹事、率更令、家令、仆、门大夫、中庶子、中舍人、庶子、洗马、舍人，武则左右卫率、翊军·步兵·屯骑三校尉、旅贲中郎将、左右积弩将军、殿中将军、员外殿中将军、常从虎贲督。”[⑦] 所谓“文武”是指文职人员和武职人员而言。

同理，地方军事系统、行政系统之“文武”也是指其所担任职务之“文”“武”性质而区分的。刘宋《宁州刺史爨龙颜碑并阴》载，爨龙颜于刘宋元嘉年间为龙骧将军、护镇蛮校尉、宁州刺史，死后其故吏等人于大明二年（458）为之刊石树碑。碑阴所刻故吏分为三个部分，一为龙骧将军府僚佐，有：长史、司马、录事参军、功曹参军、仓曹参军、户曹参军、中兵参军、府功曹、主簿等；二为镇蛮校尉府僚佐，有：长史、司马、录事参军、功曹参军、仓曹参军、户曹参军、中兵参军、蛮府功曹、主簿等；三为州僚佐，有：别驾、治中、主簿、西曹、门下、录事、户曹、记室、省事、朝直、麾下都督、书佐、干等[⑧]。他们就是宁州刺史爨龙颜的“文武吏”。其中第一、二部分为军事系统僚佐，第三部分为

---

① 《晋书》卷七四《桓修传》，第1955页。
② 《资治通鉴》卷一一〇，晋安帝隆安二年（398）九月，第3479页。
③ 《宋书》卷五一《宗室·临川武烈王（刘）道规传》，第1473页。
④ 《资治通鉴》卷一一五，晋安帝义熙六年（410）七月，第3637页。
⑤ 《资治通鉴》卷一六二，梁武帝太清三年（549）三月，第5014页。
⑥ 《晋书》卷六三《邵续传》，第1704页。
⑦ 《资治通鉴》卷一三八，齐武帝永明十一年（493）四月，第4328页。
⑧ （清）陆增祥撰：《八琼室金石补正》卷一〇，文物出版社1985年版，第55—56页。

行政系统僚佐。其中军府、蛮府上佐中的长史为文职，司马为武职；诸曹参军中的录事参军、功曹参军、仓曹参军、户曹参军等为文职，中兵参军等为武职；府功曹、府主簿等亦为文职。州佐吏中虽然大部分为文职，然而亦有武职，如这里的麾下都督即是。由此可见，不论军府还是州的机构均由“文武吏”两部分成员所组成，郡县亦然。两个系统的“文武吏”的具体涵义也是有区别的，行政系统的“文武吏”，即文献中通常所见的“州吏”“郡吏”“县吏”等人员；军事系统的“文武吏”，即文献中通常所见的“将吏”“军吏”等人员。他们虽然都笼统称为“文武吏”，但其实际内涵却是不同的，而且“文武吏”中的“武吏”的涵义与上述孙吴之“武射吏”、刘宋始兴郡之大田“武吏”等亦非等同。大体说来，前者属于“吏”，后二者属于“兵”，两者也是有区别的。应詹所说的“文武吏”就是指地方各级军事系统中的“将吏”“军吏”乃至士卒，以及行政系统中的“州吏”“郡吏”“县吏”等僚佐吏员。

应詹建议的中心精神，是从中央“三台九府，中外诸军”到地方各级军事系统、行政系统诸部门，凡“有可减损，皆令附农”“不得挠乱百姓”，即是从“百姓”之外的军事和政府机构中精简、抽调现有人员参加农业生产，以解决百官的俸禄问题。因而他所建议使用的“医卜”也当为这些机构中的人员。秦汉时期中央政府各部门均有“医卜”等吏员设置①，魏晋南北朝亦然。西晋时“太医令史”统于宗正，东晋时“太医以给门下省”②。此外还有殿中太医校尉、都尉，殿中太医司马等员③，显然为军事系统人员。晋武帝杨皇后死后，“于是有司卜吉，窀穸有期，乃命史臣作哀策叙怀。”④ 晋孝武帝因后宫无孕，于是“令卜者扈谦筮之，曰：‘后房中有一女，当育二贵男，其一终盛晋室。’”⑤ 这表明朝廷中仍有管理占卜的机构和人员。前秦苻坚时，“高陆人穿井得龟，大三尺，背有八

① 秦汉时期中央设置太医、太卜等员，参见《史记》之《龟策列传》《日者列传》和《汉书·百官公卿表》《续汉书·百官志》等。

② 《晋书》卷二四《职官志》，第737页。

③ 《宋书》卷一八《礼志五》，第514—515页。

④ 《晋书》卷三一《后妃上·武元杨皇后传》，第954页。

⑤ 《晋书》卷三二《后妃下·孝武文李太后传》，第981页。

卦文，（苻）坚命太卜池养之，食以粟，及此而死，藏其骨于太庙。"① 是十六国少数民族政权亦设有"太卜"。王桥"解天文卜筮"，其子王叡"少传父业""兴安初，擢为太卜中散，稍迁为令，领太史。"② 是北魏亦有太卜设置。地方政府中也有"医卜"人员。东汉末，有"督邮徐毅得病，（华）佗往省之。毅谓佗曰：'昨使医曹吏刘租针胃管讫，便苦咳嗽，欲卧不安。'"③ 督邮为郡属吏，则郡设有医曹及相关吏员。魏晋亦然，晋武帝时陈留范粲同郡人孙和向晋武帝推荐范粲，"称其操行高洁，久婴疾病，可使郡县舆致京师，加以圣恩，赐其医药，若遂瘳除，必有益于政。乃诏郡县给医药，又以二千石禄养病，岁以为常，加赐帛百匹。"④。东晋人魏咏之"生而兔缺"，后"闻荆州刺史殷仲堪帐下有名医能疗之"，乃前往求治，殷仲堪"令医善疗之"⑤。南朝时地方政府吏员亦有"医"。萧齐武帝时谢瀹为吴兴太守，"使典药吏煮汤，失火，烧郡外斋南厢屋五间。"⑥ 梁、陈时期"郡县吏"中有"医"等吏员的设置⑦，而古代一般"医"与"卜"并称并用，故"医"亦可兼"卜"⑧。隋文帝"采汉、晋旧仪，置六尚、六司、六典，递相统摄，以掌宫掖之政。"其"四曰尚食，掌进膳先尝。管：司医三人，掌方药卜筮"⑨，其"司医"即兼掌"方药"和"卜筮"。

东晋南朝时期地方军事系统中的"文武吏"不论其重要性还是数量都超过了行政系统，因为这个时期是在魏晋的基础上行政军事化进一步加强的时代，不仅以军事目的而设置的都督设置军府，州郡县地方长官亦普遍加军号而设军府，置军吏，在辖区内有少数民族的地方还加设蛮府，从而使军事系统空前膨胀。因此，应詹建议参与课佃的"文武吏"

---

① 《晋书》卷一一三《苻坚载记上》，第 2904 页。

② 《魏书》卷九三《恩倖·王叡传》，第 1988 页。

③ 《三国志》卷二九《魏书·方技传·华佗传》，第 800 页。

④ 《晋书》卷九四《隐逸·范粲传》，第 2431—2432 页。

⑤ 《晋书》卷八五《魏咏之传》，第 2217—2218 页。

⑥ 《南齐书》卷四三《谢瀹传》，第 763 页。

⑦ （唐）魏徵、令狐德棻撰：《隋书》卷二六《百官志上》，中华书局 1973 年版，第 729 页。

⑧ 《论衡校释》卷二三《薄葬第六十七》："孝子之养亲病也，未死之时，求卜迎医，冀祸消、药有益也。"（第 964 页）

⑨ 《北史》卷一三《后妃传上·序》，第 488—489 页。

虽然包括行政系统和军事系统两者，但以军事系统为主。

四　结语

上述“将吏”“吏士”“吏兵”“武射吏”“武吏”等均属于军事系统，亦即文献所谓之“军吏”，唯“文武吏”或为军事系统，或为行政系统，需视具体情况而加以区分，但一般以军事系统者为多。然而“吏户”论者却将军事系统的资料通通作为论证“吏户”问题的依据，对于军事系统的“军吏”与行政系统的“吏”不加区分。两者虽有相似、相通之处，但是并非等同。我们从长沙走马楼吴简可以看到，户主栏所登记的身份，地方行政系统的“吏”（州吏、郡吏、县吏）、“卒”（州卒、郡卒、县卒）与军事系统的“军吏”是较然有别的①。魏晋南北朝虽然是一个军事化的时代，然而军事系统成员，尤其是中下级军吏和广大士卒的身份、地位却是比较低贱的，他们往往被编制于“军户”（或称“兵户”“营户”等）之中，除了作战之外，还要从事繁重的生产及其他役使。他们的种种境遇均被论者移植到了所谓“吏户”身上。可以说，“吏户”论基本上是将“军吏”“士卒”与州郡县“吏”相糅合基础上而塑造出来的。如果撇去这些军事系统方面的资料，则所谓“吏户”的证据还剩几许？魏晋南北朝史籍中关于“军户”（“兵户”“营户”）的记载比比皆是，相当明确，唯不见“吏户”的明确记载，不会是一种偶然的现象。所谓“吏户”究竟是一个客观存在的历史真实还是一个虚构的命题呢？本文在这里提出此问题加以讨论似乎不是没有意义的。

（原刊《史学月刊》2007 年第 3 期。后收入《先秦汉唐史论》下编“吏民卷”，北京师范大学出版社 2016 年版。今据黎虎先生刊后最新修订稿，并参考原刊文及《先秦汉唐史论》刊文整理。李文才敬识）

---

① 参见前揭《嘉禾吏民田家莂》，文物出版社 1999 年版。

魏晋南北朝“吏户”问题三献疑

——“吏户”论若干说法辨析

关于魏晋南北朝时期的“吏户”问题，笔者曾在《“吏户”献疑——从长沙走马楼吴简谈起》《魏晋南北朝“吏户”问题再献疑——“吏”与“军吏”辨析》① 两文中进行了讨论，本文拟从另一侧面作进一步的讨论：在论证魏晋南北朝时期“吏户”问题时，论者提出了一系列相关说法，例如：一经为吏，便“世代为吏”，因而“吏户”具有“世袭性”；“吏户”必须解除“吏名”或“吏籍”才能获得解脱而上升成为“民户”（平民地位）；“吏”经常遭受长官的鞭打、虐待，表明“吏”的身份十分卑贱（平民之下的“吏户”）；“吏户”的数量非常多，如东晋时仅“司徒吏”就有二十余万，等等。那么，这些说法是否符合历史的实际呢？本文拟就此略陈管见，以就正于方家。

一　关于“世代为吏”

“吏户”论认为魏晋南北朝时期吏的身份十分卑贱，其重要表现之一就是一经为“吏”，便“世代为吏”，具有“世袭性”。那么，实际情况究竟是怎样的呢？事实上，“吏”这个群体兼具相对稳定性和相对变动性的特点。这在魏晋南北朝时期基本上是与汉代一脉相承的。

自战国时期官僚政治确立之后，官吏作为一种职业而逐步具有一定的相对稳定性，不仅长吏具有世袭性，下层小吏亦然。西汉“孝文时，吏居官者或长子孙，以官为氏，仓氏、库氏则仓库吏之后也。其二千石

---

① 前文发表于《历史研究》2005 年第 3 期，后文发表于《史学月刊》2007 年第 3 期。

长吏亦安官乐职，然后上下相望，莫有苟且之意。”① 班固总结西汉前期盛世的诸多表现之一是“为吏者长子孙；居官者以为姓号。”注引如淳曰：“时无事，吏不数转，至于生长子孙而不转职也。”“《货殖传》仓氏、庾氏是也。”② 东汉人朱浮上书说：“大汉之兴，亦累功效，吏皆积久，养老于官，至名子孙，因为氏姓。”注引《音义》曰：“今仓氏、库氏因以为姓，即仓库吏之后也。”③ 由此可知，仓库吏等小吏因“世代为吏”，故能积久而成姓氏。在这种时代氛围下，于是出现了许多“世吏”之家。西汉宣帝时，赵广汉为京兆尹，“所居好用世吏子孙新进年少者”。颜师古注曰：“言旧吏家子孙而其人后出求进，又年少也。”④ 可见其时“世吏”之家是比较普遍的现象。东汉人孟尝，会稽上虞人，“其先三世为郡吏，并伏节死难。尝少修操行，仕郡为户曹史。”⑤ 至其为四世郡吏。耿纯对光武帝说：“臣本吏家子孙”，因其父耿艾曾“为王莽济平尹”⑥。由于长吏世代相袭是比较普遍的现象，以致形成一种“世吏二千石”之家。两汉之际的邓晨即出于“世吏二千石”之家。注引《东观记》曰：“晨曾祖父隆，扬州刺史；祖父勋，交阯刺史。”而其父邓宏，曾为豫章都尉。⑦ 东汉鲁恭⑧、章帝申贵人家⑨、曹节⑩等均为“世吏二千石”出身。魏晋南北朝时期亦然，如魏文帝甄皇后家⑪、羊祜⑫、祖逖⑬等皆为“世吏二千石”出身，其中羊祜家族从汉代至西晋已历九世为二千石。不

---

① （汉）班固撰，（唐）颜师古注：《汉书》卷八六《王嘉传》，中华书局1962年版，第3490页。

② 《汉书》卷二四上《食货志上》，第1135—1136页。

③ （南朝·宋）范晔撰，（唐）李贤等注：《后汉书》卷三三《朱浮传》，中华书局1965年版，第1142、1143页。

④ 《汉书》卷七六《循吏列传·赵广汉传》，第3204页。

⑤ 《后汉书》卷七六《孟尝传》，第2472页。

⑥ 《后汉书》卷二一《耿纯传》，第764、761页。

⑦ 《后汉书》卷一五《邓晨传》，第582页。

⑧ 《后汉书》卷二五《鲁恭传》，第873页。

⑨ 《后汉书》卷五五《章帝八王传·济北惠王（刘）寿传》，第1806页。

⑩ 《后汉书》卷七八《宦者列传·曹节传》，第2524页。

⑪ （晋）陈寿撰，（南朝·宋）裴松之注，陈乃乾校点：《三国志》卷五《魏书·后妃传·文昭甄皇后传》，中华书局1959年版，第159页。

⑫ （唐）房玄龄等撰：《晋书》卷三四《羊祜传》，中华书局1974年版，第1013页。

⑬ 《晋书》卷六二《祖逖传》，第1693页。

独长吏为然，小吏亦然。梁、陈时期官僚华皎家“世为小吏”，其本人复“起自下吏”[①]。施文庆，“不知何许人也。家本吏门，至文庆好学，颇涉书史。陈后主之在东宫，文庆事焉。及即位，擢为中书舍人……聪敏强记，明闲吏职，心算口占，应时条理，由是大被亲幸。”[②] 所谓“吏门”，亦当属世代为吏之人家。沈客卿用事时，以阳惠朗为太市令，暨慧景为尚书金、仓都令史，而“二人家本小吏”[③]，也是“世为小吏”的事实的反映。由此可见，两汉六朝时期无论长吏或小吏均具有相对稳定性之特点。

但是，“吏”的相对稳定性只是问题的一个方面。另一方面，“吏”又具有变动性的特点。不独高官、长吏为然，小吏亦然。由于所谓“吏户”问题主要是关于下层小吏的问题，故这里主要谈谈小吏的变动性问题。这种变动性可以从两个方面体现出来，一方面是由“民”而为“吏”，另一方面是由“吏”而转化为其他身份。后者又有两种情况，一是由“吏”而“民”，二是由“吏”而“官”。质言之，“吏”是在“官”与“民”之间流动，下则来自于“民”，或复归于“民”，上则由“吏”升迁为“官”。

（一）由“民”而“吏”

由“民”转化为“吏”，是吏之主要来源。三国蜀人张嶷，巴郡南充国人也，“出自孤微”[④]，而“弱冠为县功曹”[⑤]。曹魏王基，东莱曲城人，“年十七，郡召为吏”[⑥]。西晋石苞，渤海南皮人，“县召为吏，给农司马。”[⑦] 北魏道武帝天兴四年（401）春，新兴太守上言：“晋昌民贾相，昔年二十二，为雁门郡吏……（贾）相今七十”云云[⑧]，明言此郡吏乃由“民”而来。魏明帝时高堂隆为陈留太守，“犊民酉牧，年七十余，有至

① （唐）姚思廉撰：《陈书》卷二〇《华皎传》，中华书局1972年版，第270、271页。

② （唐）李延寿撰：《南史》卷七七《恩倖·施文庆传》，中华书局1975年版，第1938—1939页。

③ 《南史》卷七七《恩倖·沈客卿传》，第1940页。

④ 《三国志》卷四三《蜀书·张嶷传》注引《益部耆旧传》，第1052页。

⑤ 《三国志》卷四三《蜀书·张嶷传》，第1051页。

⑥ 《三国志》卷二七《魏书·王基传》，第750页。

⑦ 《晋书》卷三三《石苞传》，第1000页。

⑧ （北齐）魏收撰：《魏书》卷一一二下《灵徵志下》，中华书局1974年版，第2954页。

行，举为计曹掾”[①]，此由编户中的牧民被举为吏。以牧民为吏，在这个时期是一种比较常见的现象。邓艾，“少孤，太祖破荆州，徙汝南，为农民养犊。年十二，随母至颍川……为都尉学士，以口吃，不得作干佐。为稻田守丛草吏。同郡吏父怜其家贫，资给甚厚”[②]，是邓艾乃由牧童而为吏。孙吴乌程县小吏吾粲出身于“牧竖”[③]。西晋大臣张华“少自牧羊，而笃志好学。初为县吏，卢钦奇其才，数称荐之。”[④] 也是由牧童而为县吏。以上是由编户民而为郡、县吏之事实。

由于魏晋南北朝时期战乱频繁和长期处于分裂割据状态，导致人口之频繁迁徙，因而流寓人口为吏者亦为相当常见的现象。胡综，汝南固始人，“少孤，母将避难江东。孙策领会稽太守，（胡）综年十四，为门下循行”[⑤]。魏浚，东郡东阿人，“寓居关中。初为雍州小吏”[⑥]。鲁芝，扶风郿人，“世有名德，为西州豪族。父为郭汜所害，（鲁）芝襁褓流离，年十七，乃移居雍，耽思坟籍。郡举上计吏，州辟别贺。”[⑦] 东魏樊逊，河东北猗氏人，“祖琰，父衡，并无官宦。”可知为一介平民，“属本州沦陷，寓居邺中，为临漳小史。”[⑧] 北魏茹皓，“旧吴人也……是时南土饥乱，遂寓居淮阳上党。皓年十五六，为县金曹吏”[⑨]。他们均在迁居之处分别为州、郡、县吏。上述邓艾本籍义阳棘阳，后迁汝南，再迁颍川，为该郡襄城典农部民[⑩]，亦在迁居之地而为吏。这些流离他乡之人在侨寓之地为吏是魏晋南北朝战乱时代的特点之一。这种脱离本贯而流徙他乡之民一般来说不大可能是因为“世袭”前辈而为吏。

兵家子也有转化为吏者。西晋刘卞，东平须昌人。“本兵家子，质直

---

① 《三国志》卷二五《魏书·高堂隆传》，第708页。

② 《三国志》卷二八《魏书·邓艾传》，第775页。

③ 《三国志》卷五二《吴书·步骘传》，第1241页。

④ （宋）李昉等撰：《太平御览》卷六三一《治道部十二·荐举中》引徐广《晋纪》，中华书局1960年版，第2828页。

⑤ 《三国志》卷六二《吴书·胡综传》，第1413页。

⑥ 《晋书》卷六三《魏浚传》，第1712页。

⑦ 《晋书》卷九〇《良吏·鲁芝传》，第2328页。

⑧ （唐）李百药撰：《北齐书》卷四五《文苑·樊逊传》，中华书局1972年版，第607—608页。

⑨ 《魏书》卷九三《恩倖·茹皓传》，第2000页。

⑩ 《三国志》卷二八《魏书·邓艾传》注引《世语》，第775页。

少言。少为县小吏，功曹夜醉如厕，使（刘）卞执烛，不从，功曹衔之，以他事补亭子。有祖秀才者，于亭中与刺史笺，久不成，（刘）卞教之数言，卓荦有大致。秀才谓县令曰：‘（刘）卞，公府掾之精者，卿云何以为亭子?’令即召为门下史”①。西晋赵至，代郡人，寓居洛阳。其母曾谓之曰：“汝先世本非微贱，世乱流离，遂为士伍耳。”其家因战乱流离而沦落为“士伍”，即“兵家”，后乃占户辽西，“辽西举郡计吏”②。赵至亦由兵家子而为吏。

虽然“吏”多出身于贫贱，如孙吴时仅豫章太守顾邵所提拔之“小吏”即有“钱唐丁谞出于役伍，阳羡张秉生于庶民，乌程吴粲、云阳殷礼起乎微贱”③ 等人。然而，也有出身官员、世族之家者。程季然，巴西阆中人，刘璋时为汉昌长，时其子程郁为巴西本郡郡吏。父子二人在服此公职期间还曾经有过公务上的纠结互动：巴西太守庞羲“颇招合部曲”，有人向刘璋告发他“欲叛”，庞羲甚惧，遂派遣程季然之子程郁前往汉昌县向其父“宣旨，索兵自助。”程季然一方面向太守庞羲报告不同意这种做法，另一方面则训诫其子曰：“我受州恩，当为州牧尽节。汝为郡吏，当为太守效力，不得以吾故有异志也。”表示父子均需各为其主，不以父子关系而影响公事。刘璋得知程季然这一事迹后，即升迁其为江阳太守④。刘巴，零陵烝阳人，其祖父刘曜曾为苍梧太守，其父刘祥曾为江夏太守、荡寇将军，“年十八，郡署户曹史主记主簿。”⑤ 蜀汉时益州太守张裔为蜀郡人，杨洪为蜀郡太守，“临（张）裔郡，裔子（张）郁给郡吏，微过受罚，不特原假。”⑥ 孙吴贺齐之父贺辅，为永宁长，贺齐“少为郡吏”⑦。吴郡顾雍族人顾悌，“以孝悌廉正闻于乡党。年十五为郡吏”，其父顾向历任四县令。⑧ 汉末孙吴时期，“公族子弟及吴四姓多出仕

① 《晋书》卷三六《张华传附刘卞传》，第1077—1078页。

② 《晋书》卷九二《文苑·赵至传》，第2377—2379页。

③ 《三国志》卷五二《吴书·顾顾雍附子邵传》，第1229页。

④ 《三国志》卷四五《蜀书·杨戏传》，第1089页。

⑤ 《三国志》卷三九《蜀书·刘巴传》注引《零陵先贤传》，第980页。

⑥ 《三国志》卷四一《蜀书·杨洪传》，第1014页。

⑦ 《三国志》卷六〇《吴书·贺齐传》，第1377页。

⑧ 《三国志》卷五二《吴书·顾雍传》注引《吴书》，第1228页。

郡，郡吏常以千数”[①]。西晋刘超，琅邪临沂人，汉城阳景王刘章之后也。刘章七世孙封临沂县慈乡侯，子孙因家焉。父刘和，为琅邪国上军将军。刘超“少有志尚，为县小吏，稍迁琅邪国记室掾。”[②] 西晋左思，“家世儒学”，其父左雍，“起小吏，以能擢授殿中侍御史。”左思“少学钟、胡书及鼓琴，并不成。”其父左雍谓友人曰：“（左）思所晓解，不及我少时。”[③] 可见这是一个文化世家。上述北魏茹皓，其父原为刘宋之将军，本人流寓北朝之后而为县吏[④]。

低级士族沉沦者也可转化为吏。宗越，“本河南人，晋乱，徙南阳宛县，又土断属叶。本为南阳次门，安北将军赵伦之镇襄阳，襄阳多杂姓，伦之使长史范觊之条次氏族，辨其高卑，觊之点（宗）越为役门。出身补郡吏。”[⑤] 宗越由低级士族“次门”沦为“役门”，从而为吏。

虽然“吏户”论者并不否认小吏由民间而来的历史事实，但认为他们是被强迫征召的。当然，在魏晋南北朝数百年间，存在强迫征召的情况应不足为奇，但其制度主流并非强迫征召。两汉魏晋南北朝时期从民间征召“吏”是一种普遍的做法，如“召除为丞相史”[⑥]“召以为吏”[⑦]“召为吏部尚书”[⑧] 等，凡此皆属“辟召”之“召”。那么，这种“召”是否强迫呢？

东汉鲁恭，扶风平陵人。他怜惜其弟鲁丕年纪尚小，故“欲先就其名，托疾不仕。郡数以礼请，谢不肯应，母强遣之，（鲁）恭不得已而西，因留新丰教授。建初初，（鲁）丕举方正，恭始为郡吏。”[⑨] 鲁恭多次推辞当地政府的召请——“礼请”以及其母的强迫，直到自己的心愿得遂——其弟出仕之后，方才应命为郡吏。梁鸿“初与京邑萧友善，约不

---

① 《三国志》卷五六《吴书·朱治传》，第1305页。

② 《晋书》卷七〇《刘超传》，第1875页。

③ 《晋书》卷九二《文苑·左思传》，第2375—2376页。

④ 《魏书》卷九三《恩倖·茹皓传》，第2000页。

⑤ （梁）沈约撰：《宋书》卷八三《宗越传》，中华书局1974年版，第2109页。

⑥ （汉）司马迁撰，（南朝·宋）裴骃集解，（唐）司马贞索隐，（唐）张守节正义：《史记》卷五四《曹相国世家》，中华书局1959年版，第2029页。

⑦ 《后汉书》卷二九《鲍永传》，第1017页。

⑧ 《宋书》卷五九《张畅附张悦传》，第1607页。

⑨ 《后汉书》卷二五《鲁恭传》，第873—874页。

为陪臣，及（萧）友为郡吏，（梁）鸿以书责之而去。”① 他们可以事先约定不担任地方政府属吏之类的“陪臣”，表明这种事情是可以由自己决定的，并非地方政府可以强迫的；梁鸿之所以责备原来的好友并与之断交，说明萧友之出任郡吏是由于自己不守承诺而非被迫的。汉末曹魏时人王基，年十七“郡召为吏，非其好也，遂去，入琅邪界游学。”② 王基不愿为“吏”而推辞了郡的辟召，外出游学。两晋时人熊远，“县召为功曹，不起，强与衣帻，扶之使谒。十余日荐于郡，由是辟为文学掾。远曰：‘辞大不辞小也。’固请留县。”③ 他之被县“强与衣帻，扶之使谒”并非一般意义上的强迫，而是器重其才干之意。十几天后他又被郡辟为吏，他根据“辞大不辞小”④ 的原则而推辞了郡吏之辟而执意留为县吏，表明了他具有选择的权利。南朝时人龚祈，武陵汉寿人，“从祖玄之，父黎民，并不应征辟。祈年十四，乡党举为州迎西曹，不行。谢晦临州，命为主簿，彭城王（刘）义康举秀才，除奉朝请，临川王（刘）义庆平西参军，皆不就。……衡阳王（刘）义季临荆州……祈又征太子舍人，不起。”⑤ 刘凝之，南郡枝江人，“父期公，衡阳太守，兄盛公，高尚不仕。凝之慕老莱、严子陵为人，推家财与弟及兄子，立屋于野外，非其力不食，州里重其德行。州三礼辟西曹主簿，举秀才，不就。……元嘉初，徵为秘书郎，不就。”⑥ 沈道虔，吴兴武康人，“少仁爱，好《老》《易》，居县北石山下……郡州府凡十二命，皆不就。”⑦ 王素字休业，琅邪临沂人也。高祖翘之，晋光禄大夫。“素少有志行，家贫母老。……大明中，太宰江夏王（刘）义恭开府辟召，辟（王）素为仓曹属，太宗泰始六年，又召为太子中舍人，并不就。”⑧ 冯道根，广平酇人，“少失父，家贫，佣赁以养母。行得甘肥，不敢先食，必遽还以进母。年十三，以

① 《太平御览》卷四一〇《人事部五一·绝交》引《东观汉纪》，第1893页。

② 《三国志》卷二七《魏书·王基传》，第750页。

③ 《晋书》卷七一《熊远传》，第1884页。

④ 此以郡、县上下之序以定其大、小。

⑤ 《宋书》卷九三《隐逸·龚祈传》，第2285页。

⑥ 《宋书》卷九三《隐逸·刘凝之传》，第2284—2285页。

⑦ 《宋书》卷九三《隐逸·沈道虔传》，第2291页。

⑧ 《宋书》卷九三《隐逸·王素传》，第2295—2296页。

孝闻于乡里。郡召为主簿，辞不就。”[1] 由此可见，编户民在被辟召为“吏”时是有一定的选择自由的。

（二）由“吏”而“民”

人民不仅有一定的自由选择是否为“吏”，而且在为“吏”之后，仍然有一定的选择自由，因而由“吏”而“民”的情况也是经常发生的。东汉被认为是“吏户”开始出现的时期，然而在这个时期由“吏”而“民”的情况沿袭西汉而继续存在。冯良，南阳人，“出于孤微，少作县吏。年三十，为尉从佐。奉檄迎督邮，即路慨然，耻在厮役，因坏车杀马，毁裂衣冠，乃遁至犍为，从杜抚学。妻子求索，踪迹断绝。后乃见草中有败车死马，衣裳腐朽，谓为虎狼盗贼所害，发丧制服。积十许年，乃还乡里。志行高整，非礼不动，遇妻子如君臣，乡党以为仪表。”李贤注曰：“从佐谓随从而已，不主案牍也。”“厮，贱也。”[2] 县吏冯良担任的具体职位是不在办公室从事文书工作，而是长官的随从，故被他视为贱役。赵晔，会稽山阴人，“少尝为县吏，奉檄迎督邮，晔耻于厮役，遂弃车马去。到犍为资中，诣杜抚受《韩诗》，究竟其术。积二十年，绝问不还，家为发丧制服。抚卒乃归。州召补从事，不就。举有道。”[3] 范丹，字史云，陈留外黄人，“少为尉从佐，使檄谒督邮，丹有志节，自恚为厮役小吏，乃於陈留大泽中，杀所乘马，捐弃官帻，诈逢劫者。有神下其家曰：‘我史云也。为劫人所杀。疾取我衣於陈留大泽中。’家取得一帻。丹遂之南郡，转入三辅，从英贤游学十三年，乃归。家人不复识焉。陈留人高其志行，及没，号曰贞节先生。”[4] 此数人事迹相类，疑有记述相窜混者。然而，这也反映了这种弃官、弃吏为民的现象在当时具有一定的普遍性，从他们弃官、弃吏之后受到赞扬、肯定来看，他们的行为在当时是并不违法的。

还有一些人在为吏之后，一度离职，然后再为吏。陈寔，颍川许人，“出于单微……少作县吏，常给事厮役，后为都亭佐。而有志好学，坐立诵

---

① （唐）姚思廉撰：《梁书》卷一八《冯道根传》，中华书局1973年版，第286—287页。

② 《后汉书》卷五三《周燮传附冯良传》，第1743页。

③ 《后汉书》卷七九下《儒林列传下·赵晔传》，第2575页。

④ （晋）干宝撰，汪绍楹校注：《搜神记》卷一七，中华书局1979年版，第208页。引者对个别标点有所改变。

读。县令邓邵试与语，奇之，听受业太学。后令复召为吏，乃避隐阳城山中。”后又为郡督邮[①]。公孙瓒，辽西令支人，“为郡门下书佐。有姿仪，大音声，侯太守器之，以女妻焉，遣诣涿郡卢植读经。后复为郡吏。”[②]他们也都经历了由吏而民，又由民而吏的过程。

魏晋南北朝时期亦然。西晋易雄，长沙浏阳人，“少为县吏，自念卑贱，无由自达，乃脱帻挂县门而去。因习律令及施行故事，交结豪右，州里稍称之。”此由“吏”而“民”。后来他又“仕郡，为主簿。”后又被“举孝廉，为州主簿，迁别驾。自以门寒，不宜久处上纲，谢职还家。”[③] 再度由“吏”而“民”。从他的行动被州里称许，表明他并没有逃离家乡，可见他的行动是不违法的，是被认可的。他第二次由“吏”而“民”后，又被提拔为县令。他的反复辞职、升迁，直至仕为长吏，表明下层小吏所具有的一定的自由选择权及吏的变动性特点。顺便提及，易雄在作县吏期间“自念卑贱”常被“吏户”论引以证明“吏”之社会地位卑贱，实际上所谓“卑贱”与否，是每个人从不同角度而发生的不同感受，易雄之感觉“卑贱”是从求“达”的抱负引发的，故他不辞而别后便去学习“律令及施行故事”，并且去“结交豪右”，显然是为了升迁长吏而创造条件，达到出人头地的目的。无独有偶，西晋褚䂮“尝为县吏，事有不合，令欲鞭之，䂮曰：‘物各有所施，榱椽之材不合以为藩落也，愿明府垂察。’乃舍之。家贫，辞吏。”[④] 褚䂮也是自以为大材小用以及因“家贫”而辞去县吏之职，亦由“吏”而“民”。十六国时人李曾，“少治《郑氏礼》《左氏春秋》，以教授为业。郡三辟功曹不就。门人劝之，曾曰：‘功曹之职，虽曰乡选高第，犹是郡吏耳。北面事人，亦何容易。’州辟主簿。到官月余，乃叹曰：‘梁叔敬有云：州郡之职，徒劳人耳。道之不行，身之忧也。’遂还家讲授。”[⑤] 李曾先是三次推辞郡吏之辟，后虽应州吏之辟，但因志趣不合仅就职月余即辞还。亦有因政见不合而辞吏的，西晋人任旭，临海章安人，“幼孤弱，儿童时勤于学。及

---

① 《后汉书》卷六二《陈寔传》，第2065页。
② 《三国志》卷八《魏书·公孙瓒传》，第239页。
③ 《晋书》卷八九《忠义·易雄传》，第2314页。
④ 《晋书》卷九三《外戚·褚裒传》，第2415页。
⑤ 《魏书》卷五三《李孝伯传》，第1167页。

长，立操清修，不染流俗，乡曲推而爱之。郡将蒋秀嘉其名，请为功曹。秀居官贪秽，每不奉法，旭正色苦谏。秀既不纳，旭谢去，闭门讲习，养志而已。”① 任旭因不满郡守之不改贪赃枉法而辞职。尽管他们推却、辞职的原因各不相同，但他们享有一定的选择自由，可以由“吏”而“民”或由“官”而“民”则是一致的。梁武帝天监七年（508），梁荆州刺史萧秀“使长史萧琛简府州贫老单丁吏，一日散遣五百余人，百姓甚悦。”② 这些“吏”也是复归于“民”。

（三）由“吏”而“官”

“吏”还有另外一个变迁方向，那就是由“吏”升迁为“官”。魏晋南北朝时期由小吏转化为“官”者不胜枚举。孙吴时顾邵为豫章太守，“小吏资质佳者，辄令就学，择其先进，擢置右职，举善以教，风化大行。初，钱唐丁谞出于役伍，阳羡张秉生于庶民，乌程吴粲、云阳殷礼起乎微贱，邵皆拔而友之，为立声誉……谞至典军中郎，秉云阳太守，礼零陵太守，粲太子少傅。”③ 这里所列举的小吏，分别由“役伍”“庶民”“微贱”等不同身份转化而为小吏④，然后再经过不同途径由“吏”而转化为“官”。魏晋南北朝时期这种转化的途径是多种多样的。

一是由长吏荐举、拔擢而为“官”。上述顾邵的事迹就是一个典型，其所拔擢的小吏之一殷礼，据顾邵本传引《通语》曰：他“少为郡吏，年十九，守吴县丞。孙权为王，召除郎中。后与张温俱使蜀，诸葛亮甚称叹之。稍迁至零陵太守。”⑤ 殷礼十九岁就由郡小吏而代理县丞，应当就是顾邵“擢置右职”的具体体现。顾邵所拔擢的另一个小吏吾粲，后来又得到另外一位长吏的提携，史称：“孙河为县长，（吾）粲为小吏，河深奇之。河后为将军，得自选长吏，表粲为曲阿丞，迁为长吏，治有名迹。虽起孤微，与同郡陆逊、卜静等比肩齐声矣。孙权为车骑将军，

---

① 《晋书》卷九四《隐逸・任旭传》，第2438—2439页。

② 《梁书》卷二二《太祖五王・安成康王（萧）秀传》，第344页。

③ 《三国志》卷五二《吴书・顾雍附子邵传》，第1229页。

④ 据《三国志》卷五二《吴书・步骘传》称：“丁谞出于孤家，吾粲由于牧竖。”（第1241页）

⑤ 《三国志》卷五二《吴书・顾雍附子邵传》注引《通语》，第1229页。

召为主簿，出为山阴令，还为参军校尉。”① 此外，孙吴时人聂友，“少为县吏。虞翻徙交州，县令使（聂）友送之，翻与语而奇焉，为书与豫章太守谢斐，令以为功曹。郡时见有功曹，斐见之，问曰：‘县吏聂友，可堪何职?’对曰：‘此人县间小吏耳，犹可堪曹佐。’斐曰：‘论者以为宜作功曹，君其避之。’乃用为功曹……后为将，讨儋耳，还拜丹杨太守。”② 孙铄，河内怀人，“少乐为县吏，太守吴奋转以为主簿。铄自微贱登纲纪，时僚大姓犹不与铄同坐。奋大怒，遂荐铄为司隶都官从事。司隶校尉刘讷甚知赏之。时奋又荐铄于大司马石苞，苞辟为掾。”后迁尚书郎。③ 陶侃，本鄱阳人，吴平，徙家庐江之寻阳，“早孤贫，为县吏。鄱阳孝廉范逵尝过侃，时仓卒无以待宾，其母乃截发得双髲，以易酒肴，乐饮极欢，虽仆从亦过所望。及逵去，侃追送百余里。逵曰：‘卿欲仕郡乎?’侃曰：‘欲之，困于无津耳!’逵过庐江太守张夔，称美之。夔召为督邮，领枞阳令。有能名，迁主簿。”④ 这些都是郡县小吏由于长吏的荐举、拔擢而为“官”的事实。

二是通过察举、辟召制度而为官。中国古代从汉代兴起以察举、征辟为主的选官制度，这一制度到魏晋南北朝时期继续在实行。东汉末朱治，丹杨故鄣人，“初为县吏，后察孝廉，州辟从事”⑤，逐步升迁为太守、将军等高官。刘虞，“东海恭王之后也。遭世衰乱，又与时主疏远，仕县为户曹吏。以能治身奉职，召为郡吏，以孝廉为郎，累迁至幽州刺史，转甘陵相”⑥。西晋人光逸，“初为博昌小吏”“后举孝廉，为州从事，弃官投（胡毋）辅之。（胡毋）辅之时为太傅（司马）越从事中郎，荐（光）逸于（司马）越，（司马）越以门寒而不召。（司马）越后因闲宴，责（胡毋）辅之无所举荐。（胡毋）辅之曰：‘前举光逸，公以非世家不召，非不举也。’（司马）越即辟焉。书到郡县，皆以为误，审知是

---

① 《三国志》卷五七《吴书·吾粲传》，第1339页。

② 《三国志》卷六四《吴书·诸葛恪传》注引《吴录》，第1443页。

③ 《晋书》卷三三《石苞传附孙铄传》，第1009页。《传》文“少乐为县吏”，中华书局标点本《晋书》“校勘记〔二一〕”谓：“‘乐’疑当作‘录’。”（第1012页）此说似不然。疑“乐”字为衍文，抄写时将“铄”字中的“乐”羼入。

④ 《晋书》卷六六《陶侃传》，第1768页。

⑤ 《三国志》卷五六《吴书·朱治传》，第1303页。

⑥ 《三国志》卷八《魏书·公孙瓒传》注引《吴书》，第240页。

（光）逸，乃备礼遣之。”后官至给事中[1]。西晋人陈頵，陈国苦县人，“仕为郡督邮……太守刘享拔为主簿，州辟部从事，乘马车还家，宗党荣之……元康中，举孝廉”[2]，后逐步升迁为太守、刺史等职，此由“郡吏”“州吏”经察举而步入仕途。何桢为弘农郡守，“有扬嚣生为县吏，（何）桢一见便待以不臣之礼，遂贡之天朝。”[3]

三是通过乡议品第而为官。虽然汉代传统的察举、征辟制度在魏晋南北朝时期继续施行，但是由于当时社会发展变化也导致选官方式发生了一些变化，如九品官人法就是这一时期兴起的新的选举方式。在九品中正制的风靡下，乡议品第成为仕进的重要途径，因而这也成为“吏”所追逐的目标，有的“吏”也通过这个途径而转化为“官”。王戎“有人伦鉴识……孙秀为琅邪郡吏，求品于乡议。（王）戎从弟（王）衍将不许，戎劝品之。及（孙）秀得志，朝士有宿怨者皆被诛，而戎、衍获济焉。”[4] 表明“吏”也是可以通过品第而进入仕途的。

四是以个人能力、心计而转化为官。张既，“年十六，为郡小吏。后历右职”[5]，逐渐升迁为令长、刺史。他的转化，最初得力于他的工于心计，史称他“世单家，为人有容仪。少小工书疏，为郡门下小吏，而家富。自惟门寒，念无以自达，乃常蓄好刀笔及版奏，伺诸大吏有乏者辄给与，以是见识焉。”[6] 左思之父左雍，“起小吏，以能擢授殿中侍御

---

① 《晋书》卷四九《光逸传》，第1384—1385页。

② 《晋书》卷七一《陈頵传》，第1892—1893页。

③ （唐）徐坚等：《初学记》卷二〇《荐举第四》引虞预《晋书》，中华书局1962年版，第478页。

④ 《晋书》卷四三《王戎传》，第1235页。据《晋书》卷五五《潘岳传》：潘岳之父潘芘为琅邪内史时，“孙秀为小史”（第1506页），殆即其为“郡吏”之事。（南朝·宋）刘义庆著，（南朝·梁）刘孝标注，余嘉锡笺疏，周祖谟、余淑宜、周士琦整理：《世说新语笺疏》下卷下《仇隙第三十六》孙秀“又憾潘岳昔遇之不以礼……岳于是始知必不免”，刘孝标注引王隐《晋书》云：“（潘）岳父（潘）文德为琅邪太守，孙秀为小吏给使，岳数蹴蹋秀，而不以人遇之也。”（上海古籍出版社1993年版，第924页）又，同书下卷上《贤媛第十九》“李平阳，秦州子，中夏名士，于时以比王夷甫。孙秀初欲立威权……”，刘孝标注引《晋诸公赞》曰：“孙秀字俊忠，琅邪人。初，赵王（司马）伦封琅邪，（孙）秀给为近职小吏。伦数使秀作书疏，文才称伦意。伦封赵，秀徙户为赵人，用为侍郎，信任之。”（第687页）

⑤ 《三国志》卷一五《魏书·张既传》，第471页。

⑥ 《三国志》卷一五《魏书·张既传》注引《魏略》，第473页。

史。”[1] 东魏北齐人樊逊，河东北猗氏人，“貌丑陋，有才气。属本州沦陷，寓居邺中，为临漳小吏。县令裴鉴莅官清苦，致白雀等瑞。逊上《清德颂》十首，（裴）鉴大加赏重，擢为主簿。仍荐之于右仆射崔暹，与辽东李广、勃海封孝琰等为（崔）暹宾客。”北齐“河清（562—565）初，为主书，参典诏策。天统元年，加员外郎。”[2] 北魏叱罗协，“少寒微，尝为州小吏，以恭谨见知。恒州刺史杨钧擢为从事。”后“事汾州刺史尔朱兆，颇被亲遇，补录事参军。”[3]

此外，还有许多转化原因不明者，如曹魏时殄虏护军爰邵，“起自干吏，位至卫尉。”[4] 但不知从何途径由小吏而为官的。

从当时人们的观念中可以看到，由小吏而为官是不足为奇的。曹魏时石苞为县吏，“会谒者阳翟郭玄信奉使，求人为御，司马以苞及邓艾给之。行十余里，玄信谓二人曰：‘子后并当至卿相。’苞曰：‘御隶也，何卿相乎？’既而又被使到邺，事久不决，乃贩铁于邺市。市长沛国赵元儒名知人，见苞，异之，因与结交。叹苞远量，当至公辅，由是知名。见吏部郎许允，求为小县。允谓苞曰：‘卿是我辈人，当相引在朝廷，何欲小县乎？’……稍迁景帝（按，即司马师）中护军司马。”[5] 从郭玄信认为石苞、邓艾这两位小吏日后“当至卿相”，邺城市长认为石苞日后“当至公辅”，吏部郎许允认为石苞可以“引在朝廷”来看，当时人们的观念中，小吏是可以为“官”的，甚至为高官也是不足为奇的。尤其是专门掌管人事权力的吏部官员也持这种观念，不仅表明这是当时社会的普遍观念，而且表明这是国家政治制度中的正常现象。刘宋人王敬则，临淮射阳人，侨居晋陵南沙县。其为南沙县吏时，“尝与暨阳县吏斗，谓曰：‘我若得暨阳县，当鞭汝小吏背。’吏唾其面曰：‘汝得暨阳县，我亦得司徒公矣。’”[6] 南沙、暨阳均为晋陵郡属县，二人均属“小吏”之列。从

---

① 《晋书》卷九二《文苑·左思传》，第2376页。

② （唐）李延寿撰：《北史》卷八三《文苑·樊逊传》，中华书局1974年版，第2788、2790页。

③ （唐）令狐德棻等撰：《周书》卷一一《晋荡公（宇文）护传附叱罗协传》，中华书局1971年版，第177页。

④ 《三国志》卷二八《魏书·邓艾传》注引荀绰《冀州记》，第781页。

⑤ 《晋书》卷三三《石苞传》，第1000—1001页。

⑥ 《南史》卷四五《王敬则传》，第1127页。王敬则为“三公”之后曾欣然述及早年出身，曰：“我南沙县吏。”他与暨阳县吏斗时当为南沙县吏。

王敬则自许将来可以当暨阳县令、那位暨阳县吏自夸可以当司徒公来看，在当时人的意识中小吏也是可以进入仕途乃至高官显贵的。王敬则后来不仅做了暨阳县令，而且累官以至贵为“三公”。

二　关于“解吏名”

“吏户”论认为魏晋南北朝时期的吏不属编户而另有单独的户籍，故需“解吏名”之后方能成为普通编户，可见“吏”是另有户籍的，是父死子继的，其地位是低于编户民的。刘宋时期杨运长事，就为论者所经常征引：“杨运长，宣城怀安人。初为宣城郡吏，太守范晔解吏名。”① 那么，杨运长之被“解吏名”究竟是怎么一回事，说明了什么问题呢？

从先秦以来官吏在官府中就有名籍，《周礼》谓：“司士掌群臣之版”，郑司农云：“版，名籍。”② 所谓“名籍”即官吏在官府中登记的名册。后世继承这一传统，不仅“官吏”中的上层——“官”有名籍，其下层——“吏”亦然。“吏”不仅在官府中有名籍，在边境屯戍时亦有名籍，“将吏为吏卒出入者名籍，伍人阅具，上籍副县廷。”③ 故免除官职就称为“除名”，汉景帝时有对官员实行“夺爵为士伍，免之”的处罚规定，颜师古解释道：“谓夺其爵，令为士伍，又免其官职，即今律所谓除名也。”④ 所以，“除名”就成为官吏免职的一个名词。北齐官吏祖珽犯罪，于是被“除名为民”⑤。“除吏名”就是从这个意义上传承下来的一个词。曹魏时人胡质为荆州刺史，其子胡威自京都前往探视；回程时，胡质赐其“绢一匹，为道路粮。”胡质帐下有一位“都督，素不相识，先其将归，请假还家，阴资装百余里要之，因与为伴，每事佐助经营之，又少进饮食，行数百里。（胡）威疑之，密诱问，乃知其都督也，因取向所赐绢答谢而遣之。后因他信，具以白（胡）质。质杖其都督一百，除

---

①《宋书》卷九四《恩倖·杨运长传》，第2317页。

②（汉）郑玄注，（唐）贾公彦疏，赵伯雄整理，王文锦审定：《周礼注疏》卷三一《夏官司马下》，北京大学出版社2000年版，第957页。

③ 张家山二四七号汉墓竹简整理小组编：《张家山汉墓竹简〔二四七号墓〕》之《二年律令释文注释·津关令》，文物出版社2001年版，第206页。

④《汉书》卷五《景帝纪》，第140—141页。

⑤《太平御览》卷二三四《职官部三二》“著作郎”条引《三国典略》，第1110—1111页。

吏名。”[①] 胡质以其属吏——“帐下都督”之谄媚举动而惩罚之，杖责之外并除其吏名。张翰，吴郡吴人，西晋“齐王（司马）冏辟为大司马东曹掾……（张）翰因见秋风起，乃思吴中菰菜、莼羹、鲈鱼脍，曰：‘人生贵得适志，何能羁宦数千里以要名爵乎！’遂命驾而归……府以其辄去，除吏名。”[②] 张翰因不辞而别被司马冏之大司马府除名。东晋末年庾登之为太尉府主簿，义熙十二年（416）刘裕北伐，“（庾）登之击节驱驰，退告刘穆之，以母老求郡。于时士庶咸惮远役，而登之二三其心，高祖（刘裕）大怒，除吏名。”[③] 这些都是以“除吏名”作为处罚官吏的做法。

另外一类“解吏名”与上述情况不同，不是惩罚而是解脱。刘宋大明三年（459），“建康民”陈文绍上书曰：“私门有幸，亡大姑元嘉中蒙入台六宫，薄命早亡，先朝赐赠美人，又听大姑二女出入问讯。父饶，司空（刘）诞取为府史，恒使入山图画道路，勤剧备至，不敢有辞，不复听归，消息断绝。姑二女去年冒启归诉，蒙陛下圣恩，赐敕解饶吏名。诞见符至，大怒，唤饶入交问：‘汝欲死邪？诉台求解。’饶即答：‘官比不听通家信，消息断绝。若是姊为启闻，所不知。’诞因问饶：‘汝那得入台？’饶被问，依实启答。既出，诞主衣庄庆、画师王强语饶：‘汝今年败，汝姊误汝。官云小人辈敢持台家逼我。’饶因叛走归，诞即遣王强将数人逐，突入家内缚录，将还广陵。至京口客舍，乃陊死井中，托云‘饶惧罪自杀’。抱痛怀冤，冒死归诉。”[④] 陈文绍之父陈饶被竟陵王刘诞“取为府史”，受到其苛重的役使，而且“不复听归”，于是陈饶的两个侄女上诉到宋孝武帝那里，孝武帝下令解除陈饶的“吏名”。陈饶的侄女怎么能够直接向皇帝申诉呢？因为她们的母亲是宋文帝时的宫女——“美人”，她去世后被特许其二女出入宫廷。陈饶之所以能够得到皇帝特批而解除吏名，是一个特例。不能因此认为“解吏名”需得到皇帝批准才行。但是，宋孝武帝的命令不仅没有解救了陈饶，反而招来了祸患，刘诞因陈饶告了御状而大怒，陈饶吓得“叛走”回家，又被刘诞派人抓回害死。

---

① 《三国志》卷二七《魏书·胡质传》注引《晋阳秋》，第743页。

② 《晋书》卷九二《文苑·张翰传》，第2384页。

③ 《宋书》卷五三《庾登之传》，第1515页。

④ 《宋书》卷七九《文五王·竟陵王（刘）诞传》，第2027页。

孝武帝是宋文帝第三子，刘诞是其第六子，本来兄弟之间这个时候的矛盾已经很尖锐，加以刘诞生性凶残，出现这种结局是不奇怪的。

范晔作为宣城太守之为其所属郡吏杨运长解除吏名，究竟由于什么原因，史未明言，不可妄断，可能是太守对其不满而解之，也可能是因杨运长不满而请求太守解之。如果其与陈饶的解吏名相同，是其请求太守帮助他脱离“吏”的处境而复归于民亦不足为奇，因为下层小吏的职务被视为“斯役”，为不少人所不乐为，上文列举的许多不乐为吏、辞吏的事例就是明证。但是从杨运长、陈饶事我们可以知道，“吏”是可以被除名的，并非“一经为吏，世代为吏”；而且一般来说该“吏”之主管长官即有权为其解除“吏名”，因为从秦汉以来直至魏晋南北朝，“吏”都是由各单位长官亲自任用的。他们有权任用，当然也有权解除。宣城郡吏杨运长即由宣城太守范晔为其“解吏名”。陈饶“解吏名”的权力本来也在司空刘诞手中，但他残暴无忌，禁锢吏人，“不复听归”，故其亲属不得不利用自己的特殊关系而上告皇帝，这是一桩特例，并无代表性。从陈饶这个个案我们还可以看到：他们一家并非世代为吏，父死子继。陈饶之为“吏”是刘诞强“取”所致；其子陈文绍被称为“建康民”，表明他并没有继承其父而为“吏”。陈饶的家族原来是“民”，虽然他本人曾一度为“吏”，但是他的家族成员仍然是“民”，并未因其本人曾为“吏”导致其后人“世代为吏”，并未导致其家族身份地位降低于平民之下的境况。陈饶家族的情况同样表明“吏”与“民”之间的流动性的事实。

三　关于“虐吏”

“吏户”论认为“吏”经常遭到长官鞭打，备受虐待，证明“吏”的地位十分低下。例如，刘类“嘉平中，为弘农太守。吏二百余人，不与休假，专使为不急。过无轻重，辄捽其头，又乱杖挝之，牵出复入，如是数四。”[①] 这类材料就被论者所经常征引以为重要证据。那么，我们应当如何理解这类现象呢？

中国古代鞭打官吏的制度和风气可谓源远流长。“鞭扑”为先秦时期

① 《三国志》卷一五《魏书·梁习传》注引《魏略·苛吏传》，第471页。

的“五刑”之一[①]，以“鞭作官刑，扑作教刑。”所谓“鞭作官刑”，乃“以鞭为治官事之刑”；所谓“扑作教刑”，乃“不勤道业则挞之”[②]。当然并非如此严格区分，“其实官刑亦当用扑，盖重者鞭之，轻者挞之。”[③]这种轻重的划分也往往只是停留在字面上的。故鞭扑除了作为对待人民的刑罚之外，也在官府中被经常使用，上自宫廷，下至基层行政部门，莫不如斯。这种制度和风气一直被后世所继承、采用。东汉建武二十年（44）光武帝东巡，行经陈留郡祭拜高帝母陵，召见陈留督邮虞延，“帝善之，敕（虞）延从驾到鲁。还经封丘城门，门下小，不容羽盖，帝怒，使挞侍御史，（虞）延因下见引咎，以为罪在督邮。言辞激扬，有感帝意，乃制诰曰：‘以陈留督邮虞延故，贳御史罪。’”[④] 因为所经城门矮小，光武帝就要鞭打其侍御史，而且这是堂而皇之的制度。东汉明帝“时诏赐降胡子缣。尚书案事，误以十为百。上大怒，诏郎欲鞭之，（钟离）意曰：‘过误者，人所有也。若以懈慢为罪，臣居大官，皆在臣，臣请先受坐。’解衣就挞。上意解，皆原之。”[⑤] 不仅尚书郎起草文书发生笔误，要加以鞭打，钟离意作为尚书仆射承担责任，也要被鞭打，这次虽然最后都没有执行，但当时以鞭打处罚各级官吏的制度却是存在的。汉明帝鞭打官员的事情并非个别，史称“明帝时政严事峻，九卿皆鞭杖。”[⑥]“明帝勤于吏事，苛察踰甚，或于殿前鞭杀尚书郎。”[⑦] 可见宫廷中鞭扑之用是一种比较经常的、普遍的现象。

魏晋南北朝亦然。曹魏青龙二年（234）曾经下诏曰：“鞭作官刑，所以纠慢怠也，而顷多以无辜死。其减鞭杖之制，著于令。”[⑧] 可见当时

---

① 徐元诰撰，王树民、沈长云点校：《国语集解》卷四《鲁语上》，中华书局 2002 年版，第 151—152 页。

② （汉）孔安国传，（唐）孔颖达疏，廖名春、陈明整理，吕绍纲审定：《尚书正义》卷三《舜典第二》，北京大学出版社 2000 年版，第 77 页。

③ 《尚书正义》卷三《舜典第二》，第 81 页。

④ 《后汉书》卷三三《虞延传》，第 1151—1152 页。

⑤ （东晋）袁宏撰，张烈点校：《两汉纪》下册《后汉纪》卷九《孝明皇帝纪上》，中华书局 2017 年版，第 170 页。《后汉书》卷四一《钟离意传》（第 1409 页）所记此事略同。

⑥ 《两汉纪》下册《后汉纪》卷一八《孝顺皇帝纪上》，第 353 页。

⑦ 《太平御览》卷六四九《刑法部一五》“鞭”条引《汉晋春秋》，第 2902 页。

⑧ 《三国志》卷三《魏书·明帝纪》，第 101 页。

鞭扑之用有愈演愈烈之势，这里虽然加以抑制，但并不禁止施用，事实上也并未停止使用过。曹魏大臣、司空王基之子王冲为“尚书郎中，虽在清途，犹未免楚挞。”① 西晋“罗尚为右丞。是时左丞处事失武帝意，大怒，欲案入重罪。事连（罗）尚，于是（罗）尚为坐，受杖一百，时论美之。”② 诸葛亮事必躬亲，据称“诸葛武侯杖十以上亲决”③。东晋穆帝升平二年（358）“佽飞督王饶献鸩鸟，帝怒，鞭之二百，使殿中御史焚其鸟于四达之衢。”④ 前秦苻坚信用汉人王猛，遭到氐族贵族的反对，“诸氐纷纭，竞陈（王）猛短，（苻）坚恚甚，慢骂，或有鞭挞于殿庭者。”⑤ 宋孝武帝“宠一昆仑奴子，名白主。常在左右，令以杖击群臣，自柳元景以下，皆罹其毒。”⑥ 柳元景时任尚书令、侍中、开府仪同三司等职，为朝廷宰辅。朝廷大臣尚且难免遭受鞭打，更无论下吏了。北周宣帝“自公卿已下，皆被楚挞，其间诛戮黜免者，不可胜言。每笞捶人，皆以百二十为度，名曰天杖。宫人内职亦如之。后妃嫔御，虽被宠嬖，亦多被杖背。于是内外恐惧，人不自安，皆求苟免，莫有固志，重足累息，以逮于终。”⑦ 可以说，鞭打公卿百官之风几乎弥漫于这个时代。

朝廷如此，各级政府亦无不如此。东汉时，陈球为繁阳县令，“时魏郡太守讽县求纳货贿，（陈）球不与之，太守怒而挝督邮，欲令逐（陈）球。”⑧ 戴宏，济北刚县人，“年二十二，为郡督邮，曾以职事见诘，府君欲挞之。”⑨ 可见地方长官鞭打属吏也是一种普遍现象。虽然长官有权鞭打属吏，但是由于长官个人性格、修养不同而有所不同。曹魏时，常林为少府，“（常）林性既清白，当官又严。少府寺与鸿胪对门，时崔林为鸿胪。崔性阔达，不与（常）林同，数数闻（常）林挝吏声，不以为可。

---

① 《太平御览》卷二一五《职官部一三》“总叙尚书郎”条引《晋泰康起居注》，第1027页。

② 《太平御览》卷六五〇《刑法部一六》“杖”条引《襄阳耆旧记》，第2907页。

③ 《太平御览》卷六五〇《刑法部一六》“杖”条引《晋阳秋》，第2906页。

④ 《晋书》卷八《穆帝纪》，第203页。

⑤ 《晋书》卷一一三《苻坚载记上》，第2886页。

⑥ 《宋书》卷七六《王玄谟传》，第1975页。

⑦ 《周书》卷七《宣帝纪》，第125—126页。

⑧ 《后汉书》卷五六《陈球传》，第1831页。

⑨ 《后汉书》卷六四《吴祐传》注引《济北先贤传》，第2102页。

（常）林夜挝吏，不胜痛，叫呼敖敖彻曙。明日，崔出门，与（常）林车相遇，乃啁（常）林曰：‘闻卿为廷尉，尔邪？’（常）林不觉答曰：‘不也。’崔曰：‘卿不为廷尉，昨夜何故考囚乎？’（常）林大惭，然不能自止。”① 同为九卿，少府常林挝吏成性，鸿胪崔林则不以为然，故讽刺常林如同执法部门——廷尉拷打囚犯那样对待属吏。孙吴时黄盖为石城县守长，“石城县吏，特难检御”，黄盖到任后“乃署两掾，分主诸曹。教曰：‘令长不德，徒以武功为官，不以文吏为称。今贼寇未平，有军旅之务，一以文书委付两掾，当检摄诸曹，纠擿谬误。两掾所署，事入诺出，若有奸欺，终不加以鞭杖，宜各尽心，无为众先。’”黄盖将文书事务托付两掾，并以不加鞭杖相许，“初皆怖威，夙夜恭职；久之，吏以（黄）盖不视文书，渐容人事。”于是黄盖抓住“两掾不奉法数事”加以惩治，“乃悉请诸掾吏，赐酒食，因出事诘问。两掾辞屈，皆叩头谢罪。盖曰：‘前已相敕，终不以鞭杖相加，非相欺也。’遂杀之。县中震慄。”从中可见，地方长官对于属吏有很大的处置权力，鞭打尚属一般性处罚手段，极端者可加以杀戮。从黄盖“后转春谷长，寻阳令。凡守九县，所在平定”② 观之，他的这些政绩之取得，当与其严厉对待属吏有关。可见，是否以鞭杖对待属吏乃长吏可以自主决定。于是有的官员利用这一特权肆意鞭打下属，北魏宣武帝时“汝南王（元）悦为太尉，选举多非其人，又轻肆挝挞。”③ 更有甚者如北朝末年燕荣，历任刺史、总管等地方军政长官，“鞭笞左右，动至千数，流血盈前，饮啖自若。尝按部，道次见丛荆，堪为笞箠，命取之，辄以试人。人或自陈无咎，荣曰：‘后有罪，当免。’及后犯细过，将挝之，人曰：‘前日被杖，许有罪宥之。’荣曰：‘无过尚尔，况有过邪！’榜捶如旧。”后元弘嗣被任命为幽州长史，担心受辱而推辞不就。隋文帝知情后敕令燕荣：“弘嗣杖十已上罪，皆奏闻。”燕荣对此很是愤怒，每次惩罚元弘嗣时“笞不满十，然一日之中或至三数。如是历年，怨隙日搆。”边疆鞭笞其数年。④ 诸如此类，史不绝书。

---

① 《三国志》卷二三《魏书·常林传》注引《魏略》，第 660 页。

② 《三国志》卷五五《吴书·黄盖传》，第 1284—1285 页。

③ 《北史》卷四七《阳尼传附从孙阳固传》，第 1723 页。

④ 《北史》卷八七《酷吏·燕荣传》，第 2901—2902 页。

综上所述我们可以知道，皇帝鞭打大臣，长吏鞭打属吏，乃汉魏以来的传统，官员尚且可能遭到鞭打，何况其下之小吏？上文提到的刘类鞭打属吏的情况，实在是当时的普遍现象，不能以此来证明“吏”的地位卑下和“吏户”的存在。那些肆意鞭打官员、小吏的皇帝或各级长官，一般来说都被舆论所贬责，故这种官吏往往被视为“酷吏”“苛吏”一流。

四　关于“司徒吏二十余万”

“吏户”论在论证魏晋南北朝时期“吏”的数量非常庞大这一问题时，一方面混淆军事系统与行政系统的“吏”，将大量军吏或士兵的资料与行政部门的“吏”混为一谈①，另一方面又曲解一些资料以夸张其事。关于“司徒吏二十余万”的说法就是其表现之一。论者谓魏晋南北朝“吏”的数量十分庞大，东晋初年仅司徒吏就有二十余万云云。其根据是《晋书·熊远传》上的一条记载：“及中兴建，帝欲赐诸吏投刺劝进者加位一等，百姓投刺者赐司徒吏，凡二十余万。（熊）远以为‘秦汉因赦赐爵，非长制也。今案投刺者不独近者情重，远者情轻，可依汉法例，赐天下爵，于恩为普，无偏颇之失。可以息检覈之烦，塞巧伪之端。’帝不从。”② 那么，这个材料能够作为“吏户”论的根据吗？我们应当如何理解这个记载呢？

第一，这个记载中的“司徒吏”是缔造东晋政权的有功受奖励人员。这是太兴元年（318）司马睿在建康即帝位时，为了报答那些递“名片”（“投刺”）拥护他当皇帝（“劝进”）的人而采取的奖励措施。这项措施规定：原来是“吏”者，“加位一等”；原来是老百姓的，赏赐为“司徒吏”。司马睿的幕僚熊远认为这项奖励措施有所不足，一则不能令天下人普遍得到奖励，有失偏颇，二则检查核实比较麻烦，施行比较困难。因此建议仿照汉代的办法赐天下民爵。但是司马睿不同意，还是按照自己的意旨实行。可见这里的二十余万人是得到奖励的人，包括“司徒吏”在内的这些“吏”都是缔造东晋政权的有功人员。

---

① 拙文《魏晋南北朝“吏户”问题再献疑》已有详述，兹不赘。

② 《晋书》卷七一《熊远传》，第1886—1887页。

第二，这个记载中的“二十余万”并非仅指“司徒吏”。这些受奖励人员有两部分，一部分是“加位一等”的“诸吏”，他们是现在正在担任“吏”职的人员；另一部分是“赐司徒吏”的“百姓”，亦即并未担任“吏”职的普通民众。这两者相加“凡二十余万”。虽然两者各占多少我们并不清楚，也许后者会多于前者，但是这二十余万并非仅指司徒吏则是毫无疑问的。

第三，从这个记载我们可以看到，“吏”是身份地位高于“百姓”的一个群体，并非身份地位低于平民的所谓“吏户”。这个记载中涉及“诸吏”和“司徒吏”两部分“吏”，那么，他们与“吏户”有什么关系吗？没有。我们先看“诸吏”，这个记载中的奖励待遇分为两个等次，“诸吏”享受“加位一等”的待遇，“百姓”享受“赐司徒吏”的待遇。显然“诸吏”的待遇在“百姓”之上。《资治通鉴》记载此事曰：三月丙辰，“王即皇帝位，百官皆陪列……大赦，改元，文武增位二等。帝欲赐诸吏投刺劝进者加位一等，民投刺者皆除吏，凡二十余万人”云云①。从这个记载我们进一步知道：当时的奖励待遇实际上有三个等次，这里所列举受到奖励的人员为“文武”“诸吏”“百姓”三部分，他们分别享受三种待遇，头一等为“文武”，即朝廷文武官员，享受“增位二等”的待遇，高于“加位一等”的“诸吏”。由此可见，“诸吏”是在“文武”官员和“百姓”之间的一个群体，他们显然与所谓身份地位在平民之下的“吏户”不符。

我们再来看“司徒吏”，他们虽然属于这次奖励人员中的最下一等，但他们是从“百姓”中被甄拔出来的一部分人员，其地位已在普通的“百姓”之上，更不必说也高于所谓身份地位在平民之下的“吏户”（如果说有这样的“吏户”的话）。这里所反映出来的“司徒吏”的身份地位与其他史料所记载的“司徒吏”的情况也是相符的。曹魏“正始中，有诏议圜丘，普延学士。时郎官及司徒领吏二万余人”②，均被诏参与此次讨论。这里“司徒吏”与郎官并列，均有资格参与朝廷大议。西晋太康元年（280）为了庆祝平吴统一全国，“五月庚寅，御临轩，大会於太

① 《资治通鉴》卷九〇，晋元帝大兴元年（318）三月，第2854页。

② 《三国志》卷一三《魏书·王肃传》注引《魏略》，第421页。

极殿前，四方贺使国子太学生司徒吏副将以上，及吴降将吏，皆与会，诏引归命侯孙皓上殿，稽颡陈恩谢罪，称万岁。”① 这里“司徒吏”与四方贺使、国子太学生、副将等并列，均有资格出席这次开国大典。由此可见，“司徒吏”已跻身朝廷吏员之列，已属于“王官”。史称“王官司徒吏，皆先由州郡之贡，而后升在王廷，策名委质，列为帝臣。”他们与州郡之吏不同，“州郡之吏，未与王官同体。”他们被储备于司徒府，有比较优越的机会等待出仕，“今诸王官司徒吏未尝在职者，其高足成，有一举便登黄散，其次中尚书郎”②。所谓黄散，“谓黄门侍郎及散骑常侍”③。东晋初年所甄拔的这批“司徒吏”也是享有一定的政治、经济方面的优惠待遇的。司马睿建国后，王敦反叛朝廷的野心日益明显，于是太兴四年（321）司马睿以讨胡为名，令刘隗为镇北将军，戴若思为征西将军同时出镇，实际是为了防范王敦。为此，“发投刺王官千人为军吏，调扬州百姓家奴万人为兵配之”④，这里以“投刺王官”（即上述“司徒吏”）为军吏，以“百姓家奴”为兵，两者之高下区别是显然的。次年（永昌元年，322），王敦以讨刘隗为名，兴兵向阙，上疏历数刘隗罪过，其中有云：“当陛下践阼之始，投刺王官，本以非常之庆使豫蒙荣分。而更充征役，复依旧名，普取出客，从来久远，经涉年载，或死亡灭绝，或自赎得免，或见放遣，或父兄时事身所不及，有所不得，辄罪本主，百姓哀愤，怨声盈路。”⑤ 可知王敦所谓发投刺王官以充征役，就是指刘隗、戴若思为了整军而以王官为军吏之事。这里提到的“投刺王官”应当包括“司徒吏”在内，这个记载反证这些“司徒吏”原来可以享受不充征役的待遇，但被刘隗等人所破坏，招致怨声载道。不过，这是政敌之间的攻击之辞，未免有所夸张。而且这些“充征役”的“王官”，是以“军吏”，即中下级军官⑥而从征，与士兵之被徵发在性质上是有区别的。

---

① （唐）欧阳询撰，汪绍楹校：《艺文类聚》卷三九《礼部中·朝会》引《晋起居注》，上海古籍出版社1999年版，第711页。

② （唐）杜佑撰，王文锦、王永兴、刘俊文、徐庭云、谢方点校：《通典》卷一〇一《礼典六十一·沿革六十一·凶礼二十三》“周丧察举议（晋）”条，中华书局1988年版，第2674页。

③ 《通典》卷二一《职官典三》“散骑常侍”条注引《山公启事》，第552页。

④ 《晋书》卷六九《戴若思传》，第1847页。

⑤ 《晋书》卷九八《王敦传》，第2558页。

⑥ 参见拙文《说“军吏”——从长沙走马楼吴简谈起》，《文史哲》2005年第2期。

“司徒吏”在“百姓”之上，与所谓在“百姓”之下的“吏户”无涉是没有疑义的。

这里还可以顺便提及，按照“吏户”论的说法，“吏户”的身份地位是低于编户民的，那么《晋书·熊远传》所载这些身份地位已经高于“吏户”的“百姓”何以又自投罗网而屈身为“吏”呢？司马睿以低于原来身份地位的“司徒吏”去赏赐“百姓”中的有功人员，合乎正常的逻辑吗？还有，司马睿以“百姓投刺者赐司徒吏”，而且数量如此巨大，这不是又从另一个侧面说明“吏”是从“百姓”中来的吗？这也与“吏户”论所谓“世代为吏”云云不相符合。

以上我们就“吏户”论的若干说法提出讨论，凡此种种，在“吏户”论中几乎俯拾皆是，限于篇幅，不再一一列举。从上述几个问题中我们已经可以看到，用“吏户”论的观点是难以解释魏晋南北朝时期的相关文献记载的，它几乎与这个时期的相关史料均扞格难通，相互矛盾，无法自圆其说。原因无他，就在于“吏户”论并非客观存在的历史实际的真实反映。

（原刊《史学集刊》2006 年第 4 期。后收入《先秦汉唐史论》下编“吏民”卷，北京师范大学出版社 2016 年版。今据黎虎先生最新刊后修订稿，并参考原刊文暨《先秦汉唐史论》刊文整理。李文才敬识）

原“吏民”

——从长沙走马楼吴简谈起

“吏民”一词在中国古代史籍中虽然长期而频繁使用，但是对其涵义并没有具体的、明确的表述，故过去学术界对此并未予以重视；尽管研究者寥寥，但歧异却颇大。或谓“吏民”中的“吏”是编户齐民之外的特定群体——“吏户”，其身份地位是低于编户齐民的依附民。或谓“吏民”是编户齐民中有爵位的、富裕的特定群体，其身份地位高于一般编户齐民。形成两个极端而对立的看法。那么，“吏民”究竟是些什么人？上述两种看法是否符合历史的实际呢？因此有必要对于“吏民”的涵义与性质进一步加以探讨。

长沙走马楼吴简中含有大量关于“吏民”的资料，这为我们进一步探讨“吏民”的涵义与性质提供了珍贵的第一手资料，在这些地方政府的田赋、簿籍等档案中记载了民户男女以及州、郡、县吏等各种身份的人员，并直接将他们概括称为“吏民”，如：“南乡谨列嘉禾四年吏民田家别顷亩旱熟收米钱布付授吏姓名年月都莂”（简四·一）、“环乐二乡谨列嘉禾四年吏民田家别莂如牒”（简四·二）、“东乡谨列四年吏民田家别莂”（简四·三）[①]，等。整理者遂将所出版的第一册简牍名之为《嘉禾吏民田家莂》。尽管出土了如此丰富的关于“吏民”的第一手资料，但是研究者对于“吏民”的涵义及其性质的认识基本上仍然承袭吴简出土之前对于“吏民”的上述认识，多认为“吏民”是“吏户”与“民

① 长沙市文物考古研究所、中国文物研究所、北京大学历史学系走马楼简牍整理组编著：《长沙走马楼三国吴简·嘉禾吏民田家莂·释文注释》上《嘉禾四年吏民田家莂》，文物出版社1999年版，第73页。

户”或“吏籍”与“民籍”合称之意，如有的学者认为“吏民”是“‘吏户’与‘民户’的综称”[①]“‘吏’户是当时的一种特殊服役者，他们被另立户籍，谓之‘吏’籍。”[②]“吏户有单独的户籍，不和编户齐民的户籍混杂。”[③]吴简部分整理者亦将吴简中的户口簿籍分为“吏籍”与“民籍”等类型[④]，等等；也有少数意见认为“吏民”是“占有爵位”“具有中家以上的资产数额”者，“是一个生活相对富裕的阶层”[⑤]。前者将“吏民”中的“吏”视为身份地位低于编户齐民的特定群体，后者则将“吏民”视为一般编户齐民之上的特定群体。这种情况表明，吴简的发现虽然为我们认识“吏民”问题提供了有价值的资料，但是欲达到对于“吏民”的涵义及其性质大体符合历史实际的认识，还有很大的空间存在和探讨的余地。而欲明“吏民”的涵义与性质，不能仅就吴简而论，而应将吴简与传世历史文献相结合，将这个问题置于历史发展过程的大背景中去认识和把握。王国维先生所倡“地下之新材料”与“纸上之材料”相互印证的“二重证据法”[⑥]，仍然是我们今天研究吴简问题的不二法门。职是之故，探究“吏民”之涵义及其性质不仅将有助于对于吴简的认识，而且对于深化中国古代社会的认识也是有所裨益的。

“吏民”一词早在先秦时期就已经流行，《商君书》《战国策》《墨子》等书中[⑦]以及出土文书如睡虎地秦墓竹简《语书》[⑧]中已经多所使

① 高敏：《〈吏民田家莂〉中所见“余力田”、“常限田”等名称的含义浅析——读长沙走马楼简牍札记之三》，《郑州大学学报》（社会科学版）2000年第5期，后收入氏著《长沙走马楼简牍研究》，广西师范大学出版社2008年版，第5、18页。

② 高敏：《读长沙走马楼简牍札记之一》，《长沙走马楼简牍研究》，第7页。

③ 蒋福亚：《〈嘉禾吏民田家莂〉中的诸吏》，《文史哲》2002年第1期。

④ 王素、宋少华、罗新：《长沙走马楼简牍整理的新收获》，《文物》1999年第5期。

⑤ 刘敏：《秦汉时期“吏民”的一体性和等级特点》，《中国史研究》2008年第3期。

⑥ 王国维：《古史新证》，湖南人民出版社2010年版，第2页。

⑦ “吏民”之为词，在上述诸书频见，兹略举数例（仅举页码，一页或有多例）：（1）蒋礼鸿撰：《商君书锥指》卷五《慎法第二十五》《定分第二十六》，中华书局1986年版，第137、139、141、144页。（2）（西汉）刘向集录，范祥雍笺证，范邦瑾协校：《战国策笺证》卷八《齐策一》、卷一八《赵策一》，上海古籍出版社2006年版，第521、989页。（3）（清）孙诒让撰，孙启治点校：《墨子閒诂》卷一四《备城门第五十二》、卷一五《迎敌祠第六十八》《号令第七十》，中华书局2001年版，第531、575、593、595、617页。

⑧ 睡虎地秦墓竹简整理小组编：《睡虎地秦墓竹简·语书释文注释》，文物出版社1990年版，第13页。

用，此外《管子》《吴子》等书中也有所记载①。表明战国时期，特别是战国后期这个词汇已经广泛流行了。到了汉代使用就更为频繁，不胜枚举，不仅传世文献频繁使用，汉简中亦经常出现②，历魏晋南北朝而不衰。隋唐以后直至明清仍然在继续使用。可以说，这个词汇的使用几乎与中国古代历史相始终。

殷周时期尚无独立的“吏”字，其时“史”“吏”“事”三字通用，均由掌书之官的“史”而派生。“其后三者各需专字，于是史、吏、事三字于小篆中截然有别。”③ 春秋时期文献始见独立的“吏”字，《左传》成公二年（前589）“王使委于三吏”，注曰“三吏，三公也。”而“三公者，天子之吏也。”④ 可见，“吏”在最初是包括高级官员在内的，故曰：“吏，治人者也。”⑤ 其后层级逐步下移。而将“吏”与“民”紧密地联系在一起则是在战国时期。当时的政治家、思想家主要是这样将“吏”与“民”联系起来的：君主通过“吏”而治“民”。“夫德法者，御民之具，犹御马之有衔勒也。君者，人也；吏者，辔也；刑者，策也。夫人君之政，执其辔策而已。”⑥ “吏”是君主治“民”之工具。故“吏者，

---

① 魏翔凤撰，梁运华整理：《管子校注》卷一七《七臣七主第五十二》：“法律政令者，吏民规矩绳墨也。”（中华书局2004年版，第998页）《诸子集成》第六册《吴子·国图一》：“古之明王，必谨君臣之礼，饰上下之仪，安集吏民，顺俗而教。”（中华书局1954年版，第2页）

② 汉简所载“吏民”，分见谢桂华等编《居延汉简释文合校》（文物出版社1987年版，第26、44、423页等），甘肃省文物考古研究所、甘肃省博物馆、文化部古文献研究室、中国社会科学院历史研究所编《居延新简》（文物出版社1990年版，第478、479、480、498页），林梅村、李均明编《疏勒河流域出土汉简》（文物出版社1984年版，第42页），甘肃武威磨咀子汉墓《王杖诏书令》册（李均明、何双泉编《秦汉魏晋出土文献散见简牍合辑》，文物出版社1990年版，第16、17页），甘肃省文物考古研究所《敦煌悬泉汉简释文选》（《文物》2000年第5期），张家山二四七号汉墓竹简整理小组《张家山汉墓竹简［二四七号墓］》（文物出版社2001年版，第154、167页），等等。

③ 王国维：《观堂集林》卷六《艺林六·释史》，中华书局1959年版，第270页。

④（周）左丘明传，（晋）杜预注，（唐）孔颖达正义，浦卫忠、龚抗云、胡遂、于振波、陈咏明整理，杨向奎审定：《春秋左传正义》卷二五，成公二年，北京大学出版社2000年版，第816页。

⑤（汉）许慎撰，（清）段玉裁注：《说文解字注》一上《一部》，上海古籍出版社1988年版，第1页。

⑥ 王国轩、王秀梅译注：《孔子家语》卷六《执辔第二十五》，中华书局2011年版，第305页。

民之本纲者也，故圣人治吏不治民。”“明主治吏不治民。”[①] 抓住“吏”这根缰绳就可以达到驾驭“民”之目的。“吏”的主要职能是为国家执法治“民”，“吏者，平法者也。治国者，不可失平也。”[②] “故明主之国，无书简之文，以法为教；无先王之语，以吏为师”[③]，统治者的政策法令通过“吏”去贯彻执行。故“据法而治者，吏习而民安。”[④] 因而“吏”与“民”都是国家统治的基础。“吏”是君主治“民”之基本依靠，“吏者治也”，治国“其本在吏”。如果“吏”贪赃枉法、刻剥人民，“则国乱而民愁”，甚者“则民流亡而君失其国。”故治国之道在于“为君守成，为吏守职，为民守事。如此，各居其道则国治，国治则都治，都治则里治，里治则家治，家治则善恶分明，善恶分明则国无事，国无事则吏民外不怀怨，内不徼事。”[⑤]“吏”与“民”是个统一体，两者和谐则国治，反之则国危，“吏者，民之所悬命也。故明主之治也，当于法者赏之，违于法者诛之。故以法诛罪，则民就死而不怨”[⑥]。如果“臣不亲其主，百姓不信其吏，上下离而不和，故虽自安必且危之，故曰：上下不和，虽安必危。”[⑦] 从而将“吏”与“民”结合而形成一个新的词汇——“吏民”，这不仅具有语文发展史上的意义，更重要的是标志着中国古代历史发展的新阶段的来临，从此之后中国历史由古代而进入中世，这种“吏民”一体的社会结构遂成为此后长期的皇权统治的基础。汉惠帝诏曰：“吏所以治民也，能尽其治则民赖之，故重其禄，所以为民也。”[⑧] 正是这一新的社会结构在政治观念上的集中反映。“吏”与“民”紧密地联系在一起而成为一个新的词汇何以发生于战国时期？这绝非偶然，其原因主要有二：一是与这个时期郡县制度下的编户制度的发展密切相关。春秋战国时期一个

---

① （清）王先慎撰，钟哲点校：《韩非子集解》卷一四《外储说右下第三十五》，中华书局1998年版，第342、332页。

② 《韩非子集解》卷一二《外储说左下第三十三》，第295页。

③ 《韩非子集解》卷一九《五蠹第四十九》，第452页。

④ 《商君书锥指》卷一《更法第一》，第3页。

⑤ （晋）司马彪撰，（梁）刘昭注补：《续汉书·百官志五》注引《太公阴符》，点校本《后汉书志》第二十八，中华书局1965年版，第3625—3626页。

⑥ 《管子校注》卷二一《明法解第六十七》，第1213页。

⑦ 《管子校注》卷二〇《形势解第六十四》，第1183页。

⑧ （汉）班固撰，（唐）颜师古注：《汉书》卷二《惠帝纪》，中华书局1962年版，第85页。

重要的社会变化是随着分封制的式微，诸侯“各君其土，各役其民”① 的血缘性地方统治体制被郡县制的地缘性地方统治体制所取代。在郡县体制下的基层逐步建立了地缘关系的户籍管理制度②。郡县长吏通过乡里小吏而管治编户齐民。所谓“土地博大，野不可以无吏，百姓殷众，官不可以无长。”③ 在财政经济上则“天子使吏治其国，而纳其贡税焉”④ “命吏计公廪之粟，藉长幼贫氓之数。”⑤ 政治上“诸侯郡县皆各为置一法官及吏……故天下之吏民无不知法者。”⑥ 实行“以吏为师”的管治办法。这些“吏”均来自“民”而用之于“民”，“吏”“民”成为中国古代国家赖以统治的不可分割的整体和基础。二是与这个时期官僚政治的发展密切相关。春秋战国之际是中国古代贵族政治向官僚政治转变时期，统治者对于人民的管治亦由公卿贵族转而运用官吏，因而这个时期出现了“士、吏分途”的进程，“吏”阶层应时兴起⑦。在这样的政治变动中遂确立了“天子使吏治其国”⑧ 的政治格局，故明主必须“张官任吏治民”⑨。于是“吏民”这个复合词就在这样的时代条件下自然而然地产生了。

“吏民”是由“吏”与“民”构成的一个复合词。秦孝公问商鞅如

---

① （清）王夫之著，舒士彦点校：《读通鉴论》卷一五《（宋）孝武帝·七》，中华书局1975年版，第444页。

② 参见杜正胜《编户齐民——传统政治社会结构之形成》，台北联经出版事业股份有限公司1990年版，第32—33页。关于中国古代户籍制度，有的学者认为在春秋中晚期已经产生，《左传》成公二年（前589）所记楚国的“大户”、哀公十五年（前480）所载“书社”为户籍之滥觞（杜正胜：《户籍制度起源及其历史意义》，《食货》月刊第十卷第三、四期，1988年8月）。但是文献确切记载的户籍制度应是在秦献公十年（前375）“为户籍相伍”［（汉）司马迁撰，（南朝·宋）裴骃集解，（唐）司马贞索隐，（唐）张守节正义：《史记》卷六《秦始皇本纪》附《秦纪》，中华书局1959年版，第289页］。

③ 《管子校注》卷一《权修第三》，第48页。

④ （宋）朱熹撰：《四书章句集注·孟子集注》卷九《万章章句上》，中华书局1983年版，第305页。

⑤ 吴则虞撰：《晏子春秋集释》卷四《内篇问下第四·景公问何修则夫先王之游晏子对以省耕实第一》，中华书局1982年版，第241页。

⑥ 《商君书锥指》卷五《定分第二十六》，第143—144页。

⑦ 参见阎步克《品位与职位：秦汉魏晋南北朝官阶制度研究》第二章《爵禄与吏禄》，中华书局2002年版，第95页。

⑧ 《四书章句集注·孟子集注》卷九《万章章句上》，第305页。

⑨ 《管子校注》卷二一《明法解第六十七》，第1221页。

何能够“使天下之吏民”对于国家政策法令“用之如一”？商鞅所提供的办法之一是：“诸官吏及民有问法令之所谓也于主法令之吏，皆各以其故所欲问之法令明告之，各为尺六寸之符，明书年、月、日、时，所问法令之名以告吏民。”① 这里明确地将“吏民”表述为“官吏及民”。这种用法至汉代依然，朱晖为临淮太守，“吏民畏爱，谓（为）之歌曰：‘强直自遂，南阳朱季。吏畏其威，民怀其惠。’”② 梁统于光武帝时上书谏“刑罚不苟务轻”时，追述西汉元帝、哀帝相继采取“轻殊死者刑”，于是“自是以后，人轻犯法，吏易杀人，吏民俱失，至于不羁。”③ 卓茂为密县令，有县民告发亭长曾接受他送的米肉，卓茂问他为什么送了又告发？“民曰：‘窃闻贤明之君，使民不畏吏，吏不取民。今我畏吏，是以遗之。’茂曰：‘凡人所以贵于禽兽者，以有仁爱，知相敬事也。今邻里尚致馈，此乃相亲，况吏民乎？……亭长素为善吏，岁时遗之，礼也’”④ 成帝时，朱博为冀州刺史，“吏民数百人遮道自言”，朱博“使从事明敕告吏民：‘……其民为吏所冤，及言盗贼辞讼事，各使属其部从事。’博驻车决遣，四五百人皆罢去，如神。吏民大惊，不意博应事变乃至于此。”⑤ 这些都是以“吏民”一词指“吏”与“民”，不过，这种场合的“吏民”中的“吏”已经主要是指地方长吏所辟召之“少吏”了。成帝时“长安中奸猾浸多，闾里少年群辈杀吏，受赇报仇”，治安恶化，于是以酷吏尹赏守长安令。尹赏“乃部户曹掾史，与乡吏、亭长、里正、父老、伍人，杂举长安中轻薄少年恶子……得数百人。”⑥ 此事《汉纪》记作：“乃令吏民举籍长安中轻侠少年、恶子弟……得数百人”⑦。《汉纪》中的“吏民”，具体说来就是《汉书·尹赏传》中的“户曹掾史，与乡

---

① 《商君书锥指》卷五《定分第二十六》，第141页。

② （宋）李昉等撰：《太平御览》卷二六〇《职官部五八·良太守上》引《东观汉纪》，中华书局1960年版，第1219页。

③ （唐）房玄龄等撰：《晋书》卷三〇《刑法志》，中华书局1974年版，第918页。

④ （东汉）刘珍等撰，吴树平校注：《东观汉纪校注》卷一三《传八·卓茂传》，中华书局2008年版，第471—472页。

⑤ 《汉书》卷八三《朱博传》，第3399页。

⑥ 《汉书》卷九〇《酷吏传·尹赏传》，第3673页。

⑦ （东汉）荀悦撰，张烈点校：《两汉纪》上册《汉纪》卷二六《孝成皇帝纪三》，中华书局2017年版，第463页。

吏、亭长、里正、父老、伍人”等人，其中的“户曹掾史”为县廷属吏；乡吏、亭长、里正等为乡里之吏；父老、伍人等为乡里平民。前二者为“吏”，后者为“民”，他们就是“吏民”的具体内容。

由于“吏民”是“吏”与“民”的复合词，故有时也将“吏民”一词颠倒使用，谓为“民吏”。张家山汉简《二年律令》在使用“吏民”一词的同时也使用“民吏”一词，《具律》“吏民有罪当笞”，《亡律》“吏民亡，盈卒岁，耐；不盈卒岁……”均用“吏民”为称。而《田律》则以“民吏”为称，曰：“禁诸民吏徒隶，春夏毋敢伐材木山林，及……”①另据《太公阴符》，武王问曰：“绝吏之罪，塞民之大，奈何?”太公答曰：“察民之暴吏，明其赏，审其诛，则吏不敢犯罪，民不敢大也。”武王曰：“是民吏相伺，上下不和而结其雠。”② 又据谢承《后汉书》记载，“盖勋迁颍川太守，民吏叹咏，不容于口。”又有“孟尝迁合浦太守，民吏攀车请之。”③ 魏晋南北朝时期亦然，习凿齿《汉晋春秋》曰：正始七年（246），“吴将朱然入柤中，斩获数千；柤中民吏万余家渡沔。”④ 东晋苏峻之乱时，“诸庾逃散。庾冰时为吴郡，单身奔亡，民吏皆去，唯郡卒独以小船载冰出钱塘口”⑤。《水经注》记西汉王尊为东郡太守时，“河水盛溢，泛浸瓠子，金隄决坏。（王）尊躬率民吏投沈白马祈水神河伯，亲执圭璧，请身填隄，庐居其上。吏民皆走，尊立不动，而水波齐足而止，公私壮其勇节。”⑥ 此处材料中“民吏”与“吏民”意思相同。而《汉书·王尊传》记载此事时，在这一段文字中共5次使用了“吏民”一

---

① 张家山二四七号汉墓竹简整理小组编：《张家山汉墓竹简［二四七号墓］》之《二年律令释文注释》，文物出版社2001年版，第146、154、167页。按，《具律》释文“吏民有罪有笞”一句，整理者将“吏民”二字点断，似不够准确。后面《亡律》“吏民”、《田律》“民吏”连读，则为正确读法。

② 《续汉书·百官志五》注引《太公阴符》，点校本《后汉书志》第二十八，第3626页。

③ （唐）虞世南辑录：《北堂书钞·1》卷七六《设官部二十八·太守下》引，学苑出版社2015年版，第565页。

④ （晋）陈寿撰，（南朝宋）裴松之注，陈乃乾校点：《三国志》卷四《魏书·三少帝纪·齐王芳纪》注引《汉晋春秋》，中华书局1959年版，第122页。

⑤ （南朝宋）刘义庆著，（南朝梁）刘孝标注，余嘉锡笺疏，周祖谟、余淑宜、周士琦整理：《世说新语笺疏》下卷上《任诞第二十三》，上海古籍出版社1993年版，第744页。

⑥ （北魏）郦道元著，（民国）杨守敬、熊会贞疏，段熙仲点校，陈桥驿复校：《水经注疏》卷五《河水》，江苏古籍出版社1989年版，第459页。

词，进一步表明“民吏”与“吏民”意涵相同[①]。北魏人陆隽，先后任定州刺史、相州刺史。史称其“政尚宽惠，民吏安定。”[②] 此处“民吏”即史籍常用之“吏民”。《魏书·食货志》记天兴元年（398）北魏“分徙吏民及徒何种人、工伎巧十万余家以充京都，各给耕牛，计口授田。”[③]《魏书·太祖纪》记此事曰：“徙山东六州民吏及徒何、高丽杂夷三十六万，百工伎巧十万余口，以充京师。”[④] 将“吏民”记为“民吏”。这些都证明“吏民”一词中的“吏”与“民”是可以颠倒使用的。“吏民”一词在多数情况下是兼指“吏”与“民”，不过在某些场合也可以专指或主要指“吏”。刘向《新序》记载，师旷指晋平公有“五默默”，其第五为：“至道不明，法令不行，吏民不正，百姓不安，而君不悟，此五默默也。”[⑤] 这里以“吏民”指官吏，而与后面的“百姓”相对应。东汉桓帝永寿元年（155）“敕州郡赈给贫弱。若王侯吏民有积谷者，一切貣十分之三，以助稟贷；其百姓吏民者，以见钱雇直。王侯须新租乃偿。”[⑥] 这里将“吏民”一词析为“百姓”与“吏民”，而以“吏民”指“吏”，“百姓”指“民”。魏晋时期也有这种用法，张茂谏魏明帝曰：“陛下，天之子也，百姓吏民，亦陛下之子也。”[⑦] 这里的“吏民”与“百姓”并列而指“吏”。

但是，“吏民”在多数情况下是或主要是指“民”“百姓”。赵孝成王四年（前262）秦拔韩野王，从而断绝了上党与韩都新郑的道路，于是韩国上党守冯亭“阴使人请赵王曰：‘韩不能守上党，且以与秦，其民皆不欲为秦，而愿为赵。今有城市之邑七十，愿拜内之于王，唯王才之。’赵王喜，召平原君而告之曰：‘韩不能守上党，且以与秦，其吏民不欲为

① 《汉书》卷七六《王尊传》，第3237—3238页。又，同一段文字中，皇帝制诏御史的敕文中，“百姓”与“吏民”两词意涵相同。另外，“吏民”一词在《王尊传》全文中先后出现过10次，其意涵皆相同。

② （北齐）魏收撰：《魏书》卷四〇《陆俟传附族侄陆隽传》，中华书局1974年版，第917页。

③ 《魏书》卷一一〇《食货志》，第2849—2850页。

④ 《魏书》卷二《太祖纪》，第32页。按，据校勘记，“三十六万”的“万”字当为“署”，可从。

⑤ 《太平御览》卷四二八《人事部六九·正直下》引《新序》，第1972页。

⑥ 《后汉书》卷七《桓帝纪》，第300页。

⑦ 《三国志》卷三《魏书·明帝纪》注引《魏略》，第105页。

秦，而皆愿为赵。今冯亭令使者以与寡人，何如?’”[①] 赵王所称之“吏民”即冯亭使者所称之“民”，故《通鉴》在记载这一事件时说：“上党守冯亭与其民谋曰……乃遣使者告于赵曰：‘韩不能守上党，入之秦，其吏民皆安于赵，不乐于秦……’”[②] 云云。可见这里的“吏民”是指“民”。汉代亦然。侯霸曾于新莽年间担任临淮太守，深得百姓爱戴，“更始元年，遣使徵霸，百姓老弱相携号哭，遮使者道，或当道而卧。皆曰：‘愿乞侯君复留期年。’民至乃戒乳妇勿得举子，侯君当去，必不能全……”[③] 建武十三年（37），大司徒侯霸薨，“临淮吏民闻霸薨，莫不陨涕，共为立祠，四时祭之。”[④] 可见，“百姓”“民”“吏民”三者意涵相通。《续汉志》记建武十五年（39）“吴汉、马武又徙雁门、代郡、上谷、关西县吏民六万余口，置常（山）关、居庸关以东，以避胡寇。”[⑤] 袁宏《后汉纪》记此事曰：“（建武十五年）春二月，大司马吴汉将马武等徙雁门、代郡、上谷民迁中山以避胡寇。”[⑥] 吴祐为胶东侯相，“吏民有以罪过相告诉者，祐辄闭阁自责良久，然后问之。民有词讼，先命三老、孝悌喻解之；不解，祐身至闾里自和之。自是之后，吏民不忍欺。”[⑦] 都是将“吏民”与“民”通用，而用以指“民”。因此，“吏民”与“百姓”两个词每每相互通用。韩延寿曾先后为东郡太守和左冯翊，而被萧望之所陷害，“延寿竟坐弃市。吏民数千人送至渭城，老小扶持车毂，争奏酒炙。延寿不忍距逆，人人为饮，计饮酒石余。使掾史分谢送者：‘远苦吏民，延寿死无所恨。’百姓莫不流涕。”[⑧] 匡衡上书元帝曰：“陛下躬圣德，开太平之路，闵愚吏民触法抵禁，比年大赦，使百姓得改行自新，

---

① 《战国策笺证》卷一八《赵一・秦王谓公子他曰》，第 989 页。

② （宋）司马光编著，（元）胡三省音注：《资治通鉴》卷五，周赧王五十三年（前 262），中华书局 1956 年版，第 166 页。而《史记・赵世家》记此事时则两处皆作“吏民”。

③ 《后汉书》卷二六《侯霸传》，第 901 页。

④ （东晋）袁宏撰，张烈点校：《两汉纪》下册《后汉纪》卷七《光武皇帝纪七》，中华书局 2017 年版，第 121 页。按，此事《后汉书》卷二六《侯霸传》记曰：“临淮吏人共为立祠，四时祭焉。”（第 902 页）“吏人”即“吏民”，《后汉书》此处将“吏民”写为“吏人”，当系唐章怀太子李贤等注《后汉书》时，以避唐太宗李世民讳而改“民”为“人”所致。

⑤ 《续汉书・天文志上》，点校本《后汉书志》第十，第 3221 页。

⑥ 《两汉纪》下册《后汉纪》卷七《光武皇帝纪七》，第 121—122 页。

⑦ 《两汉纪》下册《后汉纪》卷二一《孝桓皇帝纪上》，第 397 页。

⑧ 《汉书》卷七六《韩延寿传》，第 3216 页。

天下幸甚。”① 甘肃武威磨咀子汉墓出土的《王杖诏书令》有云：“王杖上有鸠，使百姓望见之，比于节，吏民有敢骂詈殴辱者，逆不道。”② 种暠为梁州刺史，“甚得百姓欢心。欲迁，吏民诣阙请留。太后叹曰：‘未闻刺史得人民心如此！’复留一年。”③ 都是将“吏民”与“百姓”通用。魏晋南北朝时期亦然。宋文帝时裴松之“出为永嘉太守，勤恤百姓，吏民便之。”④ 北齐阳休之“在中山及治西兖，俱有惠政，为吏民所怀。去官之后，百姓树碑颂德。”⑤ 也是“百姓”与“吏民”通用。因而在许多场合“吏民百姓”或“百姓吏民”这样的词语又可泛指人民。建始三年（前30）关中大雨水，“京师人无故相惊。言大水至。百姓奔走号呼。长安中大乱。”大将军王凤建议“令吏民百姓上长安城。”王商反对，认为“不宜令民上城重惊百姓”⑥。这里“吏民百姓”“百姓”“民”三者通用。

“吏民”这个概念具有一定的相对性。从最高统治者皇帝而言，天下的臣民都是“吏民”；从地方统治者而言，则其所管治的人民都是“吏民”，刺史等长吏以州境内人民为“吏民”，太守等长吏以郡境内人民为“吏民”，县令、长等长吏以县境内人民为“吏民”，在这种情况下公卿百官则不属于“吏民”。前者如汉文帝临终遗诏曰：“其令天下吏民，令到出临三日，皆释服。”⑦ 这里的“吏民”就是包括公卿百官在内的天下臣民⑧。在汉代“吏民”中的“吏”，一般指小吏，如上述《汉书·尹赏传》

---

① 《汉书》卷八一《匡衡传》，第3333页。

② 《秦汉魏晋出土文献散见简牍合辑》，第16页。

③ 《北堂书钞·1》卷七二《设官部二十四·刺史》注引司马彪《续汉书》，第540页。

④ （梁）沈约撰：《宋书》卷六四《裴松之传》，中华书局1974年版，第1701页。

⑤ （唐）李百药撰：《北齐书》卷四二《阳休之传》，中华书局1972年版，第562—563页。

⑥ 《两汉纪》上册《汉纪》卷二四《孝成皇帝纪一》，第419页。

⑦ 《史记》卷一〇《孝文本纪》，第434页。

⑧ 不过对汉文帝遗诏中的“吏民”历来有不同的理解，或谓此“吏民”指公卿百官与百姓，或谓指下吏与百姓，而不包括公卿百官在内。唐代宗死后，群臣对于如何理解“三日释服”遗诏中的“吏民”的争论就相当典型，中书舍人崔祐甫认为“遗诏无朝臣、庶人之别……凡百执事，谁非吏职?”宰相常衮根据东晋人贺循的注义［据（唐）魏徵、令狐德棻撰：《隋书》卷三二《经籍志一》载，贺循撰有《丧服要》六卷、《丧服谱》一卷、《丧服要记》十卷，中华书局1973年版，第920—921页］，认为“吏者，谓官长所署，则今胥吏耳，非公卿百僚之例。”［（后晋）刘昫等撰：《旧唐书》卷一一九《崔祐甫传》，中华书局1975年版，第3439页］清人王夫之的看法倾向于前者，说：“抑文帝之诏，统吏民而壹之，则无差等也。”（《读通鉴论》卷二《文帝·二二》，第41页）顾炎武则同于后者，认为“考之于史，但行于吏民，而未（转下页）

所载即是；但有时也包括长吏，汉高帝十二年（前195）燕王卢绾谋反，高帝派樊哙、周勃将兵击卢绾。诏曰："燕吏民非有罪也，赐其吏六百石以上爵各一级。与绾居，去来归者，赦之，加爵亦一级。"① 这里的"吏民"即包括六百石以上长吏。苏武被禁锢于匈奴时汉武帝去世，李陵告诉苏武："区脱捕得云中生口，言太守以下吏民皆白服，曰上崩。"② 这里将太守亦包含于"吏民"之中。西汉后期绥和二年（前7）哀帝提出制订限制田宅的措施。于是有司条奏："诸王、列侯得名田国中，列侯在长安及公主名田县道，关内侯、吏民名田，皆无得过三十顷。诸侯王奴婢二百人，列侯、公主百人，关内侯、吏民三十人。"③ 这里将诸侯王、列侯、公主作为一个群体，将"吏民"与关内侯作为一个群体，分别规定了他们占田、占奴婢的办法和限额，而没有另外区分关内侯与"吏民"之间的官员的占田、占奴婢数量，意味着长吏与下吏等官员同样视为"吏民"群体。东汉末年东郡太守臧洪被袁绍围困，"将吏士民皆垂泣曰：'明府与袁氏本无怨隙，今为本朝郡将之故，自致残困，吏民何忍当舍明府去也！'"④ 这里"将吏士民"均自称为"吏民"。魏晋时期亦然。曹魏正始年间，夏侯玄论时事有云："今之长吏，皆君吏民，横重以郡守，累以刺史。"⑤ 这里亦以"吏民"包括郡守、刺史等长吏，因为夏侯玄所说"皆君吏民"，对于"君"即最高统治者皇帝来说，无论官职多高，都属于他的"吏民"。故"吏民"中的"吏"有时包括从公卿百官至基层小吏，但是一般情况下是指"长吏"所辟除之"少吏"。由此可见，"吏民"并非凝固的、绝对的概念，由于场合的不同而有所变化。

（接上页）尝概之臣子也。"［（明）顾炎武著，（清）黄汝成集释，栾保群校注：《日知录集释》卷一四"君丧"条，浙江古籍出版社2013年版，第852页］。赵翼同于顾氏［见（清）赵翼著，王树民校证《廿二史札记校证》卷三"两汉丧服无定制"条，中华书局1984年版，第68—69页］，所以他在评论崔祐甫与常衮的辩论时说："常衮之议，自是正论"，但是"当时又无不是祐甫而非常衮者。"（《廿二史札记》卷二〇"六等定罪三日除服之论"条，第434页）其实这两种对立意见是不矛盾的，一般而论，"吏民"之"吏"多指下级吏员，即所谓胥吏。但是从最高统治者天子而言，所谓"吏民"多数情况下是指所有臣民的。

① 《汉书》卷一下《高帝纪下》，第77页。

② 《汉书》卷五四《苏建附子武传》，第2465页。

③ 《汉书》卷一一《哀帝纪》，第336页。

④ 《三国志》卷七《魏书·臧洪传》，第236页。

⑤ 《三国志》卷九《魏书·夏侯玄传》，第297页。

长沙走马楼吴简的发现，印证并丰富了我们对于“吏民”的认识和了解。《嘉禾吏民田家莂》一书所载主要为嘉禾四、五两年长沙郡境“吏民”交纳赋税的明细簿籍，其基本登录格式为：“××丘（里）××（身份）××（姓名），田（若干）……”。身份一栏中分别为“男子”“大女”“州吏”“郡吏”“县吏”“州卒”“郡卒”“县卒”“军吏”“复民”“士”等。从中我们可以看到，乡里基层的“吏民”主要包括普通农民（男子、大女）、州郡县吏、军吏、州郡县卒、复民、士等六种身份的人民。吴简的发现，深化了我们对于“吏民”这一概念的认识，所谓“吏民”并非单纯指普通农民和各级政权机构中的吏员，实际上它包含了乡里基层编户中的各种各类人员，在这里“吏民”除了普通农民和州郡县吏之外，还有军吏、州郡县卒、复民、士等不同身份的人群。可以说，凡编制于乡里基层之中的编户均属“吏民”的范畴。吴简中上述六种身份的人均被编制于乡里基层编户之中，因此他们都是当时的国家编户齐民。

而关于“吏民”的社会属性，“吏民”与编户齐民的关系，“吏民”的内部关系，以及“吏民”中的“吏”的涵义与社会属性等问题，由于篇幅所限，容另文论述。

（原刊河南大学历史文化学院编《史学新论：祝贺朱绍侯先生八十华诞》，河南大学出版社2005年版。后转载于《历史文献研究》总27辑，2008年9月。后又收入《先秦汉唐史论》下编“吏民”卷，北京师范大学出版社2016年版。今据黎虎先生最新刊后修订稿，并参考上述诸刊文整理。李文才敬识）

论“吏民”的社会属性

——原“吏民”之二

“吏民”是在中国古代史籍中使用十分广泛、久远的一个词语，上起先秦，下讫明清，可谓与中国古代历史相始终。但是史籍对于“吏民”的涵义并没有十分明确的表述，而是相当模糊；从而研究者对此亦措意无多，论者寥寥；偶有论及者，见解亦颇纷纭。贺昌群先生较早注意及此，在20世纪五六十年代曾提出：“所谓‘吏民’就是庶民之有爵者，这个词语的阶级含义，一直到唐前期都还未大变，魏、晋、南北朝九品中六品以下和唐九等户中的八九等户，都称为‘吏民’，他们的经济、政治地位的上升与下降，是研究这个时期阶级关系变化的关键，应当重视。”① 但贺先生只是点到此为止，并没有将其观点展开论述。直到20世纪九十年代，刘敏女士在此基础上作了进一步的研究，认为“吏民”“有些类似周朝的国人阶层”，是“编户民或庶人中有爵者，爵级在八级公乘以下，一级公士以上，主要是五级大夫以上至八级公乘的人。”他们是“可以为吏之民”“拥有一定的资财，生活富裕”者②。稍后，长沙走马楼吴简发现了大量关于“吏民”的简牍③，论者将其中的“吏民”解释

---

① 贺昌群：《汉唐间封建土地所有制形式研究》，上海人民出版社1964年版，第121页。

② 刘敏：《秦汉时期的社会等级结构》，载冯尔康主编《中国社会结构的演变》，河南人民出版社1994年版，第332—335页。

③ 已整理出版了《长沙走马楼三国吴简·嘉禾吏民田家莂》，长沙市文物考古研究所、中国文物研究所、北京大学历史学系走马楼简牍整理组编著，文物出版社1999年版；《长沙走马楼三国吴简·竹简（壹）》，长沙市文物考古研究所、中国文物研究所、北京大学历史学系走马楼简牍整理组编著，文物出版社2003年版。以下分别简称《嘉禾吏民田家莂》《竹简（壹）》。

为“吏籍”与“民籍”或“吏户”与“民户”合称之意。到了本世纪初，虽然有了《关于两汉史籍中的“吏民（人）”问题》的专题论文[①]，但其主要论述“吏民”中的“吏”——地方事务性官吏与皇权和地方社会豪强族姓的关系，而且仅限于秦汉时期，没有利用长沙走马楼吴简的资料。日本学者葭森健介撰有《汉唐间基层社会の变迁试论——“吏民”と“士庶”》，认为汉代的“吏民”到两晋南朝演变为“士庶”[②]。我在《原“吏民”——从长沙走马楼吴简谈起》[③]一文中对于“吏民”的涵义从先秦至魏晋南北朝时期的发展变化作了初步的论述，认为“吏”虽然早在商周时期已经出现，但是将“吏”与“民”紧密地联系在一起则在战国时期，从而产生了“吏民”一词，他们是由下层小吏与普通民众组成的基层社会编户民群体，这种“吏民”一体性结构遂成为此后长期的中国古代皇权统治的基础。从战国秦汉直至魏晋南北朝时期，基本上是一脉相承的。现在拟在此基础上进一步具体论述秦汉魏晋南北朝时期“吏民”究竟是怎样的一个群体，其社会属性究竟如何？窃以为，“吏民”并非庶民之中有爵位的一个特定群体，他们就是庶民，或者说“庶民”就是由“吏”与“民”组成的；“吏民”也并非分析为“吏户”与“民户”，他们是一个整体，这里的“吏”来自于“民”，又复归于“民”，他们是“民”的组成部分，或者说他们是广义的“民”。秦汉魏晋南北朝时期的传世历史资料以及长沙走马楼吴简等地下发现之简牍资料显示，从社会结构而言，这种“吏民”是社会金字塔的底层；从国家政治统治来说，“吏民”是地方政府管治的基本民众。

一 “吏民”是社会金字塔结构的底层

“吏民”是中国古代社会金字塔结构中的底层。东汉明帝时颍川太守

---

① 邱立波：《关于两汉史籍中的“吏民（人）”问题》，《史林》2003 年第 5 期。

② 葭森健介：《汉唐间基层社会の变迁试论——“吏民”と“士庶”》，“四国东洋史研究者会议”打印稿（2005 年 10 月 30 日），笔者于 2005 年 11 月访日期间，承蒙葭森健介教授惠赠。

③ 原刊河南大学历史文化学院编《史学新论：祝贺朱绍侯先生八十华诞》，河南大学出版社 2005 年版；后转载于《历史文献研究》总 27 辑，2008 年 9 月。

葛兴病重，功曹韩棱私自代行郡事二年，后事发被禁锢[①]。应劭评论此事时认为韩棱的行为是“上欺天子，中诬方伯，下诳吏民!”[②] 何谓“方伯”?《盐铁论·除狭》篇云：“今守、相亲剖符赞拜，莅一郡之众，古方伯之位也。”[③] 这里以“方伯”指称地方政府长官。在其所概述的三个社会层级中，“吏民”被置于“天子”“方伯”之下的底层，是社会金字塔结构中的基础。景帝后元三年（前141）“帝崩于未央宫。遗诏赐诸侯王列侯马二驷，吏二千石黄金二斤，吏民户百钱。”[④] 这里以“诸侯王列侯”为一个层次；“吏二千石”为一个层次；“吏民”为一个层次。由此可见“吏民”属于同一层次，而处于社会结构的底层。这里的“吏二千石”可视为“诸侯王列侯”与“吏民”之间的百官。东汉献帝初平三年（192），董卓“部曲将郭汜、李傕旋兵攻长安，公卿百官吏民战死者且万人。”[⑤] 这里“吏民”之上为“公卿百官”。“公卿百官”大体为“中二千石”至“吏民”之间的各级官僚。西汉昭帝始元五年（前82）诏“赐中二千石以下至吏民爵各有差。”[⑥] 这里“中二千石以下”指各级官员，“吏民”指百姓。汉制：“自太常至执金吾，秩皆中二千石。”[⑦] 故曰：“中二千石，九卿秩也。”[⑧] 史籍常见之“中二千石以下”，多指从九卿以下至“吏民”之上的各级官员，其下则为“吏民”，亦即百姓。西汉官员品级“自中二千石至百石凡十六等”，东汉“自中二千石至斗食凡十三等”[⑨]。故汉代常以中二千石作为百官最高点，如昭帝元凤四年（前77）

---

① （南朝·宋）范晔撰，（唐）李贤等注：《后汉书》卷四五《韩棱传》，中华书局1965年版，第1534页。（汉）应劭撰，王利器校注：《风俗通义校注》卷四《过誉》，谓韩稜时为郡主簿。（中华书局1981年版，第177页）按，“棱”，《风俗通义》作“稜”，二字为异体字，音、义俱同；也有可能是古籍传刻过程中笔划有所增减而导致字形略有差异。

② 《风俗通义校注》卷四《过誉》，第178页。

③ 王利器校注：《盐铁论校注》卷六《除狭第三十二》，中华书局1992年版，第410页。

④ （汉）班固撰，（唐）颜师古注：《汉书》卷五《景帝纪》，中华书局1962年版，第153页。

⑤ （晋）司马彪撰，（梁）刘昭注补：《续汉书·天文志下》，点校本《后汉书志》第十二，中华书局1965年版，第3259页。

⑥ 《汉书》卷七《昭帝纪》，第223页。

⑦ 《汉书》卷一九上《百官公卿表上》，第733页。

⑧ 《汉书》卷八《宣帝纪》注引如淳曰，第264页。

⑨ （唐）杜佑撰，王文锦、王永兴、刘俊文、徐庭云、谢方点校：《通典》卷一九《职官典一·官品》，中华书局1988年版，第109页。

帝加元服，于是“赐中二千石以下及天下民爵”①。元帝永光二年（前42）赐“中二千石以下至中都官长吏各有差”②。昭帝元凤四年诏中这个“民”实即通常所谓的“吏民”。兴平二年（195）十二月，汉献帝受到李傕等追击，夜渡黄河，只有少数亲近得渡，“余大官及吏民不得渡甚众”③，“大官”在“吏民”之上，而“吏民”中的“吏”则在“大官”之下。从以上所述可见，不论从何种角度而言，“吏民”均被置于底层。

职是之故，汉代的载籍均将“吏民”视为最基层的一个群体，如：昭帝元凤四年（前77）“赐诸侯王、丞相、大将军、列侯、宗室下至吏民金帛牛酒各有差。”④ 宣帝元平元年（前74）“赐诸侯王以下金钱，至吏民鳏寡孤独各有差。”⑤ 类似这种赏赐中以“吏民”为最下一层的受赐对象的诏令颇多。王莽上书曰：“自诸侯王已下至于吏民，咸知臣莽上与陛下有葭莩之故。”太后答诏亦称：“是以诸侯王、公、列侯、宗室、诸生、吏民翕然同辞”⑥ 云云。此类以“吏民”为最下层级的表述亦举不胜举。因此，当时人们的观念中是将“吏民”视为社会最基层的广大民众的，东汉光武帝建武十二年（36）正月己未，“小星流百枚以上，或西北，或正北，或东北”；六月戊戌晨，“小流星百枚以上，四面行。”史称：“小星者，庶民之类。流行者，移徙之象也。或西北，或东北，或四面行，皆小民流移之徵。……后三年，吴汉、马武又徙雁门、代郡、上谷、关西县吏民六万余口，置常（山）关、居庸关以东，以避胡寇。是小民流移之应。”⑦ 可见，“吏民”即“庶民”“小民”。东汉刘陶为顺阳县长，惩治奸宄有方，后“以病免，吏民思而歌之曰：‘邑然不乐，思我刘君。何时复来，安此下民。’”⑧“吏民”亦自视为“下民”。

---

① 《汉书》卷七《昭帝纪》，第229页。

② 《汉书》卷九《元帝纪》，第288页。

③ （晋）袁宏撰，张烈校注：《两汉纪》下册《后汉纪》卷二八《孝献皇帝纪上》，中华书局2017年版，第545页。

④ 《汉书》卷七《昭帝纪》，第229页。

⑤ 《汉书》卷八《宣帝纪》，第239页。

⑥ 《汉书》卷九九上《王莽传上》，第4071页。

⑦ 《续汉书·天文志上》，点校本《后汉书志》第十，第3221页。

⑧ 《后汉书》卷五七《刘陶传》，第1848页。

那么，公卿百官与“吏民”之间的分界线在哪里呢？下至哪一级官吏为止才属于“吏民”呢？据刘劭《爵制》，秦代“吏民爵不得过公乘”①，则在秦代公乘之下为“吏民”，公乘以上为“官”。公乘为秦二十等爵的第八级，而公乘之上的第九级爵为五大夫。据此，则公乘与五大夫为“官”与“吏民”的分界，五大夫及其以上为“官”，公乘以下为“吏民”，即下吏与民。五大夫、公乘相对应的官吏秩等，据汉元帝时规定后宫“长使视六百石，比五大夫。少使视四百石，比公乘。”② 是则五大夫与六百石相当。这种官、爵对应关系当渊源于秦，秦制“宦及智（知）于王，及六百石以上吏，皆为显大夫”③，意即做官达到被王所知，以及禄秩在六百石以上者，都属“显大夫”。秦王政十一年（前236）吕不韦自杀，其舍人窃葬之，秦王下令：参与哭临者“秦人六百石以上夺爵，迁；五百石以下不临，迁，勿夺爵。”④ 可见，六百石以上和五百石以下是官员等级的一条大界线。汉承秦制，仍以六百石作为与一般官吏区别的起点，景帝中元六年（前144）诏称“吏六百石以上皆长吏也”，其下则为“下吏”。颜师古注引张晏曰：“长，大也。六百石，位大夫。”⑤ 而五大夫以上“次年德者，为官长将率。”⑥ 故钱大昭谓：“自公士至公乘，民之爵也……自五大夫至彻侯，则官之爵也。”⑦ 因此，爵五大夫、吏六百石以上享有种种特权，高帝十二年（前195）汉惠帝继位后进行赏赐，“赐给丧事者，二千石钱二万，六百石以上万，五百石、二百石以下至佐史五千。视作斥上者，将军四十金，二千石二十金，六百石以上六金，五百石以下至佐史二金。”⑧ 二千石以下、六百石以上属于高

---

① 《续汉书·百官志五》注引，点校本《后汉书志》第二十八，第3632页。

② 《汉书》卷九七上《外戚传上》，第3935页。

③ 睡虎地秦墓竹简整理小组编：《睡虎地秦墓竹简·法律答问释文注释》，文物出版社1990年版，第139页。

④ （汉）司马迁撰，（南朝·宋）裴骃集解，（唐）司马贞索隐，（唐）张守节正义：《史记》卷六《秦始皇本纪》，中华书局1959年版，第231页。

⑤ 《汉书》卷五《景帝纪》，第149页。

⑥ （汉）卫宏撰，（清）孙星衍校：《汉旧仪》卷下，周天游点校：《汉官六种》，中华书局1990年版，第84页。

⑦ （清）王先谦撰：《汉书补注·百官公卿表上》引钱大昭曰，中华书局1983年版，第306页。

⑧ 《汉书》卷二《惠帝纪》，第85页。

官的范畴，他们得到万钱或六金以上的赏赐。五百石以下属于下吏的范畴，他们所赐为五千钱或二金。二千石以下、六百石以上在经济上也享有特权，“今吏六百石以上父母妻子与同居，及故吏尝佩将军都尉印将兵及佩二千石官印者，家唯给军赋，他无有所与。”[①] 六百石以上还可以享有法律上的宽贷，汉惠帝即位后又下令“爵五大夫、吏六百石以上及宦皇帝而知名者有罪当盗械者，皆颂系。”[②] 在犯罪须戴枷锁时可以减免。六百石以上还可以享有政治上的优遇，汉代在拜授三公时，“凡拜，天子临轩，六百石以上悉会。”[③] 这个级别以上可以参加拜授三公的隆重典礼。赐爵亦往往在六百石以上官员之中加以优惠，如宣帝本始元年（前 73）“赐吏二千石、诸侯相、下至中都官、宦吏、六百石爵，各有差，自左更至五大夫。”[④] 二千石官员赐予十二等爵左更，六百石官员赐予第九等爵五大夫。元康元年（前 65）“赐勤事吏中二千石以下至六百石爵”[⑤]，其标准与本始元年同，以十三等爵中更赐中二千石，十二等爵左更赐二千石，以第九等爵五大夫赐六百石[⑥]。表明六百石以上属于高级官员范畴。在六百石与五百石之间划出一道界线。五百石以下的“下吏”属于“吏民”之列。

到了西汉后期，“官”与“吏”，或者说“长吏”与“下吏”的分界线有所下移。成帝建始元年（前 32）“赐诸侯王、丞相、将军、列侯、王太后、公主、王主、吏二千石黄金；宗室、诸官吏千石以下至二百石及宗室子有属籍者、三老、孝弟力田、鳏寡孤独钱帛，各有差；吏民五十户牛酒。”[⑦] 这里将“官吏”的下线定在二百石，言外之意其下的百石则属于“吏民”之中的“吏”。《汉书·百官公卿表》曰：“县令、长，皆秦官，掌治其县。万户以上为令，秩千石至六百石。减万户为长，秩五百石至三百石。皆有丞、尉，秩四百石至二百石，是为长吏。百石以

---

① 《汉书》卷二《惠帝纪》，第 85—86 页。

② 《汉书》卷二《惠帝纪》，第 85 页。

③ （唐）虞世南辑录：《北堂书钞·1》卷五〇《设官部二》引《汉官仪》，学苑出版社 2015 年版，第 373 页。

④ 《汉书》卷八《宣帝纪》，第 242 页。

⑤ 《汉书》卷八《宣帝纪》，第 254 页。

⑥ 说参《汉书补注·宣帝纪》引刘敞曰，第 113 页。

⑦ 《汉书》卷一〇《成帝纪》，第 303 页。标点与中华书局标点本不同处为笔者所改。

下有斗食、佐史之秩，是为少吏。"[①] 这里将二百石以上视为"长吏"，其下则为"少吏"。文颖曰："少吏，小吏也。"[②]《汉书·百官公卿表》所反映的当为西汉后期制度，此后这个分界线被继续沿用。东汉"明帝诏书不得僇辱黄绶，以别小人吏也。"[③]《东观汉纪》谓"四百、三百、二百石黄绶。"[④] 二百石以上不属于"小人吏"，而属于"长吏"范畴。可见，二百石与百石是"长吏"与"小吏"的分界线。东汉建武中元二年（57）明帝即位后诏曰："中二千石下至黄绶，贬秩赎论者，悉皆复秩还赎。"[⑤] 其优待政策限定于中二千石至二百石之内。安帝永初六年（112）五月"丙寅，诏令中二千石下至黄绶，一切复秩还赎，赐爵各有差。"[⑥] 这是继续前朝故事。而百石以下的"小吏"和广大编户民则共同构成"吏民"这样一个群体。

魏晋南北朝承袭秦汉余绪，仍然将"长吏"与一般"吏民"相区别。咸熙元年（264）曹魏诏书指责孙吴"政刑暴虐，赋敛无极"，云："孙休遣使邓句，敕交址太守锁送其民，发以为兵。"于是吴将吕兴发动反抗，"驱逐太守长吏，抚和吏民，以待国命。"[⑦] 将太守、长吏与一般"吏民"作了区分。孙吴时左将军朱据被典校吕壹所诬陷，蒙受不白之冤，后来孙权了解了事实真相，乃"大感寤，曰：'朱据见枉，况吏民乎！'"[⑧] 于是追究了吕壹的罪状。视朱据与一般"吏民"有别。沈约在《宋书·索虏传》"史臣曰"中论述北魏对南方的战争时说："小则囚虏吏民，大则俘执长守。"[⑨] 这里亦将"长守"置于"吏民"之上。所以，在大多数情况下"吏民"都是指下层小吏和普通民众。北魏孝文帝承明元年（476）

---

① 《汉书》卷一九上《百官公卿表上》，第742页。

② 《汉书》卷六《武帝纪》注引，第166页。

③ 《续汉书·百官志五》注引胡广语，《后汉书志》第二十八，第3623页。

④ （宋）李昉等撰：《太平御览》卷六八二《仪式部三·绶》引《东观汉纪》，中华书局1960年版，第3046页。

⑤ 《后汉书》卷二《显宗孝明帝纪》，第96页。

⑥ 《后汉书》卷五《孝安帝纪》，第218页。

⑦ （晋）陈寿撰，（南朝宋）裴松之注，陈乃乾校点：《三国志》卷四《魏书·三少帝纪·陈留王奂纪》，中华书局1959年版，第151页。

⑧ 《三国志》卷五七《吴书·朱据传》，第1340页。

⑨ （梁）沈约撰：《宋书》卷九五《索虏传》"史臣曰"，中华书局1974年版，第2358页。

诏中有云：“自今已后，群官卿士下及吏民，各听上书，直言极谏，勿有所隐。”① 太和八年（484）诏曰：“今制百辟卿士，工商吏民，各上便宜。”② 太和九年（485）诏曰：“百司卿士及工商吏民，其各上书极谏，靡有所隐。”③ 都是将“吏民”视为最下层民众。

由于“吏民”是社会金字塔结构中的底层，因而统治者视其为国家统治安危之所系。汉成帝起昌陵，鸿嘉二年（前19）“徙郡国吏民五千余户以奉陵邑。”④ 五年而不成，永始元年（前16）成帝下诏：“其罢昌陵，及故陵勿徙吏民，令天下毋有动摇之心。”⑤ 如果“吏民”之心动摇则天下根基不稳。

二 “吏民”是地方政府管治的基本民众

从国家政治统治的角度而言，“吏民”则是古代国家统治的基层民众，具体来说就是各级地方政府管治的基本民众。魏明帝时太子舍人张茂上书中有云：“陛下，天之子也，百姓吏民，亦陛下之子也。”⑥ “吏民”是君主的子民，那么，“天子”如何统御“吏民”呢？这主要是通过各级地方政权来实施的。秦、西汉地方政府为郡、县二级，东汉以后至魏晋南北朝逐渐演变为州、郡、县三级。皇帝和中央政府通过这些地方政府以管治全国人民。前引应劭谓韩棱：“上欺天子，中诬方伯，下诳吏民”⑦，就是这一统治与被统治关系的概括，中国古代的统治体制基本上就是“天子”通过“方伯”以统治“吏民”。地方政府长官即所谓“方伯”，其所统“一郡之众”即“吏民”。汉宣帝深知“方伯”之重要性，认为“与我共此者，其唯良二千石乎！”因而“及拜刺史守相，辄亲见问，观其所繇，退而考察所行以质其言。”他如此重视刺史、守相的人选，出于他对地方长官与“吏民”关系的深刻认识，“以为太守，吏民之

① （北齐）魏收撰：《魏书》卷七上《高祖纪上》，中华书局1974年版，第143页。《校勘记》谓“群官卿士”当为“群公卿士”。

② 《魏书》卷七上《高祖纪上》，第154页。

③ 《魏书》卷七上《高祖纪上》，第155页。

④ 《汉书》卷二七上《五行志上》，第1341页。

⑤ 《汉书》卷一〇《成帝纪》，第320页。

⑥ 《三国志》卷三《魏书·明帝纪》注引《魏略》，第105页。

⑦ 《风俗通义校注》卷四《过誉》，第178页。

本也。”[1] 地方长官是“吏民”的根本，他们的优劣贪廉直接关系“吏民”的境遇祸福，从而影响国家的治乱兴衰。朱博奏言：“汉家至德溥大，宇内万里，立置郡县。部刺史奉使典州，督察郡国，吏民安宁。”[2] 中央皇权通过各级地方政府以抚御广大“吏民”，从而达到大治的目的。由于“吏民”是地方政府管治的基本民众，故凡言及地方政府所管辖的民众时则谓之某地“吏民”，悬泉置汉简有五凤二年（前 56）爰书，调查戍卒有无贳卖财物与“敦煌吏民”[3] 的情况，此“吏民”即敦煌郡所辖之民众。董仲舒向汉武帝建议：“使诸列侯、郡守、二千石各择其吏民之贤者，岁贡各二人以给宿卫。”[4] 除了郡守、二千石等地方行政长官需择其管治下“吏民”之贤者“岁贡”之外，“列侯”亦同样有这样的职责和义务。这是因为汉代的列侯“得臣其所食吏民”[5]。汉代实行郡、国并行的地方统治制度，故“吏民”亦为诸侯国所辖的基本民众。

地方政府以“吏民”为其所管治的基本民众的情况，早在先秦时期郡县制确立之后已然。睡虎地秦墓发现的竹简《语书》，是秦王政二十年（前 227）四月南郡守腾发布的文告，主要针对国家法令存在着郡境之内“吏民莫用”的问题，于是他重新颁布，命令所辖县、道官员贯彻执行，“令吏民皆明智（知）之”[6]。可见“吏民”为其管治之基本民众。

汉承秦制。有关这方面的记载更是不胜枚举。地方长官管治人民有方，则受到“吏民”的欢迎和拥戴。汉武帝时兒宽为左内史，管辖京师东半部地区[7]。“（兒）宽既治民，劝农业，缓刑罚，理狱讼，卑

---

① 《汉书》卷八九《循吏传序》，第 3624 页。

② 《汉书》卷八三《朱博传》，第 3406 页。

③ 甘肃省文物考古研究所：《敦煌悬泉汉简释文选》，Ⅱ90T0314②：302，《文物》2000 年第 5 期。

④ 《汉书》卷五六《董仲舒传》，第 2513 页。

⑤ （唐）欧阳询撰，汪绍楹校：《艺文类聚》卷五一《封爵部·总载封爵》引《汉官解诂》，上海古籍出版社 1999 年版，第 916 页；又见《续汉书·百官志五》，点校本《后汉书志》第二十八，第 3630 页。

⑥ 《睡虎地秦墓竹简·语书释文注释》，第 13 页。

⑦ 《汉书》卷一九上《百官公卿表上》：内史，“掌治京师。景帝二年分置左右内史。”（第 736 页）

体下士，务在于得人心；择用仁厚士，推情与下，不求名声，吏民大信爱之。”[①] 兒宽的仁政得到“吏民”的拥戴，表明“吏民”为左内史管治之基本民众。汉宣帝时赵广汉为京兆尹，“京兆政清，吏民称之不容口。”[②] 赵广汉的德政也得到当地“吏民”的称赞，可见“吏民”为京兆尹所管治之基本民众。尹翁归为东海太守，“明察，郡中吏民贤不肖，及奸邪罪名尽知之。县县各有记籍。自听其政，有急名则少缓之；吏民小解，辄披籍。县县收取黠吏豪民，案致其罪，高至于死。收取人必于秋冬课吏大会中，及出行县，不以无事时。其有所取也，以一警百，吏民皆服，恐惧改行自新。”[③] 尹翁归治郡有方，着重惩办“吏民”中的“黠吏豪民”，使郡中“吏民”服从，可见“吏民”为郡守管治之基本民众。元帝时杨兴“为长安令，吏民敬乡，道路皆称能。”[④] 长安县长的干能得到“吏民”的称赞，表明“吏民”为县令管治之基本民众。昭、宣时庐江郡舒县人朱邑，“少时为舒桐乡啬夫，廉平不苛，以爱利为行，未尝笞辱人，存问耆老孤寡，遇之有恩，所部吏民爱敬焉。”[⑤] 乡啬夫朱邑善待所部“吏民”，从而得到大家的爱敬，可见“吏民”为基层乡里所管治之基本民众。地方各级政府直至乡里基层所管治之基本民众都是“吏民”，国家的政治统治就是建立在对于“吏民”的逐级管治基础之上的。地方政府长吏是否称职，主要视其管治之“吏民”是否安宁、稳定，从而决定对于他们的奖惩、陟黜，故东汉章帝时韦彪建议：“其二千石视事虽久，而为吏民所便安者，宜增秩重赏，勿妄迁徙。”[⑥] 得到了章帝的首肯，就是这种情况的反映。

反之，地方长官治理人民无方或贪残，则为“吏民”所不欢迎乃至反对。西汉酷吏王温舒等以严刑峻法治理人民，于是“自（王）温舒等以恶为治，而郡守、都尉、诸侯二千石欲为治者，其治大抵尽放温舒，

① 《汉书》卷五八《兒宽传》，第 2630 页。
② 《汉书》卷七六《赵广汉传》，第 3203 页。
③ 《汉书》卷七六《尹翁归传》，第 3207—3208 页。
④ 《汉书》卷六四下《贾捐之传》，第 2836 页。
⑤ 《汉书》卷八九《朱邑传》，第 3635 页。
⑥ 《后汉书》卷二六《韦彪传》，第 919 页。

而吏民益轻犯法，盗贼滋起。”[①] 政府长官的严刑峻法反而激起了所辖“吏民”的反抗。汉成帝时陈咸历任数郡太守，翟方进为丞相时，奏：“（陈）咸前为郡守，所在残酷，毒螫加于吏民……不宜处位。”[②] 郡守陈咸之虐政，使郡内“吏民”遭殃，于是他的任命被丞相否决。这些事实从另一方面表明“吏民”为地方政府管治之基本民众。

魏晋南北朝时期亦然，有关这方面的记载亦史不绝书。曹魏时贾逵为豫州刺史，死后“豫州吏民追思之，为刻石立祠。”[③] 可知“吏民”是刺史管治之基本民众。游楚“历位宰守，所在以恩德为治，不好刑杀。太和中，诸葛亮出陇右，吏民骚动。天水、南安太守各弃郡东下，楚独据陇西，召会吏民，谓之曰：‘太守无恩德。今蜀兵至，诸郡吏民皆已应之，此亦诸卿富贵之秋也。太守本为国家守郡，义在必死，卿诸人便可取太守头持往。’吏民皆涕泪，言‘死生当与明府同，无有二心。’……吏民遂城守。”[④] 可见郡守以“吏民”为其管治的基本民众。建安四年（199）刘备攻据徐州，与曹操决裂，“东南多变”，于是曹操“以陈群为酂令，（何）夔为城父令，诸县皆用名士以镇抚之，其后吏民稍定。”[⑤] 仓慈，曹魏“黄初末，为长安令，清约有方，吏民畏而爱之。”[⑥] 可见县令所管治之民众为“吏民”。孙吴黄龙（229—231）年间，受到临湘侯步骘表彰的荆州境内的官员之一李肃“为桂阳太守，吏民悦服”[⑦]，其所管治之民众为“吏民”。而长沙走马楼吴简即发现于孙吴荆州长沙郡临湘县内，它“很可能就是临湘侯的或更高级别行政机构的官府档案”[⑧]，其所载“吏民”即荆州长沙郡或临湘侯国所辖之民众，为辖境乡里“吏民”于嘉禾四、五年交纳赋税，经诸乡上报之后，由田户曹署相关吏员汇总而成的“都莂”。

地方政府长吏为政清廉者往往得到“吏民”的爱戴。东晋人罗友，

---

① 《史记》卷一二二《酷吏列传·王温舒传》，第3151页。
② 《汉书》卷六六《陈咸传》，第2902页。
③ 《三国志》卷一五《魏书·贾逵传》，第484页。
④ 《三国志》卷一五《魏书·张既传》注引《魏略》，第473页。
⑤ 《三国志》卷一二《魏书·何夔传》注引《魏书》，第380页。
⑥ 《三国志》卷一六《魏书·仓慈传》，第512页。
⑦ 《三国志》卷五二《吴书·步骘传》注引《吴书》，第1238页。
⑧ 《嘉禾吏民田家莂》之《前言》，第1页。

“累迁广、益二州刺史。在藩举其弘纲，不存小察，甚为吏民所安说。”[①]袁湛“出为吴兴太守，秩中二千石，莅政和理，为吏民所称。”[②]刘宋时杜骥任青、冀二州刺史八年，沉约评价道：“自义熙至于宋末，刺史唯羊穆之及（杜）骥，为吏民所称咏。”[③]北魏洛州刺史元绪于正始四年二月“薨于州之中堂……迁柩于东都。吏民感恋，扶榇执绋号咷如送于京师者二千人。”[④]辛子馥为平原相，“父子并为此郡，吏民怀安之。”[⑤]潘永基两度出任东徐州刺史，“前后在州，为吏民所乐。”[⑥]东魏武定年间，邢卲“除骠骑、西兖州刺史。在州有善政……吏民为立生祠，并勒碑颂德。及代，吏人父老及媪妪皆远相攀追，号泣不绝。”[⑦]或谓其“为政清静，吏民安之。”[⑧]北齐人石信为郑州刺史，“以皇建二年六月廿一日薨于郑州府内。吏民等莫不泣涕，行哭罢市。”[⑨]段韶于北齐天保三年（552），“为冀州刺史、六州大都督，有惠政，得吏民之心。”[⑩]韦瑱于魏恭帝三年（556）“除瓜州诸军事、瓜州刺史。州通西域，蕃夷往来，前后刺史，多受赂遗。胡寇犯边，又莫能御。（韦）瑱雅性清俭，兼有武略。蕃夷赠遗，一无所受。胡人畏威，不敢为寇。公私安静，夷夏怀之。”北周建立后，“秩满还京，吏民恋慕，老幼追送，留连十数日，方得出境。”[⑪]此类记载举不胜举。地方长官离任或去世后“吏民”感戴，为之树碑立祠之类的记载更是不胜枚举。葛洪总结道：“今世君长迁转，吏民思恋，而树德颂之碑者，往往有焉。”[⑫]反之，则遭到“吏民”的不满或反抗。北魏

---

① （南朝宋）刘义庆著，（南朝梁）刘孝标注，余嘉锡笺疏，周祖谟、余淑宜、周士琦整理：《世说新语笺疏》下卷上《任诞第二十三》注引《晋阳秋》，上海古籍出版社1993年版，第753页。

② 《宋书》卷五二《袁湛传》，第1497页。

③ 《宋书》卷六五《杜骥传》，第1722页。

④ 《元绪墓志铭》，赵超主编：《汉魏南北朝墓志汇编》，天津古籍出版社1992年版，第53页。

⑤ 《魏书》卷四五《辛绍先传附辛子馥传》，第1028页。

⑥ 《魏书》卷七二《潘永基传》，第1624页。

⑦ （唐）李延寿撰：《北史》卷四三《邢峦传附邢卲传》，中华书局1974年版，第1591—1592页。

⑧ 范祥雍校注：《洛阳伽蓝记校注》卷三《城南》，上海古籍出版社1978年版，第134页。

⑨ 《石信墓志铭》，《汉魏南北朝墓志汇编》，第413页。

⑩ （唐）李百药撰：《北齐书》卷一六《段韶传》，中华书局1972年版，第210页。

⑪ （唐）令狐德棻等撰：《周书》卷三九《韦瑱传》，中华书局1971年版，第694页。

⑫ 王明：《抱朴子内篇校释（增订本）》卷一三《极言》，中华书局1986年版，第242页。

人王椿历任本郡太原太守及诸州刺史，生活豪奢，“性严察，下不容奸，所在吏民，畏之重足。”[①] 梁朝人臧厥出为晋安太守，“为政严酷少恩，吏民小事必加杖罚，百姓谓之‘臧虎’。”[②] 曹魏甘露二年（257）“玄菟郡高显县吏民反叛”，县长“郑熙为贼所杀。”[③] 以上从正反两个方面表明“吏民”为各级地方政府管治之基本民众。这些都表明“吏民”为各级地方政府管治之基本民众。

三　结语

以上所述表明，由下层小吏与广大民所众所组成的“吏民”是中国古代从战国以来至魏晋南北朝社会金字塔结构中的底层民众，是国家政治统治的基本对象——基层民众。他们并非由“吏户”与“民户”所组成，他们是一个整体——皇权统治的编户齐民。从长沙走马楼吴简可以看到，所谓“吏民”包括普通农民（大男、大女），军吏，士，复民，以及州、郡、县的吏和卒等[④]，凡乡里基层民众均属“吏民”。他们也并非仅指庶民之中的有爵位的、生活富裕一个特定群体，他们就是庶民。《长沙走马楼三国吴简·竹简（壹）》所载“户人”约有387人[⑤]，其中有爵之“户人”361，占全体“户人”之93.2%；无爵之“户人”22，占5.7%；因简牍残缺而不明是否有爵者4，占1%。在22位无爵之“户人”中，有11户是“大女”，1户是“老女”[⑥]，她们占无爵“户人”的54.5%。可见，绝大多数“户人”都有爵，只有少数没有爵。这与文献记载赐民爵的情况大体相符。三国时期继承汉代的做法，普赐天下“吏民”爵，如曹魏黄初元年（220）“赐男子爵人一级”，黄初三年（222）“赐天下男子爵人二级”[⑦]，甘露五年（260）陈留王曹奂即皇帝位，于是

---

① 《魏书》卷九三《恩倖·王叡传附王椿传》，第1993页。

② （唐）姚思廉撰：《梁书》卷四二《臧盾附弟臧厥传》，中华书局1973年版，第601页。

③ 《三国志》卷四《魏书·三少帝纪·高贵乡公髦纪》，第139页。

④ 详见《嘉禾吏民田家莂》。

⑤ 详见《竹简（壹）》。

⑥ 据《竹简（壹）》：简3271、3318、3405、5021、5249、5508、7804、8399、8430、9006、9785为“大女”，第963，964，966，999，1004，1009，1056，1069，1080，1096页，简10111为“老女”，第1102页。

⑦ 《三国志》卷二《魏书·文帝纪》，第76、80页。

“大赦，改年，赐民爵及谷、帛各有差。”[①]《三国志·吴书》虽然没有这方面的记载，但从长沙走马楼吴简可知，孙吴也实行这样的赐民爵制度，所以我们看到吴简中的“户人”绝大多数都有爵，少量无爵者主要为妇女，就是这种情况的反映。而上述“户人”正是“吏民”中的重要组成部分。从已经公布的吴简资料可知，“吏民”所得爵称均为“公乘”，表明这种爵位只是一种虚衔，并无实际意义，他们不可能因拥有这种爵位而与普通民众有了等级、财富和身份上的差异。吴简中的“吏民”赐爵情况，表明“吏民”就是当时国家政治统治的广大基层民众，并非民众中的一个特殊阶层或群体。

（原刊《文史哲》2007年第2期。后收入《先秦汉唐史论》下编“吏民”卷，北京师范大学2016年版。今据黎虎先生最新刊后修订稿，并参考上述刊文整理。李文才敬识）

① 《三国志》卷四《魏书·三少帝纪·陈留王奂纪》，第147页。

论“吏民”即编户齐民

——原“吏民”之三

“吏民”一词虽然在中国古代文献中或出土简牍、碑刻中频见，但是迄今为止学术界对其并未引起足够的重视，而且总体上认识还相当模糊，偶有论及者，见解亦颇为纷纭，或谓“吏民”是庶民中有爵位者、富有者①，或谓“吏民”是“吏籍”与“民籍”或“吏户”与“民户”的合称②，等。我在《“吏户”献疑——从长沙走马楼吴简谈起》③《原“吏民”——从长沙走马楼吴简谈起》④《论“吏民”的社会属性——原“吏民”之二》⑤ 等文中认为，秦汉魏晋南北朝朝时期的“吏民”并非庶民之中特定的有爵位之人或富有者，也不是“吏籍”与“民籍”或“吏户”与“民户”合称之意，他们是各级政权之“下吏”与普通农民为主体构成的一个整体，他们就是庶民。所谓“下吏”，就地方政权而言主要是各级长吏在当地所辟用的属吏。“吏民”之社会属性，从社会结构而言，是社会金字塔的底层；从国家政治统治来说，是地方政府管治的基本民众。兹在此基础上进一步论述秦汉魏晋南北朝时期“吏民”的社会属性——从户籍制度而言，他们是国家的编户齐民。

---

① 贺昌群：《汉唐间封建土地所有制形式研究》，上海人民出版社 1964 年版，第 121 页；刘敏：《秦汉时期的社会等级结构》，载冯尔康主编《中国社会结构的演变》，河南人民出版社 1994 年版，第 332—335 页。

② 参见高敏《〈吏民田家莂〉中所见“余力田”、“常限”田等名称的涵义试析》，《郑州大学学报》（社会科学版）2000 年第 5 期；蒋福亚《〈嘉禾吏民田家莂〉中的诸吏》，《文史哲》2002 年第 1 期；王素、宋少华、罗新《长沙走马楼简牍整理的新收获》，《文物》1999 年第 5 期等。

③ 刊于《历史研究》2005 年第 4 期。

④ 刊于《史学新论：祝贺朱绍侯先生八十华诞》，河南大学出版社 2005 年版。

⑤ 刊于《文史哲》2007 年第 2 期。

“吏民”是秦汉魏晋南北朝时期皇权统治的基础，亦即国家赖以存在的编户齐民。我们通常所谓的“编户齐民”，其内涵实际上主要就是指“吏民”，可以说“吏民”与“编户齐民”是一而二，二而一的。

一　“吏民”同为国家编户

“吏民”均被编制于乡里基层之中而成为国家的编户。汉王元年（前206）十月刘邦西入咸阳，萧何“收秦丞相御史律令图书”，于是“汉王所以具知天下阸塞，户口多少，强弱之处，民所疾苦者”[①]。据此可知，秦所藏“图书”中有反映“户口多少”的簿籍，即户籍。而秦朝是将“吏”“民”一起编入户籍的。睡虎地秦墓竹简《编年记》的主人公喜的身份是“吏”，他先后担任过“史”“御史”[②]“令史”“治狱”等吏职，后又从军。他十七岁那年按照规定而“傅”[③]。《汉书·高帝纪上》：“萧何发关中老弱未傅者悉诣军”，颜师古注曰：“傅，著也。言著名籍，给公家徭役也。”[④] 同书卷下记“吕后与审食其谋曰：‘诸将故与帝为编户民，北面为臣，心常鞅鞅……’”颜师古注曰：“编户者，言列次名籍也。”[⑤] 由此可知，“傅”即“著名籍”“列次名籍”，亦即履行编户登记的手续。可知《编年记》中的喜既是“吏”，又是编户“民”，表明“吏民”是一体的。秦王政十六年（前231）“初令男子书年”[⑥]，整顿全国编户，喜及其家人又按照规定履行了“自占年”的手续[⑦]。作为“吏”的喜是与“民”一起纳入编户的。由此可见，秦朝的“吏”与“民”同为国家编户。

汉承秦制，也是将“吏民”一起编入户籍的。汉王元年（前206）

---

① （汉）司马迁撰，（南朝·宋）裴骃集解，（唐）司马贞索隐，（唐）张守节正义：《史记》卷五三《萧相国世家》，中华书局1959年版，第2014页。

② 陈直认为应为“驭吏”，说见氏著《略论云梦秦简》，《西北大学学报》1977年第1期。

③ 睡虎地秦墓竹简整理小组编：《睡虎地秦墓竹简·编年记释文注释》，文物出版社1990年版，第6—7页。

④ （汉）班固撰，（唐）颜师古注：《汉书》卷一上《高帝纪上》，中华书局1962年版，第37—38页。

⑤ 《汉书》卷一下《高帝纪下》，第79—80页。

⑥ 《史记》卷六《秦始皇本纪》，第232页。

⑦ 《睡虎地秦墓竹简》，第7页。张家山二四七号汉墓竹简整理小组编：《张家山汉墓竹简〔二四七号墓〕》之《二年律令释文注释·户律》：“民皆自占年”，文物出版社2001年版，第177页。可见汉代户籍制度继承秦制而令编户自行申报年龄。

十二月，项羽左尹项伯夜探刘邦军营，刘邦请项伯转告项羽曰：“吾入关，秋豪不敢有所近，籍吏民，封府库，而待将军。”① 颜师古注“籍吏民”曰：“籍，谓为簿籍。”② 表明刘邦是按照秦朝的惯例将“吏民”一起编入簿籍的。汉皇朝建立后，继续实行“籍吏民”的编户政策。任安原籍荥阳，“为人将车之长安，留，求事为小吏，未有因缘也，因占著名数”于武功。“名数”亦即户籍。司马贞《索隐》曰：“言卜占而自占著家口名数，隶于武功，犹今附籍然也。”③ 任安到长安之后，即将户籍落在了武功。在这里他从“亭长”而“三老”而出为“三百石长”，以“吏”之身份而与“邑中人民”同一编户④。可知汉代也是将“吏民”一起编入户籍的。由于“吏民”一起编入国家户籍，于是管理“吏民”户籍便成为中央政府重要的职能之一。汉代所设“尚书郎”四人，其中有一人专门“主吏民户口”⑤。

---

① 《史记》卷七《项羽本纪》，第312页。

② 《汉书》卷一上《高帝纪上》，第25页。

③ 《史记》卷一〇四《田叔列传》附《褚先生曰》，第2779页。

④ 《史记》卷一〇四《田叔列传》附《褚先生曰》，第2779页。

⑤ 按，关于尚书郎四人所主事务，诸史记载多有不同，《晋书·职官志》作：“一人主匈奴单于营部，一人主羌夷吏民，一人主户口垦田，一人主财帛委输。”［（唐）房玄龄等撰：《晋书》卷二四《职官志》，中华书局1974年版，第731页］《唐六典》卷一《尚书都省》“左司郎中”条自注所载与《晋志》完全相同［（唐）李林甫等撰，陈仲夫点校：《唐六典》卷一《尚书都省》“左司郎中”条，中华书局1992年版，第8页］《北堂书钞·设官部》及《太平御览·职官部》引《汉官仪》所载汉尚书郎均作：“尚书郎四人：一主匈奴单于营部，一主羌夷吏民，一主天下户口、土田垦作，一主钱帛、贡献、委输。”今人点校本《通典》卷二一《职官典四》“历代郎官”条，改从《晋志》《唐六典》而与之同［（唐）杜佑撰，王文锦、王永兴、刘俊文、徐庭云、谢方点校：《通典》卷二一《职官典四》“历代郎官”条，中华书局1988年版，第603页］。然而，清人孙星衍校集《汉官仪》，从《通典》原文所记，谓“吏民”二字当在下一个“一主”之下，即“尚书郎四人：一人主匈奴单于营部，一人主羌夷，一人主天下吏民户口土田垦作，一人主钱帛贡献委输。”［（汉）应劭撰，（清）孙星衍校集：《汉官仪》上，周天游点校：《汉官六种》，中华书局1990年版，第142页］诸书所载之分歧，即在于“吏民”二字，究竟是上提置于“羌夷”之后，还是下移置于“户口”之前。今人整理本《通典》，依据《晋志》《唐六典》而将“吏民”从原“户口”之前，上提至“羌夷”之后的。这就表明杜佑原文是：“一人主羌夷，一人主吏民户口垦田”，及至清人孙星衍校集应劭《汉官仪》，依据杜佑原文，而将“吏民”一词下移，从而变成“一人主羌夷，一人主天下吏民户口土田垦作”。查中国古代文献，除了前举《晋志》《唐六典》等相对后出文献外，凡言及周边少数民族者，或言“羌夷”“蛮夷”，或言“夷狄”“戎狄”……但很少看见在这些词汇前面缀上“吏民”等字样者，这是因为在中原汉族统治者的眼中，周边少数民族皆属未知编户但有部落的“戎狄异类”，而（转下页）

于是，依据这种编户制度而进行的“籍吏民”措施在汉代遂时有所见。这些“籍吏民”的措施不必都是编造户籍，但都是在户籍基础上采取的相关措施。武帝太初二年（前 103）“籍吏民马，补车骑马。”颜师古注曰：“籍者，总入籍录而取之。”[①] 据《汉官旧仪》卷下：“算民，年七岁以至十四岁出口钱，人二十三，以食天子。”[②] 将原来二十钱的“口钱”增为二十三钱，“其三钱者，武帝加口钱，以补车骑马。”[③] 此即指太初二年“籍吏民马，补车骑马”一事。由此可知，这项“补车骑马”钱是向编户征收的“口钱”，为此而需“籍吏民”，表明“吏民”是一起被纳入国家编户的。成帝时尹赏为长安令，整顿治安，“乃令吏民举籍长安中轻侠少年、恶子弟，无市籍商贩、不作业而鲜衣盛服者，得数百人”[④]，加以惩办。尹赏所令之“吏民”中有“户曹掾史”等[⑤]，其重要职掌之一为“主民户”[⑥]，可知其籍录“轻侠少年、恶子弟”时，是根据户籍而进行的。从尹赏所假贷之人中有“故吏善家子”[⑦]，可知其所籍录之人除了“民”之外还有“吏”，表明“吏民”均纳入同一户籍。平帝元始元年（1），“遣谏大夫行三辅，举籍吏民，以元寿二年仓卒时横赋敛者，偿其直。”注引张晏曰：“举录赋敛之籍而偿之。”[⑧] 意即根据元寿二年（前

（接上页）“吏民”是与编户制度相对应，一般都是用来指称中原皇权统治下的汉人编户齐民。尚书郎一人“主羌夷”，即指主管周边少数民族事务，其意涵如此表述已然明白晓畅；尚书郎一人“主天下吏民户口、土田垦作”，即指全面管理吏民户籍、土地开垦、赋税征收、徭役征发等事务，意思也很是明确。如果将“吏民”置于“羌夷”之后，尽管含义勉强说得通，但不符合中原皇朝统治者所认知的周边少数民族的社会现状。另外，《晋书》系唐初所修官书，对原始材料经过较多改纂，而且修史者并未像杜佑那样精研制度，因此反不如杜佑更得其情，《唐六典》尽管也是唐中期所修，但从其文字与《晋志》几乎全无二致的情况来看，此处很有可能就是钞自《晋志》。综上所述，关于尚书郎四人的职掌分工，应当以杜佑《通典》原文，以及孙星衍校集的应劭《汉官仪》所载为是，今人整理本《通典》因为改从《晋志》《唐六典》所载，反而出现疏误。

① 《汉书》卷六《武帝纪》，第 201 页。

② （汉）卫宏撰，（清）纪昀等辑：《汉官旧仪》卷下，周天游点校：《汉官六种》，第 50 页。

③ 《汉书》卷七《昭帝纪》注引《汉仪注》，第 230 页。

④ （东汉）荀悦撰，张烈点校：《两汉纪》上册《汉纪》卷二六《孝成皇帝纪・三》，中华书局 2017 年版，第 463 页。

⑤ 《汉书》卷九〇《酷吏传・尹赏传》，第 3673 页。

⑥ （晋）司马彪撰，（梁）刘昭注补：《续汉书・百官志一》，点校本《后汉书志》第二十四，中华书局 1965 年版，第 3559 页。

⑦ 《两汉纪》上册《汉纪》卷二六《孝成皇帝纪三》，第 463 页。

⑧ 《汉书》卷一二《平帝纪》，第 349—350 页。

1）所载吏民被“横赋敛”者之籍而偿还之。表明“吏民”同籍并均曾遭横赋敛，而今一起偿还之。汉献帝初平二年（191）董卓入长安后，“使司隶校尉刘嚣籍吏民有为子不孝、为臣不忠、为吏不清、为弟不顺者，皆身诛，财物没官。于是更相诬引，冤死者以千数。百姓嚣嚣，道路以目。”[①] 其所“籍”者除“民”之外还有“为吏不清”者，可见也是“吏”与“民”一并而“籍”，这也是在“吏民”编户基础上进行的“籍吏民”措施。

“吏民”也是诸侯封邑中的编户。汉代的列侯“功大者食县，小者食乡、亭，得臣其所食吏民。”[②] 表明这些县、乡、亭的“吏民”均为列侯所“食”，他们都是这些县、乡、亭的编户。长沙走马楼吴简“很可能就是临湘侯的或更高级别行政机构的官府档案”，因此其中所载“吏民”有不少即是临湘侯步骘所食之“吏民”[③]。

这种“吏民”一体化的编户制度，到了魏晋南北朝时期依然如此，并没有被打破。左思《吴都赋》：“横塘查下，邑屋隆夸。长干延属，飞甍舛互。”注云：“建业南五里有山岗，其间平地，吏民杂居。”[④] 反映了“吏民”同一邑里居住的情况。长沙走马楼吴简的资料，印证了这种“吏民”一体的编户制度。已经出版的《嘉禾吏民田家莂》一书所载主要为孙吴嘉禾四、五两年长沙郡境“吏民”交纳赋税的明细簿籍，从中我们可以看到，当时的“吏民”主要包括普通农民（男子、大女）、州郡县吏、州郡县卒、军吏、复民、士六种身份的人民。他们均被一起编制于基层乡里之中，错杂居处[⑤]。据《长沙走马楼三国吴简·竹简（壹）》[⑥]

---

① （宋）司马光编著，（元）胡三省音注：《资治通鉴》卷六〇，汉献帝初平二年（191）四月，中华书局1956年版，第1921页。

② 《续汉书·百官志五》，点校本《后汉书志》第二十八，第3630页。

③ 长沙市文物考古研究所、中国文物研究所、北京大学历史学系走马楼简牍整理组编著：《长沙走马楼三国吴简·嘉禾吏民田家莂（上）》（以下简称《嘉禾吏民田家莂》）“前言”，文物出版社1999年版，第1页。

④ （梁）萧统编，（唐）李善注：《文选》卷五《赋丙·京都下·吴都赋》，上海古籍出版社1986年版，第217页。

⑤ 详参黎虎《“吏户”献疑——从长沙走马楼吴简谈起》，《历史研究》2005年第4期。

⑥ 长沙市文物考古研究所、中国文物研究所、北京大学历史学系走马楼简牍整理组编著：《长沙走马楼三国吴简·竹简（壹）》（以下简称《竹简（壹）》），文物出版社2003年版。

所载，其时州郡县吏与普通农民一样，在地方政府的簿籍中都被称为“户人”，如：

平乐里户人公乘万章年六十五苦腹心病　（简 9307）
吉阳里户人公乘胡秃年卅五筭一踵两足　（简 10230）
东阳里户人公乘谢高年卅六筭一盲左目　（简 10263）
义成里户人公乘黄硕年六十三刑右足　（简 2899）
宜阳里户人公乘信化年卌五真吏盲左目　（简 2872）
小成里户人公乘五陵年卌六给县吏复　（简 9435）
吉阳里户人公乘胡恕年卅四筭一给郡吏　（简 10042）
东阳里户人公乘烝谓年廿二筭一给州吏　（简 8646）①

前四位普通农民与后四位“吏”均被称为“户人”——编户之人，这一称呼表明他们都是国家的编户齐民。他们交纳赋税后的完税凭证也完全按照相同的格式出具，如：

都乡男子修故故户上品出钱一万二千侯相⧄（简 171 正）
入钱毕民自送牒还县不得持还⧄（171 正）
都乡男子朱敬故户上品出钱一万二千侯相　（简 172 正）
入钱毕民自送牒还县不得持还□⧄（172 背）
都乡县吏郑郎故户上品出钱一万二千侯相⧄（简 173 正）
入钱毕民自送牒还县不得持还□⧄（173 背）②

前两位普通农民与第三位县吏在交纳赋税后，均被称为“民”而要求他们“自送牒还县”，并没有不同的称谓和要求，并没有为“吏”另外制作有别于民户的完税凭证。可见吴简中的“吏”与“民”均为国家的编户齐民，并无“民籍”“吏籍”或“民户”“吏户”之别。

---

① 《竹简（壹）》，第 1086、1105、1106、954、953、1089、1101、1074 页。
② 《竹简（壹）》，第 898 页。

吴简所反映的这种情况与传世文献的记载是相符的。南朝建元二年(480)，齐高帝“以西豫吏民寡刻，分置两州，损费甚多，省南豫。”左仆射王俭反对，启曰：“愚意政以江西连接汝、颍，土旷民希……所以江左屡分南豫，意亦可求。如闻西豫力役尚复粗可，今得南谯等郡，民户益薄，于其实益，复何足云。”① 二豫分合的主要原因在于如何解决户口稀少的问题，由于西豫州“吏民寡刻”，故省南豫州以充实之。反对者认为这一带本来就是“土旷民希”地区，南豫州之南谯等郡“民户益薄”，合并之后并没有多少“实益”。这里以“吏民寡刻”“土旷民希”“民户益薄”表述一个相同的意思——户口稀少问题。可知“吏民”多少即“民户”多少之意，这是因为“吏民”均编入户籍，而为州郡户口之基础。

由于“吏民”均为编户，故“吏民”之去就直接影响国家的编户数量。据传孙息谏晋灵公曰：“九层之台，三年不成，男不得耕，女不得织，国用空虚，户口减少，吏民叛亡，邻国谋议将兴兵，社稷一灭，君何所望?”② 这里将“吏民叛亡”与“户口减少”联系在一起，表明“吏民”是构成国家“户口”的主要成分；故“吏民叛亡”则导致“户口减少”；反之则户口增加。汉宣帝时黄霸为颍川太守，“以外宽内明得吏民心，户口岁增，治为天下第一。”③ 地方官吏的治绩影响“吏民”向背，而“吏民”的向背又直接影响户口的增减。魏晋南北朝时期亦复如是。苏则为金城太守，“是时丧乱之后，吏民流散饥穷，户口损耗，(苏)则抚循之甚谨……旬月之间，流民皆归，得数千家。”④ 这里也是将“户口损耗”与“吏民流散”联系在一起。法正致刘璋书中有云：“计益州所仰惟蜀，蜀亦破坏；三分亡二，吏民疲困，思为乱者十户而八”⑤，认为蜀郡户口减少三分之二是由于“吏民”思乱所致。宋文帝时，羊玄保为宣

---

① (梁)萧子显撰：《南齐书》卷一四《州郡志上》，中华书局1972年版，第253页。

② (唐)欧阳询撰，汪绍楹校：《艺文类聚》卷二四《人部八·谏》引《说苑》，上海古籍出版社1999年版，第436页。

③ 《汉书》卷八九《循吏传·黄霸传》，第3631页。

④ (晋)陈寿撰，(南朝·宋)裴松之注，陈乃乾校点：《三国志》卷一六《魏书·苏则传》，中华书局1959年版，第491页。

⑤ 《三国志》卷三七《蜀书·法正传》，第959页。

城太守，“先是，刘式之为宣城，立吏民亡叛制，一人不禽，符伍里吏送州作部，若获者赏位二阶。”① 这是宣城太守为了防止本郡吏民逃亡、保障编户而制定的奖惩措施，表明“吏民”同为当时编户之构成。

由于“吏民”编制于同一乡里户籍之中，故编户之迁徙就与“吏民”联系在一起，而称之为迁徙“吏民”。汉制常迁徙天下编户于诸陵，为邑以奉陵。太始元年（前96）汉武帝“徙郡国吏民豪桀于茂陵、云陵。”② 鸿嘉二年（前19）汉成帝起昌陵，“徙郡国吏民五千余户以奉陵邑。作治五年不成，乃罢昌陵，还徙家。”③ 这些从其他郡国迁徙而来的编户都是“吏民”同时迁徙的。迁徙编户实边亦然，如元狩五年（前118）汉武帝“徙天下奸猾吏民于边”④。从边境内迁亦然，由于匈奴侵边，“米谷荒贵，民或流散”，建武十五年（39）“吴汉、马武又徙雁门、代郡、上谷、关西县吏民六万余口，置常（山）关、居庸关以东，以避胡寇。”⑤ 永和二年（137），“日南、象林徼外蛮夷区怜等数千人攻象林县……讨之，不利，遂为所攻。”明年，顺帝问其方略，李固建议中有云：“今日南兵单无谷，守既不足，战又不能。可一切徙其吏民北依交阯，事静之后，又命归本。”⑥ 都是迁徙边境地区的“吏民”。这种情况到了魏晋南北朝时期亦然。建安二十四年（219）“及刘备取汉中以逼下辩，太祖以武都孤远，欲移之，恐吏民恋土。”而武都太守杨阜“威信素著，前后徙民、氐，使居京兆、扶风、天水界者万余户，徙郡小槐里，百姓襁负而随之。”⑦ 前文所称之“吏民”，即后文所谓之“百姓”。魏明帝景初三年（239）“以辽东东沓县吏民渡海居齐郡界，以故纵城为新沓县以居徙民。”⑧ 后述之“徙民”即前述之“吏民”。皇始二年（397）冬十月北魏

---

① （梁）沈约撰：《宋书》卷五四《羊玄保传》，中华书局1974年版，第1535页。

② 云陵，据《汉书》卷六《武帝纪》注引颜师古曰：“此当言云阳，而转写者误为陵耳。茂陵帝自所起，而云阳甘泉所居，故总使徙豪杰也。钩弋赵倢伃死，葬云阳，至昭帝即位始尊为皇太后而起云陵。武帝时未有云陵。”（第205—206页）其说可从。

③ 《汉书》卷二七上《五行志上》，第1341页。

④ 《汉书》卷六《武帝纪》，第179页。

⑤ 《续汉书·天文志上》，点校本《后汉书志》第十，第3221页。

⑥ 《后汉书》卷八六《南蛮西南夷列传》，第2837、2838页。

⑦ 《三国志》卷二五《魏书·杨阜传》，第704页。

⑧ 《三国志》卷四《魏书·三少帝纪·齐王芳纪》，第118页。

攻陷中山，缴获后燕“所传皇帝玺绶、图书、府库、珍宝，簿列数万。”① 次年正月即“分徙吏民及徒何种人、工伎巧十万余家以充京都，各给耕牛，计口授田。”② 所徙十万余家除了“徒何种人、工伎巧”之外，主要就是编户“吏民”；北魏所缴获的“图书”中当有户籍，故得以在短时间内进行如此大规模徙户，并迅速在新迁地区实行“计口授田”。同年十二月，又“徙六州二十二郡守宰、豪杰、吏民二千家于代都。”③ 所迁者也主要是州郡编户“吏民”。太延五年（439）北魏太武帝攻克姑臧，灭北凉后，“东还，留乐平王（拓跋）丕及征西将军贺多罗镇凉州，徙沮渠牧犍宗族及吏民三万户于平城。”④ 也是将“吏民”一起迁徙的。

二 “吏民”权利义务的平等

“吏民”作为国家编户，在理论上其身份地位是平等的。故中国古代将“编户”称为“编户齐民”⑤。关于“齐民”，《史记》裴骃《集解》汉初“齐民无藏盖”一事时，引如淳曰：“齐等无有贵贱，故谓之齐民。若今言‘平民’矣。”⑥ 晋灼曰：“中国被教齐整之民也。”⑦ 编户齐民的这种平等表现在经济、政治、文化等各个方面，在这些方面他们在理论上享有同等的权利和义务。

（一）经济上的权利与义务的平等

“吏民”在经济地位上的平等，表现在以下几个方面。

1. “吏民”均有“名田”的权利

土地是中国古代社会财富赖以所出的主要资源，“夫土地者，天下之

---

① （北齐）魏收撰：《魏书》卷二《太祖纪》，中华书局1974年版，第31页。

② 《魏书》卷一一〇《食货志》，第2849—2850页。《魏书·太祖纪》记此事曰：“徙山东六州民吏及徒何、高丽杂夷三十六万，百工伎巧十万余口，以充京师。”（第32页）将“吏民”记为“民吏”。又，《校勘记》谓“三十六万”当为“三十六署”（第47页）。

③ 《魏书》卷二《太祖纪》，第34页。

④ 《资治通鉴》卷一二三，宋文帝元嘉十六年（439）十月，第3876页。

⑤ 见《汉书》卷二四下《食货志下》、《汉书》卷九一《货殖传》、《后汉书》卷四九《仲长统传》、《淮南子》卷一一《齐俗训》等。

⑥ 《汉书》卷二四下《食货志下》注引，第1171页。

⑦ 《史记》卷三〇《平准书》，第1417页。《汉书》卷二四下《食货志下》注引如淳曰：“齐，等也。无有贵贱，谓之齐民，若今言平民矣。”（第1171页）

本也。”[①] 而土地与编户齐民的结合则是创造社会财富以及保证国家财政的主要途径和方式。因而作为国家的编户齐民首先必须占有一定数量的土地——“名田”。所谓“名田”，《史记·平准书》司马贞《索隐》曰：“以名占田也”[②]。颜师古更直截了当地说：“名田，占田也。”[③] 可见“名田”即编户民按照户口名籍而占有一定数量的田亩。编户的重要标志之一是名田。早在商鞅进行废井田、开阡陌的变法时已经确立了“名田”政策，“明尊卑爵秩等级，各以差次名田宅，臣妾衣服以家次。”[④] 汉承秦制，继续实行编户齐民名田制度。绥和二年（前7）汉哀帝即位，师丹辅政，建言：古代“未有并兼之害，故不为民田及奴婢为限。今累世承平，豪富吏民訾数钜万，而贫弱俞困……宜略为限。”[⑤] 哀帝接受了这个建议，下诏“其议限列”。于是“有司条奏：‘诸王、列侯得名田国中，列侯在长安及公主名田县道，关内侯、吏民名田，皆无得过三十顷。诸侯王奴婢二百人，列侯、公主百人，关内侯、吏民三十人。年六十以上，十岁以下，不在数中。贾人皆不得名田、为吏，犯者以律论。诸名田畜奴婢过品，皆没入县官。’”[⑥] 从这个限田制中我们可以看到：其时将天下人及其“名田”“畜奴婢”的权利分为三等，诸侯王、列侯、公主为一等，除所食租税之外，还可以名田三十顷，占有奴婢一百至二百人；关内侯、吏民为次等，名田不得超过三十顷，奴婢不得过三十人；贾人为另一等，皆不得名田。“吏民”有别于“不得名田”的贾人，而与关内侯及其以上的王侯等人一样有“名田”、畜奴婢的权利；而且这里将“吏”与“民”作为同一类项，享有平等的“名田”“畜奴婢”的权利。由此我们可以认识到：“吏”“民”在“名田”方面是享有平等的权利的。从这个意义上当时把这种“名田”制度称为“均田”，此后不久，丞相王嘉上书指责哀帝以大量土地赐给宠臣董贤时说：“诏书罢苑，而以赐（董）贤二千余顷，均田之制从此堕坏。”颜师古注引孟康曰：“自公卿以下至于吏民名

① 《两汉纪》上册《汉纪》卷八《孝文皇帝纪下》注引“荀悦曰”，第114页。
② 《史记》卷三〇《平准书》，第1431页。
③ 《汉书》卷二四上《食货志上》“师古曰”，第1138页。
④ 《史记》卷六八《商君列传》，第2230页。
⑤ 《汉书》卷二四上《食货志上》，第1142页。
⑥ 《汉书》卷一一《哀帝纪》，第336页。

曰均田，皆有顷数，于品制中令均等。今赐（董）贤二千余顷，则坏其等制也。”[①] 所谓“均等”，是指在不同等级内部的均等。元始三年（3）夏，安汉公王莽又向平帝“奏车服制度，吏民养生、送终、嫁娶、奴婢、田宅、器械之品。”[②] 其中又对“吏民”占有奴婢、田宅的等级数量作了规定。我们虽然不知道王莽新制对于“吏民”占有奴婢、田宅的具体数量，但他将“吏民”置于一起，表明应是继承前代而对于“吏民”一视同仁的。元始二年（2）“郡国大旱，蝗，青州尤甚，民流亡。安汉公、四辅、三公、卿大夫、吏民为百姓困乏献其田宅者二百三十人，以口赋贫民。”颜师古释“以口赋贫民”曰：“计口而给其田宅”[③]。“吏民”之中有以“田宅”贡献者，表明他们是占有田宅并且其中还有有能力捐献者。由于“吏民”均可“名田”，因此中央政府特设专官管理，尚书郎四人其中“一人主吏民户口垦田”，吏民“垦田”为其职掌之一。

“吏民”一体的“名田”制度到了魏晋南北朝时期依然如此。西晋平吴之后颁布了占田令，规定“男子一人占田七十亩，女子三十亩。”这里没有说明是否“吏民”同样占田。但是这道占田令同时规定：“其官品第一至于第九，各以贵贱占田。”从“品第一者占五十顷”至“第九品十顷”[④] 不等。西晋继承魏制将官员秩次置为九品，以地方行政体系而言，第九品为“诸县署令长相之丞尉”[⑤]。这就意味着县丞、县尉以上的品官即“长吏”有特殊规定，他们有权占有十顷至五十顷的土地，此外则按照“男子一人占田七十亩，女子三十亩”的标准占田，此即通常所谓的“吏民”。由此可知，九品官员之外的“下吏”是与“民”同样可以占田七十亩，西晋占田法实际上仍然是“吏民”均享有占田的权利，只是下吏与长吏占田差别较大而已。北魏天兴元年（398）道武帝“既定中山，分徙吏民及徒何种人、工伎巧十万余家以充京都，各给耕牛，计口授田。”[⑥] 表明这些“吏民”迁徙到平城之后均能享受“各给耕牛，计口授

---

① 《汉书》卷八六《王嘉传》，第 3496、3497 页。
② 《汉书》卷一二《平帝纪》，第 355 页。
③ 《汉书》卷一二《平帝纪》，第 353 页。
④ 《晋书》卷二六《食货志》，第 790 页。
⑤ 《通典》卷三七《职官典十九 · 晋官品》，第 1006 页。
⑥ 《魏书》卷一一〇《食货志》，第 2849—2850 页。

田”的同等权利。后来北魏实行均田制；“均给天下民田”，规定“诸男夫十五以上，受露田四十亩，妇人二十亩，奴婢依良。”① 这里的“天下民”也应包括“吏民”在内的，此令同时规定“诸宰民之官，各随地给公田，刺史十五顷，太守十顷，治中别驾各八顷，县令、郡丞六顷。”②“宰民之官”即“长吏”除了另授的公田之外，也与“吏民”同样按照均田法授田。

2. “吏民”均有从“本”去“末”的义务

土地必须与生产者结合才能产生财富，作为“名田”的基本人口——编户亦即“吏民”与土地的结合是中国古代财富创造的基本方式和途径，因此，“吏民”是中国古代基本的农业劳动者。《管子·君臣下》云：“齐民食于力，作本。作本者众，农以听命。是以明君立世”③。从战国时期确立起来的编户齐民从“本”去“末”的方针，贯彻于中国古代社会历史中，因此作为编户齐民主体的“吏民”都必须履行从“本”去“末”这一根本义务。汉代继承秦代开凿沟渠以发展农业的传统，汉武帝为此而诏曰：“农，天下之本也。泉流灌浸，所以育五谷也……令吏民勉农，尽地利，平繇行水，勿使失时。”④ 强调农为“天下之本”，而“农”者具体来说就是“吏民”，“吏”与“民”均需“勉农”以“尽地利”。这是汉代对于编户齐民的基本政策，故地方长吏均大力督促“吏民”从“本”去“末”。召信臣历任县长、郡太守等职，“好为民兴利，务在富之。躬劝耕农，出入阡陌……府县吏家子弟好游敖，不以田作为事，辄斥罢之，甚者案其不法，以视好恶。”如果“吏家子弟”有“不以田作为事”者则加以惩处，可见“吏家”是与“民”一样需以农耕为事的。于是“其化大行，郡中莫不耕稼力田，百姓归之，户口增倍，盗贼狱讼衰止。吏民亲爱信臣，号之曰召父。”⑤ 神爵元年（前61）“西羌反，汉遣后将军征之。京兆尹张敞上书言：‘国兵在外，军以夏发，陇西以北，安

① 《魏书》卷一一〇《食货志》，第2853页。

② 《魏书》卷一一〇《食货志》，第2855页。

③ 黎翔凤撰，梁运华整理：《管子校注》卷一一《君臣下第三十一》，中华书局2004年版，第584页。

④ 《汉书》卷二九《沟洫志》，第1685页。

⑤ 《汉书》卷八九《循吏传·召信臣传》，第3642页。

定以西，吏民并给转输，田事颇废，素无余积，虽羌虏以破，来春民食必乏……务益致谷以豫备百姓之急。’”① 张敞指出由于“吏民”外出运输军用物资，以致“田事颇废”，可见“吏民”均以“田事”为本。宣帝时，“渤海左右数郡岁饥，盗贼并起，二千石不能禁。”于是以龚遂为渤海太守，“未至郡，郡界遣兵以迎遂。遂于是移书罢追捕盗贼。吏民诸持鉏钩田器，皆为良民，吏无得问。持兵者乃为盗贼，悉遣迎兵还，单车至府，郡中翕然，盗亦皆罢。又多劫掠，闻教令实时解散，皆持鉏钩。于是郡内悉平，民安土乐业。”② 颜师古注《汉书·龚遂传》曰：“钩，镰也。”③ 龚遂以务农来带动社会秩序的整顿，在他看来，凡是持锄头、镰刀务农的“吏民”均属“良民”。在整顿社会治安的基础上，龚遂进一步引导“吏民”务“本”去“末”，他“见齐俗奢侈，好末技，不田作，乃躬率以俭约，劝民务农桑。”于是“郡中皆有畜积，吏民皆富实。狱讼止息。”④ 劝农除末的结果是“吏民皆富实”，表明“吏民”均为农业生产者。东汉章帝元和三年（86）张禹迁下邳相，修复蒲阳陂，“通引灌溉，遂成熟田数百顷。劝率吏民，假与种粮，亲自勉劳，遂大收谷实……民用温给。”⑤ 张禹课农的对象是“吏民”，其效果是“民用温给”，此“民”即“吏民”。章帝建初八年（83），王景迁庐江太守，“先是百姓不知牛耕，致地力有余而食常不足。郡界有楚相孙叔敖所起芍陂稻田。景乃驱率吏民，修起芜废，教用犁耕，由是垦辟倍多，境内丰给。”⑥ 王景课农的对象也是“吏民”，此“吏民”亦被称为“百姓”。由此可见，“吏民”均为郡国守相劝农之对象。职是之故，汉代所置尚书郎四人中，其中有

---

① 《汉书》卷七八《萧望之传》，第 3275 页。

② 《两汉纪》上册《汉纪》卷一八《孝宣皇帝纪二》，第 315 页。按，此段文字句读，著者标点断句有所不同。原文句读为“未至郡，郡界遣兵以迎遂。遂于是移书罢追捕盗贼吏。（民）诸持鉏钩田器皆为良民，吏无得问……”，并据《汉书·龚遂传》以“民”字为衍文而删除之。然而，在没有其他佐证材料的情况下，《汉纪》中的“民”字似不应以《汉书》为依据而加以删削。因此，在不删除“民”的前提下，将“吏”字下断，与“民”相连而作“吏民诸持鉏钩田器，皆为良民”，则上下文意畅达无碍矣。

③ 《汉书》卷八九《循吏传·龚遂传》“师古曰”，第 3640 页。

④ 《汉书》卷八九《循吏传·龚遂传》，第 3640 页。

⑤ 《后汉书》卷四四《张禹传》，第 1498 页。

⑥ 《后汉书》卷七六《循吏列传·王景传》，第 2466 页。

“一人主吏民户口垦田”，专门负责管理“吏民”的“垦田”事宜，亦即农业生产方面的政务。

魏晋南北朝继承汉代的传统，亦以“吏民”为基本的农业生产者，他们需尽务“本”去“末”的义务。魏文帝时，郑浑任阳平、沛郡二太守，“郡界下湿，患水涝，百姓饥乏。浑于萧、相二县界，兴陂遏，开稻田……躬率吏民，兴立功夫，一冬间皆成。比年大收，顷亩岁增，租入倍常，民赖其利，刻石颂之，号曰郑陂。”[①] 太守率领“吏民”兴修水利，开稻田，正是劝农务本、尽地利的具体表现；此“吏民”亦与“百姓”“民”等词义相通。曹魏齐王芳时，夏侯玄向司马懿建议精简地方政权机构，撤郡而留州，“宜省郡守，但任刺史；刺史职存则监察不废，郡吏万数，还亲农业，以省烦费，丰财殖谷”[②]。虽然郡吏的家庭在农村，他们的家人是不脱离农业的，但是在供职期间必然影响了他们本人的务农，精简机构之后“万数”的郡吏就可以回到家乡，全力以赴务农了。孙吴永安元年（258）孙休诏曰：“自建兴以来，时事多故，吏民颇以目前趋务，去本就末，不循古道。”这里指出建兴（252—253）以来“吏民”不循古道而“去本就末”的问题，表明务“本”去“末”乃“吏民”应当遵循的传统。次年（259）孙休再次下诏强调这个问题，说：“夫一夫不耕，有受其饥，一妇不织，有受其寒；饥寒并至而民不为非者，未之有也。自顷年已来，州郡吏民及诸营兵，多违此业，皆浮船长江，贾作上下，良田渐废，见谷日少，欲求大定，岂可得哉？”[③] 进一步指出“州郡吏民”中存在的“去本就末”的情况，因而采取措施整饬此风，以贯彻“吏民”从“本”去“末”的传统政策。

3. “吏民”均有承担或被减免赋税、徭役的义务和权利

中国古代国家令“吏民”名田和“务本”的根本目的，在于取得他们的赋税、徭役，因此“吏民”是国家赋税、徭役的主要承担者，他们都有向国家交纳赋税和服役的义务。汉武帝时，兒宽“迁左内史，民甚信重之。后有军发，左内史粟负租课殿，当免。吏民闻之，输租繦负不

---

① 《三国志》卷一六《魏书·郑浑传》，第511页。
② 《三国志》卷九《魏书·夏侯玄传》，第297页。
③ 《三国志》卷四八《吴书·三嗣主传·孙休传》，第1158页。

绝，课更以最。”[①] 此事表明“吏民”均需输租。王莽时“匈奴侵寇甚”，于是“大募天下囚徒人奴，名曰猪突狶勇，壹切税吏民，訾三十而取一。”[②] 这虽然是王莽的苛政，但也表明“吏民”均有向国家交纳赋税的义务。

“吏民”既然有向国家交纳赋税的义务，那么当国家减免租赋时，“吏民”也同样可以享受这个权利。汉宣帝本始元年（前73）“五月，凤凰集胶东、千乘。赦天下。赐吏民爵。勿收田租赋。”[③] 永始四年（前13）春正月，汉成帝“行幸甘泉，郊泰畤，神光降集紫殿。大赦天下。赐云阳吏民爵，女子百户牛酒，鳏寡孤独高年帛。三月，行幸河东，祠后土，赐吏民如云阳，行所过无出田租。”[④] 建武十九年（43），东汉光武帝“幸南阳、汝南，至南顿止令舍，大置酒赐吏民，复南顿田租一岁，吏民叩头言：‘皇考居此日久，陛下识知寺舍，每来辄加厚恩，但复一岁少薄，愿复十岁。’上曰：‘天下重宝大器，常恐不任，日慎一日，安敢自远期十岁。’复增一岁。”[⑤] 东汉桓帝时，由于“羌胡寇边”，于是拜陈龟为度辽将军。陈龟临行上疏提出了许多建议，其中有曰：“……又宜更选匈奴、乌桓、护羌中郎将、校尉，简练文武，授之法令，除并、凉二州今年租更”云云，“帝觉悟，乃更选幽、并刺史，自营郡太守、都尉以下，多所革易，下诏‘为陈将军除并、凉一年租赋，以赐吏民’。”[⑥] 这些都是“吏民”一起得到减免租赋的事实。这从另一方面证明“吏民”都是一样承担租赋的。此外，贪官污吏分外赋敛时同样也是以“吏民”为对象的，如东汉权臣窦宪“既立大功，威名益盛，以耿夔、任尚等为爪牙，邓叠、郭璜为心腹，班固、傅毅之徒典文章，刺史、守、令，多出其门，竞赋敛吏民，共为赂遗。”[⑦]

魏晋南北朝时期亦然。长沙走马楼吴简中的“吏民”均需按照标准

① 《两汉纪》上册《汉纪》卷一四《孝武皇帝纪五》，第243页。

② 《汉书》卷二四下《食货志下》，第1184—1185页。

③ 《两汉纪》上册《汉纪》卷一七《孝宣皇帝纪一》，第296页。

④ 《汉书》卷一〇《成帝纪》，第324页。

⑤ （宋）李昉等撰：《太平御览》卷九〇《皇王部一五·后汉世祖光武皇帝》引《东观汉纪》，中华书局1960年版，第432页。

⑥ 《后汉书》卷五一《陈龟传》，第1693页。引文句读与中华书局标点本略有不同，为著者所改。

⑦ 《资治通鉴》卷四七，汉和帝永元三年（91）二月，第1527页。

交纳田租[①]。宋文帝时，刘道锡为巴西梓潼二郡太守，“初，氐寇至，城内众寡，道锡募吏民守城，复租布二十年。及贼退，朝议：‘贼虽攻城，一战便走，听依本要，于事为优。’右卫将军沈演之、丹阳尹羊玄保、后军长史范晔并谓：‘宜随功劳裁量，不可全用本誓，多者不得过十年。’从之。”[②] 虽然朝廷将免除巴西、梓潼二郡吏民二十年租布的许诺打了折扣，最多者不得超过十年，但也证明了“吏民”都有负担或被减免租布的义务和权利的。永定三年（559）陈武帝死，陈文帝即位后的诏令中有曰：“逋租宿债，吏民愆负，可勿复收。”[③] 也是“吏民”一并免除租税。宋明帝时，孙谦为巴东、建平二郡太守，“至郡，布恩惠之化……俸秩出吏民者，悉原除之。郡境翕然，威信大著。”[④] 表明当时“吏民”均有负担或被减免官员“俸秩”的义务和权利。此外各种横征暴敛也出自“吏民”。孙吴于嘉禾五年（236）春，“铸大钱，一当五百。诏使吏民输铜，计铜畀直，设盗铸之科。”[⑤] 表明国家的临时征敛也是以“吏民”为对象的。北齐武平（570—576）年间，石曜为黎阳郡守，兖州刺史斛律武都性甚贪暴，出巡时郡县长吏均需聚敛财物孝敬他，“及至黎阳，令左右讽动（石）曜及郡治下县官。曜手持一缣而谓武都曰：‘此是老石机杼，聊以奉赠。自此来并须出于吏民，吏民之物，一毫不敢辄犯。’”[⑥] 石曜为官清廉，不向“吏民”敛财以奉承上级长官，表明地方长官聚敛财物也以所辖“吏民”为对象。

徭役也是中国古代由“吏民”承担的一项重要义务。汉文帝时贾谊上书曰：“今淮南地远者或数千里，越两诸侯，而县属于汉。其吏民繇役往来长安者，自悉而补，中道衣敝，钱用诸费称此，其苦属汉而欲得王至甚，逋逃而归诸侯者已不少矣。”[⑦] 淮南诸县“吏民”到长安服徭役，中间经过两个诸侯属地，路途遥远，花费甚大，故他们苦于属汉而纷纷

---

① 参见《嘉禾吏民田家莂·释文注释一》之《嘉禾四年吏民田家莂解题》，第71页。
② 《宋书》卷六五《刘道产附弟道锡传》，第1720页。
③ （唐）姚思廉撰：《陈书》卷三《世祖纪》，中华书局1972年版，第47页。
④ （唐）姚思廉撰：《梁书》卷五三《良吏·孙谦传》，中华书局1973年版，第772页。
⑤ 《太平御览》卷八三五《资产部一五·钱上》引《吴书》，第3730页。
⑥ （唐）李百药撰：《北齐书》卷四四《儒林·石曜传》，中华书局1972年版，第597页。
⑦ 《汉书》卷四八《贾谊传》，第2261页。

投奔诸侯。这表明当时“吏民”均有服徭役的义务。神爵元年（前61）西羌反，汉遣后将军征之，京兆尹张敞上书言：“国兵在外，军以夏发，陇西以北，安定以西，吏民并给转输，田事颇废”①。表明“吏民”均需负担“转输”军用物资的徭役。永平（58—75）中，“治滹沱石臼河，从都卢至羊肠仓，欲令通漕。太原吏民苦转运，所经三百八十九隘，前后没溺死者不可胜算。”② 这是太原“吏民”同被征发从事“转运”的苦役。天凤三年（16）冬，王莽“遣宁始将军廉丹与庸部牧史熊大发天水、陇西骑士，广汉、巴、蜀、犍为吏民十万人，转输者合二十万人”③ 以击钩町。这是大规模调发“吏民”参与战争中的徭役。

魏晋南北朝时期亦然。建安二十三年（218）宛守将侯音等反，执南阳太守，于次年被曹操所镇压。这次起义之所以爆发，因“是时南阳间苦繇役，（侯）音于是执太守东里衮，与吏民共反，与关羽连和。”④ 可见这是“吏民”因徭役负担过重而被迫起义。同年曹操颁令曰：“去冬天降疫疠，民有凋伤，军兴于外，垦田损少，吾甚忧之。其令吏民男女：女年七十已上无夫子，若年十二已下无父母兄弟，及目无所见，手不能作，足不能行，而无妻子父兄产业者，廪食终身。幼者至十二止，贫穷不能自赡者，随口给贷。老耄须待养者，年九十已上，复不事，家一人。”⑤ 这个命令规定了“吏民”服役以及免役、廪贷等方面的年龄限制，成为这个时代征发“吏民”徭役的共同法令。何充于东晋康帝建元元年（343）至穆帝永和二年（346）年间为扬州刺史，“久在扬州征役参见拙文吏民，功赏万计，是以为遐迩所讥。”⑥ “吏民”均属其“征役参见拙

---

① 《汉书》卷七八《萧望之传》，第3275页。

② 《太平御览》卷三九六《人事部三七·溺》引《东观汉记》，第1828页。“都卢”，《后汉书》卷一六《邓禹附子训传》记作“都虑”。又“太原吏民苦转运，所经三百八十九隘，前后没溺死者不可胜算”一句，《后汉书》记作“太原吏人苦役，连年无成，转运所经三百八十九隘，前后没溺死者不可胜算。”（第608页）其中“太原吏民”作“太原吏人”，当系章怀太子李贤等人注《后汉书》时，以避唐太宗李世民讳，而改“吏民”为“吏人”。

③ 《汉书》卷九五《西南夷两粤朝鲜传·西南夷传》，第3846页。

④ 《三国志》卷一《魏书·武帝纪》注引《曹瞒传》，第51页。

⑤ 《三国志》卷一《魏书·武帝纪》注引《魏书》，第51页。

⑥ （南朝宋）刘义庆著，（南朝梁）刘孝标注，余嘉锡笺疏，周祖谟、余淑宜、周士琦整理：《世说新语笺疏》下卷上《排调第二十五》注引《晋阳秋》，上海古籍出版社1993年版，第814页。

文”对象。两晋时有一人假冒吴时人李宽，能祝水治病，颇愈，“于是避役之吏民，依（李）宽为弟子者恒近千人”①。“吏民”为了“避役”而投奔李宽门下为徒，表明他们都是需要服役的。萧齐延兴元年（494）冬十月，海陵王萧昭文在减轻徭役等问题的诏书中指出：当时“正厨诸役，旧出州郡，徵吏民以应其数，公获二旬，私累数朔。”② 可见“吏民”均需负担徭役。北朝亦然。北齐武成帝“骄奢淫佚，役繁赋重，吏民苦之”③，表明“吏民”均遭受苛重的役赋。

（二）政治上享有平等的权利和义务

“吏民”作为国家编户齐民，不仅在经济上享有各种平等的权利和义务，而且在政治上也同样享有平等的权利和义务。

1. “吏民”均有上书言事的权利

上书言事是中国古代统治者借以了解下情、征求民意，以为决策参考的一种重要方式。战国时期齐威王曾下令：“群臣吏民，能面刺寡人之过者，受上赏。上书谏寡人者，受中赏。能谤议于市朝，闻寡人之耳者，受下赏。”④ 鼓励“吏民”上书进谏。刘勰总结古代的上书制度曰：“秦初定制，改书曰奏。汉定礼仪，则有四品：一曰章，二曰奏，三曰表，四曰议。章以谢恩，奏以按劾，表以陈请，议以执异。”⑤ 上书言事是臣民政治权利的一种体现，不仅公卿百官有这样的权利，广大“吏民”也享有其中的某些权利。

到了汉代，“吏民”上书已成为一种经常性的制度，故在中央政府特设官署以专司其事。汉代诸卿之一的卫尉负责皇宫的保卫，其属官公车司马“掌殿司马门，夜徼宫中，天下上事及阙下凡所征召皆总领之”⑥。其职掌之一“天下上事”，即《续汉书·百官志》本注所言公车司马令掌

---

① 王明：《抱朴子内篇校释（增订本）》卷九《道意》，中华书局1986年版，第174页。

② 《南齐书》卷五《海陵王纪》，第79页。

③ 《资治通鉴》卷一七〇，陈临海王光大二年（568），第5277页。

④ （西汉）刘向集录，范祥雍笺证，范邦瑾协校：《战国策笺证》卷八《齐一》“邹忌修八尺有余”条，上海古籍出版社2006年版，第521—522页。

⑤ （南朝梁）刘勰著，詹锳义证：《文心雕龙义证》卷五《章表第二十二》，上海古籍出版社1989年版，第826页。

⑥ 《汉书》卷一九上《百官公卿表上》注引《汉官仪》，第729页。

“凡吏民上章”①。第五伦为会稽太守，明帝永平五年（62）“坐法徵，老小攀车叩马，嗁呼相随……及诣廷尉，吏民上书守阙者千余人。是时显宗方案梁松事，亦多为松讼者。帝患之，诏公车诸为梁氏及会稽太守上书者勿复受。”② 明言公车司马负责接受“吏民”上书。东汉末，东莱郡与青州因事相争，郡“奏曹史”太史慈代表东莱郡上书朝廷，“到洛阳，诣公车门，见州吏始欲求通。”③ 与青州上书之吏不期而遇于公车门。由此可见，公车是负责接受“吏民”上书的部门。以公车司马令掌管“吏民”上书事，殆因其负责守卫宫门，便于随时接待前来上书之“吏民”。

尚书系统中亦有相关的部门负责“吏民”上书之事。尚书为汉承秦制而设立，汉成帝时初置尚书五人，一人为仆射，另四人分为四曹，其中的民曹，“主吏民上书”④ 事。“凡吏民上书，悉经此曹理之。”⑤ 尚书的左丞亦“主吏民章报”⑥。上书程式据蔡邕《独断》：“公卿使谒者将大夫以下，至吏民，尚书左丞奏闻报可，表文报已奏如书。”⑦ 从中可见尚书左丞在掌管“吏民”上书事中的作用。尚书接到“吏民”上书后需进行审查。王莽为了巩固政权，亲自统揽众事，信任宦官、左右，如《通鉴》所言，于是“吏民上封事，宦官、左右开发，尚书不得知，其畏备臣下如此。”胡三省注曰：“旧上封事者，先由尚书，乃奏御；莽恐尚书壅蔽，令宦官左右发其封，自省之。”⑧ 按照制度，“吏民”上书应该由尚书审查之后上交，王莽使宦官、左右代替尚书这个职务，是破坏制度的做法。具体来说，主管“吏民”上书的尚书部门是民曹尚书。《汉书·艺文志》载萧何所草律文云：“吏民上书，字或不正，辄举劾。”⑨ 是为

---

① 《续汉书·百官志二》，点校本《后汉书志》第二十五，第3579页。

② 《后汉书》卷四一《第五伦传》，第1397页。

③ 《三国志》卷四九《吴书·太史慈传》，第1186页。

④ 《晋书》卷二四《职官志》，第730页；《通典》卷二二《职官典四》，第601页。《续汉书·百官志三》谓“民曹尚书主凡吏上书事”，标点本《后汉书志》第二十六，第3597页。段玉裁注《说文解字序》引作“主凡吏民上书事”，并谓：“今本夺‘民’字。”其说可从。见（汉）许慎撰，（清）段玉裁注《说文解字注》卷一五上，上海古籍出版社1988年版，第759页。

⑤ 《通典》卷二三《职官典五·户部尚书》，第636页。

⑥ 《续汉书·百官志三》，标点本《后汉书志》第二十六，第3597页。

⑦ 《文心雕龙义证》卷五《章表第二十二》注引《独断》，第826—827页。

⑧ 《资治通鉴》卷三八，王莽天凤二年（15），第1206页。

⑨ 《汉书》卷三〇《艺文志》，第1721页。

《尉律》之文。许慎《说文解字》第十五上曰：“书或不正，辄举劾之。今虽有《尉律》不课，小学不修，莫达其说久矣。”段玉裁注：此乃“民曹尚书事”①。可见民曹尚书在接到“吏民”上书之后需进行审查。公车司马令与尚书在管理“吏民”上书时大概是这样分工的，由守卫宫门的公车司马令收取“吏民”上书后，转交尚书具体进行审查。其上之“三公”亦与“吏民”上书有关。东汉明帝时第五伦为司空，“每上事，自为草，不复示掾。吏民或奏记，辄便封上之，曰：‘臣任重忧深，不能出奇策异谋，吏民责让臣者多谨，并封上。’其无私若此。”②

此外，中书也管理“吏民”上书。杜延年原为大将军霍光吏，因功擢为太仆、右曹、给事中，“吏民上书言便宜，有异，辄下延年平处复奏。”颜师古注曰：“先平处其可否，然后奏言。”③ 右曹即中书，“左、右曹受尚书事。前世文士，以中书在右，因谓中书为右曹，又称西掖。”④由此可知，在尚书审查之后，再上交中书，由中书“平处”之后再上报皇帝。不仅如此，中书还曾直接收受“吏民”上书。权臣霍光死后，其兄孙霍山以奉车都尉领尚书事，汉宣帝欲抑制霍氏权力，于是“令吏民得奏封事，不关尚书”⑤。王先谦《汉书补注》引何焯曰：“上下之情通，则权复归王室。”⑥ 这个材料表明，尽管汉宣帝令“吏民”撇开尚书而用密封直接上书，但尚书仍然是这一事务“法定”的主管部门。汉宣帝这一措施是事出有因的，霍山自白他曾利用主管上书事务的权力，对于揭

---

① 《说文解字注》卷一五上，第759页。

② （东晋）袁宏撰，张烈点校：《两汉纪》下册《后汉纪》卷一一《孝章皇帝纪上》，中华书局2017年版，第215—216页。按，此处引文句读，原引文上断为“不复示掾吏。民或奏记……”著者将“吏”字下断，与“民”相连，作“不复示掾。吏民或奏记……”。盖因第五伦时任司空，其僚属中有“司空掾”，一般情况下，司空上封事，都是由其下属之“司空掾”先草拟封事文稿，经过司空审查后再上呈，但第五伦事必躬亲，“每上事，自为草”即自己草拟，且“不复示掾”即不再展示给下属的“掾”观看而直接上呈皇帝。因此，“不复示掾”意涵表达准确，不烦在“掾”后缀一“吏”字。而将“吏”官下断与“民”相连，语意更为畅达，“吏民或奏记，辄便封之……”与下文的“吏民责让臣者多谨，并封上”一句正好形成前后呼应。

③ 《汉书》卷六〇《杜周传》，第2664页。

④ （汉）应劭撰，（清）孙星衍校集：《汉官仪》卷上，周天游点校：《汉官六种》，中华书局1990年版，第141页。

⑤ 《汉书》卷六八《霍光传》，第2951页。

⑥ （清）王先谦撰：《汉书补注·霍光传》引，中华书局1983年版，第1308页。

发其家族黑幕的上奏，“屏不奏其书”。可见尚书在接到“吏民”上书之后是要先进行检查的。如今宣帝令上书者绕过尚书，霍山于是抱怨“上书者益黠，尽奏封事，辄下中书令出取之，不关尚书，益不信人。”[①] 上书者改用密封上奏，皇帝改派中书令直接收取，而不通过尚书，下情可较为直接上达。可见“封事”是直接交中书处理的[②]。到了魏晋南北朝时期，上书事已变为主要由中书省负责。这个时期中书省置中书舍人，或曰中书通事舍人，魏晋时负责“掌呈奏案章”；刘宋时“凡有陈奏，皆舍人持入参决于中”；萧梁时“兼呈奏之事”[③]；北魏、北齐时亦“掌宣奏”[④]。此外，南朝集书省也负责“省诸奏闻文书”[⑤]。北朝门下省设门下通事令史[⑥]，以“掌奏文案”[⑦]

“吏民”上书既是民众的政治权利，也是统治阶级的需要。“夫星者，乃人民凡物之精光。故一人不得通于帝王，一星亦不得通也。故天气辄为乖错，地气为其逆也。故教其吏民大小，俱共上书，以通天气，以安星历，以除天病，以解帝王承负之责。”[⑧]“吏民”上书就像通天气、安星历、除天病一样，以解除帝王的“承负之责”。这是从灾异的角度来论证“吏民”上书对于统治者的重要性，认为通过“吏民大小，俱共上书”不仅可以“解帝王承负之责”，而且可以实现社会治理的长治久安，即“帝

① 《汉书》卷六八《霍光传》，第2954页。

② 按，西汉时期的“中书”乃是尚书的一个组成部分，即尚书在“禁中”的那一部分，或谓之“（禁）中尚书”，简称“中书”，其长官“中书令”起初均由宦官担任，盖因“禁中”乃皇帝起居之所，士人出入不便，唯宦官得自由进出，故以宦官为其首长。“中尚书”的分置并由宦官主其事，体现出皇帝对于日益发展起来的尚书机构的某种担忧，遂设置由近身宦官担任长官之“（禁）中尚书”以加强对尚书机构的掌控。汉宣帝对霍光死后的霍氏家族进行政治打压，重要举措之一便是利用宦官“中书”剥夺了由“领尚书事”所统尚书机构审查“吏民奏封事”之权。因此，汉代的“中书”机构与后来魏晋南北朝隋唐时期“三省六部”制下的中书机构——“中书省”是有着很大不同的。

③ 《通典》卷二一《职官典三》，第564页。

④ （唐）徐坚等：《初学记》卷一一《职官部上·中书舍人第十一》，中华书局1962年版，第276页。

⑤ （唐）魏徵、令狐德棻撰：《隋书》卷二六《百官志上》，中华书局1973年版，第722页。

⑥ 《隋书》卷二七《百官志中》，第753页。

⑦ 《魏书》卷七九《范绍传》，第1755页。

⑧ 王明编：《太平经合校》卷一〇二《己部之十七·经文部数所应诀第一百六十七》，中华书局1960年版，第466—467页。

王得以为聪明而称王心，而长安其身；吏民得以尊天地，得以无病；天地四方俱有利，故长吉，为万万世法也。”[①] 这是因为“吏民”上书乃是舆论、民情的具体反映，因而对于中国古代的政治具有一定的作用。和帝永元八年（96）“九月，京师蝗。吏民言事者，多归责有司。”“吏民”利用蝗灾而指摘政府吏治存在的问题，和帝虽然把责任揽下，说是“在予一人”，但同时也不得不告诫臣僚：“百僚师尹，勉修厥职，刺史、二千石详刑辟，理冤虐，恤鳏寡，矜孤弱，思惟致灾兴蝗之咎。”[②] 汉成帝时丞相张禹退休之后，“虽家居，以特进为天子师，国家每有大政，必与定议。永始、元延之间，日蚀、地震尤数，吏民多上书言灾异之应，讥切王氏专政所致。上惧变异数见，意颇然之，未有以明见，乃车驾至禹弟，辟左右，亲问禹以天变，因用吏民所言王氏事示禹。”“吏民”利用自然灾害而抨击王氏专政的问题，虽然张禹出于私心没有挺身而出顺应民意以揭露、抨击王氏，以致成帝“由此不疑王氏”[③]。但毕竟通过“吏民”上书而暴露了王氏专权的事实，从而引起了最高统治者的重视。同样的，篡逆者也常利用“吏民”上书以达到他们的政治目的。王莽在篡汉过程中就多次利用“吏民”上书为其野心制造舆论。如元始五年（5）“吏民以（王）莽不受新野田而上书者前后四十八万七千五百七十二人”，要求“宜亟加赏于安汉公”，而王莽则借此上书平帝，宣扬“自诸侯王已下至于吏民”对于自己的拥戴，从而一步步达到加九锡的目的[④]。“吏民”上书言事，不仅可以对社会政治等现实问题进行评论、批评或建议，还包括有权就个人事务进行申诉，如《居延新简》中就有一条简文：“永始四年/吏民自言书”[⑤]，所谓“自言书”，乃是秦汉时期司法专用术语，意即完全自发自愿的告诉书[⑥]。永始为西汉成帝年号，永始四年即公元前13年，表明那个时候的“吏民”是可以通过上“自言书”以表达自己

---

① 《太平经合校》卷一〇二《己部之十七·经文部数所应诀第一百六十七》，第467页。

② 《后汉书》卷四《孝和帝纪》，第182页。

③ 《汉书》卷八一《张禹传》，第3351页。

④ 《汉书》卷九九上《王莽传上》，第4070—4071页。

⑤ 中国简牍集成编辑委员会编：《中国简牍集成（标注本）》第十册《居延新简·二》，简EPT50·199，敦煌文艺出版社2001年版，第50页。

⑥ 《中国简牍集成（标注本）》第十册《居延新简·二》，简EPT50·199“注释”，第50页。

的诉求。

魏晋南北朝时期亦然。史称魏明帝“含垢藏疾，容受直言，听受吏民士庶上书，一月之中至数十百封，虽文辞鄙陋，犹览省究竟，意无厌倦。”[①] 魏明帝所接到的“吏民士庶上书”中有“文辞鄙陋”者，表明上书者有的文化水平不高，其中有下层“吏民”而无疑。一个月能够收到数十百封上书，其数量亦不为少。北魏承明元年（476）冬十月诏曰：“自今已后，群官卿士下及吏民，各听上书，直言极谏，勿有所隐。诸有便宜，益治利民，可以正风俗者，有司以闻。朕将亲览，与三事大夫论其可否，裁而用之。”[②] 从这个诏书可知，当时对于公卿百官及“吏民”的上书，先通过“有司”审查、挑选，再上报皇帝，皇帝“亲览”之后召集中央决策核心讨论施行。太和八年（484）八月魏孝文帝重申此制，诏曰：“承明之初，班下内外，听人各尽规以补其阙……今制：百辟卿士，工商吏民，各上便宜。利民益治，损化伤政，直言极谏，勿有所隐，务令辞无烦华，理从简实。朕将亲览，以知世事之要，使言之者无罪，闻之者足以为戒。”次年再次重申此制，诏曰：“百司卿士及工商吏民，其各上书极谏，靡有所隐。”[③]

检举揭发地方长官的吏治问题，也是“吏民”的政治权利之一。西晋建兴四年（316）凉州刺史张寔下令：“所部吏民有能举其过者，赏以布帛羊米。”[④] 太延三年（437）北魏太武帝诏曰：“其令天下吏民得举告守令不如法者。”[⑤] 这些都是统治者号召“吏民”进行检举揭发的事实。

“吏民”也经常通过上表或请求等方式以表达对于地方官吏治绩优劣的评价，对于官吏的去留陟黜有时产生一定的影响。西汉成帝时京兆尹王尊被御史中丞奏劾免官，“吏民多称惜之”。京兆所辖湖县的“三老公乘兴等上书讼（王）尊治京兆功效日著”，《汉书》详细录载了上书内

---

① 《三国志》卷三《魏书·明帝纪》注引《魏书》，第115页。

② 《魏书》卷七上《高祖纪上》，第143页。据本卷“校勘记〔五〕”：“群官卿士下及吏民”之句中的“官”字，据《册府元龟》卷一〇二，应当作“公”，因此“官”字当讹。

③ 《魏书》卷七上《高祖纪上》，第154—155页。

④ 《资治通鉴》卷八九，晋愍帝建兴四年（316）四月，第2831页。

⑤ 《魏书》卷四上《世祖纪上》，第88页。

容：列举了王尊治理京兆的诸多政绩，申诉其所受诬枉，抨击了此案中奸邪的人和事。湖县“吏民”的上书奏报上去之后，“天子复以（王）尊为徐州刺史”①。这位领头上书叫做兴的人，是一位地方基层“乡官”——“三老”，其爵称“公乘”为当时乡里民众所普遍拥有。东汉明帝永平元年（58）宋均迁东海相，“在郡五年，坐法免官，客授颍川。而东海吏民思（宋）均恩化，为之作歌，诣阙乞还者数千人。显宗以其能，七年，徵拜尚书令。”② 建初（76—84）年间，寒朗“迁济阳令，以母丧去官，百姓追思之。章和元年，上行东巡狩，过济阳，三老吏人上书陈（寒）朗前政治状。帝至梁，召见朗，诏三府为辟首，由是辟司徒府。”③ 东汉桓帝时种暠为凉州刺史，“甚得百姓欢心。被徵当迁，吏人诣阙请留之，太后叹曰：‘未闻刺史得人心若是。’乃许之。暠复留一年”④。东汉顺帝时庞参为太尉、录尚书事，其夫人杀害了前妻之子。洛阳令祝良得知其事后，“率吏卒入太尉府案实其事，乃上（庞）参罪，遂因灾异策免。有司以（祝）良不先闻奏，辄折辱宰相，坐系诏狱。（祝）良能得百姓心，洛阳吏人守阙请代其罪者，日有数千万人，诏乃原刑。”⑤ 上述官员之升迁、去留乃至刑罚宥贷均与“吏民”的上书求请有关。

魏晋南北朝时期亦然。梁武帝普通六年（525）谢举“出为仁威将军、晋陵太守。在郡清静，百姓化其德，境内肃然。罢郡还，吏民诣阙请立碑，诏许之。”⑥ 何敬容于天监（502—519）年间“出为建安内史，清公有美绩，民吏称之。还除黄门郎。”普通四年（523）“出为招远将军、吴郡太守，为政勤恤民隐，辨讼如神，视事四年，治为天下第一。吏民诣阙请树碑，诏许之。”⑦ 梁武帝时，褚翔“出为义兴太守，翔在

---

① 《汉书》卷七六《王尊传》，第3233—3236页。

② 《后汉书》卷四一《宋均传》，第1413页。

③ 《后汉书》卷四一《寒朗传》，第1418页。此引文中“三老吏人”，即“三老吏民”，唐章怀太子李贤等注《后汉书》，以避唐太宗李世民讳而改“吏民”为“吏人”，凡《后汉书》中“吏人”一词，多数同此，下不赘。

④ 《后汉书》卷五六《种暠传》，第1828页。

⑤ 《后汉书》卷五一《庞参传》，第1691页。注引《谢承书》曰：祝良“聪明博学有才干，以廉平见称。”

⑥ 《梁书》卷三七《谢举传》，第530页。

⑦ 《梁书》卷三七《何敬容传》，第531页。

政洁己，省繁苛，去浮费，百姓安之……及秩满，吏民诣阙请之，敕许焉。”① 陈后主至德（583—586）年间，郑万顷“拜散骑常侍、昭武将军、丰州刺史。在州甚有惠政，吏民表请立碑，诏许焉。”② 陈宣帝时，巴州刺史鲁广达“为政简要，推诚任下，吏民便之。及秩满，皆诣阙表请，于是诏留二年。”③ 北魏孝文帝时，韦崇“出为乡郡太守，更满应代，吏民诣阙乞留，复延三年。”④ 西魏大统（535—551）年间，长孙俭为荆州刺史，“清正率下，兼怀仁恕，有窃盗者，原情得实，诲而放之。荆蛮旧俗，少不敬长。俭殷勤劝导，风俗大革。务广耕桑，兼习武事，故边境无虞，人安其业。吏人表请为俭构清德楼，树碑刻颂，朝议许之。吏人又以俭秩满，恐有代至，诣阙乞留俭，朝廷嘉而许之，在州遂历七载。”⑤ 诸如此类，不胜枚举。但是，毕竟统治者对于人事调动权并不轻于假人，故“吏民”的上书所起的作用也是有一定限度的。萧梁中大通二年（530）王规“出为贞威将军、骠骑晋安王长史。其年，王立为皇太子，仍为吴郡太守……俄徵为左民尚书，郡吏民千余人诣阙请留，表三奏，上不许。”⑥ 但是，“求于郡树碑，许之。”⑦ 梁武帝只接受了树碑的请求，而不接受留任的请求。北周孝闵帝时，杨敷被授使持节、蒙州诸军事、蒙州刺史，“推诚布信，随方慰抚，蛮左等感之，相率归附……州境获宁……保定中，徵为司水中大夫。夷夏吏民，及荆州总管长孙俭

---

① 《梁书》卷四一《褚翔传》，第586页。

② 《陈书》卷一四《南康愍王（陈）昙朗传》附《郑万顷传》，第214页。

③ 《陈书》卷三一《鲁广达传》，第419页。

④ 《魏书》卷四五《韦阆附从子（韦）崇传》，第1012页。

⑤ （唐）李延寿撰：《北史》卷二二《长孙嵩附五世孙俭传》，中华书局1974年版，第808页。此段引文（唐）令狐德棻等撰《周书》卷二六《长孙俭传》（中华书局1971年版，第428页）所载略同，唯其中“吏人”一词，《周书》作“吏民”；“人安其业”，《周书》作“民安其业”。盖因《北史》系唐人李延寿所撰，避唐太宗李世民讳，而改“民”为“人”。或曰，《周书》亦唐人令狐德棻所撰，何以不避讳？据《周书》卷二六“校勘记〔一〕”云：“此卷原缺，后人以高氏《小史》或其他以《周书》为底本的某种节录本补。钱（大昕）氏《（廿二史）考异》目录序条已指出此卷‘非德棻原本’，但‘与《北史》多异’。”（第433页）由此可以推知，若本卷为令狐德棻原本，则“吏民”也很可能因为避讳而写为“吏人”。无论后人根据高氏《小史》或其他史籍补录此卷，“吏人”即“吏民”之避讳是完全可以肯定的。

⑥ 《梁书》卷四一《王规传》，第582页。按，此处句读中华书局标点本有误，今径改。

⑦ （唐）李延寿撰：《南史》卷二二《王昙首传附王规传》，中华书局1975年版，第598页。

并表请留之。时议欲东讨，将委（杨）敷以舟舰转输之事，故弗许焉。”① 这是由于战事的需要而没有被接受。

“吏民”有时也可以其他方式直接向地方长吏表达自己的意见。曹魏嘉平（249—254）中，刘类为弘农太守，“苛慝尤甚”“视人无礼”，吏民不满。弘农“旧俗，民谤官长者有三不肯，谓迁、免与死也。（刘）类在弘农，吏民患之，乃题其门曰：‘刘府君有三不肯。’类虽闻之，犹不能自改。其后安东将军司马文王西征，路经弘农，弘农人告类荒耄不任宰郡，乃召入为五官中郎将。”② 刘类的被调离，“吏民”的反映起了一定的作用。刘宋时，建平王刘景素为南徐州刺史，以乐蔼为龙阳相。后乐蔼“以父忧去职，吏民诣州请之，葬讫起焉。”③ “吏民”到州刺史那里请求乐蔼复职，得到了允许。北魏孝文帝时，穆罴为汾州刺史。“前吐京太守刘升，在郡甚有威惠，限满还都，胡民八百余人诣罴请之。前定阳令吴平仁亦有恩信，户增数倍。（穆）罴以吏民怀之，并为表请。高祖皆从焉。”④ 这是“吏民”向刺史提出请求，得到刺史的支持，再由刺史上书皇帝而得到批准。虽然这类事情在历史上并不多见，但毕竟表明“吏民”享有这样的表达意见的权利。

2. “吏民”均有被察举征辟的权利

中国古代从汉代兴起以察举、征辟为主的选官制度，这是当时国家选拔官吏的重要方式和途径。因此，被察举、征辟遂成为公民的一项重要政治权利。在这方面，“吏民”均享有平等的权利。汉武帝时董仲舒以贤良对策，在他所提出的一系列治国方案中，有关于选拔官吏方面的论述，他说：“臣愚以为使诸列侯、郡守、二千石各择其吏民之贤者，岁贡各二人以给宿卫，且以观大臣之能；所贡贤者有赏，所贡不肖者有罚。夫如是，诸侯、吏二千石皆尽心于求贤，天下之士可得而官使也。”⑤ 在董仲舒的方案中，是以“吏民”作为选拔对象的。史称“州郡举茂材孝

① 《周书》卷三四《杨敷传》，第 599—600 页。

② 《三国志》卷一五《魏书·梁习传》注引《魏略·苛吏传》，第 471 页。

③ 《梁书》卷一九《乐蔼传》，第 302 页。

④ 《魏书》卷二七《穆崇传附穆罴传》，第 666 页。

⑤ 《汉书》卷五六《董仲舒传》，第 2513 页。

廉，皆自仲舒发之。”[①] 这种由下而上的选拔即为“察举”。此后这一建议得到了实施，“吏民”一直是中国古代国家选拔人才的基本对象。元封五年（前106）汉武帝诏：“其令州郡察吏民有茂材异等可为将相及使绝国者。”[②] 其察举的项目相当广泛，均以“吏民”作为察举的对象。元康元年（前65）汉宣帝诏曰：“其博举吏民，厥身修正，通文学，明于先王之术，宣究其意者，各二人，中二千石各一人。”[③] 重申在“吏民”中察举有关人才。始建国三年（前11），王莽下令曰：“令公卿大夫诸侯二千石举吏民有德行、通政事、能言语、明文学者各一人，诣王路四门。”[④] 即使事事改作的王莽也仍然继续汉法，以“吏民”为察举对象，并作为百官的一项义务。汉代规定刺史的任务之一是“考殿最”，其具体内容据胡广说是：“课第长吏不称职者为殿，举免之。其有治能者为最。察上尤异州，又状州中吏民茂才异等，岁举一人。”[⑤] 其中包括察举“吏民”一项。统治者有时也根据国家的特定需要而察举特殊人才。汉代黄河经常决口泛滥，哀帝初，使平当负责治河，他建议“博求能浚川疏河者”，于是丞相孔光、大司空何武向哀帝“奏请部刺史、三辅、三河、弘农太守举吏民能者。”[⑥] 物色这些地区的“吏民”中的治河能手。中平元年（184）黄巾起义爆发，于是汉灵帝“诏公卿出马、弩，举列将子孙及吏民有明战阵之略者，诣公车。”[⑦] 从“吏民”中物色“明战阵之略者”作为军事指挥人员，以加强军力讨伐黄巾军。

在由下而上察举人才的同时，汉代又实行由上而下的“征辟”制度，即由皇帝或地方长官直接物色人才。这种方式也以“吏民”为对象。元光六年（前129）汉武帝下令“征吏民有明当时之务、习先圣之术者，县次续食，令与计偕。”[⑧] 这些被皇帝征召的“吏民”由该地方政府的上计吏护送至京，沿途郡县负责招待事宜。

---

① 《汉书》卷五六《董仲舒传》，第2525页。

② 《汉书》卷六《武帝纪》，第197页。

③ 《汉书》卷八《宣帝纪》，第255页。

④ 《汉书》卷九九中《王莽传中》，第4125页。

⑤ 《续汉书·百官志五》注引“胡广曰”，标点本《后汉书志》第二十八，第3618页。

⑥ 《汉书》卷二九《沟洫志》，第1692页。

⑦ 《后汉书》卷八《孝灵帝纪》，第348页。

⑧ 《汉书》卷六《武帝纪》，第164页。

“募”也是汉代选拔人才的方式之一。为了某种特定的需要，有时采取招募的方式从天下“吏民”中物色具有特殊素质的人才。汉武帝时由于对外关系的发展，急需大量的外交使节，于是“天子为其绝远，非人所乐，听其言，予节，募吏民无问所从来，为具备人众遣之，以广其道。”①“吏民”均为其招募的对象。

在这样的选官制度下，“吏民”均享有为官从政的可能，从而使国家政权构筑在广泛的社会基础之上，调动了广大人民的积极性，所谓“吏民有信者，帝王仕之不负焉，故吏民乐为也。”② 与此同时，也就出现了“吏民”在正常选官方式之外的不正当求官的情况。东汉桓帝时梁冀专权，于是梁冀之门“吏人赍货求官、请罪者，道路相望”③，表明“吏民”均有通过不正当手段以求得官职的情况。

魏晋南北朝时期虽然由于社会发展变化而导致选官方式发生了一些变化，如九品官人法的兴起，因而仕途特别是清流之官被一些世族门阀家族所把持，但是“吏民”仍有通过这个途径步入仕途的机会。魏晋时期在九品中正制的风靡下，乡议品第成为仕进的重要途径，因而这也成为“吏民”所追逐的目标。王戎“有人伦鉴识，……孙秀为琅邪郡吏，求品于乡议。戎从弟衍将不许，戎劝品之。及秀得志，朝士有宿怨者皆被诛，而戎、衍获济焉。”④ 表明小“吏”也有通过品第而进入仕途的机会。与此同时，汉代的察举制度也还在继续实行，以“吏民”为选官对象的情况基本上仍然存在。黄初三年（222）魏文帝下诏曰：“今之计、孝，古之贡士也；十室之邑，必有忠信……其令郡国所选，勿拘老幼；

① 《汉书》卷六一《张骞传》，第2695页。

② 《太平经合校》卷一〇二《己部之十七·经文部数所应诀第一百六十七》，第467页。

③ 《后汉书》卷三四《梁统传》附《梁冀传》，第1181页。其中“吏人”一词，《资治通鉴》卷五四，汉桓帝延熹二年（159）七月，作“吏民”（第1743页）。唐章怀太子李贤等注《后汉书》，以避唐太宗李世民讳，而将“吏民”改作“吏人”。

④ 《晋书》卷四三《王戎传》，第1235页。据《晋书》卷五五《潘岳传》：潘岳之父潘芘为琅邪内史时，“孙秀为小史”（第1506页），殆即其为“郡吏”之事。又据《世说新语笺疏》下卷下《仇隙第三十六》注引王隐《晋书》云：“（潘）岳父文德为琅邪太守，孙秀为小吏给使”（第924页）。又，同书下卷上《贤媛第十九》注引《晋诸公赞》曰：“孙秀字俊忠，琅邪人。初，赵王伦封琅邪，（孙）秀给为近职小吏。”（第687页）

儒通经术，吏达文法，到皆试用。有司纠故不以实者。”[①] 明确规定“吏”符合条件者即应与“民”一样加以察举。王基，东莱曲城人，“年十七，郡召为吏，非其好也，遂去，入琅邪界游学。黄初中，察孝廉，除郎中。是时青土初定，刺史王凌特表请基为别驾，后召为秘书郎，凌复请还。顷之，司徒王朗辟基”[②]。由此可知，“吏”乃由“民”中产生，王基不愿为“吏”而外出游学，他是以“民”的身份而被“察举”，从而步入仕途。李含，陇西狄道人，侨居始平，“门寒微”“少有才干，两郡并举孝廉。”后被州刺史郭奕擢为别驾，“遂处群僚之右。寻举秀才，荐之公府，自太保掾转秦国郎中令。”[③] 此由“民”经过察举而为“州吏”，再经察举而为“官”。熊远，豫章南昌人，“有志尚，县召为功曹，不起，强与衣帻，扶之使谒。十余日荐于郡，由是辟为文学掾。远曰：‘辞大不辞小也。’固请留县。太守察远孝廉……后太守会稽夏静辟为功曹。及静去职，远送至会稽以归。州辟主簿、别驾，举秀才，除监军华轶司马、领武昌太守、宁远护军。”[④] 此亦由“民”而“县吏”，再由“县吏”察孝廉而为“郡吏”“州吏”，复被举秀才而为“官”。陈頵，陈国苦县人，“仕为郡督邮……太守刘享拔为主簿，州辟部从事……元康中，举孝廉”[⑤]。此由“郡吏”“州吏”经察举从而步入仕途。光逸，乐安人。家世“门寒”“初为博昌小吏”“后为门亭长”“后举孝廉，为州从事”。后官至给事中[⑥]。此由“县吏”被举孝廉而为“州吏”，从而步入仕途。易雄，长沙浏阳人。“少为县吏，自念卑贱，无由自达，乃脱帻挂县门而去。因习律令及施行故事，交结豪右，州里稍称之。仕郡，为主簿。”后“举孝廉，为州主簿，迁别驾。自以门寒，不宜久处上纲，谢职还家。后为春陵令。”[⑦] 此由“县吏”　“郡吏”被举孝廉，再经“州吏”而为“官”。何桢为弘农郡守，“有扬嚣生为县吏，桢一见便待以不臣之礼，遂

① 《三国志》卷二《魏书·文帝纪》，第79页。
② 《三国志》卷二七《魏书·王基传》，第750页。
③ 《晋书》卷六〇《李含传》，第1641页。
④ 《晋书》卷七一《熊远传》，第1884页。
⑤ 《晋书》卷七一《陈頵传》，第1892—1893页。
⑥ 《晋书》卷四九《光逸传》，第1384—1385页。
⑦ 《晋书》卷八九《忠义·易雄传》，第2314页。

贡之天朝。”[①] 此由“县吏”而被荐举为“官”。袁粲于大明三年（459）“坐纳山阴民丁象文货，举为会稽郡孝廉，免官。”[②] 丁象文为山阴县“民”，通过贿赂而得举孝廉。上述史例的共同特点是：他们或由“民”而为“吏”，再由“吏”而被察举，经察举而为“官”；或由“吏”而经察举，再步入仕途。他们都是州郡县的“吏民”，亦即编户齐民，他们都享有经察举而步入仕途的平等权利。

还有一类“吏民”的仕途是没有经过察举，直接由“吏”或“民”而被辟召为“官”或“吏”。吾粲，吴郡乌程人，“孙河为县长，粲为小吏，河深奇之。河后为将军，得自选长吏，表粲为曲阿丞。迁为长吏，治有名迹。虽起孤微，与同郡陆逊、卜静等，比肩齐声矣。孙权为车骑将军，召为主簿，出为山阴令，还为参军校尉。”[③] 此由“县吏”而被辟召为“官”。聂友，豫章人，“少为县吏。虞翻徙交州，县令使（聂）友送之，翻与语而奇焉，为书与豫章太守谢斐，令以为功曹。郡时见有功曹，斐见之，问曰：‘县吏聂友，可堪何职？’对曰：‘此人县间小吏耳，犹可堪曹佐。’斐曰：‘论者以为宜作功曹，君其避之。’乃用为功曹……后为将，讨儋耳，还拜丹杨太守”[④]。此由“县吏”——“郡吏”——而为“官”。顾邵为豫章太守，“小吏资质佳者，辄令就学，择其先进，擢置右职，举善以教，风化大行。初，钱唐丁谞出于役伍，阳羡张秉生于庶民，乌程吴粲、云阳殷礼起乎微贱，邵皆拔而友之，为立声誉……谞至典军中郎，秉云阳太守，礼零陵太守，粲太子少傅。”[⑤] 其中的丁谞由“役伍”——“吏”——为“官”；张秉由“民”——“吏”——为“官”；其中的吴粲即上文所述之吾粲；殷礼，据《顾邵传》注引《通语》曰：“少为郡吏，年十九，守吴县丞。孙权为王，召除郎中。”亦由“郡吏”而拔擢为“官”。魏明帝时高堂隆为陈留太守，

---

① 《初学记》卷二〇《政理部·荐举第四》引虞预《晋书》，第478页。

② 《宋书》卷八九《袁粲传》，第2230页。丁象文，《南史》卷二六《袁粲传》作“丁承文”。

③ 《三国志》卷五七《吴书·吾粲传》，第1339页。

④ 《三国志》卷六四《吴书·诸葛恪传》注引《吴录》，第1443页。

⑤ 《三国志》卷五二《吴书·顾雍附子邵传》，第1229页。

“犊民西牧，年七十余，有至行，举为计曹掾；帝加之，特除郎中以显焉。”[①] 此由“民”而“吏”而辟召为“官”。石苞，渤海南皮人，“县召为吏，给农司马。会谒者阳翟郭玄信奉使，求人为御，司马以苞及邓艾给之。行十余里，玄信谓二人曰：‘子后并当至卿相。’苞曰：‘御隶也，何卿相乎？’既而又被使到邺，事久不决，乃贩铁于邺市。市长沛国赵元儒名知人，见苞，异之，因与结交。叹苞远量，当至公辅，由是知名。见吏部郎许允，求为小县。允谓苞曰：‘卿是我辈人，当相引在朝廷，何欲小县乎？’……稍迁景帝（按，即司马师）中护军司马。”[②] 此由“吏”而“官”。从郭玄信对石苞、邓艾两位“县吏”说他们“后并当至卿相”，赵元儒谓他们“当至公辅”，许允谓他们“当相引在朝廷”，可见在当时人的意识中，“吏”是有可能为“官”乃至高官的。尤其是许允作为管理官吏的“吏部郎”有这样的观念，更说明这不仅是民间的普遍观念，而且是国家用人政策所认可的。赵至，代郡人，寓居洛阳，后乃占户辽西，“辽西举郡计吏”[③]，此由“民”而“官”。陈頵，陈国苦县人，为豫州部从事，元康（291—299）中，被举孝廉，而州将留之。于是陈頵“荐同县焦保曰：‘保出自寒素，禀质清冲，若得参嘉命，必能光赞大猷，允清朝望……’州乃辟保。”[④] 此由“民”而“官”。刘卞，东平须昌人，“本兵家子，质直少言。少为县小吏”，因得罪功曹，功曹将他贬为“亭子”。“有祖秀才者，于亭中与刺史笺，久不成，卞教之数言，卓荦有大致。秀才谓县令曰：‘卞，公府掾之精者，卿云何以为亭子？’令即召为门下史”[⑤]，后逐步升迁，官至并州刺史、左卫率等职。此由“兵家子”而“县吏”而辟召为“官”。李衡，“本襄阳卒家子也，汉末入吴为武昌庶民。闻羊衜有人物之鉴，往干之，衜曰‘多事之世，尚书剧曹郎才也。’……遂共荐为郎。（孙）权引见，衡口陈（吕）壹奸短数千言，权有愧色。数月，壹被诛，而衡大见显擢。后常为诸葛恪司马，干恪府事。恪被诛，求为丹杨太守……会（孙）休立……又加威远

---

① 《三国志》卷二五《魏书·高堂隆传》，第 708 页。

② 《晋书》卷三三《石苞传》，第 1000—1001 页。

③ 《晋书》卷九二《文苑·赵至传》，第 2379 页。

④ 《晋书》卷七一《陈頵传》，第 1893 页。

⑤ 《晋书》卷三六《张华传附刘卞传》，第 1077—1078 页。

将军，授以棨戟。”其妻曾谓之曰“君本庶民耳，先帝相拔过重……”①云云。李衡的经历更有其特殊性，他原本是身份低于普通“吏民”的“卒家子”；汉末时入吴国而成为武昌“庶民”亦即获得“吏民”的编户资格；后来得羊衜品鉴而被荐举为“郎”从而得到了官阙候补资格；后又以揭发吕壹奸谋而“大见显擢”并进入诸葛恪大将军府担任司马之职；在诸葛恪被杀以后，出任丹杨太守；及孙休即位后，又加将军号，并“授以棨戟”。李衡由“卒家子”（贱民）而“庶民”（吏民），再由“郎”而“军吏”（将军府司马），最后而为“官”（丹杨太守）。刘超，琅邪临沂人，“为县小吏，稍迁琅邪国记室掾。”官至左、右卫将军，历事东晋元、明、成三帝，“恒在机密”②。此由“县吏”而迁“官”。孙铄，河内怀人，“少乐为县吏，太守吴奋转以为主簿。铄自微贱登纲纪，时僚大姓犹不与铄同坐。奋大怒，遂荐铄为司隶都官从事。司隶校尉刘讷甚知赏之。时奋又荐铄于大司马石苞，苞辟为掾。”后迁尚书郎。③此由“县吏”——“郡吏”而为“官”。陶侃，本鄱阳人，吴平，徙家庐江之寻阳，“早孤贫，为县吏。鄱阳孝廉范逵尝过侃，时仓卒无以待宾，其母乃截发得双髲，以易酒肴，乐饮极欢，虽仆从亦过所望。及逵去，侃追送百余里。逵曰：‘卿欲仕郡乎？’侃曰：‘欲之，困于无津耳！’逵过庐江太守张夔，称美之。夔召为督邮，领枞阳令。有能名，

---

① 《三国志》卷四八《吴书·三嗣主传·孙休传》注引《襄阳记》，第1156页。

② 《晋书》卷七〇《刘超传》，第1875—1876页。

③ 《晋书》卷三三《石苞传附孙铄传》，第1009页。《传》文“少乐为县吏”，中华书局标点本《校勘记》谓：“‘乐’疑当作‘录’”。似不然。两汉魏晋南北朝拔擢官吏一般作“召”为某官某吏，少用“录”者，如：“召除为丞相史”（《史记》卷五四《萧相国世家》，第2029页），“召以为吏”（《后汉书》卷二九《鲍永传》，第1017页），“召为从事”（《三国志》卷一七《魏书·张辽传》，第517页），“郡召为吏”“后召为秘书郎”（《三国志》卷二七《魏书·王基传》，第750页），“召为主簿”（《三国志》卷四三《蜀书·黄权传》，第1043页），“县召为吏”（《晋书》卷三三《石苞传》，第1000页），“召为吏部尚书”（《宋书》卷五九《张畅附弟悦传》，第1607页）等，凡此皆“辟召”之“召”；或径言“为”某吏，如：“少为县吏”（《后汉书》卷二二《马成传》，第778页；《三国志》卷一二《魏书·毛玠传》，第374页；《晋书》卷八九《忠义·易雄传》，第2314页），“少为郡吏”（《三国志》卷一七《魏书·张辽传》，第517页；《三国志》卷四三《蜀书·黄权传》，第1043页；《晋书》卷五七《张光传》，第1563页）等，不胜枚举。窃意《孙铄传》当亦如后者用法，即孙铄“少为县吏”，“乐”为衍文，此句上下左右数“铄”字，疑传抄中误将左边“乐”字羼入。

迁主簿。"[1] 此由"县吏"——"郡吏"而为"官"。褚裒，"尝为县吏……家贫，辞吏。年垂五十，镇南将军羊祜与（褚）䂮有旧，言于武帝，始被升用，官至安东将军。"[2] 此由"县吏"而辟召为"官"。王敬则，临淮射阳人，侨居晋陵郡南沙县，"性倜傥不羁，好刀剑，尝与暨阳县吏斗，谓曰：'我若得暨阳县，当鞭汝小吏背。'吏唾其面曰：'汝得暨阳县，我亦得司徒公矣。'"[3] 南沙、暨阳均为晋陵郡属县，当时王敬则为南沙县吏，二人均属"小吏"之列。从王敬则自许将来可以当暨阳县令、那位暨阳县吏自夸可以当司徒公来看，在当时人的意识中小吏也是可以进入仕途乃至高官显贵的。后来王敬则果然补暨阳县令，表明这种意识并非异想天开，而是当时社会现实的反映。阳惠朗、暨慧景"二人家本小吏"，陈后主时，中书舍人沈客卿荐举"阳惠朗为太市令，暨慧景为尚书金、仓都令史。"由于二人征收关市之税"考校簿领，毫厘不差，纠谪严急"，沈客卿在他们的配合下，每年的关市税收入因此"过于常格数十倍，后主大悦。"于是阳惠朗、暨惠景并加奉朝请[4]。此由"小吏"而为"官"。北魏元继先后任青州、恒州刺史，"历内外显任"，性"贪婪，聚敛无已……至乃郡县微吏，亦不得平心选举。"[5] 可见在正常情况下郡县"微吏"是可以得到"选举"的。茹皓，"旧吴人也……南土饥乱，遂寓居淮阳上党。皓年十五六，为县金曹吏，有姿貌，谨惠。南徐州刺史沈陵见而善之，自随入洛阳，举充高祖白衣左右。"[6] 此由"县吏"而步入仕途。孟业，巨鹿安国人，"家本寒微，少为州吏""魏彭城王（元）韶拜定州，除典签。长史刘仁之谓业曰：'我处其外，君居其内，同心戮力，庶有济乎。'未几仁之徵入为中书令，临路启韶云：'殿下左右可信任者唯有孟业，愿专任之。余人不可信也。'……后高祖书与韶云：'典签姓孟者极能用心，何不置之目前。'韶，高祖之壻也。仁之后为兖州，

---

① 《晋书》卷六六《陶侃传》，第1768页。

② 《晋书》卷九三《外戚·褚裒传》，第2415页。

③ 《南史》卷四五《王敬则传》，第1127页。王敬则为"三公"之后曾欣然述及早年出身，曰："我南沙县吏"（第1130页）。他与暨阳县吏斗时当为南沙县吏。

④ 《南史》卷七七《恩倖·沈客卿传》，第1940—1941页。

⑤ 《魏书》卷一六《道武七王·京兆王（元）黎附元继传》，第403页。

⑥ 《魏书》卷九三《恩倖·茹皓传》，第2000页。

临别谓吏部崔暹曰：‘贵州人士，唯有孟业，宜铨举之，他人不可信也。’”① 此以“州吏”而被除官。

（三）文化上的平等权利

两汉魏晋南北朝时期“吏民”均享有入学受教育的平等权利，这既是文化上的权利，也是政治上平等权利的一种体现，因为入学受教育就意味着有被选拔为官吏的可能。

西汉景帝末年，文翁为蜀郡守，“修起学官于成都市中，招下县子弟以为学官弟子，为除更繇，高者以补郡县吏，次为孝弟力田。常选学官僮子，使在便坐受事。每出行县，益从学官诸生明经饬行者与俱，使传教令，出入闺阁。县邑吏民见而荣之，数年，争欲为学官弟子，富人至出钱以求之。繇是大化，蜀地学于京师者比齐鲁焉。”文翁从“民”中选拔子弟入学，其中优秀者被拔擢为“吏”，于是“吏民”皆争先恐后入学。“至武帝时，乃令天下郡国皆立学校官”，将蜀郡的做法推广于全国，史称这一教育制度“自文翁为之始云”②。元始三年（3）王莽在上奏有关“吏民”的“养生、送终、嫁娶、奴婢、田宅、器械之品”的同时，又对于地方的学校制度作了一些修改调整，规定“郡国曰学，县、道、邑、侯国曰校。校、学置经师一人。乡曰庠，聚曰序。序、庠置《孝经》师一人。”③“吏民”均有进入这种学校接受教育的权利。元帝时梁人焦赣，“贫贱，以好学得幸梁王。梁王共其资用，令极意学。既成，为郡史，察举补小黄令。”④ 此平民由“学”而“吏”而“官”。西汉人翟方进，“初为府小吏，相于同郡蔡文父。父曰：‘小吏有封侯骨，当以经术进。’乃辞后母，至京师学。后母怜其幼，随至长安，织屦以给之。对策甲科，迁议郎，诸儒称之。”⑤ 此由“吏”而“学”而“官”。东汉人冯良，“少作县吏，年三十为尉佐史。迎督邮，自耻无志，乃毁车杀牛，裂败衣帻，去，从师受《诗》《传》《礼》《易》，复学道术占候，游十五年乃还。州

① 《北齐书》卷四六《循吏·孟业传》，第641页。
② 《汉书》卷八九《循吏传·文翁传》，第3626页。
③ 《汉书》卷一二《平帝纪》，第355页。
④ 《汉书》卷七五《京房传》，第3160页。
⑤ 《两汉纪》上册《汉纪》卷二六《孝成皇帝纪三》，第459页。

郡礼辟不就，诏特举贤良高弟。”① 此由“吏”而“学”而被“特举”。由此可见，作为“吏”，他们有辞“吏”入学读书的自主权。即使东汉末年这样的战乱中，有的地方官吏还为“吏民”兴学，孔融为北海相，“稍复鸠集吏民为黄巾所误者男女四万余人，更置城邑，立学校，表显儒术，荐举贤良郑玄、彭璆、邴原等。”②

魏晋南北朝时期亦然。曹魏时，颜斐为京兆太守，“起文学，听吏民欲读书者，复其小徭……又课民当输租时，车牛各因便致薪两束，为冬寒冰炙笔砚。于是风化大行，吏不烦民，民不求吏。”③ “吏民”均可以自愿入学，入学者给予免除“小徭”的优待，甚至冬天烤笔砚所用的柴禾也作了周到的安排。如前引《三国志·顾邵传》，孙吴人顾邵为豫章太守时，“小吏资质佳者，辄令就学，择其先进，擢置右职，举善以教，风化大行。”④ 可知“小吏”亦有入学受教育的权利。孙休于永安元年（258）下诏曰：“古者建国，教学为先，所以道世治性，为时养器也。自建兴以来，时事多故，吏民颇以目前趋务，去本就末，不循古道。夫所尚不惇，则伤化败俗。其案古置学官，立五经博士，核取应选，加其宠禄；科见吏之中及将吏子弟有志好者，各令就业。一岁课试，差其品第，加以位赏。使见之者乐其荣，闻之者羡其誉。以敦王化，以隆风俗。”⑤ 指出自建兴（252—253）以来的五六年间学校教育有所废弛，是为吏民“去本就末”表现之一，统治者把“吏民”入学接受教育视为“务本”的一种体现。为此，孙休下令必须遵循“古道”，即恢复汉代以来的学校教育传统，特别要求从正在任职的“吏”和“将吏”的子弟中选拔优秀分子入学，可见同汉代一样“吏”是与“民”同样享有入学受教育的权利的。西晋人刘卞，“本兵家子，质直少言。少为县小吏”。有一次县令“问（刘）卞：‘能学不?’答

① 《太平御览》卷六六六《道部八·道士》引《抱朴子》，第2972页。按，“复学道术占候，游十五年乃还”之句，原文作“复学道术占游候十五年乃还”，其中“游候”二字，当系刊刻时倒置而讹误，“占候”为“道术”之一种，作“占游”或“占游候”意皆不可解，而从冯良事迹来看，他从“县吏”职位离开后即处于“游学”的状态，因此作“游十五年乃还”，其意通达晓畅。

② 《后汉书》卷七〇《孔融传》，第2263页。

③ 《三国志》卷一六《魏书·仓慈传》注引《魏略》，第513页。

④ 《三国志》卷五二《吴书·顾雍附子邵传》，第1229页。

⑤ 《三国志》卷四八《吴书·三嗣主传·孙休传》，第1158页。

曰：‘愿之。’即使就学……卞后从令至洛，得入太学，试经为台四品吏。”[①]“兵家子”可以为“吏”，“吏”可以为学。赵至亦兵家子，自感身世“微贱”，遂“诣师受业”“年十四，诣洛阳，游太学”，后又“远学”[②]。兵家子不为“吏”亦可学，遑论地位在其上之“吏民”。十六国时期后秦主姚兴重视发展学校教育，而且“立律学于长安，召郡县散吏以授之。其通明者还之郡县，论决刑狱。”[③] 这是以“散吏”为对象进行法律专业培训，从中选拔执法人员。北魏赵郡人李曾，“少治《郑氏礼》《左氏春秋》，以教授为业。郡三辟功曹不就，门人劝之，曾曰：‘功曹之职，虽曰乡选高第，犹是郡吏耳。北面事人，亦何容易。’州辟主簿。到官月余，乃叹曰：‘梁叔敬有云：州郡之职，徒劳人耳。道之不行，身之忧也。’遂还家讲授。”[④] 自己有权选择作州郡吏或从事教学。北魏道武帝时，张恂为常山太守，“开建学校，优显儒士。吏民歌咏之。”[⑤] 太守兴学受到“吏民”的称赞，表明“吏民”均有从中受惠的机会。

三 结语

由上所述，可见“吏民”是在经济上、政治上、文化上均享有同等权利和义务的国家编户齐民。学术界对于“吏民”的看法存在两种极端，一种意见是认为“吏民”中存在“吏户”，他们是魏晋南北朝时期身份地位低于普通编户齐民的依附民。从上面的论述我们可以知道，在魏晋南北朝时期“吏民”中并不存在“吏户”这样一种依附民，“吏民”不仅在汉代同为国家编户齐民，在魏晋南北朝时期仍然同为国家编户齐民，尽管在这个时期部分“吏”的身份有所下降，但是他们作为编户齐民的组成部分的基本性质并没有改变。另一种意见则认为：“吏民”是庶民中有爵位者，或指一般官吏和百姓中的富有者，也就是说“吏民”是在编户齐民之上的一个群体。事实上，两汉魏晋南北朝统治者实行的普赐民爵，是基本上覆盖全体“吏民”的，并非只赐予其中的富有者或少数人。

---

① 《晋书》卷三六《张华传附刘卞传》，第 1077—1078 页。

② 《晋书》卷九二《文苑 · 赵至传》，第 2377 页。

③ 《晋书》卷一一七《姚兴载记上》，第 2980 页。

④ 《魏书》卷五三《李孝伯传》，第 1167 页。

⑤ 《魏书》卷八八《良吏 · 张恂传》，第 1900 页。

“吏民”中也确实有少数富有者。汉哀帝时师丹指出：“今累世承平，豪富吏民訾数钜万，而贫弱俞困。”① 可见“吏民”中有豪富者，亦有贫弱者。元帝时贡禹揭露当时的侈靡之风，其中之一是：“豪富吏民畜歌者至数十人，是以内多怨女，外多旷夫。”② 由于“吏民”中存在富有者，因而统治者有时向他们征敛财物以满足某些需要，如：元狩三年（前120）“遣谒者劝有水灾郡种宿麦。举吏民能假贷贫民者以名闻。”③ 能够向贫民假贷者当然是富有者。元始二年（2），“郡国大旱，蝗，青州尤甚，民流亡。安汉公、四辅、三公、卿大夫、吏民为百姓困乏献其田宅者二百三十人，以口赋贫民。”④ “吏民”中有条件献田宅者亦必为富有者。这些资料表明“吏民”中存在着豪富者与贫民两个等级。汉简资料也印证了文献所载这一事实，据《居延新简》：“貇田以铁器为本，北边郡毋铁官，卬器内郡，令郡以时博卖予细民，毋令豪富吏民得多取贩卖细民。”⑤ 也表明“吏民”中有“豪富”者与“细民”。此外，成帝鸿嘉三年（前18）“令吏民得买爵，贾级千钱。”⑥ 买爵之“吏民”中亦当有富有者。王莽为了修建宗庙，“吏民以义入钱、谷助作者，骆驿道路。”⑦ 虽然其中不少是迫于无奈者，但亦可能有相当数量富有者。东汉桓帝时梁冀专权，“吏人赍货求官请罪者，道路相望。”⑧ 有条件买官者当亦为吏民之富有者。“吏民”之中虽然有富有者，但是并不妨碍他们为编户齐民。作为编户齐民的“吏民”存在贫富区别是普遍的、正常的现象，古人对此早有认识，司马迁说：“凡编户之民，富相什则卑下之，伯则畏惮之，千则役，万则仆，物之理也。”⑨ 班固说：“陵夷至乎桓、文之后……富者木土被文锦，犬马余肉粟，而贫者裋褐不完，唅菽饮水。其为编户齐民，同列而以财

---

① 《汉书》卷二四上《食货志上》，第1142页。

② 《汉书》卷七二《贡禹传》，第3071页。

③ 《汉书》卷六《武帝纪》，第177页。

④ 《汉书》卷一二《平帝纪》，第353页。

⑤ 《中国简牍集成（标注本）》第10册《居延新简·二》，简EPT52·15，第166页。

⑥ 《汉书》卷一〇《成帝纪》，第318页。

⑦ 《汉书》卷九九下《王莽传下》，第4161—4162页。

⑧ 《后汉书》卷三四《梁冀传》，第1181页。“吏人”，《通鉴》卷五四记作“吏民”。唐章怀太子李贤等注《后汉书》，以避唐太宗李世民讳，改“吏民”为“吏人”。

⑨ 《史记》卷一二九《货殖列传》，第3274页。

力相君，虽为仆虏，犹亡愠色。”[①] 认为从春秋之后编户齐民中的贫富分化即日益剧烈。汉代尤甚，仲长统说：“汉兴以来，相与同为编户齐民，而以财力相君长者，世无数焉。”[②] 《淮南子》论述汉代贫富现象时说：“且富人则车舆衣纂锦，马饰傅旄象，帷幕茵席，绮绣绦组，青黄相错，不可为象；贫人则夏被褐带索，含菽饮水以充肠，以支暑热，冬则羊裘解札，短褐不掩形，而炀灶口；故其为编户齐民无以异，然贫富之相去也，犹人君与仆虏，不足以论之。”[③] 他们都指出同为编户齐民，但其为贫富则悬邈。“吏民”作为国家编户齐民在法理上其经济、政治、文化地位是平等的，所谓“齐等无有贵贱”，但是实际上他们之间经济上的贫富悬殊、政治上的地位高低以及由此决定的文化上的差异都是普遍的现象，但这并不妨碍他们之为编户齐民。由此可知，编户齐民并非以贫富和阶级为区分的，凡是编入国家基层乡里户籍，按照规定有权占有一定数量田宅，承担相应的赋税徭役的人民，并由此享有平等的政治、经济、文化权利的，都是国家的编户齐民。我国古代的“吏民”就是这样的国家编户齐民，并非在编户齐民之外的一个特定群体。

（原刊《中华文史论丛》2007年第2辑，总第86辑。后收入《先秦汉唐史论》下编“吏民”卷，北京师范大学出版社2016年版。从黎虎先生遗留的文稿中，可以看到黎虎先生对此文又作了一些修订。今据黎虎先生最新刊后修订稿，并参考上述两稿整理。李文才敬识）

---

① 《汉书》卷九一《货殖传》，第3682页。

② 《后汉书》卷四九《仲长统传》，第1648页。

③ 刘文典撰，冯逸、乔华点校：《淮南鸿烈集解》卷一一《齐俗训》，中华书局1989年版，第375—376页。

论“吏民”的一体性

——原“吏民”之四

“吏民”是在中国古代历史上使用时间长、频率高、范围广的一个词，从文献到碑刻、简牍，从先秦至明清均不同程度存在并使用着，然而学术界对于“吏民”问题并未引起足够的重视，研究成果寥寥就是其表现之一。即使偶有涉及者，亦说法各异，莫衷一是。尽管20世纪九十年代出土的长沙走马楼吴简中含有大量关于“吏民”的第一手资料，这种状况仍然没有改变，在论述吴简问题时偶有涉及者，亦基本上沿袭吴简发现之前的说法，或谓“吏民”为庶民之有爵者，富有者①；或谓“吏民”是“吏籍”与“民籍”、“吏户”与“民户”合称之意②，等。

我在《“吏户”献疑——从长沙走马楼吴简谈起》③　《原“吏民”——从长沙走马楼吴简谈起》④《论“吏民”的社会属性——原“吏民”之二》⑤《论“吏民”即编户齐民——原“吏民”之三》⑥ 等文中认为：秦汉魏晋南北朝时期“吏民”的基本涵义是下层小吏（下吏）与普

---

① 贺昌群：《汉唐间封建土地所有制形式研究》，上海人民出版社1964年版，第121页；刘敏：《秦汉时期的社会等级结构》，载冯尔康主编《中国社会结构的演变》，河南人民出版社1994年版，第332—335页，等等。

② 高敏：《〈吏民田家莂〉中所见“余力田”、“常限”田等名称的涵义试析》，《郑州大学学报》（社会科学版）2000年第5期；蒋福亚：《〈嘉禾吏民田家莂〉中的诸吏》，《文史哲》2002年第1期；王素、宋少华、罗新：《长沙走马楼简牍整理的新收获》，《文物》1999年第5期，等等。

③ 刊于《历史研究》2005年第3期。

④ 河南大学历史文化学院编：《史学新论：祝贺朱绍侯先生八十华诞》，河南大学出版社2005年版。

⑤ 刊于《文史哲》2007年第2期。

⑥ 刊于《中华文史论丛》2007年第2辑（总第86辑）。

通农民的合称①。“吏民”中的“吏”并非独立于民户之外的“吏户”，他们来自于“民”，复归于“民”，循环往复，生生不息，他们是“民”的组成部分，也可以说是广义的“民”，他们与“民”共同构成中国古代社会的基层民众——编户齐民。“吏民”中的“吏”的范畴在不同时代有所变化，从战国秦汉以降呈逐步下移的趋势，到了两汉魏晋南北朝时期，其主体或基本形态大体为地方基层政权之下吏，具体来说主要是地方各级长吏在当地所辟用的属吏。“吏民”是一个不可分割的整体，从社会结构来说，他们是社会金字塔的底层；从国家政治统治来说，他们是各级地方政权管治的基本民众；从户籍制度来说，他们是国家的编户齐民。“吏民”问题之重要性，一定意义上可以说，是认识和研究中国古代社会基础的关键。

由“下吏”与普通农民为主构成的“吏民”是一个不可分割的整体。“吏民”一体的社会基层结构在中国古代长期存在不替，从经济方面而言，是由于中国古代的农业经济形态不仅要求普通农民，而且也要求管理和服务于他们的地方政府属吏和乡里吏员也实行“务本去末”和“地著”，亦“吏”亦农；从政治方面而言，是中国古代政治制度适应这种经济形态的特色之一，君主赖以统治广土众民的“吏”被分为施政性的“官”与事务性、劳役性的“吏”两个部分和层次，前者脱离本乡本土，在全国范围内流动，后者固着于本乡本土，他们来自于民，复归于民，循环往复，生生不息；从社会方面而言，中国古代社会的特点是长期保持地缘关系与血缘宗族关系的结合及相互为用，而地缘性的编户制度是“吏民”一体的政治保障，血缘性的宗族关系则是“吏民”一体的社会温床。这些经济的、政治的、社会的特点没有改变，则这种“吏民”一体性结构也不可能根本改变。

“吏民”一方面在其内部构成一个矛盾统一体，另一方面在外部又与国家、皇权构成一个矛盾统一体。《太公阴符》的一段话，大体反映了

---

① 从长沙市文物考古研究所、中国文物研究所、北京大学历史学系走马楼简牍整理组编著：《长沙走马楼三国吴简·嘉禾吏民田家莂》（以下简称《嘉禾吏民田家莂》文物出版社 1999 年版）可知，当时所谓“吏民”，除了普通农民和州、郡、县吏两者为主之外，尚有州、郡、县卒，军吏，复民，士等。

“吏”“民”两者之间及其与国家、皇权之间的关系：“武王问太公：‘愿闻治乱之要。’太公曰：‘其本在吏。’武王曰：‘吏者治也，所以为治，其乱者何?’太公曰：‘故吏重罪有十。’武王问‘吏之重罪。’太公曰；‘一、吏苛刻；二、吏不平；三、吏贪污；四、吏以威力迫胁于民；五、吏与史合奸；六、吏与人亡情；七、吏作盗贼，使人为耳目；八、吏贱买卖贵于民；九、吏增易于民；十、吏振惧于民。夫治者有三罪，则国乱而民愁；尽有之，则民流亡而君失其国。’武王曰：‘民亦有罪乎?’太公曰：‘民有十大于此，除者则国治而民安。’武王曰：‘十大何如?’太公曰：‘民胜吏，厚大臣，一大也。民宗强，侵陵群下，二大也。民甚富，倾国家，三大也。民尊亲其君，天下归慕，四大也。众暴寡，五大也。民有百里之誉，千里之交，六大也。民以吏威为权，七大也。恩行于吏，八大也。民服信，以少为多，夺人田宅，赘人妻子，九大也。民之基业畜产为人所苦，十大也。所谓一家害一里，一里害诸侯，诸侯害天下。’武王曰：‘绝吏之罪，塞民之大，奈何?’太公曰：‘察民之暴吏，明其赏，审其诛，则吏不敢犯罪，民不敢大也。’武王曰：‘是民吏相伺，上下不和而结其雠。’太公曰：‘为君守成，为吏守职，为民守事。如此，各居其道则国治，国治则都治，都治则里治，里治则家治，家治则善恶分明，善恶分明则国无事，国无事则吏民外不怀怨，内不徼事。’”① 这里论述了“君”“吏”“民”三者的关系。这里的“吏”与我们所认为“吏民”中的“吏”并不完全一致，包含着“官”与“吏”或“长吏”与“下吏”在内。但我们通常所谓的“吏民”中的“吏”（下吏）也包含在其中则是无疑的。“君”依靠并通过“吏”以管治“民”，故曰“其本在吏”。“吏”作为国家统治民众的执行者，其与“民”的矛盾对立是必然的，这种矛盾对立保持在一定限度之内则为“治”，超过了一定限度则导致“乱”。所谓“吏”之“十罪”，一言以蔽之就是对“民”的非法行为，即超出了保持“吏民”对立统一的限度；所谓“民”之“十大”，主要是指“民”中的豪强、宗族势力的膨胀，及其与“吏”的相互矛盾与勾结导致的对于国家、皇权的危害，同样也是超越了那一定的限度。

---

① （晋）司马彪撰，（梁）刘昭注补：《续汉书·百官志五》注引《太公阴符》，点校本《后汉书志》第二十八，中华书局1965年版，第3625—3626页。

这里强调了“吏”与“民”关系的和谐统一的重要性。同理，“吏民”与“君”的矛盾对立保持在一定限度之内则谓之“治世”，超过了一定限度则导致“乱世”乃至亡国。皇权政治的理想境界就是实现“君”“吏”“民”三者的和谐统一，而“吏”“民”之间的和谐统一则是皇权统治得以稳定的基础。汉武帝元狩五年（前118）“更五铢钱，民多盗铸钱，楚地尤甚。”汉武帝以为淮阳郡乃楚地之冲要，“乃召拜（汲）黯为淮阳太守。黯伏谢不受印，诏数强予，然后奉诏。”武帝召见汲黯，曰：“君薄淮阳邪？吾今召君矣。顾淮阳吏民不相得，吾徒得君之重，卧而治之。”①颜师古释此数语曰：“顾，思念也。言吏民不相安而失其所也。重，威重也。”②“吏民”不相得、不相安则可能打破其和谐和统一，危及国家统治，故武帝用此重臣以治理之。秦末所以爆发农民起义并推翻了秦皇朝，《淮南子》认为就是因为“上下不相宁，吏民不相憀”所致。许慎注曰：“憀，赖。”③意即“吏民”之间的相互依赖、依存关系遭到了破坏，同时“吏民”与皇权、国家之间的相互依存的统一体也被破坏。《淮南子》这两句话不仅揭示了秦末农民起义和秦皇朝灭亡的根本原因，而且相当深刻地揭示了中国中古时代以“吏民”为核心和主体的社会统一体结构中的相互关系问题，一方面是上下相安与否，另一方面则是“吏”“民”是否相赖，这两个方面如果相安、相赖，则这个统一体是稳定的，反之则是不稳定的乃至会遭到破坏。国家政策之过与不及，均有可能破坏这种和谐统一。汉自王莽篡位之后，旧章不存，两汉之际，“法网弛纵，罪名既轻，无以惩肃。”梁统上疏指出：“自是以后，人轻犯法，吏易杀人，

---

① （汉）司马迁撰，（南朝宋）裴骃集解，（唐）司马贞索隐，（唐）张守节正义：《史记》卷一二〇《汲黯列传》，中华书局1959年版，第3110页。

② （宋）司马光编著，（元）胡三省音注：《资治通鉴》卷二〇，汉武帝元狩五年（前118）三月，胡注引“师古曰”，第649页。

③ 刘文典撰，冯逸、乔华点校：《淮南鸿烈集解》卷一五《兵略训》，中华书局1989年版，第499页。据本书点校说明：“《隋书·经籍志》著录《淮南子》二十一卷，有高诱注和许慎注两种。流传至今的只有题名高诱注并有高诱《叙》的一种，据前人考证，其中《原道》《俶真》《天文》《坠形》《时则》《览冥》《精神》《本经》《主术》《氾论》《说山》《说林》《修务》等十三篇为高注，《缪称》《齐俗》《道应》《诠言》《兵略》《人间》《泰族》《要略》等八卷为许注。”（第2页）今从其说，以《兵略训》为许慎注。

吏民俱失，至于不羁。”[①] 认为这种情况下“吏民”统一体内部关系失控，其中一个重要原因和表现就是刑法废弛导致“吏民俱失”，进而导致“君”权丧失，国家统治崩溃。反之，到了东汉明帝时则“刑法严峻，人怀忧惧”，钟离意趁日食上书谏曰：“天气未和，日月不明，水泉涌溢，漂杀人民。咎在群臣不能宣化理职，人怀恐急。故百官不亲，吏民不和，至于骨肉相残，以逆和气，虽加杀罚，犹不能止。故百姓可以德胜，不可以刑服。愿陛下缓刑罚，顺时气，以调阴阳，垂之无极。”[②] 刑法过于严峻，也破坏了“吏民”的和谐及统一体内部平衡，激化其与皇权、国家的矛盾，从而可能导致统一体的不稳定。前者不及而后者过之，均导致“吏民”之间及其与皇权、国家之间和谐、平衡统一体的动荡或破坏。故君主为治之道在于调控并实现这种和谐统一。

中国古代社会的基层结构就是这种“吏民”一体的相互依存，从战国以来，历两汉魏晋南北朝而牢固地、长期地存在着，成为中国古代皇权统治的社会基础。那么，“吏民”一体的社会基层结构何以在中国古代长期存在不替呢？这是由于中国古代的经济形态、政治制度、社会形态等特点所决定的，这种特点没有改变，则这种“吏民”一体的社会结构也不可能根本改变。

农业是中国古代社会赖以生存发展的经济基础，中国号称“以农立国”。这种经济形态有别于工商经济、游牧经济等形态的特点之一，是它要求生产者与土地牢固的、稳定的结合。因为在古代生产力水平和农业生产本身的特点以及天时、季节的制约下，这种经济形态需要众多的劳动力和大量的时间投入。贾谊说：“古之人曰：‘一夫不耕，或受之饥；一女不织，或受之寒。’……粟米布帛生于地，长于时，聚于力，非可一日成也。”[③] 这种经济形态下的生产者“春耕夏耘，秋获冬臧，伐薪樵，治官府，给繇役；春不得避风尘，夏不得避暑热，秋不得避阴雨，冬不得避

① （唐）房玄龄等撰：《晋书》卷三〇《刑法志》，中华书局1974年版，第917—918页。

② （东晋）袁宏撰，张烈点校：《两汉纪》下册《后汉纪》卷九《孝明皇帝纪上》，中华书局2017年版，第172页。《资治通鉴》卷四四，汉明帝永平三年（60）六月，引作：“百官无相亲之心，吏民无雍雍之志。”胡三省注引《尔雅》曰：“雍雍，和也。”（第1440页）

③ （汉）班固撰，（唐）颜师古注：《汉书》卷二四上《食货志上》，中华书局1962年版，第1128、1131—1132页。

寒冻，四时之间亡日休息。”① 然而“农夫终岁之作，不足以自食也。”②东汉人王符也说：“一夫不耕，天下受其饥；一妇不织，天下受其寒。”李贤注引《文子》曰：“神农之法曰‘丈夫丁壮不耕，天下有受其饥者；妇人当年不织，天下有受其寒者。故其耕不强者，无以养生；其织不力者，无以衣形。’”③ 由此可见，农业经济形态的这些特点自古以来皆然。在这种经济形态下，只有全体民众的绝大多数全年的投入方能保证获得最大限度的经济回报。这种经济形态决定了在中国古代一直实行所谓“上农除末”“务本去末”的方针政策，即“凡为天下，治国家，必务本而后末。”④ 这种方针政策要求而且促进了生产者的“地著”，因为“民农则其产复，其产复则重徙，重徙则死其处而无二虑……民舍本而事末则其产约，其产约则轻迁徙，轻迁徙则国家有患皆有远志，无有居心。”⑤农业经济决定了“地著”政策的可行性。故“理民之道，地著为本。”⑥“驱民而归之农，皆著于本，则天下各食于力。末技、游食之民转而缘南亩，则民安性劝业而无县愆之心”⑦。这种以农为本、地著为本的经济形态及与此相适应的方针政策，造就了以“吏民”为一体的编制基本生产者的编户制度。在这种经济形态下，不仅普通农民被编制于乡里基层实行“地著”，管理和服务于广大编户齐民的地方政府属吏和乡里吏员也实行“地著”，他们不脱离农村和农业，亦“吏”亦农；他们来自于本土，服务于本土，来自于编户齐民又服务于编户齐民。故中国中古时代的“地著”不仅是指普通农民不得随意迁徙，还包括地方政府属吏和乡里吏员的“地著”性。这种编户制度将基本生产者——“吏民”固定、限制于狭小的空间范围内，世代相承以繁殖作物、繁殖人口，周而复始，生生不息。这就是中

---

① 《汉书》卷二四上《食货志上》，第1132页。

② 黎翔凤撰，梁运华整理：《管子校注》卷一五《治国第四十八》，中华书局2004年版，第924—925页。

③ （南朝宋）范晔撰，（唐）李贤等注：《后汉书》卷四九《王符传》，中华书局1965年版，第1633页。

④ 许维遹撰，梁运华整理：《吕氏春秋集释》卷一四《孝行览》，中华书局2017年版，第306页。

⑤ 《吕氏春秋集释》卷二六《上农》，第683页。

⑥ 《汉书》卷二四上《食货志上》，第1119页。

⑦ （汉）贾谊撰，阎振益、钟夏校注：《新书校注》卷三《瑰玮》，中华书局2000年版，第103页。

古时代东方专制皇权赖以生存发展、国祚绵延的社会经济基础。

这种经济形态决定了古代中国政治制度的特色之一是，君主赖以统治广土众民的“吏”被分别为施政性的“吏”（或谓之“官”，或谓之“长吏”）与事务性、劳役性的“吏”（或谓之“属吏”，或谓之“下吏”“小吏”）两个部分和层次。前者脱离本乡本土，在全国范围内流动；后者固着于本乡本土。从人口数量来说后者多于前者。前者的这种特点，是为了便于君主对他们的直接控制，使他们直接对君主负责，而防止他们与地方和宗族势力勾结而威胁君权统治；后者的这种特点，则使流动性的长吏赖以方便地在不同地区实施有效的管治，又使大量政府属吏和乡里吏员“地著”，避免过多地减少农业人口。汉代地方政权“长官监察官必避本籍，属吏必用本籍”①，就是这一政治制度特点的突出体现。于是与这种社会经济基础相适应的政治制度从而也具有了某些相应的特点：尽管皇权可以转移，上层官员可以流动，但是管理和服务于编户齐民的各级地方政府属吏和乡里吏员则是固定不移的。魏晋南北朝时期基本上继承汉代地方官吏籍贯限制之制度，其中有保存亦有废弃者，“汉制属吏必用本籍人，此乃地方豪族之特权，故不致放弃，是以此制亦终南朝不改。”而“废弃者，长官不能用本籍人”②。则不仅地方政府属吏仍然为本地人，地方政府长官也日渐突破禁止由本地人担任的限制了，地方政府以本地人为吏的做法较汉代有过之而无不及。顾炎武说：汉代用人之法“惟守相命于朝廷，而自曹掾以下，无非本郡之人，故能知一方之人情，而为之兴利除害。”③ 这只是问题的表面，实则这种良法美意乃由当时以农为本、地著为本的经济形态和“吏民”一体性的稳定的社会基层结构所决定和要求的。在这种政治体制下，作为地方基层民众的“吏民”中的“吏”这个有可能脱离农村和农业生产的群体就被固定于农村和农业生产之中，而不致成为脱离农村和农业生产的流动人口，不致成为“去

---

① 严耕望：《中国地方行政制度史甲部——秦汉地方行政制度》，台北“中研院”《历史语言研究所专刊》之45A，1997年影印四版，第358页。

② 严耕望：《魏晋南北朝地方行政制度史》，台北“中研院”《历史语言研究所专刊》之45，1963年7月，第384页。

③ （清）顾炎武著，黄汝成集释，栾保群、吕劲校点：《日知录集释》卷八《掾属》，上海古籍出版社2014年版，第188页。

本从末”的“游食”者，从而最大限度地实现全社会“务本去末”的“地著”目的。这种政治制度是与当时生产力发展水平和条件下的农业经济形态最为适应的体制，它投入最少而回报最大，保证了皇权统治的有效性和长期性。虽然这些吏员本人在供职期间会程度不等地脱离农业生产，但是他们的家庭仍然在农村，家庭成员仍然从事农业生产。魏文帝时，王观为涿郡太守，此地“北接鲜卑，数有寇盗”，于是王观“令边民十家已上，屯居，筑京候。”但是对于王观推行的这项措施“时或有不愿者，（王）观乃假遣朝吏，使归助子弟，不与期会，但敕事讫各还。于是吏民相率不督自劝，旬日之中，一时俱成。守御有备，寇钞以息。”[①] 王观通过使属吏回家带头推行他的命令，从而带动其他百姓仿效，得以很快实现了预定的目标。这个事例表明，这种“吏民”一体的强固结合，一方面有利于国家统治政策的推动和贯彻执行；另一方面表明，尽管这些属吏在官府供职，但他们的家属都是居住在原籍的。这些家属需要与其他百姓一样完成郡府的徭役及屯居的命令，那么他们与其他民众一样从事农业生产和承担赋役也是不言而喻的，因此可以说他们是基本上不脱离农村和农业生产的“地著”者。

从长沙走马楼吴简我们还可以知道，这些州、郡、县属吏所耕种的人均土地还超过了普通农民[②]，这样就最大限度地减少了“食禄”即“吃皇粮”的人口和城市人口，亦即所谓“浮食”之人，总体而言也就减少了“去本从末”之人，从而使政府吏员及吏员冗滥与社会经济的矛盾降到最低的程度，最大限度地保障了“从本去末”的社会总人口数。《嘉禾吏民田家莂》一书所载孙吴时期长沙地区户主身份及占田数量清楚的“吏民”总户数为1698户，如以每户5人计，总人口为8490人，而该地区户主身份及占田数量清楚的州、郡、县“吏”共有161户，如以每户5人计，共有805人，“吏”及其家属占总人口的9.5%。该地区户主身份及占田数量清楚的“吏民”总田亩数为54425.41亩，其中“吏”占田8271.35亩，则“吏”所占田亩数为当地编户总田亩数的15%。这就意

---

① （晋）陈寿撰，（南朝·宋）裴松之注，陈乃乾校点：《三国志》卷二四《魏书·王观传》，中华书局1959年版，第693页。

② 参见拙文《“吏户”献疑——从长沙走马楼吴简谈起》，《历史研究》2005年第3期。

味着，实行这种地方政府属吏“地著”政策将使9.5%左右的人口不脱离农村和农业生产，不致成为“去本从末”之人，而成为国家编户齐民和纳税人；15%左右的土地得以耕种而不致荒废。这在“一夫不耕，或受之饥”的古代具有重要的意义。由长沙地区推及孙吴全国，孙吴亡时全国人口二百三十万，如以9.5%计算，则全国“地著”之“吏”及其家属为218500人。二十一万以上①有可能脱离农村和农业生产的人口被有效地控制在农村和农业生产领域，其社会经济的乃至政治的意义是不言而喻的。由此可见，“吏民”一体的社会基层结构不仅是中国古代社会经济形态所要求，也是与其相适应的政治制度所决定和要求的。

“吏民”一体的社会基层结构得以牢固、持久地存在，与中国中古时代社会长期保持的地缘关系与血缘宗族关系相结合的社会特点也有密切关系。地缘性的编户制度是“吏民”一体的政治保障，血缘性的宗族关系是“吏民”一体的社会温床。中国古代编户制度虽然是血缘性的地方基层编制被地缘性的官僚政治和地方基层人口编制制度所取代的产物，但是血缘宗族关系并没有完全也不可能完全退出社会生活领域，它仍然在社会生活中起着重要作用，地缘性的乡里关系与血缘性的宗族关系的结合，成为中国古代社会基层结构的特点之一。地缘性的乡党关系与血缘性的宗族关系的结合和相互为用，既是“吏民”一体的社会基层结构的一个显著特点，也是“吏民”一体的社会结构得以长期保存的原因之一，是在血缘性的地方基层编制被地缘性的编户制度取代之后所必需的，是统治者利用血缘性以弥补地缘性之不足与缺陷，使二者相互为用的政治措施。东汉末年人仇香，“年四十，召为县吏，以科选为蒲亭长。劝耕桑，合嫁娶。农事毕，令子弟群居。同学丧不办者，躬自助之；其孤寡贫穷，令宗人相赡之；其剽轻无业者，宗人亦处业之；不从科者罚之。以谷代公赋，多少有次，行之期月，里无盗窃。”② 这位地方长官正是利

① 如果将军吏和卒加上，则该地区户主身份及占田数量清楚的吏、军吏、卒三者共有210户，如以每户5人计，共有1050人，吏、军吏、卒三者占总人口的12.37%。该地区户主身份及占田数量清楚的编户总田亩数为54425.41亩，其中吏占田8271.35亩，军吏占田584亩，卒占田961.8亩，三者共有9817.15亩，是则吏、军吏、卒三者所占田亩数为当地编户总田亩数的18%。孙吴亡时全国人口二百三十万，如以12.37%计算，则全国“地著”之吏、军吏、卒为284510人。

② 《两汉纪》下册《后汉纪》卷二三《孝灵皇帝纪上》，第453页。

用乡党与宗族关系两者的结合以推行“教化”，达到了“里无盗窃”的效果。曹魏时青州高士管宁累徵不至，于是魏文帝“诏书问青州刺史程喜：‘（管）宁为守节高乎，审老疾尫顿邪？’（程）喜上言：‘（管）宁有族人管贡为州吏，与（管）宁邻比，臣常使经营消息。’”这位刺史利用其属吏管贡与管宁的宗族关系去进行探察，管贡将其了解到的管宁的详细情况向刺史作了报告，刺史得以知道管宁“志行所欲必全，不为守高”的真情，从而向魏文帝作了报告①。此事清晰地表明，宗族关系具有乡党关系和行政措施所不能达致的效果。北魏太平真君六年（445）“酒泉公郝温反于杏城，杀守将王幡。县吏盖鲜率宗族讨温，温弃城走，自杀，家属伏诛。”② 也是这种宗族关系在政治上所起特殊作用的一个反映。

反过来，这种“吏民”一体的社会基层结构，对于血缘性的宗族关系的保持乃至地方豪家世族势力的发展起了一定的维护、催生作用。中国中古时代乡里社会中血缘宗族关系得以长期保持，与此不无关系；而地方豪家世族势力的发展亦随着时间的推移而相应得以强劲。除此之外，在两汉魏晋南北朝时期官僚、世家、名族子孙通过担任地方属吏而步入仕途者，更是一种常见的现象。这些都表明，宗族血缘关系在“吏民”一体的社会基层结构中对于地方豪族、大姓势力发展的维护、催生作用。地方势族、大姓把持“吏”职的现象早在西汉就已经出现，何武“兄弟五人，皆为郡吏，郡县敬惮之”③，就透露了这方面的讯息。东汉末年，贺齐担任“守剡（县）长”期间，“县吏斯从轻侠为奸，（贺）齐欲治之，主簿谏曰：‘（斯）从，县大族，山越所附，今日治之，明日寇至。’（贺）齐闻大怒，便立斩（斯）从。（斯）从族党遂相纠合，众千余人，举兵攻县。”④ 表明这个时期已经出现了地方政府属吏为当地“大族”所把持的情况，甚者胆敢对抗朝廷命官。孙吴时期更出现了“公族子弟，及吴四姓多出仕郡，郡吏常以千数”⑤ 的情况。曹魏正始十年（249）曹爽被诛后，傅嘏为河南尹，此地“其民异方杂居，多豪门大族，商贾胡

---

① 《三国志》卷一一《魏书·管宁传》，第357—358页。

② （北齐）魏收撰：《魏书》卷四下《世祖纪下》，中华书局1974年版，第98页。

③ 《汉书》卷八六《何武传》，第3482页。

④ 《三国志》卷六〇《吴书·贺齐传》，第1377页。

⑤ 《三国志》卷五六《吴书·朱治传》，第1305页。

貊，天下四会，利之所聚，而奸之所生。前尹司马芝，举其纲而太简，次尹刘静，综其目而太密，后尹李胜，毁常法以收一时之声。（傅）嘏立司马氏之纲统，裁刘氏之纲目以经纬之，李氏所毁以渐补之。郡有七百吏，半非旧也。河南俗党五官掾功曹典选职，皆授其本国人，无用异邦人者，嘏各举其良而对用之，官曹分职，而后以次考核之。”① 七百位郡吏中有一半已经不复任职，他们除了少数可能升“官”之外，绝大多数应当复归于“民”；有一半已换为新人，这些新人必来自河南尹所部之“民”。按照“吏户”论的说法，“吏民”中的“吏”是独立于民户之外的所谓“吏户”，他们一经为吏，则世代为吏，不得解脱。这个记载表明“吏”所具有的相对稳定性与相对流动性的特点。这个资料还显示，郡吏之去留变动，操之于郡吏中“典选职”之人手中，因他们“皆授其本国人，无用异邦人”，导致郡吏“半非旧”的情况。而这些能够“典选职”之郡吏后面必然是那些地方“豪门大族”。萧梁时沈瑀为余姚令，“县大姓虞氏千余家，请谒如市，前后令长莫能绝……县南又有豪族数百家，子弟纵横，递相庇荫，厚自封植，百姓甚患之。”大姓、豪族势力上干皇权，下祸百姓。沈瑀到任之初，“富吏皆鲜衣美服，以自彰别。瑀怒曰：‘汝等下县吏，何自拟贵人耶？’悉使著芒屩粗布，侍立终日，足有蹉跌，辄加榜棰。”② 豪族、大姓、富吏成为余姚强大的地方势力，三者之间相互为用，构成对于皇权统治的威胁，因此沈瑀对他们一并实施严厉的打击。“吏户”论经常征引这条材料，以证明“吏”的地位低下云云，似未必得其要。陈宣帝太建（569—582）年间，“山阴县多豪猾，前后令皆以赃污免，高宗患之”，于是以“廉俭有干用”的褚玠为山阴令。“县民张次的、王休达等与诸猾吏贿赂通奸，全丁大户，类多隐没。（褚）玠乃锁次的等，具状启台，高宗手敕慰劳，并遣使助玠搜括，所出军民八百余户。时舍人曹义达为高宗所宠，县民陈信家富于财，谄事义达，信父显文恃势横暴。玠乃遣使执显文，鞭之一百，于是吏民股慄，莫敢犯者。”③ 山阴县“吏”中的“猾吏”与“民”中的豪强大户互相勾结，狼狈为

---

① 《三国志》卷二一《魏书·傅嘏传》注引《傅子》，第624页。

② （唐）姚思廉撰：《梁书》卷五三《良吏·沈瑀传》，中华书局1973年版，第768—769页。

③ 《陈书》卷三四《文学·褚玠传》，第460页。

奸，隐匿户口，逃避国家赋役，横行乡里，甚至在朝廷都有他们的代理人。这不仅危及了“吏民”之间的和谐、平衡，进而危及“吏民”与国家、皇权之间的和谐、平衡。但是，褚玠的雷厉风行并没有也不可能根本铲除这种豪强大族势力及其与“猾吏”的勾结，山阴豪强大族陈信“后因（曹）义达谮（褚）玠，竟坐免官。”① 代表皇权出镇地方的长官，败在了地方豪强大户与下层“猾吏”共同构筑的“土围子”之下。大体在“吏民”统一体相对和谐、平衡的时期，国家可以所谓“循吏”以管治之，当这个统一体的和谐、平衡受到威胁，遭到破坏时，则不得不以所谓“酷吏”以治之。如此不断调控，循环往复，以期保持这种和谐、平衡之延续。但是这种和谐、平衡之不断被破坏，从而建立新的和谐、平衡却是从未中断过的规律。

“吏民”一体的社会基层结构根源于农业经济形态、宗族血缘关系及其政治制度中广大下层吏员的“地著”性，而这三者又强化了这种“吏民”一体的社会基层结构，使这样的社会基层结构牢固持久，在经受强大的外力冲击之下仍然得以不断复苏，顽强生存。虽然历经政治的、军事的、民族的风暴，对于中国古代的社会曾经一次次造成严重的摧毁，但是这种“吏民”一体的社会基层结构却不断在废墟上得以复苏重构，顽强地存在并恢复发展。这种顽强的生命力和再生能力，正说明了它存在的合理性及其所由产生的深厚、肥沃的社会土壤。

2003 年 6 月—2004 年 6 月撰稿

2004 年 6 月 9 日完稿

2006 年 10 月 15 日改定

（原刊《中国经济史研究》2007 年第 3 期。后收入《先秦汉唐史论》下编“吏民”卷，北京师范大学出版社 2016 年版。今据黎虎先生最新刊后修订稿，并参考上述两个版本整理定稿。李文才敬识）

---

① 《陈书》卷三四《文学·褚玠传》，第 460 页。

关于"吏民"的界定问题

——原"吏民"之五

"吏民"一词在中国古代史籍中虽然长期而频繁使用，但是史籍对于"吏民"的涵义并没有十分明确的表述，其内涵与外延均相当模糊；研究者对此亦措意无多，可谓论者寥寥；偶有论及者，见解亦颇为分歧。迄今为止主要有两种代表性的、相互对立而又互为极端的说法，一种认为"吏民"中的"吏"是编户齐民之下的特定群体——"吏户"，其身份地位是低于编户齐民的依附民。另一种说法认为"吏民"是编户齐民中拥有"中家以上"财产的"生活富裕"的特定群体，其身份地位高于一般编户齐民。前一种说法我们已经讨论过，认为它是不符合历史事实的①。后一种说法发端于贺昌群先生的论述，他在20世纪五六十年代曾提出："所谓'吏民'就是庶民之有爵者，这个词语的阶级含义，一直到唐前期都还未大变，魏、晋、南北朝九品中六品以下和唐九等户中的八九等户，都称为'吏民'，他们的经济、政治地位的上升与下降，是研究这个时期阶级关系变化的关键，应当重视。"② 但贺先生只是点到此为止，并没有将其观点展开论述。直到20世纪90年代，刘敏女士才在此基础上作了进一步的发挥，认为"吏民"一方面是"编户民或庶人中有爵者，爵级在八级公乘以下，一级公士以上。"他们"与无爵之庶民有比较明显的差别，他们不与无爵、低爵的庶民为伍。"另一方面"吏民"是"富于

① 讨论"吏户"问题的拙作已发表者有：《"吏户"献疑——从长沙走马楼吴简谈起》，《历史研究》2005年第3期；《魏晋南北朝"吏户"问题再献疑——"吏"与"军吏"辨析》，《史学月刊》2007年第3期；《魏晋南北朝"吏户"问题三献疑》，《史学集刊》2006年第4期。

② 贺昌群：《汉唐间封建土地所有制形式研究》，上海人民出版社1964年版，第121页。

资财”的“生活富裕”者，“拥有中家以上的财产”[①] 云云，而刘女士最近在《中国史研究》发表的文章仍然坚持其15年前的基本观点，认为“吏民”是“占有爵位”“具有中家以上的资产数额”者云云[②]。与“吏户”论将“吏民”中的“吏”视为编户齐民之下的依附民一样，将“吏民”视为一般编户齐民之上的特定群体，也是不符合历史实际的。兹拟在个人已经发表的关于“吏民”问题的拙文[③]基础上进一步商讨秦汉魏晋南北朝时期“吏民”的界定问题，具体来说就是“吏民”是否由拥有爵位及中家以上财产的富裕者这样两个条件所决定的问题。

个人对这个问题的基本认识是。

认为“吏民”是在普通编户齐民之上具有“中家以上”财产的“富裕者”，如同认为“吏民”中的“吏”是在编户齐民之下的依附民——“吏户”一样，都是与历史实际不相符合的。虽然“吏民”在一定历史时期中一般均有民爵称号，但是“吏民”在普赐民爵产生之前已经出现，在普赐民爵衰亡之后依然存在，两者并非同步产生或退出历史舞台，故“吏民”并非由是否拥有爵称而决定的。“吏民”中存在贫富差别是普遍的、正常的现象，故“吏民”也不是由是否具有“中家以上”财产和“生活富裕”而决定的。历史事实是“吏民”中的“中家以上”和“富裕者”是少数，“中家以下”和贫穷者是大多数。因此，既说“吏民”是“中家以上”者，又说“吏民”是“有爵者”，这就等于把普赐民爵视为只赐予“中家以上”的少数人；既把实际上占多数的“中家以下”排除于“吏民”之外，又说“吏民”是社会结构“中间大肚”的多数

---

① 刘敏：《秦汉时期的社会等级结构》，载冯尔康主编《中国社会等级结构的演变》，河南人民出版社1994年版，第333—335页。前些年研究生彭丰文得知我在研究“吏民”问题时，承蒙其主动复制了该书中的《秦汉时期的社会等级结构》一节中的“（三）吏民”见赐，未见到全书，故不了解此中分工情况。我在以往论述“吏民”问题时曾经附带提及该书的某些观点，笼统用了冯先生的大名，谨此说明并致歉。

② 刘敏：《秦汉时期“吏民”的一体性和等级特点》，《中国史研究》2008年第3期。

③ 黎虎：《原“吏民”——从长沙走马楼吴简谈起》，河南大学历史文化学院编：《史学新论：祝贺朱绍侯先生八十华诞》，河南大学出版社2005年版；《论“吏民”的社会属性——原“吏民”之二》，《文史哲》2007年第2期；《论“吏民”即编户齐民——原“吏民”之三》，《中华文史论丛》2007年第2辑；《原“吏民”之四——略论“吏民”的一体性》，《中国经济史研究》2007年第3期。

人，这是相互抵牾的；既说“吏民”是生活“富裕者”，又说社会结构“中间大肚”是由“吏民”构成的，这在实际上把古代社会视为多数人是生活“富裕者”。这些不论在逻辑上还是史实上都是谬误的。

一　“吏民”是否由拥有爵位而决定的?

贺先生提出“吏民”是“庶民之有爵者”，一般来说并无大错，因为在一定的历史阶段，例如在汉代乃至三国时期，“吏民”中的多数人都是拥有爵位——“民爵”的。但是，当刘敏女士将这个问题进一步发挥为“吏民”是具有“中家以上”财产的“富裕者”，将两者联系在一起，视为界定“吏民”的两项基本条件时，问题就走得很远了。

兹请先论“吏民”是否由拥有爵位而决定的问题。虽然“吏民”中的多数人在一定的历史时期都得到了赐爵，从而拥有低级的爵称，即所谓“民爵”，但是这并不等于说“吏民”是由是否拥有爵位而决定的。这是两个不同的问题。也就是说，一个人是否属于“吏民”范畴中的成员，并非由这个条件而决定的。何以然?

(一)“吏民”的产生早于普赐“民爵”的产生

“吏民”这个概念和群体，产生于战国时期，上起先秦，下迄明清，可谓与中国古代历史相始终，而授予“吏民”以爵位，即赐予“民爵”则是一定历史阶段的现象，其存在的历史要短于“吏民”存在的历史，两者并非同步产生和消亡的，也就是说，“吏民”是先于赐“民爵”而出现在历史舞台上的，同时“吏民”在赐民爵淡出历史舞台之后仍然继续存在。

如所周知，我国中古时期的赐爵制度是在春秋战国时期产生和逐步盛行起来的，而比较完备的赐爵制度是在商鞅变法时期所确立并大规模推行的。这个时期的赐爵制度主要是赐予“官爵”而非“民爵”。而这个时期“吏民”已经出现在历史舞台上了。也就是说，“吏民”产生之时赐“民爵”之制尚未产生。

商鞅创立赐爵制度的初衷，或者说其根本宗旨是“赏功”，在他看来“爵”的功能主要是“劝功”：“官爵者，所以劝功也。”[①] 何谓“功”? 概

---

① 蒋礼鸿撰:《商君书锥指》卷二《算地第六》，中华书局1986年版，第50页。

括而言，一曰军功，二曰事功。以这两者作为“功”的主要内容，是与秦国当时的战略目标和基本国策密切相关的，“凡人主之所以劝民者，官爵也；国之所以兴者，农战也。”[①] 秦国为了战败山东六国而实现统一的战略目标，采取“农”“战”为其基本国策，赐爵制度作为一种激励机制就是为这个战略目标和基本国策服务的，在“农”“战”两个方面立有军功或事功者就可以获得爵位。统治者以“爵”作为调动人们积极性的利器，“凡民之所疾战不避死者，以求爵禄也。明君之治国也，士有斩首捕虏之功，必其爵足荣也，禄足食也。农不离廛者，足以养二亲，治军事，故军士死节，而农民不偷也。”[②] 这种“爵”位是与“官”和“禄”紧密联系在一起的，是不可分的。通过赐予爵位而鼓励人们建立军功与事功，其中尤以军功为最，“有军功者，各以率受上爵；为私斗者，各以轻重被刑大小。僇力本业，耕织致粟帛多者复其身。事末利及怠而贫者，举以为收孥。宗室非有军功论，不得为属籍。明尊卑爵秩等级，各以差次名田宅，臣妾衣服以家次。有功者显荣，无功者虽富无所芬华。”[③] 这种新的赐爵制度是对传统的赐爵制度的否定。如果说周代的爵位是根据血缘关系而取予，从而使爵位限定于贵族成员之中，那么，从春秋后期开始逐渐突破这一古老的阈域，到了战国时期遂被据“功”而授的新制度所取代，高贵的血统和富裕的财产均不能作为获得爵位的依据，唯一的依据就是个人的军功或事功。由此可知，这个时期“吏民”中只有部分立功者才拥有爵位——“官爵”，其他多数无功的“吏民”是没有爵位的。

到了战国末年，在上述赏功赐爵制度的基础上，逐渐又派生出了纳粟拜爵的制度。“民有余粮，使民以粟出官爵。官爵必以其力，则农不怠。”[④] 这实际上还是在“农战”方针下面以爵赏功的赐爵制度的一种体现或其变异。《墨子》也有类似的思想：“收粟米、布帛、钱金，出内畜产，皆为平直其贾，与主券人书之，事已，皆各以其贾倍偿之。又用其贾贵贱、多少赐爵，欲为吏者许之，其不欲为吏而欲以受赐赏爵禄，若

---

① 《商君书锥指》卷一《农战第三》，第20页。

② 《商君书锥指》卷五《君臣第二十三》，第130—131页。

③ （汉）司马迁撰，（南朝·宋）裴骃集解，（唐）司马贞索隐，（唐）张守节正义：《史记》卷六八《商君列传》，中华书局1959年版，第2230页。

④ 《商君书锥指》卷三《靳令第十三》，第78页。

赎出亲戚、所知罪人者，以令许之。”[①] 秦王政四年（前 243）“十月庚寅，蝗虫从东方来，蔽天。天下疫。百姓内粟千石，拜爵一级。”[②] 在中国古代皇朝中首次正式实施纳粟赐爵措施。汉代继承这个政策，西汉初期晁错向汉文帝建言：“方今之务，莫若使民务农而已矣。欲民务农，在于贵粟；贵粟之道，在于使民以粟为赏罚。今募天下入粟县官，得以拜爵，得以除罪。如此，富人有爵，农民有钱，粟有所渫。夫能入粟以受爵，皆有余者也；取于有余，以供上用，则贫民之赋可损，所谓损有余补不足，令出而民利者也。顺于民心，所补者三：一曰主用足，二曰民赋少，三曰劝农功。”[③] 认为纳粟拜爵制度可以大大促进农业生产，从而增加国家收入、减轻农民负担。汉文帝接受了晁错的意见，推行纳粟拜爵制度。此后，纳粟拜爵遂成为赏功赐爵制度中的一种补充形式。这种赐爵制度实际上是以功赐爵制度的变异，在这种赐爵制度下虽然有部分富裕的“吏民”可以获得爵位，但是仍然只有部分成员拥有爵位，而非全体“吏民”。

赐“民爵”虽然在战国后期已经有了不同程度的萌芽，但是大规模普赐天下“民爵”则是汉代出现的一种新的赐爵制度[④]。汉高帝十二年（前 195）四月刘邦去世，五月惠帝继位，“尊皇后曰皇太后。赐民爵一级。”[⑤] 这是历史上首次全国性普赐“民爵”。此后普赐“民爵”遂成为赐爵制度中的一项正式制度，“赐民爵，户一级”“赐民爵”“赐男子爵”“赐吏民爵”之类诏书不绝如缕，通两汉 420 年中共计 90 次[⑥]。这类赐爵诏令主要是对于编户齐民中的男性户主赐予爵位[⑦]。在此基础上又进一步

① （清）孙诒让著，孙以楷点校：《墨子閒诂·下》卷一五《号令第七十》，中华书局 2001 年版，第 609—610 页。

② 《史记》卷六《秦始皇本纪》，第 224 页。

③ （汉）班固撰，（唐）颜师古注：《汉书》卷二四上《食货志上》，中华书局 1962 年版，第 1133 页。

④ 高敏：《论两汉赐爵制度的历史演变》，《文史哲》1978 年第 1 期。

⑤ 《汉书》卷二《惠帝纪》，第 85 页。

⑥ ［日］西嶋定生：《中国古代帝国的形成与结构——二十等爵制研究》，武尚清译，中华书局 2004 年版，第 150—183 页。

⑦ 西嶋定生先生虽然承认“赐民爵，户一级”的赐爵对象为男性户主，但认为“赐民爵”“赐男子爵”均为没有官职的编户民中的所有男子。见氏著《中国古代帝国的形成与结构——二十等爵制研究》，第 235—250 页。

推广赐爵面，文帝元年（前179）"赐天下民当为父后者爵一级。"颜师古注曰："虽非已生正嫡，但为后者即得赐爵。"① 则在户主得到赐爵的基础上，非户主的男子也有可能得到爵位。此后可以说天下"吏民"已经比较普遍拥有爵位——"民爵"了。

如果以秦孝公六年（前356）商鞅为左庶长、定变法之令为赐爵制度的开始，到高帝十二年（前195）普赐民爵，已历时160余年，这个期间"吏民"中只有立功者或少量有条件纳粟者才拥有爵位——"官爵"，此外的众多"吏民"是没有爵位的。只是到了汉初高帝十二年开始，则天下"吏民"均在"理论上"可以得到爵位——"民爵"了。由此可见，从战国到西汉初的160余年中的"吏民"中的多数人是没有爵位的。

（二）普赐民爵制度产生之后"吏民"中仍然有无爵者

在普赐民爵的汉代，虽然从"理论上"说，"吏民"基本上有爵位了。但是，就是在这种情况下仍然有一些"吏民"是没有爵位的。当时的制度规定："男子赐爵一级以上，有罪以减，年五十六免。无爵为士伍，年六十乃免者，有罪，各尽其刑。"② 由此可知，从制度上就可能有无爵者的存在。这除了有爵之人或因为触犯法纪而被夺爵而成为无爵者之外，主要还有以下几个方面原因而造成。

1. 普赐民爵的受爵者主要是作为户主的男子

这种普赐民爵的制度造成两种结果，一是女子为户主的家庭没有爵位。汉文帝即位后"赐民爵一级，女子百户牛酒。"司马贞"索隐"引乐产云"妇人无夫或无子不霑爵，故赐之也。"③ 因此，在赐民爵的同时连带赐女子牛酒若干，几乎成为惯例。《后汉书》李贤注对此作了进一步的解释："此谓女户头，即今之女户也。"④ 可见，社会上是存在"女户"的，而如果女子为户主，则没有爵位，因而赐以牛酒。《长沙走马楼三国

① 《汉书》卷四《文帝纪》，第111—112页。

② （汉）卫宏撰，（清）纪昀等辑：《汉官旧仪》卷下，周天游点校：《汉官六种》，中华书局1990年版，第53页。

③ 《史记》卷一〇《孝文本纪》，第417页。

④ （南朝·宋）范晔撰，（唐）李贤等注：《后汉书》卷三《肃宗孝章帝纪》，中华书局1965年版，第152页。

吴简·竹简（壹）》一书所载"户人"中有22户无爵者，其中11户是"大女"，1户是"老女"[①]，她们占无爵"户人"的54.5%，应当是这种赐爵制度的反映。二是户主之外的其他男性也并非均有爵位。虽然通过爵位的继承、转让、买卖和对于"为父后"者赐爵等方式可以一定程度上缓解这一矛盾，但是这些措施仍然不能保证无爵户的存在。尤其是多丁家庭，随着时间的推移，人口的滋生，相继分家析产，无爵户势必随之日益增加。

吴简[②]中有不少无爵者"仕伍"的记载：

1. 十月廿三日廉丘士伍潘特關邸閣李嵩　（壹·3416）

2. □月廿七日下俗丘士伍胡元關邸閣李嵩付倉[吏]　（壹·3539）

3. 蘇次公乘逻年卅給家[種]客　逻子仕伍□年□歲　（贰·2525）[③]

4. 民男子楊秃年六十　秃妻大女姑年卌九筭一　（贰·1795）

5. □妻事年卅八筭一　秃母大女妾年八十四　（贰·1796）

6. 秃子仕伍白年四歲　秃弟公乘期年五十腹心病　（贰·1799）

7. 郡吏黄蔦年廿五　蔦父公乘署年五十七　（贰·1720）

8. [署]妻大女客年五十三　署子公乘解年十三刑目　（贰·

---

① 简3271、3318、3405、5021、5249、5508、7804、8399、8430、9006、9785为"大女"，简10111为"老女"。长沙市文物考古研究所、中国文物研究所、北京大学历史学系走马楼简牍整理组编著：《长沙走马楼三国吴简·竹简（壹）》，文物出版社2003年版，第963、964、966、999、1004、1009、1056、1069、1069、1080、1096、1102页。

② 《长沙走马楼三国吴简》现已出版《竹简》三卷：长沙市文物考古研究所、中国文物研究所、北京大学历史学系走马楼简牍整理组编著：《长沙走马楼三国吴简·竹简（壹）》（以下简称《竹简壹》，文物出版社2003年版；长沙简牍博物馆、中国文物研究所、北京大学历史学系走马楼简牍整理组编著：《长沙走马楼三国吴简·竹简（贰）》（以下简称《竹简贰》），文物出版社2007年版；长沙简牍博物馆、中国文物研究所、北京大学历史学系走马楼简牍整理组编著：《长沙走马楼三国吴简·竹简（叁）》（以下简称《竹简叁》），文物出版社2008年版。引用上述吴简时，前一数字表示竹简卷次，后一数字表示简号。为保证录文之准确性，本文在引用吴简时，一律以繁体字迻录。

③ 据整理者注：依文例，"公乘"上应有一表示亲属关系的词。

1719）

9. 解妻大女頃年十五踵（腫） 解弟士伍致（?）年八歲腹心病（贰·1718）

10. 縣吏鄧播年廿七 璠（?）妻大女金年廿一筭[①] （贰·1729）

11. 璠（?）弟公乘橋年十八盲左目 橋妻大女連年十九筭一（贰·1727）

12. 橋弟仕伍□年四歲 （贰·1726）[②]

从上述诸简可见：一是，吏民中存在无爵者，如第1、2简之潘特、胡元；二是，吏民一户之内同时存在有爵者与无爵者，如第3简之名逫者为公乘，而其子名某者则为无爵之仕伍；第4、5、6简杨秃家，其弟杨期为公乘，而其子杨白则为仕伍；三是，郡县吏家庭与普通民户一样，也有一户人中同时存在有爵者与无爵者，如第7、8、9简郡吏黄蒿，其父黄署、其一弟黄解均为公乘，而另一弟黄致则为仕伍。第10、11、12简县吏邓播家，其一弟邓桥为公乘，另一弟邓□则为仕伍。

2. 从赐爵的时间间隔来说，时断时续，并不能保证及时进行

一般来说，普赐民爵是统治者为了政治需要而进行的，而且这需要在相对稳定的政治环境中进行，如果遇到重大的社会变故或政治动乱，就不可能及时进行。东汉末年的灵帝建宁元年（168）曾经进行过一次普赐民爵，直到献帝建安二十年（215）才进行另一次普赐民爵，中间间隔已经47年。这当与东汉末年政治动乱以及政权移转于曹操手中有关。献帝建安二十年赐爵是因为庆祝立贵人曹氏为皇后，而曹氏为曹操之女。

到了魏晋时期更有过之，整个两晋时期只有两次普赐民爵的历史记载。第一次是在晋武帝泰始元年（266）十二月，为了庆祝魏晋禅让成功。第二次是在东晋安帝元兴二年（404），桓玄为了庆祝篡晋成功。其

① 据整理者注：上段县吏名“播”，下段作“璠”，二字未知孰正孰误。

② 第4—12简三户为侯旭东所复原，见氏著《长沙走马楼吴简〈竹简贰〉“吏民人名年纪口食簿”复原的初步研究》，《中华文史论丛》2009年第1辑（待刊）。

间隔长达138年。也可以说整个两晋时期的近两个世纪中，出于晋朝统治者主动进行的赐民爵，只有在建国初年进行了一次。这主要是因为西晋建国不久即陷入大动乱，八王之乱、五胡乱华、南迁江左等一系列事件的影响；同时也与赐民爵的作用和意义在日益削弱有关。在这种情况下，无爵者必然越来越多。

3. 从赐爵对象的变化来看，赐爵面也在逐渐收缩

赐爵的对象，在普赐民爵的基础上，逐步增加了针对部分人的、专项的、奖励性的赐爵。这主要是对于孝悌、力田等乡里楷模人物的赐爵。

对于孝悌、力田等赐爵最初是与普赐民爵结合进行的，早在宣帝本始元年（前73）就已出现了对于“孝者”的赐爵①，神爵四年（前58）出现了对于“行义者”和“力田”的赐爵②，东汉中元二年（57）4月有了对于“三老、孝悌、力田”的赐爵③。这是一些什么人物呢？汉文帝十二年（前168）诏曰：“孝悌，天下之大顺也。力田，为生之本也。三老，众民之师也。”④《后汉书·明帝纪》注曰：“三老、孝悌、力田，三者皆乡官之名。三老，高帝置，孝悌、力田，高后置，所以劝导乡里，助成风化也。”⑤ 设立这种专项赐爵制度的目的意义是显然的，是统治者为了在乡里基层中树立良风淳俗的楷模，以引导民众效法。而这种乡官的名额并不多，汉高帝二年（前205）二月癸未下令：“举民年五十以上，有修行，能帅众为善，置以为三老，乡一人。择乡三老一人为县三老”⑥。据尹湾六号汉墓出土《集簿》，西汉末东海郡有县邑侯国38个，乡170个，有“县三老卌八人，乡三老百七十人，孝、弟、力田各百廿人。凡五百六十八人。”⑦ 县、乡三老各1人，与高帝二年令相合；170乡共有孝、弟、力田各120人，每乡不足1人。

---

① 《汉书》卷八《宣帝纪》，第242页。

② 《汉书》卷八《宣帝纪》，第264页。

③ 《后汉书》卷二《显宗孝明帝纪》，第96页。

④ 《汉书》卷四《文帝纪》，第124页。

⑤ 《后汉书》卷二《显宗孝明帝纪》注，第97页。

⑥ 《汉书》卷一上《高帝纪上》，第33页。

⑦ 连云港市博物馆、东海县博物馆、中国社会科学院简帛研究中心·中国文物研究所编著：《尹湾汉墓简牍》，中华书局1997年版，第77页。

而排除普通民众赐爵，单独赐予上述楷模人物的专项赐爵，则是在西汉成帝建始三年（前30）开始出现的，当时首次实行对于“孝弟力田”赐爵二级的专项赐爵①。这种赐爵不包括普通民众，只是赐予国家需要表彰的这种乡里楷模人物。两汉时期这种不包括普通民众在内的赐予“孝弟力田”的专项赐爵只此一次，而此后这种专项赐爵逐渐增加。魏晋南朝364年中，曾经进行过62次赐爵②，其中排除一般“吏民”的对于孝悌、力田等的专项的、奖励性的赐爵有20次，分别是：“孝悌义顺”③“孝子、顺孙、义夫、悌弟”④“孝悌力田及州闾乡党称为善人者”⑤“孝悌力田殊行异等”⑥“孝子义孙”⑦等各1次，“力田”2次⑧，“孝悌力田”13次⑨。此外还有“吏”1次⑩。也就是说，整个魏晋南朝的赐民爵中，约有33.9%是排除普通吏民，专门针对吏民中少数人的专项的、奖励性赐爵。

由于上述种种原因，在普赐民爵的历史阶段内，必然存在相当数量的无爵户人，而且随着时间的推移，这种无爵户人是在日益增加的。《晋书·舆服志》在论述“帽”制时说：“帽名犹冠也……自乘舆宴居，下至庶人无爵者皆服之。”⑪其中特别提到“庶人之无爵者”，应当是这种客观现实在礼俗中的反映。

（三）“吏民”并不因普赐民爵之衰亡而同时退出历史舞台

如上所述，普赐民爵经历了发生、发展、收缩、衰亡的过程。如果

---

① 《汉书》卷一〇《成帝纪》，第306页。

② 户川贵行：《魏晋南朝の民爵赐与にっぃて》附表《魏晋南朝の民爵赐与一览》，日本九州大学《东洋史论集》第30号，平成十四年四月。

③ （梁）沈约撰：《宋书》卷六《孝武帝纪》，中华书局1974年版，第125页。

④ 《宋书》卷六《孝武帝纪》，第129页。

⑤ （唐）姚思廉撰：《梁书》卷三《武帝纪下》，中华书局1973年版，第83页。

⑥ （唐）姚思廉撰：《陈书》卷三《文帝纪》，中华书局1972年版，第48页。

⑦ 《梁书》卷五《元帝纪》，第131页。

⑧ 分见《宋书》卷八《明帝纪》，第164页；《宋书》卷九《后废帝纪》，第184页。

⑨ 分见（梁）萧子显撰《南齐书》卷三《武帝纪》，中华书局1972年版，第52页；《梁书》卷二《武帝纪中》，第54页；《梁书》卷三《武帝纪下》，第63、66、71、72、74、77、78、81、91页；《梁书》卷六《敬帝纪》，第147页；《陈书》卷四《废帝纪》，第66页。

⑩ 《宋书》卷六《孝武帝纪》，第121页。

⑪ （唐）房玄龄等撰：《晋书》卷二五《舆服志》，中华书局1974年版，第771页。

说两汉是普赐民爵的黄金时期的话，那么，魏晋南北朝及其后，则日益收缩乃至逐渐衰亡。但是，“吏民”并不是随之而衰亡或消失，而是继续存在，并不因赐爵制度的变化而消失。早在东汉末年，赐民爵制度已经显露其衰亡之迹象。王粲（177—217）的《爵论》说：“依律有夺爵之法，此谓古者爵行之时，民赐爵则喜，夺爵则惧，故可以夺赐而法也。今爵事废矣，民不知爵者何也。夺之民亦不惧，赐之民亦不喜，是空设文书而无用也。”[①] 王粲所谓“古者”，当指秦汉时期，他所谓“今”是指东汉末年。在他看来，到了东汉末年赐民爵制度已经废弛，人民已经不知道“爵”为何物了，赐爵制度不过是没有实际价值的一纸空文。何以如此？这一方面是由于长期没有进行赐爵；另一方面则因爵的价值消失，赐爵的政治、经济待遇已经削弱，日益成为没有实际意义的空洞名号。在这种情况下，不仅老百姓对于赐爵已经没有什么兴趣，连最高统治者皇帝在一些时候也感到没有兴趣了。《晋书·熊远传》记载：“及中兴建，帝欲赐诸吏投刺劝进者加位一等，百姓投刺者赐司徒吏，凡二十余万。（熊）远以为‘秦汉因赦赐爵，非长制也。今案投刺者不独近者情重，远者情轻，可依汉法例，赐天下爵，于恩为普，无偏颇之失。可以息检覈之烦，塞巧伪之端。’帝不从。”[②] 这是大兴元年（318）司马睿在建康即帝位时，为了报答那些“投刺劝进”者而采取的奖励措施，规定：原来是“吏”者，“加位一等”；原来是老百姓的，赏赐为“司徒吏”。司马睿的幕僚熊远认为这种奖励措施有所不足，一则不能令天下人普遍得到奖励，有失偏颇，二则检查核实比较麻烦，施行比较困难。因此他建议仿照汉代的办法普赐天下民爵。但是司马睿不同意，还是按照自己的意旨实行。司马睿不同意用普赐民爵的办法奖励那些把他推上皇帝宝座的“吏民”，表明他认为这种方法已经不足以报偿那些有功人员了，由此可以窥知普赐民爵的价值在这个时期的贬损情况。2006 年在吐鲁番洋海赵货墓发现的《前秦建元二十年（384）三月高昌郡高宁县都乡安邑里籍》[③]，

---

① （唐）欧阳询撰，汪绍楹校：《艺文类聚》卷五一《封爵部·总载封爵》引《爵论》，上海古籍出版社 1999 年版，第 916 页。

② 《晋书》卷七一《熊远传》，第 1886—1887 页。

③ 荣新江、李肖、孟宪实主编：《新获吐鲁番出土文献》，中华书局 2008 年版，第 177—179 页。

是迄今为止敦煌吐鲁番文书中最早的平民户籍，涉及5户人家，记载了他们的人口和财产等方面的基本情况，但是户主或家庭成员中均无关于爵位的记载，当是这个时期民爵已经淡出"吏民"之中的一个反映。

普赐民爵制度到唐代已经衰亡。虽然唐初在南北朝历史惯性下曾经于唐高祖武德元年（618）普赐民爵一次，而此后则不再进行，汉初所推行的普赐民爵制度至此遂告寿终正寝。不过，后来唐朝曾经改行授予民众"古爵"的措施。唐高宗乾封元年（666）正月戊辰，封于泰山，民年"七十以上至八十，赐古爵一级。"① 此后，武则天永昌元年（689）改元载初，"天下百姓年二十一，身为户头者，各赐古爵之级。"② 唐中宗神龙元年（705）九月，赐"民为父后者古爵一级"③；唐玄宗天宝八载（749），赐"民为户者古爵"④；唐德宗继位后，于大历十四年（779）六月，赐"民为户者古爵一级"⑤。何谓"古爵"？韩愈曾有"天宝中，天子以为古爵莫贵于公侯"⑥ 之语，从中似可推知所谓"古爵"大概是指周代的爵称。这与汉代所确立的赐民爵制度，不仅在实质上，而且在爵称上也已不可同日而语了。

二 "吏民"是否"中家以上"的"富裕者"？

在《秦汉时期的社会等级结构》中，刘敏女士提出"吏民"是"富于资财"的"生活富裕"者，一般是"拥有中家以上的财产"的人，而在《中国史研究》发表的这篇文章中坚持其15年前的这个观点，仍然认为"吏民是一个生活相对富裕的阶层""应该具有中家以上的资产数额"云云。这种说法是否符合历史实际呢？答案是否定的。"吏民"并非均为"中家以上"的"富裕者"，也并不以此作为其先决条件。

---

① （宋）欧阳修、宋祁撰：《新唐书》卷三《高宗纪》，中华书局1975年版，第65页。

② （宋）李昉等编：《文苑英华》卷四六三《翰林制诏·诏敕五·改正朔制》，中华书局1966年版，第2359页。

③ 《新唐书》卷四《中宗纪》，第107页。

④ 《新唐书》卷五《玄宗纪》，第147页。

⑤ 《新唐书》卷七《德宗纪》，第184页。

⑥ （唐）韩愈撰，马其昶校注，马茂元整理：《韩昌黎文集校注》卷七《南海神庙碑》，上海古籍出版社1987年版，第486页。

事实上，“吏民”作为中国古代基层民众和编户齐民[①]，其经济地位是十分复杂的，其贫富现象是普遍存在的，古人对此早有认识，司马迁说：“凡编户之民，富相什则卑下之，伯则畏惮之，千则役，万则仆，物之理也。”[②] 班固说：“陵夷至乎桓、文之后……富者木土被文锦，犬马余肉粟，而贫者裋褐不完，啥菽饮水。其为编户齐民，同列而以财力相君，虽为仆虏，犹亡愠色。”[③] 认为从春秋之后编户齐民中的贫富分化即日益剧烈。及至汉代尤甚，仲长统说：“汉兴以来，相与同为编户齐民，而以财力相君长者，世无数焉。”[④]《淮南子》论述汉代贫富现象时说：“且富人则车舆衣纂锦，马饰傅旄象，帷幕茵席，绮绣绦组，青黄相错，不可为象；贫人则夏被褐带索，含菽饮水以充肠，以支暑热，冬则羊裘解札，短褐不掩形，而炀灶口；故其为编户齐民无以异，然贫富之相去也，犹人君与仆虏，不足以论之。”[⑤]

他们都指出，同为编户齐民，但其为贫富则相去甚远。“吏民”作为国家编户齐民在法理上其经济、政治、文化地位是平等的，所谓“齐等无有贵贱”，但是实际上他们之间经济上的贫富悬殊、政治上的地位高低以及由此决定的文化上的差异都是普遍的现象，但这并不妨碍他们之为编户齐民。由此可知，编户齐民并非以贫富和阶级为区分的，凡是编入国家基层乡里户籍，按照规定有权占有一定数量田宅，承担相应的赋税徭役的人民，并由此享有相同的政治、经济、文化权利的，都是国家的编户齐民。我国古代的“吏民”就是这样的国家编户齐民，并非在编户齐民之上的一个特定群体。

古人对于编户齐民即“吏民”中存在贫富区分的认识是否符合历史实际呢？答案是肯定的。

长沙走马楼吴简表明孙吴时期已经实行户品制度，户品是家赀状况

---

① 说详拙文《论“吏民”即编户齐民——原“吏民”之三》，《中华文史论丛》2007年第2辑。

② 《史记》卷一二九《货殖列传》，第3274页。

③ 《汉书》卷九一《货殖传》，第3682页。

④ 《后汉书》卷四九《仲长统传》，第1648页。

⑤ 刘文典撰，冯逸、乔华点校：《淮南鸿烈集解》卷一一《齐俗训》，中华书局1986年版，第375—376页。

的反映。从现已公布的简牍中可以看到的有“上品”“中品”“下品”以及“下品之下”等品级。从这些残存的资料看，吏民中既有“上品”“中品”户，亦有“下品”及“下品之下”户。长沙走马楼吴简现在已经出版4部，第1部《嘉禾吏民田家莂》中未见关于户品的记载，其余3部《竹简》[①] 均有关于户品的记载。《竹简壹》《竹简叁》均有上、中、下及下品之下户；《竹简贰》有上、中、下户，而无下品之下户。《竹简》3书所涉户品资料主要有两类，一类为个体性资料，如“都鄉縣吏鄭郎故戸上品出錢一萬二千侯相〼”（壹·173正）、“模鄉郡吏何奇故戸上品出錢一萬二千臨湘侯相見嘉禾五年十二月十八日模鄉典田掾烝若白”（贰·8259）等个体资料中涉及户品；一类为群体性资料，如“□集凡小武陵西二鄉新住限佃客卅四戸口食卌一人故戸中□”（贰·35）、“〼□其/四戸上品/七戸中品/十一戸下品/〼”（贰·2897）等，为册书开头之总述或结尾处小结简，涉及该乡里各类户等的数量。因前一类资料在当时有计入后一类统计中的可能性，故我们只将后一类加以统计，以窥其时的户品状况。按照这个统计要求，则《竹简叁》只有下及下品之下户，而无上、中品户之相关资料。故现在我们只统计《竹简壹》《竹简贰》中的上、中、下三品户，而《竹简壹》的下品之下户以及《竹简叁》资料均不计入。

表3　《竹简》户品统计表

	上品	中品	下品	总计
竹简壹	5	17	154	176
竹简贰	31	134	478	643
合计	36	151	632	819
百分比	4.4%	18.4%	77.2%	100%

资料来源：《竹简壹》《竹简贰》，详见文末所附明细表。

上述2部《竹简》的户品资料涉及819户。这819户分别为：上品36户，约占4.4%；中品151户，约占18.4%；下品632户，约占77.2%。由此可见当时这个地区吏民的户品数量分布，从上品而中品而

① 即《竹简壹》《竹简贰》《竹简叁》。

下品，其户数是逐级递增的，呈上小底大之金字塔形状。虽然这个统计不能说是十分确切的，因为毕竟这些出土简牍是残缺不全的。但是，从2部《竹简》所反映的户品的户数分布状况和趋势大体一致，均由上而中而下逐级递增，表明其所包含的户品资料，大体能够反映当时的实际情况。从上表可见，在上述819户中，上、中品合计187户，约占22.8%；下品632户，约占77.2%。如果加上下品之下户，则“中家以下”的民众将超过80%[①]。也就是说，中品以上户在吏民中是少数，大约在20%，而多数是中品以下户，大约占80%。这是符合人们关于中国古代基层社会贫富状况的常识的。虽然孙吴时期的户品与汉代的家资等级之间的继承关系我们现在还不十分清楚，但是两者具有延续性和基本的共性，应当是没有问题的。上述《竹简》不仅有孙吴黄武（222—229）、黄龙（229—231）、嘉禾（232—238）等年号，还有东汉末建安廿六年（221）、廿七年（222）等纪年，其与汉代的衔接是十分紧密的。刘文不是也说孙权的嘉禾年间“去东汉很近，其社会状况直接继承汉代”的吗？

而如果按照刘文所订的标准——拥有“中家以上”资产的“富裕的阶层”才有资格成为“吏民”，那么在中国古代基层社会中就只有20%左右的人才配称为“吏民”，而80%左右的民众是被排除在“吏民”之外的。也就是说，上述吴简中的民众只有22.8%左右的中、上品户才属于“吏民”，而77.2%左右的下品户，或80%左右的下品和下品之下户是不属于“吏民”等级的“贫贱民”。

刘文“不赞成把秦汉社会结构状态比作金字塔，更不认为吏民处于金字塔底层”，而“应近似橄榄球，上下两端偏小，人数较少，中间大肚，人数较多，构成中间大肚的人员主要就是吏民。”如果“吏民”只是20%左右的“中家以上”户，而把80%左右的“中家以下”户排除在外，试问：如何能够构成那“人数较多”的“中间大

---

① 如果将《竹简壹》之下品之下及《竹简叁》之下品、下品之下资料一并纳入统计，则3书合计涉及户品1061户，其中上品36户，约占3.4%；中品151户，约占14.2%；下品654户，约占61.6%；下品之下220户，约占20.8%。上、中品合计187户，约占17.6%；下品、下品之下合计874户，约占82.4%。详参文末所附明细表。

肚”呢？此其一。其二，按照刘文的标准，吏民是拥有“中家以上”资产的生活“富裕”者，而由这些人构成了秦汉社会结构的“中间大肚”，也就是说在秦汉时期社会的大多数人是拥有“中家以上”资产的生活“富裕”者，试问：中国历史自古以来，哪朝哪代出现过这样的“超级盛世”？

刘文所订标准不仅不能解释它所指的“中间大肚”的问题，同样的，用这个标准也难以对“吏民”中的“吏”与“民”以及他们之间的相互关系等一系列问题作出符合客观实际的解释，而是处处扞格难通。如果按照“中家以上”才属于“吏民”和“中家以上”才有资格任“吏”的标准，则“吏”都应当出自中、上品户中。事实上，“吏”并非如刘文想象的那样仅仅出自于“中家以上”户，而是同样出自于“中家以下”户的。且看吴简的有关资料。上述《竹简壹》《竹简贰》《竹简叁》中，关于“吏”与户品的资料也同样有两种类型，一类是群体性资料，一类是个体性资料。在个体性资料中，“吏”与户品关系明确者，共有 12 条，分别为上品 6 人①，中品 2 人②，下品 4 人③。在群体性资料中，“吏”④或“给吏”⑤与户品关系明确者共有 75 户，其中“吏”18 户，分别为中品 6 户⑥，下品 12 户⑦；“给吏”57 户，分别为中品 2 户⑧，下品 54 户⑨，下品之下 1 户⑩。按照刘文的标准，“中家以下”户连当个“吏民”中的“民”都是没有资格的，更遑论充当“吏民”中的“吏”了。现在吴简

① 壹·1303、壹·173、壹·1226、贰·8257、贰·8259、贰·8378。

② 壹·1519、壹·1540。

③ 贰·6706、贰·3618、贰·7012、叁·3336。

④ “吏”包括州郡县吏和“军吏”，关于“军吏”，参见拙文《说“军吏”——从长沙走马楼吴简谈起》，《文史哲》2005 年第 2 期；《汉唐时期的“军吏”》，原载日本唐代史研究会主编《唐代史研究》2006 年 7 月第 9 号，转载于《阴山学刊》2006 年第 6 期，中国人民大学报刊复印资料《魏晋南北朝隋唐史》2007 年第 3 期。

⑤ 关于“给吏”性质问题，参见拙文《说“给吏”——从长沙走马楼吴简谈起》，《社会科学战线》2008 年第 11 期。

⑥ 贰·4490（6）。园括弧内的数字为户数，下同。

⑦ 贰·1086（1）、贰·4804（6）、贰·1138（2）、贰·3307（2）、贰·2375（1）。

⑧ 壹·5472（2）。

⑨ 壹·5452（1）、壹·5447（7）、壹·5677（12）、壹·5467（12）、壹·5648（13）、贰·2338（5）、叁·3977（1）、叁·4303（1）、叁·6479（2）。

⑩ 壹·5602（1）。

中无论“吏”或“给吏”均同样出自“中家以下”户中，又应当如何解释呢?

与吴简资料表明“吏”出自上、中、下品全体“吏民”一样，传世文献资料也表明“吏”并非仅仅出自富裕者，也同样出自贫穷者，亦即全体“吏民”之中。西汉人朱博，杜陵人，“家贫，少时给事县为亭长……稍迁为功曹”①。逢萌，北海都昌人，西汉末“家贫，给事县为亭长。”② 吴汉，南阳宛人，西汉末年“家贫，给事县为亭长。”③ 东汉人许荆，“少丧父，养母孝顺。家贫为吏，无有船车，休假，常单步荷担上下”④。郭太，太原界休人，“家世贫贱。早孤，母欲使给事县廷。林宗(郭太字)曰：‘大丈夫焉能处斗筲之役乎?’遂辞。”⑤ 郑玄北海郡高密县人，“少给县为吏，得休不归家，常诣校官读经。家贫无资，县中嘉之。”⑥ 他晚年以书戒子亦曰：“吾家旧贫，［不］为父母群弟所容，去厮役之吏”⑦。这些都是家庭贫穷而任郡县小吏者。更始元年（23），任延“拜会稽都尉……及到，静泊无为……掾吏贫者，辄分奉禄以赈给之。”⑧ 这些贫穷的“掾吏”即会稽都尉府的小吏。诸如此类，不烦枚举。除了传世文献有这方面的大量记载外，出土文献中也有，如《居延新简》就有多条小吏“贫寒罢休”的材料：“（公?）乘第十二卅井队长桃匄（?），贫寒罢休。当还九月十五日食。”“（公?）乘第廿卅井队长张翕，贫寒罢休。当还九月十五日食。”“第廿桼队长薛隆，贫寒罢休。当还九月十五日食。”⑨ 这是因为“贫寒”而“罢休”的情况。还有因为“贫困”而

---

① 《汉书》卷八三《朱博传》，第 3398 页。

② 《后汉书》卷八三《逢萌传》，第 2759 页。

③ 《后汉书》卷一八《吴汉传》，第 675 页。

④ （三国·吴）谢承撰：《后汉书》卷五《循吏传》，周天游辑注：《八家后汉书辑注（修订本）》上册，上海古籍出版社 2020 年版，第 151 页。

⑤ 《后汉书》卷六八《郭太传》，第 2225 页。

⑥ （唐）虞世南辑录：《北堂书钞·1》卷七七《设官部二十九·吏》引《续汉书》，学苑出版社 2015 年版，第 574 页。

⑦ 《后汉书》卷三五《郑玄传》，第 1209 页。

⑧ 《后汉书》卷七六《任延传》，第 2460—2461 页。

⑨ 中国简牍集成编辑委员会编：《中国简牍集成（标注本）》第十二册《居延新简·四》，简 EPF22·298、简 EPF22·301A、简 EPF22·302，敦煌文艺出版社 2001 年版，第 88 页。

“不田”的情况：“甲渠言：尉史阳贫困不田，数病，欲补隧长，宜可听。”① 这位名叫阳的尉史，因为“贫困不田”，加上经常生病，所以准备补为隧长。又，“甲渠候官，建武桼年桼月，贫隧长及一家二人为寒吏。”② 这些都是贫困者担任各种小吏的资料。

刘文在征引汉景帝诏中关于赀十万、四万得宦的说法之后说：“据这段史料，汉初为吏的财产标准是十万，汉景帝时调整为四万。没有如是家资就不能为吏，即便是佐史斗食小吏也不例外。秦与东汉的情况也应类似。”对于这个诏书似不可作如此刻板的、一成不变的理解。事实上，随着国家政务之日益繁多，政府对于“吏”的需求也随之日益增加，加以文化教育逐渐有所发展，民众学习文化、掌握为吏技能的条件和空间亦相应有所改进，家庭贫穷者任吏的现象必然逐渐增加，这是历史发展的必然趋势。上述吴简资料中许多下品户为吏和传世文献资料从西汉至东汉均有诸多“家贫为吏”的事实，都证明了这一点。为了证明自己的观点，刘文引用了两条史料，一是韩信的材料，二是《后汉书·贾宗传》的材料。而这两条材料，尤其是后一条材料，并不能证明刘文的观点。先看第二条材料，刘文掐头去尾只截取了中间的一段：“旧内郡徙人在边者，率多贫弱，为居人所仆役，不得为吏。”这样就使人误解这个记载表明“贫弱”者是“不得为吏”的。事实上，这个材料的原文是这样的：东汉人贾宗，“少有操行，多智略。初拜郎中，稍迁，建初中为朔方太守。旧内郡徙人在边者，率多贫弱，为居人所仆役，不得为吏。（贾）宗擢用其任职者，与边吏参选，转相监司，以擿发其奸，或以功次补长吏，故各愿尽死。”③ 这个记载的原意是：当时从内地迁徙到边地朔方郡的人民多为“贫弱”者，他们到了当地之后受到当地人的奴役，被排挤而不得为“吏”。此亦司马迁所谓：“凡编户之民，富相什则卑下之，伯则畏惮之，千则役，万则仆”之表现。这是特定情况下的不正常现象。而贾宗却反其道而行之，任用他们之中比较有能力的人为吏，让他们与当地

① 《中国简牍集成（标注本）》第十二册《居延新简·四》，简 EPF22·327，第 92 页。

② 《中国简牍集成（标注本）》第十二册《居延新简·四》，简 EPF22·651，第 130 页。按，“建武桼年桼月”，即“建武七年七月”，汉简中的“七”写为“桼”，其例颇夥。

③ 《后汉书》卷一七《贾复附子宗传》，第 667 页。

人出身的吏相互监督和制约，其中突出者还被擢升为长吏。由此可见，这些“贫弱”者中不仅可以被辟召为小吏，而且其中突出者还被任用为长吏。贾宗不论贫富而任吏，是正常的做法。至于第一条材料，也不是简单的因为家赀不足十万以上而不得为吏。韩信“始为布衣时，贫无行，不得推择为吏。”此事发生于秦末。韩信之所以没有被“推择为吏”，不完全是因为家庭贫穷，而同时与他的品行不端有关，故裴骃《集解》引李奇曰：“无善行可推举选择”①。

刘文在把“吏民”中的“吏”定位为中家以上者的同时，把“吏民”中的“民”也定位为中家以上者，而把中家以下的民众视为“吏民”之外的“贫贱民”，这部分人不仅不能为“吏”，也没有资格成为“吏民”中的“民”，说：“资产不达中家的也称‘细民’、‘小民’、‘贫民’或‘下民’、‘下户’等……细民小家由于太穷，资产不达为吏标准，是官府救济和借贷的对象，不属于吏民等级，是更低一等的贫贱民等级。”这里把“细民”“小民”“贫民”“下民”“下户”等通通排除于“吏民”之外也是不妥的。事实上，这些概念或泛指与高层群体相对应之下层民众，或径指“吏民”或“吏民”中的贫穷弱势群体。例如“下民”，荀悦曰：“先王之制禄也，下足以代耕，上足以充祀。故食禄之家，不与下民争利”②。此“下民”乃与“食禄之家”相对应的普通民众；或径指“吏民”，刘陶为顺阳长，“以病免，吏民思而歌之，曰：‘邑然不乐，思我刘君。何时复来，安此下民。’”③ 此“下民”乃顺阳“吏民”自谓。李膺补蜀郡太守，“修庠序，申典礼，明法令，下民悦之。”④ 此“下民”为蜀郡所管治“吏民”之谓。又如“小民”，除了泛指下层民众之外，

---

① 《史记》卷九二《淮阴侯列传》，第2069页。

② （东汉）荀悦撰，张烈点校：《两汉纪》上册《汉纪》卷五《孝惠皇帝纪》注引“荀悦曰”，中华书局2017年版，第73—74页。

③ 《后汉书》卷五七《刘陶传》，第1848页。按，此事他书亦有载，据《艺文类聚》卷一九《人部三·讴谣》引谢承《后汉书》：“刘陶”作“刘驹駼”，“顺阳”作“枞阳”（按，“摐”为“枞”之讹），第350页。又，《艺文类聚》卷五〇《职官部·令长》引司马彪《续汉书》：“刘陶”作“刘驹”，“顺阳”作“涢阳”，第909页。又，《太平御览》卷二六七《职官部六五·良令长上》引《续汉书》：“刘陶”作“刘駼驹”，“顺阳”作“湞阳”，第1250页。本文据诸《后汉书·刘陶传》所载。

④ 《北堂书钞·1》卷七五《设官部二十七·太守中》引谢承《后汉书》，第558页。

也可以指"吏民"，赵广汉为京兆尹，颇得民心，后被治罪，"吏民守阙号泣者数万人，或言'臣生无益县官，愿代赵京兆死，使得牧养小民。'"①此"小民"即指"吏民"。《续汉书·天文志》："小星者，庶民之类。流行者，移徙之象也。或西北，或东北，或四面行，皆小民流移之徵……后三年，吴汉、马武又徙雁门、代郡、上谷、关西县吏民六万余口，置常［山］关、居庸关以东，以避胡寇。是小民流移之应。"② 这里"小民"与"庶民""吏民"之涵义是一致的。再如"贫民"，文帝后六年（前158）"天下旱，蝗。帝加惠：……发仓庾以振贫民，民得卖爵。"解决贫民困苦之措施有二：一方面政府开仓赈济，一方面开放爵位买卖。司马贞《索隐》引崔浩云："富人欲爵，贫人欲钱，故听买卖。"③ 贫民通过卖爵可以得到钱，以度灾荒。这里的"贫民"即有爵可卖的"吏民"中的贫穷者。此从一个侧面表明刘文所定标准——贫民是不属于"吏民"的、没有爵位的，都是不符合历史实际的。诸如此类，不烦一一。

刘文按照自己所订这个标准，于是把凤凰山汉墓出土的西汉时期"郑里廪簿"中的25户人家统统排除于"吏民"之外，说："像1973年湖北江陵凤凰山十号汉墓出土的'郑里廪簿'简，所录二十五户人家基本上不属于吏民。"理由是他们是向官府贷种食的贫民，他们的户均田地24.7亩，"大大低于张家山汉简《二年律令》所规定的私家占田数""说明他们社会地位的低下和经济状况的恶劣，属于低于吏民的贫贱民等级。"这两个理由站得住脚吗？

第一，《郑里廪簿》所载为25户人之实际占田亩数，而张家山汉简《二年律令》所规定乃不同等级占田之最高限额，与哀帝时规定"关内侯、吏民名田，皆无得过三十顷"④ 的意涵是一致的。两者是不能混为一谈的。《嘉禾吏民田家莂》所载"吏民"共有1698户，佃田总亩数54425.41，户均耕地32亩；而1698户"吏民"中的普通农民（"男子""大女"）为

① 《汉书》卷七六《赵广汉传》，第3205页。

② （晋）司马彪撰，（梁）刘昭注补：《续汉书·天文志上》，点校本《后汉书志》第十，中华书局1965年版，第3221页。

③ 《史记》卷一〇《孝文本纪》，第432页。

④ 《汉书》卷一一《哀帝纪》，第336页。

1466 户，约占“吏民”的 86%，佃田总亩数为 43396.26，户均耕地为 29.6 亩[①]。他们的耕地比郑里这 25 户人家的平均耕地面积也多不了多少，能够据此认为他们的耕地不达标而将这 86% 的普通农民排除于“吏民”之外吗？

第二，《郑里廪簿》所载 25 户人中有两户具有“公士”爵位，此虽然是民爵之最低爵位，但那是汉代实行普赐民爵初期阶段、赐民爵制度最为兴旺时期的事情，其时的爵位还不像后来那样贬值。如果按照刘文的标准，从拥有爵位而论，这两户人应当是“吏民”；而从贫富的标准而论，则这两户人不属于“吏民”。出现这种自相矛盾的原因无他，就在于刘文所订标准是不符合历史实际的。

第三，把“官府救济和借贷的对象”排除于“吏民”之外也是不符合历史实际的。汉代经常进行的假贷或救济，其主要对象即为吏民中的贫民。据考证，凤凰山汉墓简牍当为景帝初年物[②]，此前 20 余年文帝即位后曾诏令群臣议振贷贫民，曰：“方春和时，草木群生之物皆有以自乐，而吾百姓鳏寡孤独穷困之人或阽于死亡，而莫之省忧。为民父母将何如？其议所以振贷之。”[③] 其振贷对象就是百姓中的“鳏寡孤独穷困之人”，亦即“吏民”中的“贫民”。此后关于向吏民中的贫民振贷的记载史不绝书，不烦枚举。《郑里廪簿》就是记载对于这 25 户贫民假贷种粮，按照每亩 1 斗标准而廪之。这是春耕课农之意。在假贷种粮的同时，统治者有时还给予贫民物质上的资助或救济。例如，元狩元年（前 122）四月丁卯，立皇太子。在赐中二千石爵右庶长，民为父后者一级的同时，诏曰：“盖君者心也，民犹支体，支体伤则心憯怛……朕嘉孝弟力田，哀夫老眊孤寡鳏独或匮于衣食，甚怜愍焉。其遣谒者巡行天下，存问致赐。曰‘皇帝使谒者赐县三老、孝者帛，人五匹；乡三老、弟者、力田帛，人三匹；年九十以上及鳏寡孤独帛，人二匹，絮三斤；八十以上米，人三石……’。”[④] 在赐予天下“吏民”官爵、民爵的

① 见拙文《“吏户”献疑——从长沙走马楼吴简谈起》，《历史研究》2005 年第 3 期。

② 裘锡圭：《湖北江陵凤凰山十号汉墓出土简牍考释》，《文物》1974 年第 7 期。

③ 《汉书》卷四《文帝纪》，第 113 页。

④ 《汉书》卷六《武帝纪》，第 174 页。

同时，特别关注“吏民”中的“老耗孤寡鳏独”群体之“匮于衣食”问题，将他们与三老、孝悌、力田等乡官一并给予物质资助。地节三年（前67）宣帝诏曰：“鳏寡孤独高年贫困之民，朕所怜也。前下诏假公田，贷种、食。其加赐鳏寡孤独高年帛。二千石严教吏谨视遇，毋令失职。”① 对于贫困“吏民”假公田、贷种食的同时，给予物质资助。东汉桓帝建和元年（147）春正月戊午，大赦天下，“赐吏更劳一岁；男子爵，人二级，为父后及三老、孝悌、力田，人三级；鳏、寡、孤、独、笃癃、贫不能自存者粟，人五斛；贞妇帛，人三匹。灾害所伤什四以上，勿收田租；其不满者，以实除之。”② 除了对于“吏民”减免赋税徭役、赐爵、表彰贞妇之外，还对于“吏民”中的鳏、寡、孤、独、笃癃、贫不能自存者给以每人五斛粟的资助。可见吏民中是存在这样一些“贫不能自存者”群体的。统治者何以特别关注贫困“吏民”的振贷、救济呢？就在于中家以下“吏民”是人口的大多数，他们既是主要的生产者和赋役承担者，从而也是社会稳定的重要因素，武帝诏所谓“支体伤则心憯怛”，道出了其中的原因，故格外予以关注就是很自然的事情。

长沙走马楼吴简中也有许多对于“吏民”进行假贷的记载。例如：

贷种、食予贫民：

1. 其九百八斛七斗給貸黄龍三年貧民佃種粻已列（贰·4481）

2. 其十一斛給貸貧民嘉禾二年米（?）田（?）粻（?）收還簿別列☐（贰·4641）

3. ·右十二月入貧民所貸食元二三年雜米五十七斛六斗☐（贰·4170）

4. 黄龍三□貧民貸食……四百……（贰·4483）

5. ·右模鄉入三年貧民貸食米一斛　□（贰·8898）

① 《汉书》卷八《宣帝纪》，第248页。

② 《后汉书》卷七《孝桓帝纪》，第289页。

贷种、食予一般民众：

1. 其四斛给付嘉禾二年貸民佃種米粻（壹·3109）

2. 右樂鄉入民所貸三年新吏限米十二斛（壹·6098）

3. 大男鄭觀一夫貸一斛⍁（叁·21）

4. 大男黃緷一夫貸一斛⍁（叁·65）

贷种、食予吏：

1. 入廣成鄉領州吏田仁貸米一百卅（壹·1439）

2. 入廣成鄉嘉禾二年所貸吏梅綫所貸黃龍三年縣吏（壹·6097）

3. 入吏烝縣龍元毛蔡□□□□等還所貸三州倉黃龍三年稅米卅二斛四斗（壹·6593）

4. 入吏文水鄧鐵所貸價人李綬米十九斛八斗（壹·9539）

5. 入郡吏烝勉所貸連道縣米五斛五斗（壹·9636）

6. 已入八十九斛□□□鄉縣吏貸食……中（贰·723）

7. 其……斛郡掾利焉還所貸黃龍三年限米（贰·3837）

8. 入廣成鄉郡吏蔡恪還所貸⍁（贰·6949）

9. 入州吏張晶貸黃龍⍁（叁·6079）

由上可见，假贷对象除了贫民之外，还有普通民众以及吏，而吏则有州吏、郡吏、县吏等各色吏员。《郑里廪簿》25户假贷种食者，与吴简中假贷种食之贫民基本上是一致的，属于“吏民”中的下品或下品之下户。

我们再来看看长沙走马楼吴简中的“下品”和“下品之下”户是否属于“吏民”的问题。除了上文已经谈到下品户同样有任吏者，足以证明他们与上、中品户同为“吏民”之外，我们还可以从吴简中看到，上、中、下品户均属于政府管辖的“吏民”：

1. ⍁□□謹以所領戶出錢上中下品人名爲簿（贰·8256）

2. ☑上中下品戶數簿（贰·215）

3. ☑□其/四戶上品/七戶中品/十一戶下品/☑（贰·2897）

4. ☑其/一戶上品/一戶中品/一戶下品/☑（贰·3352）

上引前2简当为基层政府对于所管辖“吏民”有关户品情况而制作的向上级单位上报的人名簿之标题或引言，明言上、中、下三品户均在其“所领”之中。后2简当为基层乡里根据某项需要而总结该地各品级户数之簿籍，同样将上、中、下三品户均一并纳入其中。这里并没有将“下品”户排除于“吏民”之外。吴简的其他记载亦表明上、中、下品户均被视为政府管辖之“吏民”，不见将下品户排除于“吏民”之外的证据。历史事实是，“吏民”并不以贫富为标准，上、中、下品户均属于“吏民”范畴。

不仅“下品”户属于“吏民”，“下品之下”户亦属于“吏民”。在吴简中他们也一并被纳入基层政府“吏民”管理范畴之内。

1. ☑□女戶下品之下不任調☑（壹·4233）

2. 其七戶口口女戶不任調　下品之下（叁·4301）

3. ☑其卌四戶各窮老及刑踵女戶下品之下不任調役（叁·6327）

4. 其卌戶各窮老及刑踵女戶下品之下不任調役（叁·6375）

5. 其七戶口口女戶不任調　下品之下（叁·4301）

6. 其五戶尫羸老頓貧窮女戶（贰·1705）

7. □六戶尫羸老頓貧窮女戶（贰·1861）

8. ·其七戶尫羸老頓貧窮女戶☑（贰·2036）

9. 其七戶尫羸老頓貧窮女戶（贰·2307）

上述诸简表明“下品之下”户以“女户”为多，此外为鳏寡孤独病残者。何谓“女户”？东汉章帝元和二年（85），因祥瑞现，乃下诏：“其赐天下吏爵，人三级；高年、鳏、寡、孤、独帛，人一匹……加赐河南女子百户牛酒。”李贤注“女子百户牛酒”时云：“此谓女户头，即今之女户也。”① 从吴简所载可知，“女户”一称非独唐代，汉末三国已然。“女户”即女子为户主之家庭。在《嘉禾吏民田家莂》一书中有许多以“大女”为户主的家庭，是即“女户”。《嘉禾吏民田家莂》全书所载户主为男子者1388人，为大女者86人②，他们共同构成“吏民”中的普通农民。这些家庭均为当时“吏民”之组成部分。因此，上述“下品之下”的“女户”，也属于“吏民”。而同为“下品之下”户的鳏寡孤独病残者，也与“女户”同样属于“吏民”而无疑。例如，《竹简贰》所载广成里所领吏民簿：

1. 右廣成里領[吏]民五十戶口食二百九[十]□[人]（贰·1671）
2. 其五戶尪羸老頓貧窮女戶（贰·1705）
3. ☑定應役民廿戶（贰·1704）
4. 其一戶給朝丞（贰·1702）
5. 其二戶給郡園父☑（贰·1701）

……③

这个资料表明，在广成里所领50户吏民中，有5户为“尪羸老頓貧窮女戶”，他们即属于史书所经常记载的“鳏、寡、孤、独、笃癃、贫不能自存者”以及“女子百户牛酒”中的“女户”，他们多属于“下品之下”户。可见他们都是作为基层政府管治、统领的“吏民”。

由此可见，两汉三国时期“吏民”中贫富差别是普遍的、正常的客观存在，上、中、下品和下品之下户均属于“吏民”范畴，是否具有“中家以上”资产和“生活富裕”，并非“吏民”的一个先

① 《后汉书》卷三《肃宗孝章帝纪》，第152页。

② 见拙文《“吏户”献疑——从长沙走马楼吴简谈起》，《历史研究》2005年第3期。

③ 此为侯旭东所复原，见氏著《长沙走马楼吴简〈竹简贰〉“吏民人名年纪口食簿”复原的初步研究》，《中华文史论丛》2009年第1辑（待刊）。

决的、必要的条件。刘文声称其认识“可喜地得到了长沙走马楼三国吴简的有力佐证”，然而吴简中似乎并没有资料能够为其提供“有力佐证”。

三　余论

综上所述，刘文问题的要害是将“吏民”界定为具有“中家以上”财产的“生活富裕”者，由这一常识性、根本性错误而导致一系列逻辑上的混乱和史事上的乖误。除了上文已经指出的那些表现和问题之外，还可以指出：刘文所定的两个标准是相互抵牾的，如果“吏民”只是“中家以上”者，而“吏民”同时又必须是“有爵”者，则两汉时期赐民爵诏令屡屡强调的“赐民爵，户一级”① “赐民爵”② “赐民为父后者爵”③ 等，或赐“天下民爵”④“天下男子爵”⑤“天下民当为父后者爵”⑥等，这些泛指性词语所表述的涵义就成为具有限制性的“中家以上”户或人，也就是说，汉代的赐民爵不是普赐天下编户齐民，而是仅仅赐予编户齐民中的“中家以上”户或人。这不论在逻辑上还是在史实上都是谬误的。

如同认为“吏民”中的“吏”是在编户齐民之下的依附民——“吏户”一样，认为“吏民”是在普通编户齐民之上具有“中家以上”财产的“富裕者”，也同样是与历史实际不相符合的一种说法。那么，何以对于“吏民”会形成这样两种偏离历史实际的、互为极端的认识呢？我们注意到，这两种说法均渊源于20世纪的五六十年代，这似乎不是一种偶然的巧合。那个时期学术界正在积极学习并运用马克思主义来解释中国的历史问题，其中关于阶级、阶级分析、阶级斗争的理论就是被广泛运用于中国历史问题研究中的一个重要问题。那个时期的学习和运用，其历史功绩是首要而且应当肯定的，对于认识

---

① 《汉书》卷二《惠帝纪》，第91页。
② 《汉书》卷四《文帝纪》，第108页。
③ 《汉书》卷五《景帝纪》，第144页。
④ 《汉书》卷六《武帝纪》，第191页；《汉书》卷七《昭帝纪》，第229页。
⑤ 《汉书》卷一一《哀帝纪》，第342页；《后汉书》卷一下《光武帝纪下》，第80页。
⑥ 《汉书》卷四《文帝纪》，第111页。

中国历史上的许多问题起了十分重要作用，作出了许多新的解释，大大推动了历史研究的前进。但是，与此同时也不免存在一些不足和问题，在当时“左”的政治氛围影响下，其中特别是将阶级、阶级分析、阶级斗争理论加以过度应用，极力将许多历史现象和问题上升为阶级的对立与斗争问题，从而进行刻意解释，深文周纳，“上纲上线”，这样就有可能对一些历史资料作出并不符合历史实际的解读，从而背离了历史的真实。而20世纪五六十年代提出的某些问题，其后有的还在不同程度地延续甚至愈演愈烈，这表明我们在坚持以马克思主义指导史学研究方面还有许多工作要做。以马克思主义指导历史研究是我们现在仍然必须坚持的正确方向，但这应当是在符合历史事实的前提下进行，即我们通常所说的实事求是，而实事求是本身就是马克思主义的重要原则之一。

附　长沙走马楼吴简户品统计明细表

		竹简壹	竹简贰	竹简叁	合计
上品	户数	5	31	0	36
	简号	1365（1）、5324（2）、5492（2）	562（2）、571（1）、591（2）、593（1）、594（4）、612（1）、631（2）、811（7）、1108（1）、1154（1）、3452（1）、3504（1）、3526（1）、6587（1）、2897（4）、3352（1）		
中品	户数	17	134	0	151
	简号	5426（6）、5433（9）、5472（2）	35（34）、547（1）、553（2）、573（3）、590（7）、600（3）、624（10）、780（2）、837（2）、873（3）、986（25）、1924（1）、1304（17）、3242（10）、2897（7）、3352（1）4490（6）		

续表

		竹简壹	竹简贰	竹简叁	合计
下品	户数	154	478	22	654
下品	简号	1238（36）、1241（13）、1290（26）、5327（1）、5447（7）、5452（1）、5467（12）、5474（1）、5499（32）、5648（13）、5677（12）	43（1）、318（64）、521（28）、529（119）、539（3）、557（6）、570（5）、580（5）、588（21）、597（2）、604（8）、618（2）、622（17）、626（24）、634（16）、629（1）、726（6）、781（2）、799（8）、803（1）、828（4）、1086（1）、1114（37）、1163（4）、1705（5）、1861（6）、2036（7）、2307（7）、2897（11）、3153（4）、3352（1）、3462（9）、4804（6）、1138（2）、2338（5）、3307（2）、2375（1）、614（2）、2339（11）、3304（1）、802（1）、2311（6）、836（1）、2296（5）	4302（5）、3977（1）、3999（11）、4303（1）、6479（2）、6482（2）	
下品之下	户数	139	0	81	220
下品之下	简号	5319（84）、5429（1）、5435（1）、5440（1）、5445（50）、5490（1）、5602（1）		4301（7）、6327（34）、6375（40）	
合计		315	643	103	1061

说明：1、本表所统计为《竹简壹》《竹简贰》《竹简叁》中的群体性户品资料。只统计户品及户数明确者。2、简号后面园括弧内的数字为该简之户数。

（原刊《中国史研究》2009年第2期。后收入《先秦汉唐史论》下编"吏民"卷，北京师范大学2016年版。今据黎虎先生最新刊后修订稿，并参考上述刊文整理。李文才敬识）

说“真吏”

——从长沙走马楼吴简谈起

《长沙走马楼三国吴简·竹简（壹）》① 一书公布了长沙走马楼所发现的三国吴简中关于“真吏”的一些资料，试整理如下：

宜阳里户人公乘信化年卌五真吏盲左目（壹·2872）

男弟仓年廿七真吏（壹·3007）

子公乘生年廿三筭一真吏復（壹·3346）

宜阳里户人公乘利豫年卅四真吏（壹·5387）

宜阳里户人公乘刘桓年卅九真吏（壹·8928）

宜阳里户人公乘区规年廿二真吏（壹·8962）

熙男弟秃年卅五真吏（壹·8964）

宜阳里户人公乘番霸年廿二真吏（壹·9007）

厉子男政年廿九真吏（壹·9053）

宜阳里户人公乘刘艳年廿四真□吏（壹·9065）

颜子男格年卅一真吏（壹·9084）

宜阳里户人公乘徐熙年卌四真吏（壹·9085）

宜阳里户人公乘夏隆年卌一真吏（壹·9090）

□子男□年廿二真吏（壹·9105）

□……年廿二真吏（壹·9111）

---

① 长沙市文物考古研究所、中国文物研究所、北京大学历史学系走马楼简牍整理组编著：《长沙走马楼三国吴简·竹简（壹）》，文物出版社 2003 年版。以下引用此书均简称“壹”。

宜阳里户人公乘许紹年卅五真吏（壹·9129）
宜阳里户人公乘刘温年卅三真吏（壹·9142）
宜阳里户人公乘桓彝年卅五真吏（壹·9143）
宜阳里户人公乘黄高年廿五　真吏（壹·9146）
宜阳里户人公乘陈颜年五十六真吏（壹·9156）
宜阳里户人公乘靳佑年廿四真吏（壹·9207）
宜阳里户人公乘徐营年廿三真吏（壹·9219）
宜阳里户人公乘徐朝年廿一真吏（壹·9289）
宜阳里户人公乘文慎年卅三真吏（壹·9309）
宜阳里户人公乘郭像年廿九真吏（壹·9323）
宜阳里户人公乘莫先年廿五真吏（壹·9341）
宜阳里户人公乘吕诏年廿一真吏（壹·9345）
□阳里户人公乘何统年六十一真吏（壹·9356）
宜阳里户人公乘黄阿年八十一真吏（壹·9360）
宜阳里户人公乘文□年廿□真吏（壹·9384）
宜阳里户人公乘□礼年卅四真吏苦腹心病（壹·9396）
宜阳里户人公乘文胤年卌五真吏（壹·9495）
宜阳里户人公乘□□年廿五真吏☑（壹·9716）[①]
宜阳里户人公乘口口年廿八真吏（叁·6173）[②]

“真吏”问题从未引起学术界的注意，从吴简披露“真吏”的资料至今亦已五年，尚不见有关论著涉及这个问题。“真吏”的涵义如何？他们究竟是些什么人？走马楼吴简虽号称十万余片，但所公布者不过十之一二，其中关于“真吏”的资料又极其有限，不足以窥全豹，加以传世文献亦鲜见有关记载，因而解读颇费思量。此稿草成奄忽四载，踌躇至今，

① 壹，第953、956、964、1007、1079、1080、1080、1080、1081、1082、1082、1082、1082、1082、1082、1083、1083、1083、1083、1084、1085、1086、1086、1087、1087、1087、1087、1088、1088、1090、1095页。

② 此简于拙文发稿前夕逐自长沙简牍博物馆、中国文物研究所、北京大学历史学系走马楼简牍整理组编：《长沙走马楼三国吴简·竹简（叁）》，文物出版社2008年版，第857页。以下凡引用此书均简称“叁”。简叁·6173当为上引《竹简（壹）》这批“真吏”简所窜。

未见相关考古新资料公布；故不揣刍荛，勉为刊布，以期抛砖引玉。

从现已发表的长沙走马楼吴简资料看，其所载“真吏”的涵义及其身份不明。但是，根据传世文献考察，“真吏”是相对于“非真吏”而言的。“真吏”与“非真吏”的区分，存在于从中央到地方，从行政系统至军事系统，从高级官员至下层小吏。“真吏”为真除实授的官员和吏员，此外非真除实授的官员和吏员则属于“非真吏”。“非真吏”又有两种类型，一类是冗散无职事者，只有名义上的官称吏名；一类是有具体职事，但尚未真除实授者。对“真吏”其他问题的研究，还有待于更多考古资料的面世。

一　从唐代的“真吏”与“非真吏”谈起

唐柳宗元《韦使君黄溪祈雨见召从行至祠下口号》诗中有“俟罪非真吏”句，有注云：“贾谊谪长沙王太傅，为赋吊屈原，其词曰：恭承嘉惠兮，竢罪长沙。公为永州员外司马，故曰‘非真吏’。”[①] 这是柳宗元因永贞元年（805）王叔文事件被贬为永州“员外司马”期间所作。这里实际上提出了“真吏”与“非真吏”这样两个相互对立而又相互依存的概念，即以“司马”为真吏，而以“员外司马”为“非真吏”。唐制州府设“司马”以为上佐，但“员外司马”并非真除实授，而是正员之外的名义上的官称。这种挂名的“员外”官大约始于曹魏末年[②]，以后逐渐泛滥，东晋桓温建议精简机构的上疏中说：“其诸员外散官，及军府参佐，职无所掌者，皆并。若车驾郊庙藉田之属，凡诸大事，于礼宜置者，临事权兼，事讫则罢。”[③] 指出“员外”官没有具体职掌，不过临时有事权兼，任务完成则解除。“员外”官至唐代而日益泛滥，史称神龙二年（706）“大置员外官，自京诸司及诸州佐凡二千余人，超授阉官七品已上及员外者千余人。”[④] 后

---

① （唐）柳宗元：《柳河东集》卷四三《韦使君黄溪祈雨见召从行至祠下口号》，上海古籍出版社2008年版，第723页。

② （唐）房玄龄等撰：《晋书》卷二四《职官志》，中华书局1974年版，第733页。

③ （宋）李昉等撰：《太平御览》卷二〇三《职官部一·总叙官》引《桓温集略表》，中华书局1960年版，第979—980页。

④ （后晋）刘昫等撰：《旧唐书》卷七《中宗纪》，中华书局1975年版，第142页。

来又明确这种“员外”官“不得厘务”[①]，没有实际的职务，是个挂名的官称，到了唐后期“则贬责者，然后以员外官处之”[②]，成为处置被贬谪官员的常用官号，因而像柳宗元这样因政治等原因被贬远州“员外司马”的情况在唐代是很普遍的。在这里是以正员之内、真除实授、有实际职务的“司马”为“真吏”，而以非正员、非真除实授、无实际职务的“员外司马”为“非真吏”。

唐代类似“员外”的这种“非真吏”不限于此。神龙元年（705）五月三日敕：“内外员外官，及检校、试官，宜令本司长官，量闲剧取资历，请与旧人分判曹事。自外并不在判事之限，其长官副贰官，不在此限。”[③] 与“员外”官相提并论的还有“检校”“试官”等。唐高祖武德三年（620）李仲文留镇并州，“诏（李）仲文检校并州总管”，胡三省注曰：“检校官未为真”[④]。检校官并非真除实授，因而也属于“非真吏”。开元年间杨执一“进检校右金吾大将军，寻而即真。”[⑤] 杨执一“即真”之后，才是正式的右金吾大将军，从而转变为“真吏”。“试官”亦然。天授二年（691），“凡举人，无贤不肖，咸加擢拜，大置试官以处之。试官盖起於此也。”注曰：“试者，未为正命。”[⑥] “权知”也属于“试官”，即必须经过试用考核，方才转正。有位叫乐璘的人，先“试补郡守，以观其能”，后“连帅上闻，果副所举。”因“才既试可，官宜即真。”于是“就加宪职。可朔州刺史兼御史中丞”[⑦]，这才成为“真吏”。同样，李正卿也是首先“权知陵州刺史”，后来经过“考察为先”，发现其“畏法爱人，善于其职”，于是“试可乃用”“就加真秩”，最后“正

① 《旧唐书》卷一一《代宗纪》，第 273 页。

② （宋）王溥撰：《唐会要》卷六七《员外官》，中华书局 1955 年版，第 1176 页。

③ 《唐会要》卷六七《员外官》，第 1176 页。

④ （宋）司马光编著，（元）胡三省音注：《资治通鉴》卷一八八，唐高祖武德三年（620）四月，中华书局 1956 年版，第 5883 页。

⑤ （清）严可均等编：《全唐文》卷二二九（张说）《赠户部尚书河东公杨君神道碑》，中华书局 1988 年版，第 2312 页。

⑥ （唐）杜佑撰，王文锦、王永兴、刘俊文、徐庭云、谢方点校：《通典》卷一九《职官典一》，中华书局 1984 年版，第 106 页。

⑦ （唐）白居易著，朱金城笺校：《白居易集笺校》卷五三《中书制诰六 · 权知朔州刺史乐璘正授兼御史中丞制》，上海古籍出版社 1988 年版，第 3105—3106 页。

除”陵州刺史[①]，从而成为“真吏”。还有唐文宗时，舒元舆“权知御史中丞。会帝录囚，元舆奏辨明审，不三月即真，兼刑部侍郎。”[②] 奚陟“授权知吏部侍郎，又一年即真。”[③] 除上述之外还有，如“摄”“兼摄”，崔庭玉“兼摄监察御史，军还即真，自殿中三命至侍御史。”[④] 高元裕“摄监察御史，入拜真御史。”[⑤] 如“假”，“去年夏，圣人戒师于东方。宣武军守臣刘公，虑以军兴势危，赋重人困，易置官属，纪纲事法。遂假参佐范阳卢士宣字伯通为兹邑长。伯通勤劳于民，旋即真命，锡以朱服，示王命也。”[⑥] 如“守”，李皋以戴叔伦“试守抚州刺史。民岁争溉灌，为作均水法，俗便利之。耕饷岁广，狱无系囚。俄即真。”[⑦] 如“行”，白居易说：“故事内史缺未补间，亚尹得行大京兆事，试可而即真者，往往有之。”[⑧] 由此可见，各种各样的“非真吏”，需待“即真”“为真”“拜真”之后方才成为“真吏”。

综上所述，凡真除实授的正员之外，或为编制之外，或为权兼假摄，或有名无实等吏员，均可视为“非真吏”。

二　秦汉魏晋南北朝的“真吏”与“非真吏”

唐代这种“真吏”与“非真吏”的区分，实渊源有自，早在秦汉时期已经出现，它们是秦汉魏晋南北朝发展的结果。尽管从秦汉至唐代职官制度多所变化，但是官吏之“真”与“非真”的区分则一直

---

① 《白居易集笺校》卷五三《中书制诰六·权知陵州刺李正卿正除刺史制》，第3088页。

② （宋）欧阳修，宋祁撰：《新唐书》卷一七九《舒元舆传》，中华书局1975年版，第5322页。

③ 陶敏、陶红雨校注：《刘禹锡全集编年编年校注》卷一八《唐故朝议郎守尚书吏部侍郎上柱国赐紫金鱼袋赠司空奚公神道碑》，岳麓书社2003年版，第1191页。又，《旧唐书》卷一四九《奚陟传》：“陟寻以本官（刑部侍郎）知吏部选事，铨综平允，有能名，迁吏部侍郎。”（第4023页）可知，《旧传》所载“知吏部选事”即《神道碑》文所云“权知吏部侍郎”，因此，“知”与“权知”意涵相同，都是指临时代理的性质。因为奚陟在“权知”期间“铨综平允，有能名”，故而一年后升迁为“真官”吏部侍郎。

④ 《全唐文》卷二六八（武平一）《东门颂并序》，第2721页。

⑤ 《全唐文》卷七六四（萧邺）《大唐故吏部尚书赠尚书右仆射渤海高公神道碑》，第7942页。

⑥ 《全唐文》卷九〇一（孙公辅）《新修夏邑县城门楼记》，第9400页。

⑦ 《新唐书》卷一四三《戴叔伦传》，第4690页。

⑧ 《白居易集笺校》卷四九《中书制诰二·张平叔可京兆少尹知府事制》，第2917页。

存在。

“真吏”与“真官”的涵义相同。出土的汉简中有多例“真官”的材料，恰好与走马楼吴简中的“真吏”形成呼应，表明这种情况同时存在于边疆和内地，乃是全国性的情况。其中《居延汉简》中有4条：

1. ☐真官到视事，有代罢。(264·35)[①]

2. ☐□真官到，☐ (350·29)[②]

3. 兼行都尉事，真官到，若有代，罢如律。(509·11A)

4. 兼行都尉事，真官到，若有代，罢如律。(513·1A)[③]

《居延新简》中有2条：

5. 第二隧长临，今调守候长。真官到，若有代，罢。(EPF22·248)

6. ☐□今调守第七候长。真官到，若有代，罢。(EPF22·481)[④]

《肩水金关汉简》中有3条：

7. 五凤元年十一月乙卯朔辛酉，肩水候福谓
关啬夫光候行塞光兼行候事，真官到 (73EJT8：8)[⑤]

8. ☐□候事，真官到，若有代，罢如律令。(73EJT21：38A)[⑥]

9. 安行丞事，真官到，有代，罢☐ (73EJH1：13)[⑦]

---

① 中国简牍集成编辑委员会编：《中国简牍集成（标注本）》第七册《居延汉简·三》，敦煌文艺出版社2001年版，第141页。

② 中国简牍集成编辑委员会编：《中国简牍集成（标注本）》第八册《居延汉简·四》，敦煌文艺出版社2001年版，第9页。

③ 第3、4简，均见《中国简牍集成（标注本）》第八册《居延汉简·四》，第143页。

④ 第5、6简，分别见中国简牍集成编辑委员会编：《中国简牍集成（标注本）》第十二册《居延新简·四》，敦煌文艺出版社2001年版，第83、111页。

⑤ 甘肃简牍保护研究中心、甘肃省文物考古研究所、甘肃省博物馆、中国文化遗产研究院古文献研究室、中国社会科学院简帛研究中心编：《肩水金关汉简（壹）》下册《释文》，中西书局2011年版，第93页。

⑥ 《肩水金关汉简（贰）》下册《释文》，中西书局2012年版，第12页。

⑦ 《肩水金关汉简（肆）》下册《释文》，中西书局2015年版，第126页。

上述简1、3、4、5、6、8、9所存留的字数虽然多少不等，但文意基本相同。其中3、4两简意涵十分清楚，意即某人被派“兼行”都尉职责，5、6两简亦然，简5是名叫“临”的隧长调任“守候长”，简6则是某人调任“守第七候长”，简7是名叫光的关啬夫“兼行”关候之职责，以“候”的身份巡行关塞，简9则是名叫“安”的人“行”丞的职责。上述人等无论是“兼行”“调守”还是“行”，一旦有“真官”（都尉、候、长、丞）到任，则根据有关律条而罢职。可知“兼行”“守”“行”均为暂时代理职务[①]，并非“真官”。这种情况在传世文献中亦有迹可循，西汉人胡建“河东人也。孝武天汉中，守军正丞。”颜师古注曰：“南北军各有正，正又置丞，而（胡）建未得真官，兼守之。”[②] 胡建为“守”丞，故并非“真官”。南朝沈邵于宋文帝时“入为通直郎……时车驾祀南郊，特诏（沈）邵兼侍中负玺，代真官陪乘。”[③] 沈邵虽经特诏而“兼”侍中，但仍然不是“真官”，只是代行“真官”之职务，而属于“非真官”。由此可见，“真官”与“真吏”的涵义是一致的。

秦汉魏晋南北朝时期的”非真吏”“非真官”已经有不少名目。

如“试守”，据《汉官旧仪》记载，汉代“丞相、刺史常以秋分行部”以选拔官员，“刺史举民有茂材，移名丞相，丞相考召，取明经一科，明律令一科，能治剧一科，各一人。诏选谏大夫、议郎、博士、诸侯王傅、仆射、郎中令，取明经。选廷尉正、监、平，案章取明律令。选能治剧长安、三辅令，取治剧。”所选并经过考试合格的这三类人员，“皆试守，小冠，满岁为真，以次迁，奉引则大冠。”[④] 经过一年的“试守”期，如果合格，方为“真吏”“真官”。光武帝诏曰：“自今以后，审四科辟召……务授试以职。”[⑤]《前书音义》曰：“试守者，试守一岁，

---

① 按，“调守”某官，“守”是表示“非真官”的意思，“调”即调任之意，即临时调任某人去担任某个“非真官”性质的“守”职。

② （汉）班固撰，（唐）颜师古注：《汉书》卷六七《胡建传》，中华书局1962年版，第2910页。

③ （梁）沈约撰：《宋书》卷一〇〇《自序》，中华书局1974年版，第2460页。

④ （汉）卫宏撰，（清）纪昀等辑：《汉官旧仪》卷上，周天游点校《汉官六种》，中华书局1990年版，第36—37页。

⑤ （晋）司马彪撰，（梁）刘昭注补：《续汉书·百官志一》注引应劭《汉官仪》，点校本《后汉书志》第二十四，中华书局1965年版，第3559页。

乃为真，食其全俸。”[①] 这种“试守”制度在汉代已经广泛施行。西汉时，张敞“守太原太守，满岁为真”[②]。河平（前28—前25）年间，匈奴单于来朝，成帝使班伯持节迎于塞下，“会定襄大姓石、李群辈报怨，杀追捕吏，（班）伯上状，因自请愿试守期月。上遣侍中中郎将王舜驰传代（班）伯护单于，并奉玺书印绶，即拜（班）伯为定襄太守。”[③] 班伯请求“试守”定襄太守的年限也是一周年，此时他还不是真太守，待得到皇帝颁发的“玺书印绶”之后，才算正式拜为真太守。此为外郡太守由“试守”而“即真”。三辅地区则更为常见，如尹翁归“以高第入守右扶风，满岁为真。”[④] 韩延寿“入守左冯翊，满岁称职为真。”[⑤] 赵广汉“从军还，复用守京兆尹，满岁为真。”[⑥] 王尊“守京兆尹，后为真，凡三岁。”[⑦] 其中尤以京兆尹为甚，史称“京兆典京师，长安中浩穰，于三辅尤为剧。郡国二千石以高弟入守，及为真，久者不过二三年，近者数月一岁，辄毁伤失名，以罪过罢。唯（赵）广汉及（张）敞为久任职。”[⑧] 京兆情况复杂，职务繁重，故京兆尹多经“试守”方能“即真”，但是多不能久任，可见成为真京兆尹并非易事。郡丞尉亦然。敦煌汉简：“始建国天凤三年十二月壬辰敦德玉门行大尉事试守千人辅试守丞况谓大前都尹西曹聊掾行塞蓬”[⑨]，王莽改敦煌为敦德、都尉为太尉，敦煌郡“有阳关、玉门关，皆都尉治。”[⑩]“千人”为边郡部都尉之下武官，丞为都尉之副。这里，名辅者“行”太尉事并“试守”千人，名况者“试守”丞。“试守”为“非真吏”“非真官”，“行”为暂时代理职事，对于真太尉来说，亦可视为“非真吏”“非真官”。

---

① （南朝·宋）范晔撰，（唐）李贤等注：《后汉书》卷二四《马援传》注引，中华书局1965年版，第850页。

② 《汉书》卷七六《张敞传》，第3225页。

③ 《汉书》卷一〇〇上《叙传上》，第4199页。

④ 《汉书》卷七六《尹翁归传》，第3208页。

⑤ 《汉书》卷七六《韩延寿传》，第3213页。

⑥ 《汉书》卷七六《赵广汉传》，第3201页。

⑦ 《汉书》卷七六《王尊传》，第3233页。

⑧ 《汉书》卷七六《张敞传》，第3222页。

⑨ 吴礽骧、李永良、马建华校释：《敦煌汉简释文》，简193A，甘肃人民出版社1991年版，第18页。

⑩ 《汉书》卷二八下《地理志》下，第1614页。

郡守、丞、尉如此，县令、长、丞、尉亦然。王莽时茂陵游侠原涉的家奴杀人，“是时，茂陵守令尹公新视事，（原）涉未谒也，闻之大怒。”故欲借机惩办原涉的家奴。颜师古注曰：“守茂陵令，未真为之。”[①]茂陵县新任“守令”尹公与原涉因这件事情而生芥蒂，于是县门下掾王游公趁机对尹公说：“君以守令辱原涉如是，一旦真令至，君复单车归为府吏。”给他出主意：原涉为其父所建造的坟墓奢僭逾制，主上知之，“‘今为君计，莫若堕坏（原）涉冢舍，条奏其旧恶，君必得真令。如此，（原）涉亦不敢怨矣。’尹公如其计，（王）莽果以为真令。”[②] 这里出现了“守令”和“真令”这样两个相对应的概念，“守令”即“试守”的县令，“真令”即正式的县令。尹公当时还不是“真令”，需经过一定期限的考核合格之后才能成为“真令”。史称王莽当政时期尚空谈，“议论连年不决，不暇省狱讼冤结民之急务”，以至“县宰缺者，数年守兼”。何谓“守兼”？颜师古注曰：“不拜正官，权令人守兼。”可知王莽时期县官“守兼”现象是很普遍的。县官因长期不能“即真”，导致“一切贪残日甚”[③]，吏治大坏。东汉光武帝因感其长兄刘縯功业不就，故抚育其遗孤恩爱甚笃，以刘縯子刘章“少贵，欲令亲吏事，故使试守平阴令。”安排他“试守”平阴县令，以历练他的从政能力。注曰：“试守者，称职满岁为真。”[④] 县丞亦然，汉元帝时，“琅邪贡禹为御史大夫，而华阴守丞嘉上封事”云云，颜师古注曰：“守华阴县丞者，其人名嘉。”[⑤]

试守县令、长、丞、尉的情况，在悬泉置汉简中多所记载，如：汉元帝建昭二年（前 37）有“效穀守长建”[⑥]，名建者为敦煌郡效穀县“守”县长；元帝永光五年（前 39）有“效穀守长合宗，守丞、敦煌左尉忠”[⑦]，名合宗者为效穀县“守”县长，名忠者为效穀县“守”丞兼敦煌左尉；成帝阳朔元年（前 24）有“效穀守丞何”“守长定、守

---

① 《汉书》卷九二《游侠传 · 原涉传》，第 3717 页。

② 《汉书》卷九二《游侠传 · 原涉传》，第 3718 页。

③ 《汉书》卷九九中《王莽传中》，第 4140 页。

④ 《后汉书》卷一四《刘縯传》，第 553 页。

⑤ 《汉书》卷六七《朱云传》，第 2912—2913 页。

⑥ 胡平生、张德芳编撰：《敦煌悬泉汉简释粹》，悬泉汉简 Ⅱ0216②：241—244，上海古籍出版社 2001 年版，第 69 页。

⑦ 《敦煌悬泉汉简释粹》，悬泉汉简 Ⅱ0216②：877—883，第 118 页。

尉封”[①]，名何者为效榖县“守”丞，名定者为“守”县长，名封者为“守”县尉；成帝永始四年（前13）有“效榖守长、敦煌左尉护”[②]，名护者为效榖县“守”县长兼敦煌左尉，等。《杜陵壶》载成帝永始元年（前16）杜陵县“守左丞博、守令并”[③]，名博者为“守”县左丞，名并者为“守”县令。“其官吏试职者则曰守”[④]，是为“非真吏”“非真官”。

不仅地方官吏有“真吏”“真官”或“非真吏”“非真官”之分，中央政府官吏亦然。如御史大夫属官侍御史以“公法府掾属高第补之。初称守，满岁拜真。”[⑤] 悬泉置汉简记载：汉元帝永光五年（前39）有“守御史李忠”“守御史任昌年”[⑥]，两人均未“拜真”，属于“非真吏”“非真官”。其中李忠是以“丞相少史”而“守”御史，“丞相少史，秩四百石，次三百石、百石。”[⑦] 侍御史六百石[⑧]。李忠即由丞相府掾属而补御史府掾属。《汉书·张汤传》载丞相有三长史，颜师古注曰：“《百官表》丞相有两长史，今此云三者，盖以守者，非正员也。”[⑨] 其中一位守长史即为“非真吏”“非真官”。东汉顺帝阳嘉二年（133），李固上疏分析时政，其中有云：“窃闻长水司马武宣、开阳城门候羊迪等，无它功德，初拜便真。此虽小失，而渐坏旧章。先圣法度，所宜坚守，政教一跌，百年不复。”[⑩] “长水司马”为掌宿卫兵的北军五营之一“长水校尉”的佐官，秩千石；“开阳城门候”为洛阳十二城门之一“开阳门”的“门候”，秩六百石[⑪]。按照制度应该先“守”后“真”，李固本传注引

---

① 《敦煌悬泉汉简释粹》，悬泉汉简Ⅱ0112②：112，第99页。

② 《敦煌悬泉汉简释粹》，悬泉汉简Ⅱ0215②：422，第96页。

③ （清）阮元撰：《积古斋钟鼎彝器款识》卷九《杜陵壶》，《丛书集成初编》，商务印书馆1937年版，第502页。

④ （清）赵翼撰，曹光甫校点：《陔余丛考》卷二六“假守”条，上海古籍出版社2011年版，第499页。

⑤ 《续汉书·百官志三》注引蔡质《汉仪》，点校本《后汉书志》第二十六，第3600页。

⑥ 《敦煌悬泉汉简释粹》，悬泉汉简Ⅱ0216②：866—869，第29页。

⑦ 《汉官旧仪》卷上，周天游点校：《汉官六种》，第37页。

⑧ 《续汉书·百官志三》注引，点校本《后汉书志》第二十六，第3699页。

⑨ 《汉书》卷五九《张汤传》，第2644页。

⑩ 《后汉书》卷六三《李固传》，第2076页。

⑪ 《续汉书·百官志四》注引，点校本《后汉书志》第二十七，第3612、3610页。

《续汉书》曰："中都官，千石、六百石，故事：先守一岁，然后补真。"①《资治通鉴》记此事时，胡三省注曰："汉制，初拜官称守，满岁为真。"② 故李固将"长水司马"和"开阳城门候"这些官吏"初拜便真"视为破坏"旧章"和"先圣法度"的失误。汉代这种制度，魏晋南北朝时期继续实行，西晋人高光于"晋武帝世……迁守廷尉，后即真。"③ 北魏贾思同"迁镇远将军、中散大夫、试守荥阳太守。寻即真。"④ 袁枢于陈文帝天嘉元年（560）"守吏部尚书。三年，即真。"⑤ 总之，"试守"期间还属于"非真吏""非真官"，经过一定时间考核之后方才"为真""即真"，从而成为"真吏""真官"，这是汉唐时期通行的制度。

除了"试守"这种形式之外，还有其他一些形式。如"行""兼行"，东汉安帝元初六年（119），敦煌太守曹宗以北匈奴联合西域诸国犯边，"患之，乃上遣行长史索班将千余人屯伊吾以招抚之。"胡三省注曰："行长史者，行长史事，未为真也。"⑥ "行"即暂时代理，尚未即真。这种形式早在西汉已经广泛存在，汉简中多所记载，如：甘露二年（前52）"二月甲戌，敦煌骑司马充行太守事，库令贺兼行丞事，谓敦煌以次为，当舍传舍，如律令。"⑦ 骑司马名充者"行"敦煌太守事，库令名贺者"兼行"敦煌郡丞事。另简："三月丙午张掖长史延行太守事肩水仓长汤兼行丞事下属国农部都尉小府县官……"⑧ 张掖长史名延者"行"张掖太守事，肩水仓长名汤者"兼行"张掖郡丞事。另简："□□□年六月丁巳朔庚申，阳翟邑狱守丞就兼行丞事……"⑨，这是阳翟邑狱的"守丞"名就者"兼行"狱丞事。另简："元凤三年十月戊子朔戊子，酒泉库令安国

---

① 《后汉书》卷六三《李固传》，第2076页。

② 《资治通鉴》卷五一，汉顺帝阳嘉二年（133）六月，第1667页。

③ 《三国志》卷二四《魏书·高柔传》注引《晋诸公赞》，第690页。

④ （北齐）魏收撰：《魏书》卷七二《贾思伯附贾思同传》，中华书局1974年版，第1615页。

⑤ （唐）姚思廉撰：《陈书》卷一七《袁枢传》，中华书局1972年版，第241页。

⑥ 《资治通鉴》卷五〇，汉安帝元初六年（119），第1602页。

⑦ 《敦煌悬泉汉简释粹》，悬泉汉简Ⅴ1311③：315，第142页。

⑧ 《中国简牍集成（标注本）》第五册《居延汉简·一》，简10·32，第30页。

⑨ 中国简牍集成编辑委员会编：《中国简牍集成（标注本）》第六册《居延汉简·二》，简140·1A，敦煌文艺出版社2001年版，第88页。

以近次兼行大守事……”[①]，这是酒泉库令名安国者，以“近次”而“兼行”酒泉太守事。另简：“十一月丁卯，张掖大守奉世、守郡司马行长史事、库令行丞事……”[②]，这是张掖郡的“守司马”和“库令”二人分别“行”张掖长史事和“行”张掖丞事。另简：“建武八年三月己丑朔，张掖居延都尉谌行丞事……”[③]，这是张掖郡居延都尉名谌者“行”张掖郡丞事。另简：“五月丙寅，居延都尉德、库守丞常乐兼行丞事……”[④]，这是居延库“守丞”名常乐者“兼行”居延丞事。另简：“三月己丑，张掖库宰崇以近秩次行大尹文书事，长史丞下部大尉……”[⑤]，这是新莽时期张掖郡库令名崇者，以“库令”的身份“行”张掖郡太守事[⑥]。另简：“八月戊辰，张掖居延城司马武，以近秩次行都尉文书事……”[⑦]，这是张掖郡居延城的司马名武者，以“近秩次”而“行”都尉之职权，代其下发文书。另简：“七月壬辰，张掖肩水司马阳以秩次兼行都尉事……”[⑧]，这是张掖郡肩水金关司马名阳者，“以秩次”而“兼行”都尉的职能。另简：“延平元年三月戊寅朔六日癸未，行长沙大守文书事大守丞当谓临湘……（A 面）兼掾昆，守属褒、书佐汜（B 面）”[⑨]，A 面文字是长沙太守属官“大守丞”，以长沙太守的名义发给临湘县的下行文书，是其

---

① 《中国简牍集成（标注本）》第七册《居延汉简·三》，简 303·12A，第 227 页。

② 《中国简牍集成（标注本）》第八册《居延汉简·四》，简 505·3，第 125 页。

③ 中国简牍集成编辑委员会编：《中国简牍集成（标注本）》第九册《居延新简·一》，简 20·4A，敦煌文艺出版社 2001 年版，第 165 页。

④ 中国简牍集成编辑委员会编：《中国简牍集成（标注本）》第十册《居延新简·二》，简 51·190A，敦煌文艺出版社 2001 年版，第 92 页。

⑤ 中国简牍集成编辑委员会编：《中国简牍集成（标注本）》第十一册《居延新简·三》，简 59·160，敦煌文艺出版社 2001 年版，第 138 页。

⑥ 按，“库宰”即库令，王莽时改县令、县长为县宰，其他与县令长秩级相同之长官亦曰宰，如库令称为“库宰”。大尉，即太尉，王莽时改都尉为大尉。大尹，即郡太守。库宰、大尹、大尉，皆王莽时所更改之官名。据此可知，这条材料属于新莽时期，这表明新莽政权在职官制度上尽管更改了一些名称，但“真吏”“真官”与“非真吏”“非真官”同时并存并广泛应用的情况却是相同的。

⑦ 《中国简牍集成（标注本）》第十二册《居延新简·四》，简 22·68，第 62 页。

⑧ 《肩水金关汉简（壹）》下册《释文》，简 73EJT1：3，第 1 页。

⑨ 长沙市文物考古研究所、清华大学出土文献研究与保护中心、中国文化遗产研究院、湖南大学岳麓书院编：《长沙五一广场东汉简牍选释》，木两行 CWJ1③：263—21，中西书局 2015 年版，第 225 页。

以“太守丞”的身份行使长沙太守的职权，B 面文字则是负责办理文书的“兼掾昆、守属裒、书佐汜”的联署。上述人等分别来自边地的敦煌、张掖、酒泉等郡和内地的长沙郡政府或其下属机关，他们各自的职官不同，所在地区也有边疆和内地之分，但有一个共同点，即都是以“行”或“兼行”的身份行使另一职官的职权，他们均为“非真吏”“非真官”。甚至还有本职原来就是“非真吏”“非真官”者，又担任另外一个“非真吏”“非真官”的情况，如汉元帝永光五年（前 39）在敦煌郡的下移文书中具名的除了太守、长史之外，还有“守部候脩仁行丞事”[①]，名脩仁者一身之二任均属“非真吏”“非真官”。再如“五年正月癸未，守张掖居延都尉旷行丞事……”[②]，这位名旷者所担任的“守张掖居延都尉”和“行丞事”二职，也都是“非真吏”“非真官”。类似这样的“行”“兼行”而为“非真官”“非真吏”的史料，分布在各种汉简之中，而且数量很多，无法一一枚举，这表明“非真官”“非真吏”乃是当时职官制度中的常态。东汉安帝元初三年（116）“以乌桓校尉邓遵为度辽将军。（邓）遵，皇太后之从弟，故始为真将军焉。”胡三省注曰：“自置度辽将军以来，皆权行其事，今始以邓遵为正度辽将军，此后更无行者也。”[③]意即度辽将军从创设以来都是“权行其事”，并非真除实授，而这次以邓太后的从弟邓遵为度辽将军，就取消了“权行”，直接真除实授他为“真将军”了。度辽将军一职虽然由于特殊的原因而今后不再有“权行”这一环节，但是对于其他官职来说，“权行”这种方式并未就此取消，历魏晋南北朝而不辍。

曹魏太和四年（230），以董昭“行司徒事，六年，拜真。”[④] 北魏宣武帝时吕苟儿反于秦州，李韶“除抚军将军、西道都督、行秦州事。与右卫将军元丽率众讨之。事平，即真。”[⑤] 太和二十年（496）魏孝文帝得知穆泰等人作乱的阴谋后，“行吏部尚书任城王（元）澄有疾，帝召见于凝闲堂”以商议对策。胡三省注曰：“行吏部尚书者，行吏部尚书事，未

---

① 《敦煌悬泉汉简释粹》，悬泉汉简Ⅱ0216②：866—869，第 29 页。

② 《中国简牍集成（标注本）》第五册《居延汉简·一》，简 16·10，第 45 页。

③ 《资治通鉴》卷五〇，汉安帝元初三年（116）五，第 1596—1597 页。

④ 《三国志》卷一四《魏书·董昭传》，第 442 页。

⑤ 《魏书》卷三九《李宝传》，第 877 页。

为真也。”[①] 次年孝文帝亲率大军从洛阳出发攻齐，“使吏部尚书任城王（元）澄居守”。胡三省注曰：“任城王（元）澄至是始为真吏部尚书。”[②] 北魏末年元瞻“复换平南将军持节行兖州事……就拜平东将军即真刺史。”[③] 这表明“行刺史”需经真除实授方才成为“真刺史”。

再如“领”，建安十一年（206）曹操平定高干之后，命梁习“以别部司马领并州刺史”，政绩显著，“太祖嘉之，赐爵关内侯，更拜为真。”[④] 黄初元年（220），郭淮被“擢领雍州刺史，封射阳亭侯，五年为真。”[⑤] 刘备调蜀郡太守法正随同攻打汉中，诸葛亮“于是表（杨）洪领蜀郡太守，众事皆办，遂使即真。”[⑥] 实际上，“领”职这种类型的“非真官”“非真吏”在汉简中早已有之，如《居延新简》中有“领甲渠候职”[⑦]，长沙五一广场东汉简牍中有“守太仓令给事谒者郎中兴领导官令”[⑧]，这是说名字叫兴的人以“守太仓令、给事谒者郎中”的本职而“领”导官令，其“领导官令”属于“非真吏”“非真官”性质的职务。这表明魏晋南北朝时期的“领”职作为“非真官”“非真吏”的类型之一至迟也可以上溯到汉代。

再如“监”，南朝宋人沈庆之“兄敞之，为赵伦之征虏参军、监南阳郡，击蛮有功，遂即真。”[⑨] 萧梁大同（535—546）年间，王冲“出监吴郡，满岁即真。”[⑩]

又如“兼”，亦汉魏以来皆行之。汉简中就有这种“兼”职，如《居延汉简》有“兼劝农掾”[⑪]。《居延新简》中有“兼尉史问”[⑫]。《肩水

---

① 《资治通鉴》卷一四〇，齐明帝建武三年（496），第4402页。

② 《资治通鉴》卷一四一，齐明帝建武四年（497）八月，第4411—4412页。

③ 《魏故散骑常侍抚军将军金紫光禄大夫仪同三司车骑大将军司空公光兖雍三州刺史元（瞻）公墓志铭》，赵超：《汉魏南北朝墓志汇编》，天津古籍出版社1992年版，第228页。

④ 《三国志》卷一五《魏书·梁习传》，第469页。

⑤ 《三国志》卷二六《魏书·郭淮传》，第734页。

⑥ 《三国志》卷四一《蜀书·杨洪传》，第1013页。

⑦ 《中国简牍集成（标注本）》第十二册《居延新简·四》，简22·169，第73页。

⑧ 《长沙五一广场东汉简牍选释》，木两行CWJ1③：315A，第144页。

⑨ 《宋书》卷七七《沈庆之》，第1996页。

⑩ 《陈书》卷一七《王冲传》，第235页。

⑪ 《中国简牍集成（标注本）》第五册《居延汉简·一》，简16·10，第45页。

⑫ 《中国简牍集成（标注本）》第七册《居延汉简·三》，简231·31，第34页。

金关汉简》中有“兼掾放”①。《长沙东牌楼东汉简牍》中有“兼门下功曹史何戒”②。长沙五一广场汉简有“兼左部劝农贼捕掾种”③。上述汉简中的“兼”职其例甚夥，无法一一，这里只是各检出一例以为说明。这表明这种“兼”职的“非真吏”“非真官”也是在全国范围内的情况，广泛存在于从边疆到内地的各级地方政府机关中的。不仅出土的简牍文献中这方面的例子很多，传世文献中这方面的例子也是不胜枚举。曹魏时张华“迁长史，兼中书郎。朝议表奏，多见施用，遂即真。”④ 西晋刘暾“兼御史中丞，奏免尚书仆射、东安公（司马）繇及王粹、董艾等十余人。朝廷嘉之，遂即真。”⑤ 南朝萧齐庾杲之“美容质，善言笑”，因而“尝兼侍中夹侍”。柳世隆“在御坐，谓齐武帝曰：‘庾杲之为蝉冕所映，弥有华采，陛下故当与其即真。’上甚悦。王俭仍曰：‘国家以杲之清美，所以许其假职。若以其即真，当在胡谐之后。’”⑥ 可见这里的“兼”是“假职”的意思，并非真除实授。钱大昕《廿二史考异》云：“此‘兼’字当读去声，盖假职未真授之称，与一人兼两职之兼有别。”⑦

“假职”之制早在秦汉已经施行，此后历代相承。秦王政十六年（前231）九月，“发卒受地韩南阳假守腾”⑧。秦二世元年（前209），“陈胜起。九月，会稽假守（殷）通素贤（项）梁，乃召与计事。”颜师古注引张晏曰：“假守，兼守也。”⑨《史记·项羽本纪》张守节《正义》按：“言‘假’者，兼摄之也。”⑩ 上述腾、殷通二人均为“假”职，即代理郡守，并非“真”郡守。赵翼谓：“秦、汉时，官吏摄事者皆曰假，盖言

---

① 《肩水金关汉简（壹）》下册《释文》，简73EJT3：78，第34页。

② 长沙市文物考古研究所、中国文物研究所编：《长沙东牌楼东汉简牍》，简93：名刺（一）“兼门下功曹史何戒名刺”，文物出版社2006年版，第111页。

③ 《长沙五一广场东汉简牍选释》，木两行CWJ1③：305，第142页。

④ 《晋书》卷三六《张华传》，第1070页。

⑤ 《晋书》卷四五《刘毅附子暾传》，第1281页。

⑥ （唐）李延寿撰：《南史》卷四九《庾杲之传》，中华书局1975年版，第1210页。

⑦ （清）钱大昕撰：《廿二史考异》卷三六《南史二》，商务印书馆1958年版，第690页。

⑧ 《史记》卷六《秦始皇本纪》，第232页。

⑨ 《汉书》卷三一《陈胜项籍传》，第1796页。

⑩ 《史记》卷七《项羽本纪》，第297页。

借也。”[①] 不仅行政系统有“假”职者，军事系统亦然。秦二世三年（前207）十一月项羽杀上将军宋义后，诸将“乃相与共立（项）羽为假上将军”。《正义》曰：“未得（楚）怀王命也。假，摄也。”[②] 尚未得到楚怀王的正式任命，故为“假上将军”。东汉永平十六年（73）“奉车都尉窦固出击匈奴，以（班）超为假司马，将兵别击伊吾，战于蒲类海，多斩首虏而还。”[③] 此“假司马”亦为“假”职而非“真”职。孙坚，吴郡富春人，少为县吏。因杀“海贼”表现英勇，“由是显闻，府召署假尉。”[④]

“假”职在秦汉简牍中也多有所见，《里耶秦简》中有之，如“琅邪叚守□”[⑤]，“洞庭叚守绎”[⑥]，“洞庭叚守昌”[⑦]，“洞庭叚守齮”[⑧]，“洞庭叚守冣”[⑨]，“洞庭叚守高”[⑩]，“洞庭叚守铺”[⑪]，“洞庭叚尉觿”[⑫]，“洞庭叚尉御”[⑬]，“迁陵将计叚丞枯”[⑭] “启陵乡守亩敢言之：佐亩为叚令史，以乙巳视事……”[⑮]，“叚少内说”[⑯]，“叚少内连”[⑰]，“叚少内唐”[⑱]，“唐

---

① 《陔余丛考》卷二六“假守”条，第499页。

② 《史记》卷七《项羽本纪》，第305页。

③ 《后汉书》卷四七《班梁列传》，第1572页。

④ 《三国志》卷四六《吴书·孙破虏讨逆传》，第1093页。

⑤ 湖南省文物考古研究所编著：《里耶秦简（壹）》，简8—657，文物出版社2012年版，第42页。以下简称《里耶秦简（壹）》，简8—657指第八届简牍之第657号简，前面的数字代表层数，后面的数字代表简号。《里耶秦简（贰）》标注方式同。

⑥ 《里耶秦简（壹）》，简8—759，第49页。又，湖南省文物考古研究所编著：《里耶秦简（贰）·释文》简9—1145、简9—1300均为残简，其文有曰：“☐□□洞庭叚守绎☐”（文物出版社2017年版，第45页）与本简所载“洞庭叚守绎”应为同一人。

⑦ 《里耶秦简（贰）》，简9—23正，第6页。

⑧ 《里耶秦简（贰）》，简9—713正，第29页。

⑨ 《里耶秦简（贰）》，简9—1482+9—2041+9—2149，第58页。

⑩ 《里耶秦简（贰）》，简9—1861正，第69页。

⑪ 《里耶秦简（贰）》，简9—1864正，第69页。

⑫ 《里耶秦简（贰）》，简9—1背、简9—2背、9—3背、9—4背、9—5背、9—6背、9—7背、9—8背、9—9背、9—10背、9—11背、9—12背，第3—5页。

⑬ 《里耶秦简（贰）》，简9—2456+9—2457正，第94页。

⑭ 《里耶秦简（贰）》，简9—651+9—2470正，第27页。

⑮ 《里耶秦简（贰）》，简9—30正，第7页。

⑯ 《里耶秦简（贰）》，简9—685，第28页。

⑰ 《里耶秦简（贰）》，简9—1310，第49页。

⑱ 《里耶秦简（壹）》，简8—1770，第84页。

亭叚校长壮”[①]，“洞庭叚属其与巴叚卒史丑”[②]，“庐江叚卒史适”[③]，“叚卒史谷”[④]，“洞庭叚卒史悍”[⑤]，“叚令史郚”[⑥]。汉简中有之，如《肩水金关汉简》有“仓假佐赵䜣”[⑦]，“使者一人，假司马一人，骑士廿九人”[⑧]，“居摄三年十月甲戌朔壬午，大司空假属建、大司徒属错逐捕反虏陈伯阳、王孙庆……”[⑨]，“元寿二年七月丁卯朔辛卯，广昌乡啬夫假佐宏敢言之……”[⑩]，“遣假佐耐逐事酒泉张掖郡中……”[⑪]，“明乡啬夫放、叚（假）佐玄敢言之□”[⑫]，“假佐恭敢言之……”[⑬]，“宜禾假亭长广禹”[⑭]。《敦煌汉简》中有“假司马定”[⑮]，《居延汉简》中有“假千人丞苏”[⑯]，“右校假卒史、汉中郡褒中高居里赵□”[⑰]，“置假佐宜旦里孙良”[⑱]，“凡入假佐十六人”[⑲]，“建平五年八月……假佐玄敢言之……”[⑳]。《居延新简》有“假千人陈级”[㉑]，“假佐居延富里孙直”[㉒]。上述秦汉简牍中的各种“假”职，都属于我们所说的“非真吏”“非真官”。对于这类“假”

---

① 《里耶秦简（贰）》，简9—1112正，第43页。

② 《里耶秦简（贰）》，简9—2305，第89页。

③ 《里耶秦简（贰）》，简9—1416+9—472正，第53页。

④ 《里耶秦简（贰）》，简9—2283正，第85页。

⑤ 《里耶秦简（壹）》，简8—78，第14页。

⑥ 《里耶秦简（壹）》，简8—802，第51页。

⑦ 《肩水金关汉简（壹）》下册《释文》，简73EJT10：343A，第152页。

⑧ 《肩水金关汉简（壹）》下册《释文》，简73EJT3：98，第35页。

⑨ 《肩水金关汉简（贰）》下册《释文》，简73EJT23：878，第118页。

⑩ 《肩水金关汉简（贰）》下册《释文》，简73EJT23：897A，第120页。

⑪ 《肩水金关汉简（肆）》下册《释文》，简73EJT37：140，中西书局2015年版，第23页。

⑫ 《肩水金关汉简（肆）》下册《释文》，简73EJT37：162，第25页。

⑬ 《肩水金关汉简（肆）》下册《释文》，简73EJT37：806+816，第70页。

⑭ 《肩水金关汉简（伍）》下册《释文》，中西书局2016年版，简73EJC：380A，第109页。

⑮ 《中国简牍集成（标注本）》第三册《敦煌汉简》，敦煌市后坑墩（D20·T11）采集简，简1230，敦煌文艺出版社2001年版，第160页。

⑯ 《中国简牍集成（标注本）》第五册《居延汉简（壹）》，简73·17，第211页。

⑰ 《中国简牍集成（标注本）》第五册《居延汉简（壹）》，简90·49、简90·68、简90·89，第262页。

⑱ 《中国简牍集成（标注本）》第六册《居延汉简（贰）》，简171·7，第156页。

⑲ 《中国简牍集成（标注本）》第七册《居延汉简（叁）》，简290·1，第215页。

⑳ 《中国简牍集成（标注本）》第八册《居延汉简（肆）》，简505·37A，第130页。

㉑ 《中国简牍集成（标注本）》第九册《居延新简（壹）》，简48·158A，第313页。

㉒ 《中国简牍集成（标注本）》第十一册《居延新简（叁）》，简65·148，第250页。

职，清人赵翼曰：“凡此皆言摄也，非真假之假也。”[①] 北魏献文帝“使殿中尚书胡莫寒简西部敕勒为殿中武士……莫寒大纳货赂，众怒，杀莫寒及高平假镇将奚陵。”胡三省注曰：“假镇将者，未得为真。”[②] 不过，北魏还有另一种“假”官则完全为虚拟，并不能即真。太和二十年（496）“宴群臣及国老、庶老于华林园。诏曰：‘国老黄耇以上，假中散大夫、郡守；耆年以上，假给事中、县令；庶老，直假郡县。各赐鸠杖、衣裳。’丁丑，诏诸州中正各举其乡之民望，年五十以上守素衡门者，授以令长。”[③] 这类“假”官为“非真吏”“非真官”更无疑义。

上述“即真”“为真”“拜真”又或称为“即正”。如上文提到的庾杲之，就曾“迁黄门郎，兼御史中丞，寻即正。”[④] 北魏宣武帝时，卢昶曾“转侍中，又兼吏部尚书，寻即正，仍侍中。”[⑤] 即卢昶既为真侍中又为真吏部尚书。北齐王纮“兼侍中，聘於周。使还即正，未几而卒。”[⑥] 梁武帝天监十七年（518）“夏六月乙酉，中军将军、中书监临川王（萧）宏以本号行司徒。”“冬十月乙亥，以行司徒临川王（萧）宏即正。”[⑦] 唐贞观年间，罗君副“授壮武将车，守左骁卫将军，寻便即正。”[⑧] 他们都是在经过“兼”“行”“守”等程序之后方才“即正”，成为正式的官员，可见“即正”与“即真”“为真”的含义是相同的。

总之，各种权假兼摄等在“即真”“为真”“拜真”“即正”之前均可视为“非真吏”“非真官”，只有在“即真”“为真”“拜真”“即正”之后才成为“真吏”“真官”。虽然这种情况是主要的，是占多数的，但是除此之外，还有一种情况是“非真吏”“非真官”并不“即真”“拜真”，使命完成之后即回归本职。有时为了完成某一特定任务，在有“真吏”“真官”的情况下，而委派另一人为“非真吏”“非真官”，两者相

---

① 《陔余丛考》卷二六“假守”条，第499页。

② 《资治通鉴》卷一三三，宋明帝泰始七年（471）三月，第4158页。

③ 《魏书》卷七下《高祖纪下》，第179页。

④ （梁）萧子显撰：《南齐书》卷三四《庾杲之传》，中华书局1972年版，第615页。

⑤ 《魏书》卷四七《卢玄附卢昶传》，第1057页。

⑥ （唐）李百药撰：《北齐书》卷二五《王纮传》，中华书局1972年版，第367页。

⑦ 《南史》卷六《梁本纪上·高祖武皇帝纪》，第196—197页。

⑧ 《大唐故左骁卫将军上柱国安山县侯罗君副墓志铭并序》，周绍良、赵超主编：《唐代墓志汇编》上册，上海古籍出版社1992年版，第46页。

互配合以完成此一特定使命。元平元年（前74）汉昭帝去世，无嗣，时大将军霍光掌权，立昌邑王刘贺继承帝位，“遣行大鸿胪事少府乐成、宗正德、光禄大夫吉、中郎将利汉迎昌邑王（刘）贺”①。以大鸿胪史乐成为首的使团前往昌邑国迎请昌邑王刘贺入京登基。当刘贺一行抵达长安郊外霸上时，朝廷又派“大鸿胪郊迎”②，举行隆重的“郊迎”典礼引导他进城入宫。前往迎请刘贺的是“行大鸿胪”，其本职是少府③，因为政务需要而临时代行大鸿胪职务，后面负责“郊迎”礼的是原有的、真正的大鸿胪韦贤④。为了迎请刘贺前来长安登基，有两位大鸿胪相互配合以完成这一使命。刘贺登基不过27天即被废黜，霍光“与群臣连名奏王”，在这份奏疏中署名的36位公卿大臣中，有“少府臣乐成”“大鸿胪臣贤”⑤。废黜刘贺之后，由于拥立汉宣帝继位有功，本始元年（前73）“论定策功”，诏封中有“少府乐成为爰氏候”，大鸿胪韦贤爵关内侯⑥。由此可见，史乐成在完成此特定任务之后，仍然回归其本职少府，并不“即真”“拜真”，而韦贤则一直以大鸿胪本职参与其事，其职务没有发生任何变化。在这次特定任务中，以大鸿胪这一职务而言，韦贤是“真吏”“真官”，史乐成是“非真吏”“非真官”。这种情况并非个案。汉成帝也像汉昭帝一样没有子嗣，他属意于其异母弟、定陶王刘康之子、第二代定陶王刘欣为其继承人，将其“征入为皇太子”⑦。于是，绥和元年（前8）“使执金吾任宏守大鸿胪，持节征定陶王，立为皇太子”⑧。当时正式的大鸿胪王嘉还在任上⑨，任宏的本职是执金吾⑩，为了执行这次特定任

① 《汉书》卷六八《霍光传》，第2937页。

② 《汉书》卷六三《武五子传》，第2765页。

③ 《汉书》卷一九下《百官公卿表下》，第798页。史乐成于元凤六年（前75）至本始二年（前72）任少府。

④ 《汉书》卷一九下《百官公卿表下》，第797页。韦贤于元凤五年（前76）至本始二年（前72）任大鸿胪。

⑤ 《汉书》卷六八《霍光传》，第2939—2940页。

⑥ 《汉书》卷八《宣帝纪》，第239—240页。

⑦ 《汉书》卷八〇《宣元六王传》，第3327页。

⑧ 《汉书》卷一一《哀帝纪》，第333页。

⑨ 《汉书》卷一九下《百官公卿表下》，第840页。王嘉于元延三年（前10）至绥和二年（前7）为大鸿胪。

⑩ 《汉书》卷一九下《百官公卿表下》，第840页。

务而被加以“守大鸿胪”之职，前往定陶国迎请定陶王刘欣前来长安为太子。武帝后元二年（前87）济北王刘宽“坐与父式王后光、姬孝儿奸，悖人伦，又祠祭祝诅上，有司请诛。上遣大鸿胪利召王，王以刃自到死。”[①] 当时的大鸿胪是田广明[②]，这位名叫利的大鸿胪也应当是为这次特定任务而临时委派的“守”“行”之类的大鸿胪[③]。由此可见，在为了完成某些特定任务时，根据需要而被临时委派的史乐成、任宏、利等人是以他官兼领大鸿胪之职，他们是“非真吏”“非真官”，与原有的、真正的大鸿胪韦贤、王嘉、田广明等“真吏”“真官”相互配合，待使命完成之后，并不“即真”“拜真”，而是各归其本职。

在上述汉唐时期所见“即真”“为真”“拜真”“即正”的情况中，我们可以看到他们基本上属于“长吏”以上官员范围之内，而少见“少吏”方面的情况。元寿二年（前1）西汉哀帝崩，平帝即位，次年正月（元始元年，公元1年）“赐天下民爵一级，吏在位二百石以上，一切满秩如真。”[④] 规定二百石以上的官员，如有未“即真”者，一律即真，给予全俸；而将百石及其以下的员吏排除在外。为什么这里指定二百石为起点呢？汉制：县“万户以上为令，秩千石至六百石。减万户为长，秩五百石至三百石。皆有丞、尉，秩四百石至二百石，是为长吏。百石以下有斗食、佐史之秩，是为少吏。”[⑤] 二百石与百石是一条界线，二百石以上为“长吏”，百石及其以下为“少吏”。东汉明帝“诏书不得僇辱黄

① 《汉书》卷四四《淮南衡山济北王传·济北贞王（刘）勃传》，第2157页。

② 《汉书》卷一九下《百官公卿表下》，第790页。田广明于征和四年（前89）至始元四年（前83）任大鸿胪。

③ 清人王先谦说：“此后元二年事，正当（田）广明为鸿胪时，不容别有大鸿胪利其人。疑‘利’为‘明’字之误，又夺去‘广’字耳。”见（清）王先谦撰《汉书补注》卷四四《淮南衡山济北王传》，中华书局1983年版（影印本），第1029页。按：王氏此说似可商榷，一则王氏似未察上述韦贤与史乐成、王嘉与任宏均以大鸿胪职并存以完成特定使命之事，即谓已有大鸿胪时“不容别有大鸿胪”，似欠妥；二则认为“利”为“广明”之误，亦嫌过于牵强。究其根本，则在于王氏并不清楚在汉代职官制度中实际上存在着“真官”“真吏”与“非真官”“非真吏”两套体系并存的情况。

④ 《汉书》卷一二《平帝纪》，第349页。

⑤ 《汉书》卷一九上《百官公卿表》上，第742页。按：为了简便，本文将二百石以上统称为“长吏”，百石以下的“少吏”统称为“小吏”。

绶，以别小人吏也。”[①] 黄绶即二百石以上长吏。汉代官吏印绶制度：“凡吏秩比二千石以上，皆银印青绶……秩比六百石以上，皆铜印黑绶……比二百石以上，皆铜印黄绶。”[②] 则“黄绶”已进入二百石“长吏”的范围，而与百石以下的“小人吏”——“少吏”有所区别。与此相应，汉代的任官制度规定，二百石以上官吏由中央除授，百石以下吏员则由长官自辟署。汉代这种制度亦渊源有自，《周礼·大宗伯》：“以九仪之命，正邦国之位：壹命受职……九命作伯。”[③] 郑玄注“壹命”谓：“始见命为正吏，谓列国之士，于子男为大夫，王之下士亦一命。”贾公彦对此作了进一步的解释：“‘始见命为正吏’者，对府史胥徒非正吏。以其府史胥徒皆官长所自辟除，未得王之命，故以士得王命者为正吏也。”[④] 认为由天子任命的官吏属于“正吏”，而由官长所自辟除的“府史胥徒”则为“非正吏”。汉代这种二百石以上由中央除授的官吏——“长吏”属于《周礼》所谓“正吏”，而百石及其以下由官长除授的“府史胥徒”——“少吏”则属于“非正吏”[⑤]。上述“真吏”“真官”与“非真吏”“非真官”基本上是在二百石以上由中央除授的“长吏”，即“正吏”的范围内。

三　“小吏”中的“真吏”与“非真吏”

那么，“真吏”与”非真吏”是否仅仅是在“长吏”以上这个范围之内才存在呢？百石以下的“小吏”中是否也存在这种“真吏”与”非真吏”的区分呢？

中央政府任命“长吏”的这种任官制度不可能对任命“小吏”的任

① 《续汉书·百官志五》注引胡广曰，点校本《后汉书志》第二十八，第3623页。

② 《汉书》卷一九上《百官公卿表》上，第743页。

③ （汉）郑玄注，（唐）贾公彦疏，赵伯雄整理，王文锦审定：《周礼注疏》卷一八《春官宗伯·大宗伯》，北京大学出版社2000年版，第553—557页。

④ 《周礼注疏》卷一八《春官宗伯·大宗伯》，第553页。

⑤ 从中可知，秦汉魏晋乃至后世的“真官”“真吏”与“非真官”“非真吏”这一职官领域所存在的分类现象，其渊源同样可以上溯至先秦时期，可谓其来有自、源远而流长。后世“真官”“真吏”必须由中央正式除授，当即源自先秦时期“真官”“真吏”必须有“王命”认可；而“非真官”“非真吏”则源自先秦时期“官长所自辟除”而“未得王命”。彼此之间的历史继承关系是显而易见的。

吏制度不产生影响，“长吏”以上这种“真吏”与”非真吏”的区分不可能在“小吏”范围内不受影响。秦汉地方行政单位郡县的官吏由三部分人员组成，一为长官（守相、令长），二为佐官（丞、长史、尉），三为属吏①。前二者为二百石以上“长吏”范围之内由中央除授之官员，我们前述“真吏”与“非真吏”基本上是在这个范围之内人员；第三者为百石以下由州郡县长官自辟之“小吏”。现在的问题是，这第三者之中是否也存在“真吏”与”非真吏”的区分？从长沙走马楼吴简所见“真吏”，其爵位均属民爵之“公乘”，故其地位不会高，可能就是在这些“小吏”范围之内的人员（详见下文）。既然在这个范围之内的吏员中存在“真吏”，那么也应当有“非真吏”的存在。现在我们就来看看秦汉魏晋南北朝时期“小吏”中的“真吏”与“非真吏”的情况。

（一）“假吏”与“假佐”

前述二百石以上“长吏”有“假”或“权假”某职为“非真吏”者，而由长官所辟除的百石以下的“小吏”中亦有“假吏”“假佐”等吏员，他们也应属于“非真吏”。《仪礼》记古代举行“士冠礼”时，谓“有司如主人服，即位于西方，东面，北上。”郑玄注曰：“有司，群吏有事者，谓主人之吏，所自辟除，府史以下，今时卒吏及假吏是也。”② 所谓“今时”即东汉，这是以东汉制度解释古制。从中可知，东汉长官所自辟除的“府史”以下属吏由“卒吏”与“假吏”两部分人员组成，其中的“假吏”为“非真吏”。《说文》：“叚，非真也。”段玉裁谓“又部曰：叚，借也。然则假与叚义略同”③，《说文》：“假，借也。”段玉裁注曰“人部假云非真也，此叚云借也。”④ 故官吏非真除实授或从其他部门暂时借调的称“假”，这在前述二百石以上“长吏”问题时已经谈到。那么，百石以下“小吏”中是否存在“假吏”呢？汉代太守、都尉属吏有

---

① 严耕望：《中国地方行政制度史·甲部·秦汉地方行政制度》，台北“中研院”《历史语言研究所专刊》之45A，1997年影印四版。

② （汉）郑玄注，（唐）贾公彦疏，彭林整理，王文锦审定：《仪礼注疏》卷一《士冠礼》，北京大学出版社2000年版，第9页。

③ （汉）许慎撰，（清）段玉裁注：《说文解字注》八上《人部》，上海古籍出版社1988年版，第374页。

④ 《说文解字注》三下《又部》，第116页。

百石“卒史”，《史记·汲黯列传》裴骃《集解》引如淳曰：“《律》，太守、都尉、诸侯内史史各一人，卒史书佐各十人。”[①] 实际上，“假”职之起源更早在秦代甚至以前，如前文所列之《里耶秦简》中“假卒史”（《里耶秦简》中“假”均写为“叚”）数量就十分繁多，至于各种汉简中，也有大量的“假”职存在，由此可知至迟从秦汉时起，“卒史”即已有“真”有“假”，“假卒史”即暂时兼摄、借调之“非真吏”。汉武帝时由苏武率领出使匈奴的使团成员，除了大使苏武与副使中郎将张胜之外，还有“假吏常惠等募士斥候百余人”，颜师古注曰：“假吏犹言兼吏也。时权为使之吏，若今之差人充使典矣。”[②] 这里的“兼”与前引钱大昕所说“盖假职未真授之称，与一人兼两职之兼有别”相同。建武七年（31）光武帝诏曰：“今国有众军，并多精勇，宜且罢轻车、骑士、材官、楼船士及军假吏，令还复民伍。”李贤注曰：“军假吏谓军中权置吏也”[③]。是军中亦有“假吏”，其性质与苏武使团中的“假吏”相同。晋惠帝元康元年（291）太傅杨骏专权，时潘岳为太傅主簿，楚王司马玮引兵入朝杀太傅杨骏后，大杀杨骏的僚佐属吏，时杨骏的“纲纪皆当从坐，同署主簿朱振已就戮。”潘岳的老朋友公孙宏当时任司马玮的长史，负责具体办理这件事情，他“言之（司马）玮，谓之假吏，故得免。”[④] 因“假吏”为非真除实授之吏，故潘岳得以免死，可见“假吏”较“真吏”与府主的关系要疏远得多；同时表明太傅府属吏之中亦有“真吏”与“非真吏”两类吏员。由上所述可见，不论行政还是军事部门的“小吏”中均有“真吏”与“非真吏”之分。

“假吏”之外还有“假佐”。“假佐”早在睡虎地秦墓竹简中已经出现[⑤]，前揭秦汉简牍中也很多例“假佐”的记载，它们都是代理性质的“佐”吏，其与“假吏”“假官”的含义基本上是一致的。据《汉官》记载，汉代太常员吏中有“十五人佐，五人假佐”；太仆员吏中有“七人佐……三人假

① 《史记》卷一二〇《汲黯列传》，第3106页。

② 《汉书》卷五四《苏建附子武传》，第2460页。

③ 《后汉书》卷一下《光武帝纪下》，第51—52页。

④ 《晋书》卷五五《潘岳传》，第1503—1504页。

⑤ 睡虎地秦墓竹简整理小组编：《睡虎地秦墓竹简·秦律杂抄》之《除吏律》，文物出版社1990年版，第79页。

佐”；廷尉员吏中有“二十七人佐……三十人假佐”①。这里既有“佐”又有“假佐”，两者同时设置于一府之中，前者为“真吏”，后者为”非真吏”。此外，司隶校尉有假佐二十五人②，刺史亦有假佐③。关于司隶校尉的假佐，《汉书·王尊传》注引“苏林曰：‘胡公《汉官》假佐，取内郡善史书佐给诸府也。’”④ 可知司隶校尉的属吏“假佐”是从其所辖诸郡借调来的“善史书”者，即擅长书写官府通用文字——隶书⑤的“佐”以“给”之的。这种“假佐”犹如今日之“借调干部”“借调人员”。他们“以郡吏补，岁满一更。”⑥ 他们的身份原来是“郡吏”——“佐”，是为“真吏”；但是在借调至司隶校尉的一年期间，他们是“假佐”，亦即“权为”之“佐”，是为”非真吏”。不仅内郡有“假佐”，外郡亦然，前揭《居延汉简》“凡入假佐十六人”，表明当时西北边疆的张掖、酒泉等郡政府僚属中就有颇多数量的“假佐”。不仅州郡有“假佐”，其下级单位亦同样有之，悬泉汉简记甘露元年（前53）悬泉置有“假佐开”⑦，名开者为“假佐”，“置”为郡县所辖之邮置。前揭《居延汉简》“□□□□置假佐宜且里孙良年廿八”，宜且里人孙良为某置之“假佐”。而另有阳朔三年（前22）“正月丁卯朔乙亥置佐博敢言之……”⑧，名博者为“置佐”。前者为“置假佐”，后者为“置佐”，是一为“非真吏”，一为“真吏”。还有“仓假佐赵䜣”，则是在郡或县里管理仓库的“非真吏”。县之下的“乡”也有“假佐”，据《居延汉简》：

行1. 建平五年八月戊□□□□，广明乡啬夫宏、假佐玄敢

---

① 佚名撰，（清）孙星衍辑：《汉官》，周天游六点：《汉官六种》，中华书局1990年版，第1、4、5页。

② 《续汉书·百官志四》，点校本《后汉书志》第二十七，第3614页。

③ 《续汉书·百官志四》，点校本《后汉书志》第二十七，第3619页。

④ 《汉书》卷七六《王尊传》，第3234页。

⑤ 段玉裁云：“汉人谓隶书为史书……苏林引胡公云，汉官假佐取内郡善史书者给佐诸府也。是可以知史书之必为隶书。”（《说文解字注》卷一五上，第759页）

⑥ 《续汉书·百官志四》，点校本《后汉书志》第二十七，第3614页。

⑦ 《敦煌悬泉汉简释粹》，悬泉汉简Ⅱ0216③：137，第107页。

⑧ 《中国简牍集成（标注本）》第七册《居延汉简（叁）》，简269·1，第157页。

言之：

行 2. 善居里男子丘张自言与家买客田居

行 3. 延都亭部，欲取检。谨案张等更赋皆给，当得取检。谒移居延，

行 4. 如律令。敢言之。(A)

行 5. □放行 (B)[①]

建平五年（前 2）实为哀帝元寿元年。这是张掖郡居延县广明乡政府为辖下善居里男子丘张所开具的出行证明，由"假佐"名玄者与"乡啬夫"名宏者共同开具。可见乡政府也有"假佐"。或谓"疑假佐与乡佐二者名异实同"[②]，似有未安。而洛阳令的员吏中单有一种称为"假"的"吏"，据《汉官》记载其"小吏"中有"斗食、令史、啬夫、假五十人。"[③] 这里的"假"与"斗食、令史、啬夫"并列，"斗食、令史、啬夫"为"真吏"，"假"为"非真吏"。

（二）"守"与"试守"

前述二百石以上"长吏"中有"守"或"试守"某职为"非真吏"者，而由长官所辟除的百石以下的"小吏"中亦有"守"或"试守"某职者，即暂时代理某项职事，他们也属于"非真吏"。睡虎地秦墓竹简中有"守啬夫"[④]，是与"啬夫"相对应的"非真吏"，《里耶秦简》中也有多例"守啬夫""啬夫"、"少内""少内守"并存的情况[⑤]。汉代亦然。悬泉汉简所载书写文书的吏员，有"守啬夫富昌"[⑥]，另二简有"啬夫辅"[⑦]，两者职责相同，唯前者为"守"，后者为"真"。属吏"卒史"亦

---

① 《中国简牍集成（标注本）》第八册《居延汉简（肆）》，简 505 · 37，第 130 页。

② 陈直：《居延汉简研究 · 居延简所见官名通考》，天津古籍出版社 1986 年版，第 115 页。

③ 《续汉书 · 百官志五》注引《汉官》，点校本《后汉书志》第二十八，第 3624 页。

④ 《睡虎地秦墓竹简》之《秦律杂抄 · 除吏律》，第 79 页。

⑤ 详见前揭《里耶秦简（壹）》《里耶秦简（贰）》。按，在里耶秦简中，有"啬夫"主要包括"乡啬夫""仓啬夫""田（官）啬夫"等，而"非真吏"性质的"守乡啬夫""守仓啬夫""守田啬夫"简写为"乡守""仓守""田官守"。

⑥ 《敦煌悬泉汉简释粹》，悬泉汉简Ⅱ0114③：468，第 112 页。

⑦ 《敦煌悬泉汉简释粹》，悬泉汉简Ⅱ0216②：877—883，第 119 页；《敦煌悬泉汉简释粹》，Ⅴ1812②：120，第 127 页。

然，汉简所载，既有“卒史山”①，名山者为“卒史”；又有“守卒史义”②，名义者为“守卒史”，“守卒史安国”③，名安国者为“守卒史”，他们均出现于官府文书末之署名中，两者职守相同，唯前者为“真”，后者为“非真”。汉代县令之属吏有“令史”，而汉简中既有“令史”，又有“守令史”，悬泉置简有建始二年（前31）氐池县长延寿所发过所末尾具名之“令史临”④，又有阳朔元年（前24）效榖县所发文书末尾具名之“守令史常利”⑤。两者职责相同，唯一“真”一“守”。要之，汉简中的“守”“试守”职，其例之多不胜枚举，而且多数也是“真”职与“守”职并存。

汉代从地方到中央政府的属吏中均有“属”，“正曰掾，副曰属。”⑥然而，在汉简中我们可以看到既有“属”又有“守属”。悬泉汉简甘露三年（前51）有“丞相属王彭”⑦，名王彭者为丞相府之“属”。而元凤元年（前80）有“御史守属太原王凤”⑧，太原人王凤为御史府之“守属”。是中央政府的属吏有“属”或“守属”。元康四年（前62）长安县有“属禹”⑨，名禹者为“属”；永光五年（前39）敦煌郡有“属建”⑩，名建者为“属”。而五凤元年（前57）有“太守守属光”⑪，名光者为敦煌郡“守属”；甘露三年（前51）有上郡“守属赵称”⑫，姓名赵称者为上郡“守属”；甘露二年（前52）有张掖肩水都尉“守属弘”⑬；建武三年（27）有张掖居延都尉“守属恭”⑭。是地方政府属吏亦有

① 《敦煌汉简释文》，简174，第182页。

② 《中国简牍集成（标注本）》第五册《居延汉简（壹）》，简10·29，第29页。

③ 甘肃省文物考古研究所：《居延新简释粹·甘露二年御史书》，兰州大学出版社1988年版，第100页。

④ 《敦煌悬泉汉简释粹》，悬泉汉简Ⅰ0210①：63，第42页。

⑤ 《敦煌悬泉汉简释粹》，悬泉汉简Ⅱ0112②：112，第99页。

⑥ 《续汉书·百官志一》注引《汉书音义》，点校本《后汉书志》志第二十四，第3559页。

⑦ 《敦煌悬泉汉简释粹》，悬泉汉简Ⅴ1412③：100，第138页。

⑧ 《敦煌悬泉汉简释粹》，悬泉汉简Ⅰ0112①：1，第35页。

⑨ 《敦煌悬泉汉简释粹》，悬泉汉简Ⅱ0111④：3，第21页。

⑩ 《敦煌悬泉汉简释粹》，悬泉汉简Ⅱ0216②：866—869，第29页。

⑪ 《敦煌悬泉汉简释粹》，悬泉汉简Ⅰ0309③：92，第67页。

⑫ 《敦煌悬泉汉简释粹》，悬泉汉简Ⅱ0115③：99，第153页。

⑬ 《居延新简释粹·甘露二年御史书》，第100页。

⑭ 《居延新简释粹·建武三年居延都尉吏奉册》，第119页。

“属”和“守属”。

无论中央或地方政府之属吏，其“属”为“真吏”，“守属”为“非真吏”。王国维谓“守属则摄行属事者也”[①]，而陈直则谓“守属之纯为官名，与属且分为二官名，极为明显”，认为王国维的说法是“淆混属与守属为一官之名”[②]。窃意王是而陈非，而且“非真官”“非真吏”的情况在实际政治生活中还要表现得更为复杂[③]。汉代太常的员吏中，有“九人学事，十六人守学事”；太祝的员吏中有“二人学事，四人守学事”；太宰的员吏中有“二人学事，四人守学事”；太予乐令的员吏中有“十人学事，四人守学事”；光禄勋的员吏中有“八人学事，十三人守学事”；大行的员吏中有“六人学事，十二人守学事”；廪牺的员吏中有“七人学事，五人守学事”[④]。同为“学事”一职，有“守”与非“守”之分，殆亦一为“真吏”，一为“非真吏”。

（三）“试”与“兼”

“试”与“兼”作为“非真吏”，在传世文献与出土文献均多有所见。如“试吏”，刘邦“及壮，试吏，为泗水亭长。”注引应劭曰：“试用补吏。”[⑤] 夏侯婴，沛人，“为沛厩司御……已而试补县吏”[⑥]。王温舒

---

① 王国维：《王国维遗书》卷一七《敦煌汉简跋·五》，上海书店1983年版，第15页。

② 《居延汉简研究·居延汉简解要》，第185页。

③ 汉简中还有“兼属”和“兼守属”，如《居延新简·三》有“兼属护”（简59·338，第159页）、“兼属盛”（简61·2B，第227页），《居延新简·四》有“兼属迁”（简22·73B，第74页），《居延新简·一》载有“兼守属弘”（简43·12，第234页），《居延新简·四》载有“兼守属习”（简22·153A，第71页）“兼守属丹”（简22·693，第134页）。“守属”“兼属”为“非真吏”自无疑义，“兼守属”为“非真吏”更无可疑。然则，“守属”“兼属”“兼守属”有何区别？窃意，“守属”是临时代理性质的“非真吏”，有一定时间的试用期，试用期间如果表现称职，则进而可以转为“真吏”；“兼”则表示为办理某事而临时兼任其职，多数可能是因为原任职者当时不在现场而事情又需要及时处理，遂由他人代为办理，所以并没有什么试用期的说法，其“兼”职的权限只限于处理该事，事毕则“兼”职结束，故不存在试用后转为“真吏”的情况。“兼属”“兼守属”这一类临时兼任某种“非真吏”的情况，进一步说明了作为职官制度中的一种现象，无论“真吏”还是“非真吏”都可以成为“兼”的对象，从而使得“非真吏”“非真官”远比我们想象的情形还要复杂。

④ 佚名撰，（清）孙星衍辑：《汉官》，周天游点校：《汉官六种》，第1、2、5、6页。

⑤ 《汉书》卷一《高帝纪上》，第2—3页。《史记》卷八《高祖本纪》作“试为吏”。

⑥ 《汉书》卷四一《夏侯婴传》，第2076页。

“少时椎埋为奸。已而试县亭长，数废。”颜师古曰：“试，补也。”① 这些“试”“试补”“补”某吏与长吏之“试守”某官的意思虽不能完全等同，但亦应有相同、相通之处。故王温舒试亭长期间曾经被多次废除就可以理解了。这种“试吏”（“试补”“补吏”）亦当为“非真吏”。

上述长吏有“兼”职者，小吏亦然。秦汉简牍中“兼”职的例子很多。悬泉汉简有之，如“兼掾恽”②。《居延汉简》《居延新简》中有之，如“兼掾丰”③，“兼掾临”④，“兼掾义、兼史曲”⑤，“兼掾廉、兼属迁”⑥，“兼属护”⑦，“兼属盛”⑧，“兼尉史问”⑨，“兼尉史严”⑩“兼史宪”⑪。《肩水金关汉简》亦有之，如“兼掾放”⑫，“兼掾阳”⑬，“兼掾诩”⑭，“兼属武”⑮，“兼狱史敞”⑯。《长沙东牌楼东汉简牍》有之，如“兼主录掾黄章”⑰，“兼中部督邮□”⑱“兼门下功曹史何戒”⑲。长沙五一广场汉简有之，如“兼左贼史修”⑳，“兼左贼史顺……兼掾英”㉑，“兼

---

① 《汉书》卷九〇《酷吏传·王温舒传》，第3655页。

② 《敦煌悬泉汉简释粹》，《四时月令诏条》，第198页。

③ 《中国简牍集成（标注本）》第七册《居延汉简·三》，简495·9、简503·7，第34页。

④ 《中国简牍集成（标注本）》第十册《居延新简·二》，简51·657B，第152页。

⑤ 《中国简牍集成（标注本）》第十一册《居延新简·三》，简59·160，第138页。

⑥ 《中国简牍集成（标注本）》第十二册《居延新简·四》，简22·73B，第74页。

⑦ 《中国简牍集成（标注本）》第十一册《居延新简·三》，简59·338，第159页。

⑧ 《中国简牍集成（标注本）》第十一册《居延新简·三》，简61·2B，第227页。

⑨ 《中国简牍集成（标注本）》第七册《居延汉简·三》，简231·31，第34页。

⑩ 《中国简牍集成（标注本）》第十二册《居延新简·四》，简22·452，第106页。

⑪ 《中国简牍集成（标注本）》第十一册《居延新简·三》，简65·23B，第233页。

⑫ 《肩水金关汉简（壹）》下册《释文》，简73EJT3：78，第34页。

⑬ 《肩水金关汉简（贰）》下册《释文》，简73EJT24：8B，第136页。

⑭ 《肩水金关汉简（贰）》下册《释文》，简73EJT24：9A，第136页。

⑮ 《肩水金关汉简（贰）》下册《释文》，简73EJT23：7A，第57页。

⑯ 《肩水金关汉简（贰）》下册《释文》，简73EJT23：361B，第84页。

⑰ 《长沙东牌楼东汉简牍》，简8：封检（五）“兼主录掾黄章上太守书”，第75页。

⑱ 《长沙东牌楼东汉简牍》，简22：残文书三背面，第82页。

⑲ 《长沙东牌楼东汉简牍》，简93：名刺（一）“兼门下功曹史何戒名刺”，第111页。

⑳ 《长沙五一广场东汉简牍选释》，木牍CWJ1①：97，第130页。按，“左贼史”，当即“左贼曹史”之简称，据严耕望考证，汉代郡、县下设贼曹，故此处“左贼史”应当是长沙郡或郡下属县之属吏（参见严耕望《中国地方行政制度史——秦汉地方行政制度》，上海古籍出版社2007年版，第112、136、233页）。

㉑ 《长沙五一广场东汉简牍选释》，木牍CWJ1①：97，第142页。

贼曹史汤[①]”，“兼左部贼曹掾□”[②]“兼北部贼捕掾□脩”[③]“兼左部劝农贼捕掾种”[④]，“兼左部贼捕掾冯”[⑤]，“兼狱史封”[⑥]，“兼辞曹史煇”[⑦]，“兼尉曹史周香”[⑧]，“福，吏次今年四月六日兼庾亭长”[⑨]，“兼掾陈晖，兼令史陈昭”[⑩]。上述汉简所记种类繁多的“兼掾”“兼属”诸职，绝大多数都是百石以下小吏中的“非真吏”，其数量之多可谓不胜枚举，表明在当时的各级地方政府机关中，“非真吏”乃是大量存在着的一个群体。

（四）“散吏”

二百石以上的“长吏”范围内有“职事官”与“散官”之分，百石及其以下则有“职吏”与“散吏”之分，两者的这种区分性质是一致的。上引桓温关于精简机构的上书中将“员外”官与“散官”相提并论，魏晋“散官”是在汉代基础上的发展，汉代的“散官”如大夫、博士、御史、谒者、郎官等既无印绶[⑪]，亦无具体的职掌，属于非真除实授的“非真吏”。“散官”为“非真官”，则“散吏”亦为“非真吏”。郡县属吏中有“职吏”与“散吏”两部分人员。据《晋书·职官志》，根据郡县的大小，郡国分别设置职吏五十人至六十九人不等，散吏十三人至三十九人不等；县分别设置职吏十八人至八十八人不等，散吏四人至二十六人不等[⑫]。所谓“散吏”，即没有具体职事的冗散吏员，而与“职吏”之有具体职事之正式吏员相对应。《周礼》有槁人，负责“掌共外内朝冗食者之食”，贾公彦疏云：“冗食者，冗，散也，外内朝上直诸吏，谓之冗吏，亦曰散吏。”[⑬]

汉代郡县散吏有祭酒、从掾位、从史位、待事掾、待事史等，此外

---

① 《长沙五一广场东汉简牍选释》，合檄（部分）CWJ1①：285，第202页。
② 《长沙五一广场东汉简牍选释》，木两行CWJ1③：255，第176页。
③ 《长沙五一广场东汉简牍选释》，封检CWJ1③：160，第181—182页。
④ 《长沙五一广场东汉简牍选释》，木两行CWJ1③：305，第141页。
⑤ 《长沙五一广场东汉简牍选释》，木两行CWJ1③：261—8，第232页。
⑥ 《长沙五一广场东汉简牍选释》，木两行CWJ1①：110，第110页。
⑦ 《长沙五一广场东汉简牍选释》，木牍CWJ1③：325—5—21，第157页。
⑧ 《长沙五一广场东汉简牍选释》，木两行CWJ1③：263—31，第226页。
⑨ 《长沙五一广场东汉简牍选释》，木两行CWJ1③：263—42，第228页。
⑩ 《长沙五一广场东汉简牍选释》，木两行CWJ1①：263—32，第227页。
⑪ 《汉书》卷一九上《百官公卿表上》，第743页。
⑫ 《晋书》卷二四《职官志》，第746页。
⑬ 《周礼注疏》卷一六《地官司徒·槁人》，第507—508页。

还有冗从、冗吏等。其中祭酒有东阁祭酒、议曹祭酒、师友祭酒等，均无冠行政职曹为称者①。卓茂在王莽居摄时，“以病免归郡，常为门下掾祭酒，不肯作职吏。”② 此“门下掾祭酒”即为与“职吏”不同的“散吏”，故以其安置那些体弱多病或喜好闲暇而不喜烦剧者。兒宽以“功次补廷尉文学卒史”，但因兒宽“为人温良……懦于武，口弗能发明”，即性格温和，不善言语，廷尉张汤接见之后，认为他“不习事”，于是“不署曹，除为从史，之北地视畜数年。”③“卒史”为“职吏”，“从史”为“散吏”，张汤认为他不宜担任“职吏”而改为“散吏”。

关于“不署曹”，注引张晏曰：“不署为列曹也。”颜师古曰：“署，表也，置也。凡言署官，表其秩位，置立为之也。”④ 这就是说“职吏”是要署曹的，而“散吏”是不署曹的。官府以列曹分管众务，不署曹就意味着没有具体的职责，故兒宽被派到北地去牧畜数年。由此可见，署曹的“职吏”为“真除实授”的“真吏”，而不署曹的“散吏”，则为未“真除实授”的“非真吏”。经署曹之后方才成为“职吏”，从而成为“真除实授”的“真吏”；未署曹者则为“散吏”，亦即为未“真除实授”的“非真吏”。兒宽事表明，“散吏”是不署曹的，亦即并非真除实授，故为“非真吏”；而“职吏”是署曹的，亦即真除实授，故为“真吏”。

既然“真吏”“非真吏”的区分是包括二百石以上长官和百石以下小吏在内的，而上文我们曾提到“真吏”与“真官”的涵义基本上是一致的，然而两者又有所区别，“真吏”的范畴要大于“真官”，“真吏”包括上层官员与下层小吏，而“真官”则指小吏以上的官员。

目前所见吴简中的“真吏”基本上是在“小吏”范围内的人员。上引宜阳里“真吏”中，有“□阳里户人公乘何统年六十一真吏”（壹·9356），而在《竹简叁》有“州吏何统年六十”（叁·2951），这两位何统年龄相近，盖为前后年代登记之簿籍，当为一人。果如是，则从身份而言，他是州吏；从任用角度而言，他是“真吏”，即真除实授的州吏。

---

① 《中国地方行政制度史·秦汉地方行政制度》，第115、116、222页。

② 《后汉书》卷二五《卓茂传》，第871页。

③ 《汉书》卷五八《兒宽传》，第2628页。

④ 《汉书》卷五八《兒宽传》注引“张晏曰”“师古曰”，第2629页。

这种情况在传世文献中亦有所反映。吴简所载“宜阳里户人公乘夏隆年卌一真吏”（壹·9090），此夏隆盖即《长沙耆旧传》中的郡吏夏隆[①]。《长沙耆旧传》所载夏隆事迹曰：“夏隆仕郡时，潘濬为南征，太守遣隆修书致礼。濬飞帆中流，力所不及。隆乃于岸边拔刀大呼，指濬为贼，因此被收。濬奇其以权变自通，解缚，赐以酒食。”[②] 潘濬为步骘向孙登条列的“事业在荆州界者”[③] 十一位重要人物之一。黄龙三年（231）至嘉禾三年（234）期间，潘濬率军讨武陵蛮[④]，“潘濬为南征”当指此。武陵蛮主要分布于湘西沅江上游一带，武陵郡在今湖南常德，与长沙郡相邻。宜阳里“真吏”简，从其前后纪年简推测，大约为嘉禾四年（235）物。吴简“真吏”夏隆与《长沙耆旧传》中的夏隆，其活动时间、地点相符，故两处夏隆当为同一人。被太守派遣向潘濬致书之夏隆仕于郡，故为“郡吏”，同时在吴简中他又登记为“真吏”，盖因其为真除实授之吏。准此，则夏隆之身份或职务为“郡吏”，其任用性质则为“真吏”。

与此相类者还有：“宜阳里户人公乘徐熙年卌四真吏”（壹·9085），而在《嘉禾吏民田家莂》中有“桐唐丘州吏徐熙”（4·314）；“宜阳里户人公乘黄阿年八十一真吏”（壹·9360），而在《嘉禾吏民田家莂》中有“横溪丘州吏黄阿”（4·461）；“宜阳里户人公乘桓［彝］年卅五真吏”（壹·9143），而在《嘉禾吏民田家莂》中有“□丘州吏桓彝”（4·509）；“宜阳里户人公乘陈颜年五十六真吏”（壹·9156），而在《嘉禾吏民田家莂》中有“新成丘州吏陈颜”（5·791）；“宜阳里户人公乘刘温年卅三真吏”（壹·9142），而在《嘉禾吏民田家莂》中有“逢唐丘郡吏刘温”（5·591）；“宜阳里户人公乘黄高年廿五真吏”（壹·9146），而在《嘉禾吏民田家莂》中有“□□丘郡吏黄高”（4·569）。上述徐熙、黄阿、桓彝、陈颜、刘温、黄高六双对应者未必均为同一人，但也

---

① 这个问题为何元庆先生所发现。拙稿投寄编辑部后，本人偶然在网上看到何元庆先生所著《走马楼吴简所见真吏试探》（该文为复旦大学2004年硕士学位论文《走马楼吴简所见孙吴初期临湘社会》的一部分）。何元庆先生的这一发现为拙文之观点提供了有力的佐证。

②（宋）李昉等撰：《太平御览》卷七七一《舟部四·帆》引《长沙耆旧传》，中华书局1960年版，第3419页。

③《三国志》卷五二《吴书·步骘传》，第1238页。

④《三国志》卷四七《吴书·吴主传》，第1136、1140页。

不大可能均非同一人。是则其中当有与上述何统、夏隆的情况相同者，即从职务或身份而言是州吏或郡吏，而从任用角度而言则是真吏。其中的黄阿，尚有《竹简叁》之“军吏黄阿”（叁·1873）。那么，“真吏”黄阿，可能其具体身份或为“州吏”，或为“军吏”。其中的黄高，在《竹简壹》中有“入吏黄高二年盐米八斛　嘉禾元年十月廿二”（壹·6538）。如果此“吏”与“真吏”黄高、“郡吏”黄高为同一人，则此黄高从身份而言为“郡吏”，从是否真除实授而言，他是“真吏”，泛称则谓之“吏”，三者为同一个体在不同场合之称谓。

准上所述，“真吏”与“州郡县吏”“军吏”等的关系是：“州郡县吏”“军吏”等乃指其身份或职务，“真吏”则是指其任用性质，即真除实授还是非真除实授。其相互关系层级大体可作如下表述：“吏”（总称）——“州郡县吏”“军吏”（具体职务）——“真吏”“非真吏”（任用性质）。

四　余论

综上所述，关于“真吏”问题我们大体可以获得如下一些初步的认识。

第一，“真吏”与“非真吏”的区分，从秦汉至隋唐，从中央到地方，从行政系统至军事系统，从高级官员到下层小吏均存在。“真吏”为真除实授的官员和吏员，此外非真除实授的官员和吏员属于“非真吏”。不过，“非真吏”的情况较“真吏”要复杂一些，大略而言主要有两种类型，一类是冗散无职事者，只有名义上的官称吏名；一类是有具体职事，但尚未真除实授者。后者之中的长吏由“非真吏”转变为“真吏”，从时间来说，一般为一年至三年不等，但是，由于统治者的好恶、特殊需要、个人才干、政绩是否突出等原因也常常不受上述时间限制，“寻即真”“俄即真”，甚至直接为真者往往有之。二百石以上长吏较百石以下“小吏”的“真吏”与“非真吏”的区分、类别以及由“非真吏”转化为“真吏”的制度和规定要细致而明确，关于长吏范围内的“真吏”与“非真吏”的资料亦相对比较丰富，而“小吏”方面的资料和情况则相对贫乏。这一方面是中国古代皇朝重官轻吏的政治现实的反映，由中央除授官员的相关制度较地方长官辟召小吏的制度要细密得多，中央政府在官吏管理上，长吏重于小吏；另一方面，与此互为因果关系的是与中国古代史籍，尤其是正史在记载中着重帝王将相、高官长吏的活动事迹，而疏于下层吏员的活动和事迹。长沙走马楼三国吴简的重要性之一，是第一次披露了下层吏员方面的诸样相，其中关于“真吏”的记载为首见于出土资料，因而弥足珍贵。目前所见吴简中的“真吏”可能基本上是在“小吏”范围内的人员，但也不排除有二百石“长吏”范围之内的下层官员的可能性。

第二，关于“真吏”与“州郡县吏”“军吏”等的关系问题。长沙走马楼三国吴简中，除了有关于“真吏”的记载之外，还有大量“州吏”“郡吏”“县吏”以及“军吏”等的记载。他们之间是什么关系呢？从以上对于“真吏”与“非真吏”的叙述可以看到，“州吏”“郡吏”“县吏”或“军吏”等称谓的外延要大于“真吏”，也就是说在“州吏”“郡吏”“县吏”或“军吏”中是区分为“真吏”与“非真吏”两类成员的。

第三，关于“真吏”中有高龄者问题。虽然吴简所见“真吏”简中人员多为21岁至61岁之间，但是简壹·9360记载宜阳里有位叫黄阿的“真吏”，却年已81岁。如何解释这种现象呢？一方面当时以高龄为官为吏者并非鲜见，从“长吏”到“小吏”均有之。与长沙关系非常密切、就在走马楼吴简所在的这段时期先后在长沙地区为官镇守的吕岱，于赤乌二年（239）潘濬卒后不久，被孙权拜为交州牧，率兵征讨一年，荡平了廖式之乱，“复还武昌。时年已八十，然体素精勤，躬亲王事。”[①]他直至孙亮即位后被拜为大司马，至太平元年（256）卒，年96。张皓于东汉顺帝阳嘉元年（132）“复为廷尉。其年卒官，时年八十三。”[②] 夏方，会稽永兴人，孙吴时期曾拜仁义都尉，累迁五官中郎将，“吴平，除高山令……在官三年，州举秀才，还家，卒，年八十七。”[③] 汉魏时期举秀才意味着有了进一步升迁官位的可能，这位两朝元老以高龄仍被举为颇有政治发展前景的秀才。魏明帝时高堂隆为陈留太守，“犊民酉牧，年七十余，有至行，举为计曹掾；帝加之，特除郎中以显焉。”[④] 这位牧民

---

① 《三国志》卷六〇《吴书·吕岱传》，第1386—1387页。

② 《后汉书》卷五六《吴书·张皓传》，第1816页。

③ 《晋书》卷八八《孝友·夏方传》，第2277页。

④ 《三国志》卷二五《魏书·高堂隆传》，第708页。

不仅以70余岁高龄被郡太守举为上计吏，而且得到皇帝的青睐，破格除为郎中，而郎中较举秀才更有升迁为内外长吏的机会。所以，黄阿以81岁仍为“真吏”，并不为奇。另一方面，吴简中记载高龄者并不少，80岁以上者除黄阿之外还有26例①，90岁以上者有7例②。这些显然多是簿籍登记的需要，而并非完全为了在当年役使这些耄耋之人，黄阿简似亦可作如是观。

第四，关于唯宜阳里有“真吏”的问题。目前所见到的“真吏”简均出自宜阳里，不见于其他地方，由于资料缺乏，尚不能作出合理的解释。上述文献中关于“真吏”与“非真吏”的记载表明，尽管他们的区分是客观存在并且是普遍的，但是在文献中却很少或几乎没有直接称呼他们为“真吏”或“非真吏”的情况。故吴简中关于“真吏”的记载可能也不会太多。关于目前唯见宜阳里有“真吏”的记载问题，或许与制作这种簿籍的特定目的、功用有关系。但当时是出于什么目的需要写明“真吏”这种身份？是官府方面经常性的要求，还是特定的、偶然的要求？限于资料未敢妄断，毕竟吴简的绝大部分尚未面世，也许将来会有新的资料得以冰释这些疑窦。③

---

① 壹·362、769、2625、3310、4220、5175、5364、7356、7364、7758、8405、8462、8471、8472、8490、9159、9216、9249、9252、9306、9311、9412、10094、10111、10271、10466，第902、910、948、964、982、1002、1006、1046、1046、1055、1069、1070、1070、1070、1070、1083、1085、1085、1085、1086、1086、1088、1202、1102、1106、1109页。

② 壹·945、2645、5534、5663、7593、7660、10210，第913、948、1010、1012、1051、1053、1104页。

③ 2018年出版的《长沙走马楼三国吴简·竹简（伍）》所载嘉禾六年東扶里吏民家庭成员登记资料中，简·2547为“大男毛晏年卅三真吏复”（文物出版社2018年版，第783页）。2019年出版的《长沙走马楼三国吴简·竹简（玖）》，其中也有两枚“真吏”简，一是简·3387“大成里户人公乘何□年卅二算一真吏复”（文物出版社2019年版，第743页）二是简·5520“富贵里户人公乘邓苗年十八算一真吏复”（第789页）。真吏毛晏、何、邓苗分别来自東扶里、大成里、富贵里，从而表明真吏不可能仅见于宜阳里，而可能分布于各个里，以前完全是受限于吴简资料尚未整理刊布，以致于仅见于宜阳里相信随着吴简资料的继续公布，应当还会有“真吏”资料的面世。这三枚“真吏”简的发现，不仅进一步丰富了“真吏”的史料，而且表明“真吏”分布范围的广泛性，进而证明了我们文中所分析的那样：“真吏”与“非真吏”作为中国古代职官制度中国时并存的两套体系，存在于从中央到地方的行政系统和军事系统，二者同时并存、相辅而行，共同构成皇权专制政体下的官僚体系。

[原刊《史学月刊》2009年第5期，中国人民大学报刊复印资料《魏晋南北朝隋唐史》2009年第5期全文转载。按，该文后收入《先秦汉唐史论》下编“吏民卷”，北京师范大学出版社2016年版；长沙简牍博物馆编《走马楼吴简研究论文精选》上册，岳麓书社2016年版。上述两版中，黎虎先生对于原刊文均进行过程度不同的修订。在岳麓书社2016年8月版论文集出版以后，黎虎先生对于该文又进行了修订。对照黎虎先生所遗留下来的最新刊后修订稿，发现其最新修订稿主要是补充了一些秦汉简牍的内容，这些简牍多为当年先生原刊文发表时尚未出版的新著。此番整理《黎虎文集》，对于此文的整理原则是不涉及论文的观点与行文措辞，只是作引文规范统一等技术层面的调整，这是因为黎虎先生所补充的简牍文献与以前所引用的简牍文献，除了新出简牍资料外，存在着同一简牍引用不同版本的情况，因此这次进行了规范统一，如《敦煌汉简》《居延汉简》《居延新简》等，除非情况需要，全部统一为中国简牍集成编辑委员会编、敦煌文艺出版社于2001年出版的多卷本《中国简牍集成（标注本）》。至于《里耶秦简》《肩水金关汉简》《长沙东牌楼东汉简牍》《长沙五一广场东汉简牍选释》等，皆尽量使用学术界最新整理或较常使用的校释本。李文才敬识]

说“给吏”

——从长沙走马楼吴简谈起

长沙走马楼三国吴简中有不少“给吏”的记载，过去学术界并未十分关注这个问题，因为文献记载“给吏”的资料并不多。而吴简提供了这方面丰富的资料，尤为难能可贵的是，这些资料为反映当时基层政府和乡里基层社会相关情况的第一手资料，更显弥足珍贵。兹不揣浅陋，试略述之。

一　前言

从现已公布的吴简来看，孙吴时期地方政府征发“吏民”为“给吏”或其他“给”务的情况相当繁数，范围很广，名目繁多，目前所见有：“给州吏”①

① 长沙市文物考古研究所、中国文物研究所、北京大学历史学系走马楼简牍整理组编著：《长沙走马楼三国吴简·竹简（壹）·释文》，文物出版社2003年版（以下引用此书均简称“壹”）：壹·3323、5452、7432、8646、10139、10149、10201、10367，第964、1008、1048、1074、1103、1103、1104、1107页；长沙简牍博物馆、中国文物研究所、北京大学历史学系走马楼简牍整理组编著：《长沙走马楼三国吴简·竹简（叁）·释文》，文物出版社2008年（以下引用此书均简称“叁”）：叁·1807、3977、4322，第758、811、818页；长沙简牍博物馆、中国文化遗产研究院、北京大学历史学系走马楼简牍整理组编著：《长沙走马楼三国吴简·竹简（肆）·释文》，文物出版社2011年版（以下引用此书均简称“肆”）：肆·1963、4503，第668、729页；长沙简牍博物馆、中国文化遗产研究院、北京大学历史学系走马楼简牍整理组编著：《长沙走马楼三国吴简·竹简（伍）·释文》，文物出版社2018年版（以下引用此书均简称“伍”）：伍·2973，第790页；长沙简牍博物馆、中国文化遗产研究院、北京大学历史学系走马楼简牍整理组编著：《长沙走马楼三国吴简·竹简（陆）·释文》，文物出版社2017年版（以下引用此书均简称“陆”）：陆·280、1294、1300、1315，第736、757、757、758页；长沙简牍博物馆、中国文化遗产研究院、北京大学历史学系、故宫研究院古文献研究所走马楼简牍整理组编著：《长沙走马楼三国吴简·竹简（柒）·释文》，文物出版社2013年版（以下引用此书均简称“柒”）：柒·2399、2403、3542、3565、3573、3766，第787、787、814、815、815、819页；长沙（转下页）

“给郡吏”①“给县吏”②“给州及郡县吏”③“给郡县吏”④“给府吏”⑤“给吏”⑥“给军吏”⑦“给州卒”⑧“给郡卒”⑨“给县卒”⑩“给郡县卒”⑪

（接上页）简牍博物馆、中国文化遗产研究院、北京大学历史学系、故宫研究院古文献研究所走马楼简牍整理组编著：《长沙走马楼三国吴简·竹简（捌）·释文》，文物出版社2015年版（以下引用此书均简称“捌”）：捌·2181、2587，第706、714页。

① 壹·5447、5677、7757、8127、10042、10048、10169、10175、10232、10298、10398，第1008、1012、1055、1063、1101、1101、1104、1104、1105、1106、1108页；长沙简牍博物馆、中国文物研究所、北京大学历史学系走马楼简牍整理组编著：《长沙走马楼三国吴简·竹简（贰）·释文》，文物出版社2007年版（以下引用此书均简称“贰”）：贰·7041、7536、8197，第861、871、884页；叁·3835，第808页；肆·424、770、2506、2514、2621、3093、3094，第630、637、681、682、684、694、694页；伍·1417、6401、6528、6562、6592，第753、859、861、862、863页；陆·399、457、1251、1260、1280、1288、1303、1311，第739、740、757、757、757、757、758、758页；柒·3545、3557、3568、3582、3588、3658、3723，第814、814、815、815、815、817、818页；捌·3650，第739页。

② 壹·5467、5648、7353、7777、8400、9435、9588、10080、10182、10401、10412，第1008、1012、1046、1055、1069、1089、1092、1102、1104、1108、1108页；贰·4502、6654，第808、853页；叁·8412，第903页；肆·296、462、876、2018、2029、2494、2651、2675，第628、631、639、669、669、681、685、685页；伍·2808、2819、2972、6502、6513、6524，第787、788、790、861、861、861页；陆·349、395、401、423、1066、1296、1329，第738、739、739、739、753、757、758页；柒·768、1050、1068、2395、3208、3543、3555、3561、3628、3794、3877、3893、3901、5952，第748、753、754、787、807、814、814、814、816、820、822、822、822、869页；捌·1742，第698页；长沙简牍博物馆、中国文化遗产研究院、北京大学历史学系、故宫研究院古文献研究所走马楼简牍整理组编著：《长沙走马楼三国吴简·竹简（玖）·释文》，文物出版社2019年版（以下引用此书均简称“玖”）：玖·6612，第811页。

③ 贰·6884，第857页。

④ 贰·1570，第749页。

⑤ 伍·2656，第785页。

⑥ 壹·5602、8934，第1011、1079页；贰·6655，第853页；叁·1818、1820，第759、759页；伍·6948，第870页；柒·5703，第864页。按，此处“给吏”，有简文中直接写为“给吏”者，亦有“给□吏”，中间字迹漫涣无法辨识者，一律归入“给吏”。

⑦ 壹·5652、8671、10306，第1012、1074、1106页；叁·4303，第817页；肆·2551、5194，第682、744页；伍·6418，第859页；陆·1205，第756页；柒·2490、3654、3823，第789、816、820页；捌·1831，第700页。

⑧ 叁·6482，第864页；肆·293、2120、2696，第628、671、686页；柒·3607、3906，第815、822页；玖·5618，第791页。

⑨ 肆·829、1931、2479，第638、667、681页；捌·5383，第777页；玖·5836，第796页。

⑩ 壹·5474、9123、10056、10308，第1008、1083、1101、1106页；贰·2063、2318、3035、4511、6906、7491，第759、764、779、809、858、870页；肆·297、2517、2532、2534、2543、2559，第628、682、682、682、682、683页；陆·420，第739页；柒·1012，第753页；捌·1700，第697页；玖·5571、5620、6590，第790、791、810页。

⑪ 贰·2318，第764页。

“给卒”[1]“给度卒”[2]“给锻佐”[3]“给三州仓父”[4]“给库吏”[5]“给官瓦师”[6]“给盐兵”[7]“给驿兵”[8]“给驿卒”[9]“给佃帅”[10]“给习射”[11]、“给困父”[12]“给郡园父”[13]“给园父”[14]“给朝丞”[15]“给子弟佃客”[16]“给祐子弟限田”[17]“给子弟限客”[18]“给限佃客”[19]“给限客”[20]“给常限客”[21]“给子弟”[22]“给私学”[23]“给常佃”[24]“给养官牛”[25]“给冢种客”[26]“给邮卒”[27]“给佃吏”[28]“给关父”[29]

---

① 贰·4791，第815页；肆·425、473、846，第630、631、639页；伍·2873、3466，第789、801页。

② 壹·5327、5490、5654，第1005、1009、1012页。

③ 壹·5429、5440，第1007、1008页。

④ 壹·5435，第1007页。

⑤ 壹·5472，第1008页。

⑥ 壹·8935，第1079页；贰·1657，第751页。按，壹·8935作“给官□师”，“官”与“师”之间字迹漫涣难识，参考贰·1657，疑该字当作“瓦”。

⑦ 肆·2632，第684页。

⑧ 壹·8976，第1080页；贰·1571、1778、1781、1903，第749、753、753、756页。

⑨ 贰·2285，第763页。

⑩ 贰·1562，第749页；伍·2903，第789页；陆·809，第748页。

⑪ 贰·1592、1961、1979、2492、6872，第749、757、757、768、857页；叁·1898，第760页；肆·2043、2541，第670、682页。

⑫ 贰·1686，第751页。

⑬ 贰·1701，第752页。

⑭ 柒·2650，第794页。

⑮ 贰·1702，第752页。

⑯ 贰·1981，第758页。

⑰ 贰·7048，第861页。

⑱ 肆·298，第628页。

⑲ 贰·6872，第857页；叁·3053、3080、3841，第789、789、808页。

⑳ 肆·676，第635页。

㉑ 伍·5328，第837页。

㉒ 贰·1680、1818、1904、2033、2034、2682，第751、754、756、759、759、771页。

㉓ 贰·1972，第757页；肆·678、2081，第635、671页。按，肆·2081为“给州私学”，今列入“给私学”一并统计。

㉔ 贰·2306，第764页。

㉕ 贰·2498，第768页。

㉖ 贰·2501、2525，第768、768页。

㉗ 肆·272、295，第628、628页。

㉘ 肆·765，第637页。

㉙ 肆·1924，第667页。

"给亭杂人"[①] "给亭复人"[②] "给县帅"[③] "给郡医"[④] "给作硝船匠师"[⑤] "给邸阁"[⑥] "给作曹"[⑦] "给右部吏"[⑧] "给新吏"[⑨] "给佃新兵"[⑩] 等。以上这些记载尽管并非全部统计数据，但依然足以表明：第一，这些吏务、差役均为地方政府向基层乡里的征发，基层"吏民"是官府一切吏务、差役的供应源，官府的各种征发均来自于"民"。表明当时孙吴地区"民多征役""以役事扰民"[⑪] 的情况的确是相当严重的，而这些不过是孙吴"征役"的部分内容。第二，这些征发范围很广，种类繁多，既有州郡县吏，又有州郡县卒、军吏以及其他各种名目的吏务、差役，广义而言，它们都可以说是"给吏"。这些吏务、差役都是为了满足官府的"吏"事需求，因此，各种公共事务都可以说是"吏"事，上述征发事项涵盖各种公共事务的需求。但是其征发的核心需求和重点在于"吏"役、"吏"职。故狭义而言，"给吏"主要是指"给"州郡县吏。但是它与其它征发之间并非截然划分，而有相互交叉、包含的情况，除了明言"给州吏""给郡吏""给县吏"之外，其他如"给库吏""给佃吏""给锻佐"等也应视为"给吏"之具体吏役、吏职。第三，上述种种不同名目的征发，表明它们之间具有不同质的规定性，也就是说规定了它们之间不同的服役内容和性质。不仅"给州郡县吏"与"给州郡县卒""给军吏"以及其他各种名目的"给"务有别，而"给吏"是在"吏"务范围之内的征发，即使在"给州郡县吏"中的"给州吏""给郡吏""给县吏"也有行政单位层级不同而导致的某些差异。这就提示我们注意："给吏"与"给"其它差役应有所区别，"给郡园父""给园父""给养官牛"为例，

---

① 肆·2042，第670页。

② 肆·2633，第684页。

③ 肆·2071，第670页。

④ 肆·2666，第685页。

⑤ 肆·4137，第721页。

⑥ 柒·2640，第794页。

⑦ 玖·2684，第730页。

⑧ 玖·6677，第812页。

⑨ 肆·292、373，第628、629页。

⑩ 陆·577，第743页。

⑪ （晋）陈寿撰，（南朝·宋）裴松之注，陈乃乾校点：《三国志》卷四七《吴书·吴主传》，中华书局1959年版，第1144页。

这里的“园”可能属于“禄田”之类的官府菜园，园父为种植官府菜园的菜农，“给囷父”则为官仓之差役，“给养官牛”则似为饲养公田、交通之类所用官牛的牛倌，这些无疑属于力役性差遣，而他们与“园吏”“囷吏”“厩吏”之类吏职似应有所区别，前者为劳役，后者为吏役、吏职。因此我们不能因见吴简“给吏”多为“下品”户而视为等同于力役（“给吏”多为下品户问题容后讨论）。我们固然不能排除“给吏”也有一般的力役在内，如上述“给佃吏”之类，当与后世刘宋的“大田武吏”[①] 类似，但毕竟“给吏”与“给役”虽有联系亦有所区别。本文不拟讨论所有“给”务征发事项，主要讨论狭义的“给吏”，即“给州郡县吏”的问题。

基层“吏民”被地方政府征调“给吏”，即“给州郡县吏”，由于服役对象、场合不同而大体有两种不同的类型，一是“给吏”于本州郡县，二是“给吏”于其他单位或部门。

二 “给吏”于本州郡县

基层“吏民”被地方政府征调“给吏”，在本州郡县为“吏”，这是“给吏”的基本形态。文献和吴简均存在一些有关“给吏”即“吏”的记载，兹分别叙述于后。

（一）文献所见“给吏”即“吏”

东汉末年人郑玄[②]，北海郡高密县人，西晋人司马彪《续汉书》记其事曰：“少给县为吏，得休不归家，常诣校官读经。家贫无资，县中嘉之。”[③] 此即“给县吏”，亦即充当本县的“县吏”。范晔《后汉书》记其事曰：郑玄“少为乡啬夫，得休归，常诣学官，不乐为吏，父数怒之，不能禁。遂造太学受业”[④]。郑玄所“给”之“县吏”，具体来说是担任

---

① （梁）沈约撰：《宋书》卷九二《良吏·徐豁传》，中华书局1974年版，第2266页。

② 郑玄生于东汉顺帝永建二年（127），卒于建安五年（200），其晚年与长沙走马楼吴简时代相衔接。

③ （唐）虞世南辑录：《北堂书钞·1》卷七七《设官部二十九》“郑玄常诣校官”条引《续汉书》，学苑出版社2015年版，第574页。

④ （南朝·宋）范晔撰，（唐）李贤等注：《后汉书》卷三五《郑玄传》，中华书局1965年版，第1207页。

"乡啬夫"。汉制：郡县所辖诸乡，五千户以上的大乡，由郡所署"有秩"负责；五千户以下的小乡，由县所置"啬夫"负责。两者"皆主知民善恶，为役先后，知民贫富，为赋多少，平其差品。"[①]《后汉书·郑玄传》注："《前书》曰'乡有啬夫，掌听讼收赋税'也。"[②] 由于"啬夫"为县廷派驻乡一级基层单位的员吏，故称"乡啬夫"；又由于"啬夫"为县廷所署，故为县之属吏[③]，笼统而称则谓之"县吏"。《汉官》载洛阳令属吏即有"啬夫"[④]，郑玄所任则为其籍贯北海郡高密县之"啬夫"。可见"给吏"与各种具体的"吏"称是在不同场合的运用。郑玄晚年以书戒子曰："吾家旧贫，不为父母群弟所容，去厮役之吏"[⑤]。他把自己"给县吏"而为"乡啬夫"称之为"吏"，这里揭示了"给吏"过程中相互关联的三个层次的概念："乡啬夫"—"县吏"—"吏"。

东汉末年郑玄"给吏"的情况，实来源有自，与西汉的"给吏"制度有着继承关系，西汉后期人朱博，杜陵人，"家贫，少时给事县为亭长。"[⑥] 两汉之际人逢萌，北海都昌人，"家贫，给事县为亭长。"[⑦] 吴汉，南阳宛人，"家贫，给事县为亭长。"[⑧] 上述三人所"给"之吏职为"亭长"。汉制十里一亭，以亭长主其事，与上述"乡啬夫"的情况相似，他们也是作为县的属吏而被派至基层担任吏职的，笼统而言他们都是"给县吏"者。出土简牍印证了上述文献记载的情况，长沙五一广场东汉简牍记载有位名"熊"者"以故吏给事县"，于元兴元年（105）"十二月不处日，署长赖亭长"[⑨]。还有一位名祖者"给事县，署西市亭长"[⑩]。与

---

① （晋）司马彪撰，（梁）刘昭注补：《续汉书·百官志五》，点校本《后汉书志》第二十八，中华书局1965年版，第3624页。

② 《后汉书》卷三五《郑玄传》，第1207页。

③ 《续汉书·百官志五》，点校本《后汉书志》第二十八，第3624页。

④ 《续汉书·百官志五》注引，点校本《后汉书志》第二十八，第3623—3624页。

⑤ 《后汉书》卷三五《郑玄传》，第1209页。

⑥ （汉）班固撰，（唐）颜师古注：《汉书》卷八三《朱博传》，中华书局1962年版，第3398页。

⑦ 《后汉书》卷八三《逸民列传·逢萌传》，第2759页。

⑧ 《后汉书》卷一八《吴汉传》，第675页。

⑨ 长沙文物考古研究所、清华大学出土文献研究与保护中心、中国文化遗产研究院、湖南大学岳麓书院编：《长沙五一广场东汉简牍选释》，木两行CWJ1①：94，中西书局2015年版，第128页。

⑩ 《长沙五一广场东汉简牍选释》，木两行CWJ1③：325—2—11，第164页。

此相类似，东汉人谅辅，广汉新都人，“少给佐吏，浆水不交，为从事，大小毕举，郡县敛手。时夏枯旱，太守自曝中庭，而雨不降；辅以五官掾出祷山川……”① 他是“给吏”于郡县，先后担任从事、五官掾等吏职，其职权甚大，包揽政务，乃至郡县长官为之“敛手”。东汉中期人应顺，“少给事郡县，为吏清公，不发私书”②。应顺也是“给吏”于郡县，但是未具体指明担任何种吏职，不过其身份已经是“吏”，故史称其“为吏”清公，说明他在履行吏职中有良好的表现，因此他是“郡县吏”而无疑。上述资料表明，所谓“给吏”即是担任本郡县吏职，也就是“郡县吏”，这是两汉一脉相承的。

《华阳国志》所载东汉桓帝时巴郡“给吏”的情况，为我们了解“给吏”的这种类型及其性质提供了更为翔实生动的资料。汉代巴郡治所在江州（今重庆市），由于郡域辽阔，交通困难，于是以郡吏赵芬等人为首，在郡太守的支持下发起并推动了一场分郡活动，希望将巴郡一分为二，以减轻属县“给吏”的困难。时泰山人但望担任巴郡太守，郡文学掾宕渠赵芬，以及郡掾弘农冯尤，垫江龚荣、王祈、李温，临江严就、胡良、文恺，安汉陈禧，阆中黄闾，江州毋成、阳誉、乔就、张绍、牟存、平直等16人，上书但望申诉“给吏”之艰难曰：

> 郡境广远，千里给吏。兼将人从，冬往夏还，夏单冬复。惟踰时之役，怀怨旷之思。其忧丧吉凶，不得相见。解缓补绽，下至薪菜之物，无不躬买于市。富者财得自供，贫者无以自久。是以清俭，夭枉不闻。加以水陆艰难，山有猛禽；思迫期会，陨身江河，投死虎口。咨嗟之叹，历世所苦。天之应感，乃遭明府，欲为更新。童儿匹妇，欢喜相贺：“将去远就近，释危蒙安。”县无数十，人无远迩，恩加未生，泽及来世。巍巍之功，勒于金石。乞以文书付计掾史。人鬼同符，必获嘉报。芬等幸甚。③

① （晋）干宝撰，汪绍楹校注：《搜神记》卷一一《谅辅》，中华书局1979年版，第131页。

② 《后汉书》卷四八《应奉传》注引华峤《汉后书》，第1607页。

③ （晋）常璩撰，任乃强校注：《华阳国志校补图注》卷一《巴志·七》，上海古籍出版社1987年版，第19页。

太守但望“深纳之”。郡户曹掾史枳积极支持此事，对但望说“（赵）芬等前后百余人，历政讼诉，未蒙感悟。明府运机布政，稽当皇极。为民庶请命救患，德合天地，泽润河海”① 云云。但望即于永兴二年（154）三月上疏建议分郡：强调巴郡地域辽阔，“远县去郡千二百至千五百里。乡亭去县，或三四百，或及千里。”而且险峻难行，“给吏休谒，往还数千”“遥县客吏，多有疾病”。于是建议“敢欲分为二郡：一治临江。一治安汉。”②

从这个记载我们可以获得如下认识。

第一，上书者的身份为巴郡郡吏。参与向郡太守上书的人员有“郡文学掾”赵芬1人，以及“（郡）掾”冯龙等15人。“文学掾”为郡国学官；“掾”，东汉诸郡国“皆置诸曹掾史”③，分曹办理各项行政事务，“掾”为诸曹之长，“史”为其下之办事人员。上述16人均为“郡吏”无疑。赵芬，同书又记作“户曹掾”，或谓：“当是由文学转户曹，卒于户曹任也。”④“户曹”为郡国列曹之首曹，掌管户口、祠祀⑤等，“户曹掾”为该曹之长。不论赵芬为“户曹掾”或“文学掾”，总之他以及其他15位郡“掾”均为郡府诸曹之负责人，他们均属“郡吏”而无疑。如同上述郑玄以“乡啬夫”而为“县吏”一样，他们也分别以“户曹掾”或“文学掾”等不同吏职而为“郡吏”。赵芬等郡吏是为他们以及以他们为代表的郡吏争取分郡以减轻“给吏”之困难，故上书中说如有“嘉报”，则“芬等幸甚”。从“前后百余人，历政讼诉”，可知先后有一百多位郡吏参与过此事。

第二，但是，他们也包含“给吏”者。赵芬等郡吏上书请求分郡，正是为了解除“千里给吏”的困难，太守但望也以“给吏休谒，往还数千”作为建议分郡的理由之一。他们是代表所有“给吏”者表达此意愿

① 《华阳国志校补图注》卷一《巴志·七》，第19—20页。

② 《华阳国志校补图注》卷一《巴志·七》，第20页。

③ 《续汉书·百官志五》，点校本《后汉书志》第二十八，第3621页。

④ 《华阳国志校补图注》卷十一《后贤志》原附《益梁宁三州先汉以来士女目录·二》注㊹，第687页。

⑤ 严耕望：《秦汉地方行政制度史》，台北“中研院”《历史语言研究所专刊》之45A，1990年5月，第130—131页。

的。上述16人除一人为外郡的弘农人外，其余均来自巴郡所属各县，有宕渠、垫江、临江、安汉、阆中、江州等县。这基本上符合汉代郡县属吏取本籍人担任的制度。他们就是巴郡太守但望向所辖各县“吏民”中辟召或征发的吏员。他们是从本县前往郡治所在地江州“给吏”的，所以被称为“遥县客吏”。这里所谓“遥县”，是对于郡府来说的，巴郡所辖边远诸县即属此。“客吏”是指巴郡所辖县的吏民任“吏”职于郡府者，特别是指那些从“遥县”而客居于郡府任“吏”职者，故“遥县客吏”是指巴郡之内属县的那些“千里给吏”者而无疑。或谓“‘客吏’谓外州来此服官职者”①。然而，此说将原文“县”改为“州”，“遥”改为“外”，与原义相去甚远。注解古籍忌擅改原文，如果通过篡改原文而肆意铺陈，曲之为说，尤不可取。太守但望这句话的前后文是这样的：“郡治江州，时有温风，遥县客吏，多有疾病。”指出郡治江州常有瘴疠之疫，使得那些从“遥县”来郡府的“客吏”者经常生病。这里的“遥县客吏”明指从巴蜀所辖远县而客居江州任吏职者，文义晓畅，不容曲解。这句话不仅与开篇的“郡境广远，千里给吏”以及“给吏休谒，往还数千”有着内在的逻辑关系，而且完全符合两汉魏晋时期的地方政治制度，即郡府所需“给吏”者是由本郡属县的吏民中征召而来的。但望的上书中还说“远县去郡千二百至千五百里。乡亭去县，或三四百，或及千里。”表明“给吏”的困难不独“给郡吏”为然，“给县吏”亦然。但望何以提出“乡亭去县，或三四百，或及千里”的问题呢？原因之一是有的郡县吏是需要到“乡亭”去服吏役、吏职的，如上引郑玄之为“乡啬夫”，朱博、逢萌、吴汉等人之为“亭长”均属如此。也就是说，“郡境广远”不仅给辖县吏民“给吏”于郡府造成困难，也给郡县吏下至属县或乡亭履行吏役、吏职造成困难（“郡境广远”当然也给郡县长官、长吏巡察四方和执行政务带来困难，此不属本文讨论的主题，毋庸作骈枝之说）。因此，他们所指的“给吏”困难情况实际上是包括“给郡吏”与“给县吏”这两类人员在内的。

无独有偶，与益州紧邻的凉州武都郡，也有类似于巴郡的情况，这

---

① 《华阳国志校补图注》卷一《巴志·七》注⑰，第23页。

里则是由于郡境交通困难给属县“给吏”造成很大困难，其析里[①]“溪源漂疾，横柱于道”，尤以郙阁艰险难行，以致“沮县士民，或给州府，休谒往还，恒失日晷。行理咨嗟，郡县所苦”[②]。致使凉州武都郡所辖沮县（今陕西略阳县东）的“士民”（即“吏民”）“给吏”于凉州府经常不能按时顺利进行，不仅民众意见很大，郡县政府也颇感头痛。东汉灵帝建宁年间（168—172）李翕出任武都太守后，于是建造了“析里大桥”。此桥不仅对于沟通凉、益二州“商旅”起了积极作用，也对于武都郡属县——沮县民众“给吏”于凉州、武都带来方便。《华阳国志》的记载反映的是属县民众“给吏”于郡府的困难问题，这个碑刻反映的是属县民众“给吏”于州府的困难问题，两者的问题和性质是一致的。文献资料与碑刻资料如此若合符契，并非偶然巧合，而是当时的实际情况如此，属县民众“给吏”于上级官府因为交通问题造成困难是一个普遍存在的社会问题和客观事实。

第三，巴郡的“给吏”者是有“休谒”待遇和权利的。这句话出自巴郡太守之口，表明“给吏”者不仅承担吏役、吏职，而且享受“吏”的休假待遇和权利。此与上述郑玄“给”县吏时可以“得休归”是一致的。但是由于巴郡郡境辽阔，特别是其中有的“远县去郡千二百至千五百里”，“给吏”者“休谒”一次就得“往还数千”，给“给吏”的“休谒”造成很大困难，十分不便。汉律规定：“吏官去家二千里以上者，二岁壹归，予告八十日。”[③] 离家远近与官吏休假关系甚大。上述东汉碑刻所载凉州武都郡属县的“沮县士民，或给州府”，何以知其为“给吏”呢？因为这句话紧接着就记其“休谒往还，恒失日晷”，表明这些“给州府”者也是享有“休谒”待遇和权利者。但是交通困难使得这些“给吏”者“休谒往还，恒失日晷”，亦即经常不能按时休假或报到销假。两汉之际的唐公房，为汉中郡成固县（今陕西城固县东北）人，“王莽居摄

① 今陕西略阳县西嘉陵江边，参见复旦大学历史地理研究所编《中国历史地名词典》，江西教育出版社1988年版，第476页。

② （清）王昶撰：《金石萃编》卷一四《李翕析里桥郙阁颂》，上海古籍出版社2020年版，第241页。

③ 张家山二四七号汉墓竹简整理小组编：《张家山汉墓竹简〔二四七号墓〕》之《释文·二年律令·置吏律》，文物出版社2001年版，第162页。

二年，君为郡吏……是时府在西成，去家七百余里，休谒往徕，转景即至。阖郡惊焉，白之府君，徙为御吏。”[①] 他从家乡成固县到离家七百里的郡府所在地西城（今陕西安康县西北）为郡吏，是为汉中郡的一位“遥县客吏”。由于他在为郡吏期间服用了“真人”的“神药”而成仙，故能“休谒往徕，转景即至。”这位郡吏也享有“休谒”的待遇和权利。这个神话反映了吏人休假与路程远近、交通便利与否有很大关系，是当时“给吏”者普遍关注的问题，渴望交通便利是“给吏”者普遍的愿望。东汉人许荆则由于家贫无力解决交通工具问题，而造成休假的困难，他“少丧父，养母孝顺。家贫为吏，无有船车，休假，常单步荷担上下。”[②] 总之，按时“休谒”是吏的待遇和权利，故巴郡诸县和武都沮县的“给吏”者与其他“吏”或“给吏”者一样，都是享有“休谒”待遇和权利的（关于这个问题我们在下文还将进行讨论）。

第四，巴郡那些“给吏”者与上述其他“给吏”者相同，均来自于“民庶”，亦即从编户齐民中调发充当的。长沙五一广场东汉简牍所见“给吏”者均为底层民众，例如上丘人名董者，“与男子烝愿、雷勒相比近知习，辅农，以田作、莫旦绩纺为事。”他与居处相邻的“男子烝愿、雷勒”等人相同，均从事耕织，故简牍记其以“良家子给事县”[③]。以“故吏”而“给事”县吏者贪、祉、熊等人，亦“各以田作为事”[④]。吴简所反映的情况亦然，曾经先后“给县吏”“给郡吏”的许迪，自称本“下隽县民”，其家人均“佃作为业”[⑤]。这是秦汉魏晋南北朝时期州郡县“给吏”来源的普遍情况。故巴郡户曹掾史枳认为此举是“为民庶请命救患”；巴郡太守的上书中也称赞龚荣等郡吏提出分郡之举“得百姓欢心”

① 《金石萃编》卷一九《仙人唐公房碑》，第325—326页。

② （三国·吴）谢承撰：《后汉书》卷五《循吏传》，周天游辑注：《八家后汉书辑注》（上册），上海古籍出版社1986年版，第151页。又，《后汉书》卷七六《循吏列传·许荆传》注引谢承书，无“少丧父，养母孝顺”七字，其余同（第2471页）。

③ 《长沙五一广场东汉简牍选释》，木两行CWJ1①：113，第134页。

④ 《长沙五一广场东汉简牍选释》，木两行CWJ1①：94，第182页。按：此条为一件文书中间的一段，从现有的前后文观之，记此三人事迹前面的“近知习，各以田作为事”所指，当包括他们三人在内。

⑤ 捌·4106、4015、4020、4117，第751、749、749、752页。

"释民之劳"①。赵芬等16人并非仅仅为他们，也不是仅仅为那些为分郡问题出过力的"前后百余人"，而是为了巴郡全体吏民而提出分郡的主张，因为巴郡的全体吏民都是"给吏"的后备人员和承担者，他们的提议或主张是为了减轻全体吏民"给吏"的困难和负担。这也是造福子孙后代，"恩加未生，泽及来世"，因而他们的行动被誉为"为民庶请命救患，德合天地，泽润河海。"凉州府的"给吏"者也是从属县之一沮县的"士民"中调发而来的，故武都太守建成析里大桥之后被赞颂称"百姓欢欣，佥曰太平兮"②。

（二）吴简所见"给吏"即"吏"

长沙走马楼吴简是承接东汉末年而记载的官府文书，上述文献所载"给吏"者郑玄卒于建安五年（200），吴简中就有建安年号的简牍，故整理者认为："考虑到孙权自建安二十年以后即已控制长沙，我们推测这批简牍，包括建安末年纪年简牍，都属于孙吴官府。"③ 所以，吴简所反映的社会历史与上述文献记载的情况是有着紧密继承关系的。在走马楼吴简中亦有与上述文献记载相同的情况，即存在着"给吏"即为"吏"的简牍，它们印证并丰富了文献关于"给吏"的记载。兹以表格形式列举吴简中的"给吏"者即"吏"的情况于下：

表1　　吴简所见"给吏"即"吏"对应表

姓名	"给吏"	具体职务	"吏"的身份	履行吏职
谢达	给县吏④		县吏⑤；吏⑥	草上言遣吏谢达传送吏逢眷卒朱德所[得]（?）□□□一枚事十一月十八日……白⑦

① 《华阳国志校补图注》卷一《巴志·七》，第20页。

② 《金石萃编》卷一四《李翕析里桥郙阁颂》，第241页。

③ 长沙市文物考古研究所、中国文物研究所、北京大学历史学系走马楼简牍整理组编著：《长沙走马楼三国吴简·嘉禾吏民田家莂》（以下凡引用此书，均简称"田家莂"）之《前言》，文物出版社1999年版，第1页。

④ 壹·7777，第1055页。

⑤ 田家莂·5·231，第192页。

⑥ 柒·2917，第800页。

⑦ 柒·2917，第800页。

续表

姓名	“给吏”	具体职务	“吏”的身份	履行吏职
松棐	给县吏①		县吏②	
张惕	给县吏③	贼曹史④；户曹史⑤；兼田曹史⑥	县吏⑦；吏⑧	⧄……事　八月廿七日兼田曹史张惕白⑨
张乔	给县吏⑩		县吏⑪	⧄□□张乔谨列四年□佃复民□⧄⑫
朱客	给县吏⑬		县吏⑭	
张乐	给县吏⑮	书佐⑯		九月卅日书佐张乐言⑰
张近	给县吏⑱		县吏⑲	
李思	给县吏⑳	从掾史㉑		三月十日从掾史李思白㉒

① 壹·10080，第1102页。

② 田家莂·4·250、5·345，第104、205页。

③ 柒·3543，第814页；壹·10182，第1104页。

④ 叁·6582，第865页；捌·4754作“贼曹吏”，第765页。

⑤ 捌·5518、5521，第780页；柒·2979，第801页；《竹简（柒）》又记为“兼户曹别主史”，（柒·2900第799页）；柒·2974又记作“兼户曹掾五□史”，第801页。

⑥ 捌·5880，第788页。

⑦ 田家莂·5·800，第256页。

⑧ 贰·460，第727页；肆·4668，第733页。

⑨ 捌·5880，第788页。按：张惕履行吏职的简甚多，不烦枚举。

⑩ 柒·3555，第814页；壹·10412，第1108页。

⑪ 田家莂·4·262，第105页。

⑫ 叁·6782，第869页。

⑬ 柒·3561，第814页。

⑭ 田家莂·5·335，第204页。

⑮ 柒·1050，第753页。

⑯ 贰·7051、8937，第861、899页；叁·207、220、3652，第723、723、802页；柒·2779，第797页。

⑰ 贰·7051，第861页。此外，贰·8937、叁·207、220、3652、柒·2779均有“书佐张乐言”的竹简。

⑱ 柒·1068，第754页。

⑲ 贰·7012，第860页。

⑳ 柒·3894，第822页。

㉑ 柒·2911，第800页。

㉒ 柒·2911，第800页。

续表

姓名	"给吏"	具体职务	"吏"的身份	履行吏职
谢难	"给县吏"①	兼口用曹②	县吏③	草言府 诸乡 县吏掾区光 黄 永等坐兵衣布无人事　三月十二日兼口用曹 谢难 白④
五陵	给县吏⑤	桑乡典田掾"⑥	吏⑦	五月三日典 田 （?）掾五陵白⑧
逢杲	给郡吏⑨		郡吏⑩	
周柏	给郡吏⑪		郡吏⑫	
胡恕	给郡吏⑬		吏⑭	
许迪	给郡吏⑮	淕口典盐掾⑯、典盐吏⑰、库吏⑱	郡吏⑲、吏⑳、见吏㉑	割盗盐米一百一十二斛六斗八升㉒

① 柒·3208，第807页。

② 柒·573，第744页。

③ 田家莂·4·266，第106页。

④ 柒·573，第744页。

⑤ 壹·9435，第1089页。

⑥ 贰·6582，第851页；壹·1361、5589，第922、1011页；叁·3892，第809页；柒·4471，第840页。

⑦ 柒·3146，第805页。

⑧ 壹·1361，第922页。与此相类似记载其履行职务简还有：壹·5589，第1011页；贰·6582，第851页；叁·3892，第809页；柒·4471，第840页。

⑨ 柒·3582，第815页。

⑩ 田家莂·4·16，第74页。

⑪ 柒·3723，第818页。

⑫ 田家莂·4·9，第73页。

⑬ 壹·10042，第1101页。

⑭ 肆·5495，第750页。

⑮ 捌·4075，第751页。

⑯ 捌·4064、4066、4069，第750、750、750页。

⑰ 捌·4082，第751页。

⑱ 捌·303，第670页。

⑲ 捌·4076、4307，第751、756页。

⑳ 捌·4055、4110、4139、4199、4214，第750、752、752、754、754页；柒·4419，第838页。

㉑ 捌·4016，第749页。

㉒ 捌·4307，第756页。其职务犯罪事，不胜枚举。

续表

姓名	“给吏”	具体职务	“吏”的身份	履行吏职
胡杨	给州吏①		州吏②	
烝谓	给州吏③		州吏④	入小武陵乡税米二斛胄毕▮✱嘉禾元年十一月十四日平（?）支丘州吏烝谓付三州仓吏谷汉受中⑤
严追	给州吏⑥		州吏⑦	

资料来源：《嘉禾吏民田家莂》《竹简（壹）》《竹简（贰）》《竹简（叁）》《竹简（肆）》《竹简（柒）》《竹简（捌）》。

上述“给吏”者，都是姓氏和吏称记载完整而明确者，共得17例，其中有10位“给县吏”，4位“给郡吏”，3位“给州吏”，其数量多寡恰与《嘉禾吏民田家莂》中这几种自下而上吏人的数量比例大体一致⑧。

10位“给县吏”者中，有8位的身份被明确记载为“县吏”或“吏”：第一，谢达。“宜阳里户人公乘谢达年廿六算一给县吏”⑨，在《嘉禾吏民田家莂》中有“石下丘县吏谢达”⑩ 的户主身份记载。第二，松棐。“高迁里户人公乘松棐年卅四算一给县吏”，⑪ 在《嘉禾吏民田家莂》中有“武龙丘县吏松棐”⑫“伻丘县吏松棐”⑬ 的户主身份记载。第三，张惕。“吉阳里户人公乘张惕年卌八 给县吏”，⑭ 在《嘉禾吏民田家莂》中有“新唐

① 柒·3565，第815页。

② 田家莂·5·695，第244页。

③ 壹·8646，第1074页。

④ 肆·2577，第683页。

⑤ 肆·2577，第683页。

⑥ 柒·3542，第814页。

⑦ 田家莂·4·28，第76页。

⑧ 《嘉禾吏民田家莂》中计有州吏37人，郡吏57人，县吏67人。参见拙著《先秦汉唐史论》所附“《嘉禾吏民田家莂》吏民佃田数表”，北京师范大学出版社2016年版，第417页。

⑨ 壹·7777、9588，第1055、1092页；贰·4504，第808页。

⑩ 田家莂·5·231，第192页。

⑪ 壹·10080，第1102页。

⑫ 田家莂·5·345，第205页。

⑬ 田家莂·4·250，第104页。

⑭ 柒·3543，第814页。按：壹·10182（第1104页），亦有张惕“给县吏”之记载，两个张惕年龄相差较大。

丘县吏张惕"[①]的户主身份记载。第四，张乔。"高迁里户人公乘张乔年卅 筭一 给县吏"[②]，又有"吉阳里户人公乘张乔年卅九 给县吏"[③]，在《嘉禾吏民田家莂》中有"伻丘县吏张乔"[④]的户主身份记载。第五，朱客。"吉阳里户人公乘朱客年卅七 给县吏"[⑤]，在《嘉禾吏民田家莂》中有"伻丘县吏朱客"[⑥]的户主身份记载。第六，张近。《竹简（柒）》有"嘉禾五年常迁里户人公乘张近年卅五 给县吏"的记载[⑦]，而在《竹简（壹）》中有"□乡县吏张近故户下品出钱四千[四]☑"[⑧]的身份记载。第七，谢难。《竹简（柒）》有："平阳里户人公乘谢难年廿一　给[县] [吏]"[⑨]的记载，而在《嘉禾吏民田家莂》中有"伻丘县吏谢难"[⑩]的身份记载。第八，五陵。《竹简（壹）》有"小成里户人公乘五陵年卌六 给县吏 复"的记载，[⑪]五陵没有"县吏"的直接记载，但是有多处为"吏"的记载，如："……吏郭宋谢韶区光黄欣五陵殷连等[纪]（?）"[⑫]，在这里五陵与其他五位"吏"联名，其中有几位是著名的"吏"，例如殷连作为"库吏"，其负责收取租布的记载极其繁多，如"☑□□□十六匹二丈七尺☑嘉禾元年八月十四日关丞付库吏殷连受[市]吏五年租"[⑬]。谢韶作为"南乡劝农掾"也频繁见诸简牍[⑭]。区光亦有为"吏"的多处记载[⑮]。

"给县吏"中有2位没有明确的相应的身份记载，但是却都有明确的

---

① 田家莂·5·800，第256页。
② 壹·10412，第1108页。
③ 柒·3555，第814页。
④ 田家莂·4·262，第105页。
⑤ 柒·3561，第814页。
⑥ 田家莂·5·335，第204页。
⑦ 柒·1068，第754页。
⑧ 贰·7012，第680页。
⑨ 柒·3894，第822页。
⑩ 田家莂·4·266，第106页。
⑪ 壹·9435，第1089页。
⑫ 柒·3146，第805页。又见于捌·4829、5063，第767、771页。
⑬ 捌·3795，第743页。
⑭ 捌·2882、3342（1）、3632，第720、732、739页。
⑮ 捌·5063、5280、4829，第771、775、767页。

履行吏职的记载：第一，张乐。“嘉禾五年常迁里户人公乘张乐年廿五 给县吏”[①]，他虽然没有“县吏”身份的记载，但是却有担任“书佐”并以此职称履行职务的明确记载：“九月卅日□下书佐张乐言”[②]“十一月卅日书佐张乐言”[③]“☑书佐张乐言”[④]“九月卅日书佐张乐言”[⑤]“？……月廿（?）八（?）日书佐张乐言”[⑥]。第二，李思。“□阳里户人公乘李思年廿给县吏……”[⑦]李思亦然，他有以“从掾史”身份白事的记载：“三月十日从掾史李思白”[⑧]。他们2位虽然没有身份为“县吏”或“吏”的直接记载，但是从他们担任的吏职可知亦当为“县吏”。

“给郡吏”者有4位，他们都有相对应的“郡吏”或“吏”的身份记载。第一，逢杲。“吉阳里户人公乘逢杲年卅　给郡吏”[⑨]，在《嘉禾吏民田家莂》中有“下伍丘郡吏逢杲”[⑩]的户主身份记载。第二，周柏。“高迁里户人公乘周柏年廿四给郡吏　訾 五 十”[⑪]，在《嘉禾吏民田家莂》中有“下伍丘郡吏周柏”[⑫]以及“侠丘郡吏周柏”[⑬]的户主身份记载。第三，胡恕。“吉阳里户人公乘胡恕年卅四算一给郡吏”[⑭]，而有其为“吏”的记载：“草 邮乡吏文腾录送证知吏胡恕□☑‖”[⑮]。第四，许迪。他“出给县吏以吏次后不觉年中复给郡吏”[⑯]，先“给县

① 柒·1050，第753页。
② 叁·207，第723页。
③ 叁·220，第723页。
④ 柒·2779，第797页。
⑤ 贰·7051，第861页。
⑥ 贰·8937，第899页。
⑦ 柒·3894，第822页。
⑧ 柒·2911，第800页。
⑨ 柒·3582，第815页。
⑩ 田家莂·4·16，第74页。
⑪ 柒·3723，第818页。
⑫ 田家莂·4·9，第73页。
⑬ 田家莂·5·516，第224页。
⑭ 壹·10042，第1101页。
⑮ 肆·5495，第750页。
⑯ 捌·4075，第751页。

吏”，接着又“给郡吏”。他的身份被明确称为“郡吏”：“出郡吏许迪所领三年盐贾吴平斛米一百一十二斛六斗八升擿量 嘉禾四年六月一日关塈郭嵩付仓吏黄瑛受”①，“……嘉禾四年十一月十七日 兼金曹□李珠白言郡吏许迪割盗 盐米一百一十二斛六斗八升 结正罪法”②；或被明确称为“吏”：“☑重（?）部吏陈旷实核吏许迪辞割食所领盐”③，“敕中部督邮亟促考核吏许迪訬米有出郡簿一百一十二”④，“草言府县不枉考入吏许迪罪法傅前解行□军法事　四月廿九日金曹掾□□白”⑤；或被明确谓之为“见吏”：“（许）迪见吏明知科行典受官宝却敢”⑥。

“给州吏”者有3位，他们都有相应的“州吏”身份。第一，胡杨。“吉阳里户人公乘胡杨年卌　给州吏”⑦，在《嘉禾吏民田家莂》中有“楮下丘州吏胡杨”⑧ 的户主身份记载。第二，烝谓。“东阳里户人公乘烝谓年廿二 算一 给州吏”⑨，另简记有：“入小武陵乡税米二斛胄毕＊嘉禾元年十一月十四日平（?）支丘州吏烝谓付三州仓吏谷汉受中”⑩。第三，严追。《竹简（柒）》有“吉 阳 里 户 人 公 乘 严 追年廿九 给州吏”⑪ 的记载，而在《嘉禾吏民田家莂》中有“下伍丘州吏严追”⑫ 的户主身份记载。

以上17位“给吏”者，基本上都有比较明确的身份或足以表明其身份的相关记载，但是他们中，容或有姓名相同而实际并非一人，或者“给吏”者与相关身份记载亦并非同一人的情况，这是可以肯定的，但是

① 捌·4076，第751页。
② 捌·4307，第756页。
③ 捌·4055，第750页。
④ 捌·4110，第752页。
⑤ 捌·4419，第752页。
⑥ 捌·4016，第749页。
⑦ 柒·3565，第815页。
⑧ 田家莂·5·695，第244页。
⑨ 壹·8646，第1074页。
⑩ 肆·2577，第683页。
⑪ 柒·3542，第814页。
⑫ 田家莂·4·28，第76页。

其中亦必有同为一人而且相关身份记载亦相符者，这也是可以肯定的。吴简与上述文献记载相呼应，表明“给吏”即为“吏”，具体而言“给县吏”即为“县吏”，“给郡吏”即为“郡吏”，“给州吏”即为“州吏”，这是文献和吴简所一致证明的客观事实。

三 “给吏”于其他部门

地方政府征召“给吏”者主要是为了满足本州郡县吏役、吏职的需求，此外，地方政府还需负责向某些特定单位或部门提供“给吏”，这是州郡县政府的法定义务之一。也就是说，“给吏”是由上述两个方面组成的。后者的情形大体有如下两种：

（一）向郡县其他特定单位提供“给吏”

地方政府需要向郡县境内其他一些相关特定单位提供“给吏”，以满足这些特定单位对于“吏”的需求。

1.“给吏”于侯国

向侯国提供“给吏”即为所在地方郡县的任务之一。西汉霍光的父亲霍中孺，河东平阳人，“以县吏给事平阳侯家。与侍者卫少儿私通而生（霍）去病。中孺吏毕归家，娶妇生（霍）光。”颜师古注曰：“县遣吏于侯家供事也。”① 霍中孺是以“县吏”的身份被派遣至平阳侯家服役的，则他既是一位“县吏”，又是一位“给吏者”。卫青的父亲郑季亦然，他是“河东平阳人也，以县吏给事侯家。”② 也是以“县吏”而“给吏”于平阳侯家。上述二人的身份都明言为“县吏”，但他们均不在本县服役，而是“给吏”于侯家。霍中孺“吏毕归家”的记载表明，他在平阳侯家“给吏”是有期限的，事毕之后即直接回家，回归为“民”，那么他是为满足平阳侯家的吏役、吏职需要而被县府征调的“给吏”者。他的“给吏”流程是：民—“县吏”—“给吏”—民。

他们或称为“县吏”，或称为“给吏”，是在不同语境下的不同表述。这些“给吏”者均为本县之正式吏员，据《尹湾汉墓简牍》中的《集簿》，东海郡辖县18、侯国18。《东海郡吏员簿》详列郡、县、侯国所辖

① 《汉书》卷六八《霍光传》，第2931—2932页。

② 《汉书》卷五五《卫青传》，第2471页。

吏员之后，谓“最凡吏员二千二百二人”[①]。给事侯国的吏是包括在东海郡属吏范围之内的，他们都是编制内的吏员。上述二人的情况与此相同。霍中孺、郑季的身份是“县吏”，则他们是平阳县编制内的吏员，但他们是在为平阳县承担向平阳侯“给吏”任务的“给吏”者。长沙走马楼三国吴简“很可能就是临湘侯的或更高级别行政机构的官府档案”[②]，这些简牍中的“给吏”者，应当也有与霍中孺、郑季相同而“以县吏给事临湘侯”的“给吏”者。

2. “给吏”于郡县附属专业性官署

各地郡县往往设置有附属的各种专业性的官署，“凡郡县出盐多者置盐官，主盐税。出铁多者置铁官，主鼓铸。有工多者置工官，主工税物。有水池及鱼利多者置水官，主平水收渔税。”[③] 这些盐官、铁官、工官、水官为郡县所属而与县同级的官署，他们的属吏也是由所在县提供的。这些专业性官署中的“给吏”者从西汉到东汉，经历了由县员编制内向编制外的发展变化。从西汉《东海郡吏员簿》可以看到，该郡有盐官3、铁官2，他们的吏员共107人，都是总计在该郡的全部吏员数目之内的，也就是说他们都是在编制之内的。其中，东海郡的两处铁官的属吏中分别有佐9人、佐2人不等，这11位“佐”应是由东海郡所辖诸县“给吏”者承担。吴简诸多“给吏”的简牍中就有“给锻佐”的记载，如：“其一户给锻佐下品之下”（壹·5429）、“[其][一][户][给][锻][佐][下][品]之下”（壹·5440）[④] 等，他们也应当是由县廷派遣“给”铁官的属吏，也应属于这种“给县吏”的一种形式。吴简中的许迪也似属于这类“给吏”者，他作为“给郡吏”者而被郡府选拔派遣出任淕口“典盐掾”（捌·4075、4064）[⑤]。东汉时期规定上述种种专业性官署中的属吏由“在所诸县均差吏更给之，置吏随事，不具县员。”[⑥] 仍由该县派遣“吏”轮

---

① 连云港市博物馆、东海县博物馆、中国社会科学院简帛研究中心、中国文物研究所编：《尹湾汉墓简牍》，中华书局1997年版，第77、84页。

② 《田家莂·前言》，第1页。

③ 《续汉书·百官志五》，点校本《后汉书志》第二十八，第3625页。

④ 壹·5429、5440，第1007、1008页。

⑤ 捌·4075、4064，第751、750页。

⑥ 《续汉书·百官志五》，点校本《后汉书志》第二十八，第3625页。

番承担，根据任务多少而设置员额，但是他们不属于县员的编制，根据吏务之需要而设置吏员。尽管这些专业性官署的“给吏”者到了东汉时期已经不在县员的编制之内，但是他们的身份仍然为“吏”却是没有变化的。那么，吴简中的这些“给锻佐”者也可能是不在编制之内的。

3. “给吏”于屯田部门

屯田部门也有这种“给吏者”。建安年间，石苞被“县召为吏，给农司马。”[①] 他是渤海南皮人，被县府征调而向屯田部门提供“给吏”，他被派遣时的身份也是“县吏”，但不在本县服役，而是“给吏”于“农司马”。他与邓艾一起在那里服役，邓艾“为都尉学士，以口吃，不得作干佐。为稻田守丛草吏。”[②] 他是屯田单位的“吏”。当时谒者郭玄信“坐被刑在家，从典农司马求人御，以（邓）艾、（石）苞与御。”[③] 前文的“农司马”即后文的“典农司马”，《邓艾传》中的“都尉”即“典农都尉”。典农司马是典农都尉的属官，典农都尉是与县同级的、掌管屯田的职官。由此可见，石苞是被县廷派遣至典农都尉下属的“典农司马”那里“给吏”的。

由于被派遣至其他单位或部门，“给吏”成为一种普遍的、经常性的现象，于是“给吏”遂成为地方政府“少吏”所承担的一个重要方面的特定任务，从而产生了“给吏”“给吏者”这样的专有名词或群体。这种情况到南朝时期仍然存在，刘宋时，宗悫随江夏王、征北将军、南兖州刺史刘义恭镇广陵。时宗悫从兄宗绮为征北府主簿。有一次宗绮入直府中，“而给吏牛泰与（宗）绮妾私通”，被宗悫发现而杀死牛泰，宗绮“壮其意，不责也。”[④] 这位“给吏”者牛泰也应是南兖州属县派遣至征北将军府服役的县吏，表明到刘宋时郡县政府还需要向军府提供“给吏”，“给吏”的范围较汉魏时期又有所扩大。

（二）向中央一些特定单位派遣“给吏”

汉代三辅地区郡县，则有向中央某些特定单位提供“给吏”的法定

---

① （唐）房玄龄等撰：《晋书》卷三三《石苞传》，中华书局 1974 年版，第 1000 页。

② 《三国志》卷二八《魏书·邓艾传》，第 775 页。

③ 《三国志》卷二八《魏书·邓艾传》注引《世语》，第 775 页。

④ 《宋书》卷七六《宗悫传》，第 1971 页。

义务。司隶校尉和廪牺署等特定单位的吏员有相当多是由三辅地区郡县派遣“给吏”来承担的。

1. “给吏”于司隶校尉

司隶校尉是设置于三辅地区的重要官署，其职掌督察中央和首都周边郡国官吏，到东汉时同时兼领一州，具有中央官与地方官兼备的特色。司隶校尉的属吏有不少即来自下属郡县的“给吏者”。汉成帝时王尊为京兆尹，有一次“司隶遣假佐放奉诏书白（王）尊发吏捕人”[①]。司隶校尉派遣这位叫做放的“假佐”去京兆尹王尊那里，要求他捕人。“假佐”是什么人？《汉书·王尊传》注引“苏林曰：‘胡公《汉官》假佐，取内郡善史书佐给诸府也。’”[②] 可知司隶校尉的属吏“假佐”是由内郡“善史书”者，即擅长书写官府通用文字——隶书[③]的“佐”以“给”之的。这些“假佐”原来是内郡的属吏——“佐”，而且是从他们之中选拔优秀者充当，其原来为“郡吏”无疑。这些原为“郡吏”的“佐”，被郡府派遣至司隶校尉担任“假佐”，成为“给吏”。《说文》：“给，相足也。”段玉裁注：“相足者，彼不足，此足之也。”[④] 以本单位、本部门之“吏”以满足其他单位、部门对“吏”的需求，均可称之为“给吏”。这些给吏者称为“假佐”，段玉裁谓“叚，借也。然则假与叚义略同”，《说文》：“叚，借也。”[⑤] 由此部门借调至彼部门谓之“叚（假）”。司隶校尉的“假佐”，用我们今天通行的术语或可谓“借调干部”“借调人员”。

东汉时期关于司隶校尉“假佐”的设置及其性质和来源的记载较西汉时期更为详细和明确。司隶校尉的属吏由两部分人员组成，一部分是“通为百石”的从事史12人，“皆州自辟除”；另一部分则为“假佐”25人，均由辖郡“给吏”者担任。这25位“假佐”的构成、职责及其来源

---

① 《汉书》卷七六《王尊传》，第3233页。

② 《汉书》卷七六《王尊传》注，第3234页。

③ 段玉裁云：“汉人谓隶书为史书……苏林引胡公云，汉官假佐取内郡善史书者给佐诸府也。是可以知史书之必为隶书。”见（汉）许慎撰，（清）段玉裁注《说文解字注》卷一五上，上海古籍出版社1988年版，第759页。

④ 《说文解字注》一三上《糸部》，第647页。

⑤ 《说文解字注》八上《人部》、三下《又部》，第374、116页。

分别是：“主簿录□下事，省文书。门亭长主州正。门功曹书佐主选用。《孝经》师主监试经。《月令》师主时节祠祀。律令师主平法律。簿曹书佐主簿书。其余都官书佐及每郡国，各有典郡书佐一人，各主一郡文书。以郡吏补，岁满一更。”① 这些“假佐”都是由司隶校尉所辖7郡抽调的“郡吏”担任的，服役期限为一年，每年加以轮换。这些“给吏者”，明言为“郡吏”，他们是以“郡吏”的身份前往司隶校尉担任“假佐”的。

2. “给吏”于廪牺署

与司隶校尉的“假佐”由属郡“给郡吏”者承担的情况类似，廪牺署的吏员则由河南尹属县的“给县吏”者承担。西汉中央大司农下属有廪牺令，“掌祭祀牺牲雁鹜之属”，供应朝廷祭祀所需。东汉时改属河南尹②。其所属有“丞一人，三百石。员吏四十人，其十一人斗食，十七人佐，七人学事，五人守学事，皆河南属县给吏者。”③ 除了由中央除授的廪牺丞等长吏之外，其余属吏40人都是由河南尹所辖诸县的“给吏者”充当。这40人是廪牺署编制内的员吏，除“守学事”5人之外，其余35人都是正式的员吏。向“廪牺”署提供“给吏者”是河南尹所辖诸县向国家承担的诸法定义务之一。仿照《汉书》之《霍光传》《卫青传》记载霍中孺、郑季事的书法，则上述司隶校尉辖郡派遣至司隶校尉府的“假佐”亦可表述为“以郡吏给事司隶校尉府”，河南诸县派往廪牺署的吏员，也可表述为“以县吏给事廪牺署”。

吴简有“其一人先给郡吏在[武][昌]”（叁·3835）④ 的记载，孙权原都武昌，虽然于黄龙元年（229）迁都建业，但与武昌仍然有密切联系，这位“给郡吏”者也可能属于派遣至中央有关部门的人员。

综上所述可见，不论是派遣至郡县附属官署还是中央某些特定部门中的“给吏”者，他们的身份都毫无例外的为“吏”或“郡吏”“县

① 《续汉书·百官志四》，点校本《后汉书志》第二十七，第3614页。黎按：点校本“各主一郡文书”与“以郡吏补”之间为逗号，则似仅“典郡书佐”是“以郡吏补”；从西汉制度揆之，“假佐”25人均“以郡吏补”，故似以句号为宜。

② 《续汉书·百官志三》，点校本《后汉书志》第二十六，第3590页。

③ 《续汉书·百官志三》注引《汉官》，点校本《后汉书志》第二十六，第3591页。

④ 叁·3885，第808页。

吏”，而不论他们是在编制之内还是编制之外。

四　后论

“给吏”者是否均立即、自动、全部如上述两部分人那样而转化为“吏”呢？当然不是。

两汉、孙吴时期“官吏”的来源和产生，过去我们关注的是察举、征辟等这一类项的方式，吴简资料启示我们，除了人们所熟知的这一主体性的传统方式之外，还有“给吏”这样一种方式，或者说补充方式，这是吴简给予中国古史研究者的诸多贡献之一。国家机器得以有效运转，以吏员来说，既需要不同层级的官吏，也需要众多事务性、服务性、劳役性的吏员，由诸多部件组成一个完整的、全面系统的、严密的体系。此大体由三个阶层的吏员组成：“长吏”之“吏”，属吏之“吏”，给吏之“吏”。前两者主要由察举、征辟方式提供，后者主要通过“给吏”这一方式提供。既然给吏之“吏”与“长吏”之“吏”、属吏之“吏”三者共同构成官府吏员之必要的、不可缺少的组成部分，则“给吏”制度也与察举、征辟制度共同成为官府吏员来源必要的、不可缺少的组成部分。三者之中的第一者属于“官”的范畴，第二者介于“官”“民”之间，第三者则在“官”的范畴之外，从这个角度言之，则“给吏”者基本上属于“民”的范畴。虽然如此，但一旦为“给吏”就属于“吏”的范畴，而非普通百姓——民，更不必说其中还有部分“给吏”者可能转化或上升为属吏之“吏”乃至“长吏”之“吏”了。故“给吏”之“吏”既与“长吏”之“吏”有别，也与普通百姓（民）有别。从地方政权言之，察举、征辟方式的指向主要为不同层级的社会精英，主要满足对于基层政权上纲、主吏及二百石以上长吏的需求，“给吏”的指向主要为下层民众，主要满足对于基层政权下层小吏及其他吏职、吏役之需求。地方长官辟召不及、不便者，可通过“给吏”这一方式以弥补和满足之，表明两者所具有的相关性和互补性。

我们何以认为这是当时官府吏员来源和产生的一种补充方式？一则因为它涉及面极其广泛。除了基层普通百姓之外，还有广大的“诸吏”家属，后者之“给吏”为最高统治者皇帝所认可和关注，故曾试图整顿、规范诸吏“子弟给郡县吏”[1] 中存在的问题；二则其所“给”之“吏”十分广泛。它涉及以州、郡、县三级为中心的各级地方政权机构乃至其他相关单位及部门，“给吏”者已成为国家机构必要的、不可或缺的组成部分；三则其征调已经有了一定的规则。例如许迪“出给县吏以吏次后不觉年中复给郡吏”[2] 的记载表明“给吏”并非随意、无序为之，而是按照“吏次”征发，“给吏”当年一般不得再次征发；四则两者在任用制度方面具有某些同一性。从长沙五一广场东汉简牍观之，“给吏”者与察举、征辟之“吏”一样，也需经过“署”才能成为正式的“吏”。“给吏”者如果已经转化为“吏”，除了有的被委以“职吏”之外，还有被委以“散吏”者，上述李思以“给吏”而为“散吏”，表明了这一点。虽然不能认为“给吏”是从三国孙吴才产生的全新方式，而应当是在前代基础上发展起来的，但是由于三国孙吴在三方鼎峙这一特定历史条件下，导致对于下层小吏的需求空前增加，吏务需求与编制的矛盾日益尖锐，原有的、传统的察举、征辟等方式不能满足对于下层吏员数量、种类的需求时，以“给吏”这一方式加一弥补，遂有其必要性和迫切性，这一方式遂得以应时而兴盛。从传统意义上的“吏”中泛化出“给吏”之“吏”，就是这一时代发展使然，“给吏”制度乃满足这一需求的必然产物。

以上述两种方式而言，前者尚且并非立即、自动、全部转化为“官”或“吏”，后者则更不可能如此；二百石以上长吏尚且并非立即、自动、全部转化为“官”或“吏”，百石以下小吏更不可能如此。拙文《说“真吏”——从长沙走马楼吴简谈起》提出汉唐时期官吏任用存在“真吏”与“非真吏”两个互相联系而又有所区别的区块，二百石以上长吏存在着从“非真吏”，如“守”“行”“假”“兼”“摄”等方式，才能“即真”“为正”而完成向“真吏”的转化过程。百石以下小吏同样也存在这样一个转化过程。社会精英和二百石以上长吏一般需要经过一年乃

---

① 如孙休永安元年（258）诏曰：“诸吏家有五人，三人兼重为役，父兄在都，子弟给郡县吏，既出限米，军出又从，至于家事无经护者。朕甚愍之。其有五人，三人为役，听其父兄所欲留，为留一人，除其米限，军出不从。”（《三国志》卷48《吴书·三嗣主传·孙休传》，第1157页）按，中华书局点校本对于此道诏书的句读有误，故此处及下文所引用者，径改。

② 捌·4075，第751页。

至二三年的时间才能完成从“非真吏”到“真吏”的转化过程，何况基本上属于社会下层的“给吏”者。

以此出发进行探讨，将有助于我们认识何以从传世的传统文献到吴简中都存在既有“州吏”“郡吏”“县吏”等明确的身份记载者，又有“给州吏”“给郡吏”“给县吏”的记载者，甚至在一个家庭内部，也存在既有“州吏”“郡吏”“县吏”，又有“给州吏”“给郡吏”“给县吏”的情况。孙休永安元年诏中“诸吏家有五人，三人兼重为役，父兄在都，子弟给郡县吏”①，表明父兄为“吏”的家庭中确有“子弟给郡县吏”的事实。吴简亦然，如南乡劝农掾谢韶“被书条列乡界州吏父兄子弟”，经其派员调查了解到“乡领州吏父兄子弟合十二人，其二人被病物故，一人先给郡吏”②。广成乡的州吏七人的家属中，亦有“一人先出给县吏”③。这些州吏的家庭中即有“给”郡或县吏者。出现这种现象的原因在于，那些身份已经确定的“州吏”“郡吏”“县吏”等，是通过郡县辟召或通过“给吏”等上述两种不同途径已经成为“真吏”者，或者有的则已经进入“非真吏”并向“真吏”的转化过程者，因为进入“非真吏”阶段即意味着已基本上进入“吏"的范畴之中了；而那些“给吏”者，则是正在“给吏”，如果说前者基本上属于“完成式”，后者则基本上属于“进行式”，他们中有的并没有进入“非真吏”阶段（如“给县吏”者许迪不久即回到家乡复归为民④），有的已经进入“非真吏”阶段（如上述“给县吏”者张惕之担任“兼田曹史”⑤，谢难之担任“兼□用曹”⑥），也有的则已经完成了从“非真吏”到“真吏”这一转变过程而为“真吏”者（如上述“给县吏”者张乐之为“书佐”⑦，“给县吏”者张惕之为“户曹史”⑧，“给郡吏”者许迪之为“典盐掾”、为“郡吏”⑨

① 《三国志》卷48《吴书·三嗣主传·孙休传》，第1157页。

② 捌·3342（1），第732页。

③ 《长沙走马楼二十二号井发掘报告》，《嘉禾吏民田家莂》，第32页。

④ 捌·4243、4075，第755、751页。

⑤ 捌·5880，第788页。

⑥ 柒·573。第744页。

⑦ 叁·207，第723页；柒·2779，第797页；贰·7051，第861页。

⑧ 捌·5518、5521，第780、780页。

⑨ 捌·4069、4307，第750、756页。

等为然）。两者的区别在于：前者（“州郡县吏”）为完全进入“非真吏”或“真吏”者，后者（“给吏”）除了部分进入“非真吏”或“真吏”之外，还有部分并未进入这一范畴之内者。

（一）“给吏”者的出处进退

“给吏”者的出处进退并非只有转化为“吏”一个途径，而是有若干情形。

1. “给吏”转化为“吏”

上文所揭文献资料和吴简资料，基本上属于这一类型，亦即他们已经进入“非真吏”或“真吏”范畴之中，故这部分“给吏”者即“吏”，上举吴简中的17例“给吏”者以及文献所明确记载已经为“吏”者多数应属此类。《竹简（壹）》有“小成里户人公乘五陵年卌六给县吏复”[①] 的记载。这位“给县吏”何以得以享受“复”的优待呢？可能与其已经转化为正式的“吏”有关。故吴简和文献中均存在“给县吏”即为“县吏”，“给郡吏”即为“郡吏”，“给州吏”即为“州吏”的客观事实。

“给吏”者与“吏”之间有一个转化的过程。长沙五一广场东汉简牍中的给吏者中，有贪、祉、熊三人“以故吏给事县”。其中“熊，元兴元年十二月不处日，署长赖亭长。祉，延平元年十月七日，贪，其年十二月十日各署视事”[②]。被“署”即意味着已经转化为正式的“吏”了，熊被“署”为亭长的时间是元兴元年（105）十二月某日，祉被“署”的时间是延平元年（106）十月七日，贪被“署”的时间是延平元年（106）十二月十日。这三位给吏者被调发的具体时间不明，但应当是同时调发的，否则不会将他们一起加以记载。他们三人被“署”的时间先后并不相同，最先被“署”的是熊，其次被“署”的祉比熊晚了10个月，最后被“署”的贪又比祉晚了近两个月，比熊则晚了一年。说明他们被调发为“给吏”者之后，都有一段长短不一的等待时间，这个等待时间即属于转化阶段，直到他们被“署”具体的吏职，方才完成这一转化过程。

---

① 壹·9435，第1089页。

② 《长沙五一广场东汉简牍选释》，木两行CWJ1①：94，第128页。

在等待期间并非闲居无事，而是要听从官府的差遣，承担具体的职事。五一广场东汉简牍记载：名育者“给事府，今年五月十日受遣将徒”①。这里只记载他“给事府”，即“给郡吏”，没有记载他被“署”何职，但是他仍然被官府派遣去执行特定的具体的吏务——“将徒”，带领服役徒众前往某处或完成某一任务。“将徒”为秦汉时期官吏经常承担的一项差遣②。这位育当为尚未转化为“吏”的“给郡吏”者，这一具体任务也许就是考察其吏能的方式之一。他的前景将有两种可能，或者如上述贪、祉、熊等人那样转化为“吏”，或者回乡继续为民。

孙吴时期亦然。吴简所载许迪事也反映了这一转化过程，他于建安二十一年（216）“给郡吏”，于黄龙三年（231）“为曹所选”，被“遣于淕口典受官盐”（捌·4177），具体职务为“淕口典盐掾”（捌·4069）。也就是说他从建安二十一年至黄龙三年的15年间完成了从“给吏”转化为“吏”并提升为“掾”的过程。

不仅如此，在这部分人中，还有少数可能日后向二百石以上长吏发展者，如朱博，杜陵人，“少时给事县为亭长”，后“稍迁为功曹”“时诸陵县属太常，博以太常掾察廉，补安陵丞。”③这位“给吏”者的升迁路线是：亭长→功曹→太常掾→安陵丞。上述“给吏”者石苞被当时人认为日后可以“至卿相”，被中央政府掌管人事的吏部郎许诺“当相引在

---

① 《长沙五一广场东汉简牍选释》，木两行CWJ1③：325－4－37，第168页。

② 《二年律令》：“吏将徒，追求盗贼，必伍之，盗贼以短兵杀伤其将及伍人，而弗能捕得，皆戍边二岁。”（《张家山汉墓竹简〔二四七号墓〕》之《释文·二年律令·捕律》，第152页）东汉章帝元和元年（84），“南巡狩，诏所经道上，郡县无得设储跱。命司空自将徒支柱桥梁”（《后汉书》卷三《肃宗孝章帝纪》，第147页）。应劭《汉官》马第伯《封禅仪记》曰：“车驾正月二十八日发雒阳宫，二月九日到鲁，遣守谒者郭坚伯将徒五百人治泰山道。”（《续汉书·祭祀志上》注引，点校本《后汉书志》第七，第3166—3167页）“蜀郡太守平陵何君，遣掾临邛舒鲔，将徒治道，造尊楗阁。”［（清）严可均校辑：《全上古三代秦汉三国六朝文》卷九八《全后汉文·蜀郡太守何君阁道碑》，中华书局1958年版，第998页］。“将徒”或作“送徒”，刘邦“以亭长为县送徒郦山，徒多道亡”（《史记》卷8《高祖本纪》，第347页）。东汉钟离意“司徒侯霸辟意署议曹掾，以诏送狱徒三百余人到河北”（《北堂书钞·1》卷68《设官部二十》“钟离意为国用心”条引《钟离意别传》，第516页）。又，同卷“钟离意解病徒桎梏”条引华峤《汉书·钟离意传》云：“辟大司徒侯霸掾，诏送徒诣河内”（第517页）。二者所载送徒地点，一为“河北”，一为“河内”，略有差异，但事情性质则一，都是“送徒”或“将徒”至某一指定地区。

③ 《汉书》卷八三《朱博传》，第3398页。

朝廷”，后来果然逐步升迁为典农中郎将→太守→刺史→都督→三公[①]等职。上述巴郡“给吏”者，李温后来为桂阳太守[②]，龚荣更“以俊才为荆州刺史”[③]。赵芬、龚荣、李温三人均跻身“一郡之望”，被载入“巴郡士女”之中[④]，可见他们已享有相当的政治、社会地位。

2. “给吏”转化为其他职务

吴简中有“吉阳里户人公乘区张年廿八算一给州吏”（壹·10367）的记载，又有“□阳里户人公乘区张年廿八给州卒”（柒·3607）的记载，两位区张性别、年龄相同，所在乡里也可能相同，当为同一人同一年事。在同一年里，他既“给州吏”，又“给州卒”，如果排除书吏的笔误，很可能是在这两种“给”务之间转换，或从“州吏”转换为“州卒”，或从“州卒”转换为“州吏”。果如是，则表明“给吏”是可能转换为其他职务的，同理，其他“给”务中也有可能转换为“给吏”。

3. “给吏”者返归为民

吴简中的许迪于建安二十一年（216）“给吏”，“出给县吏以吏次后不觉年中复给郡吏”。（捌·4075）表明他在“给县吏”后，不久即回到家乡下隽县“南乡稌丘”（捌·4106），返归为民，不过由于基层工作人员的疏忽，违反“吏次”之后同年不再“给吏”的规定，他于同年又被征发“给郡吏”。可知他“给县吏”的时间不长，故不可能转化为“吏”，第一次“给县吏”之后返回原籍仍为一介平民而无疑。说明“给吏”者返回原籍，复归为民是“给吏”者的归宿之一，而且这种情形当不为少数。何以言之？因为即使是正式的“吏”或“官”复归为民在汉魏时期也是非个别现象，何况主要调发于下层民众中的“给吏”者。不仅尚未转化为“吏”的“给吏”者可能返归为民，即使已经完成了从“给吏”者转化为“吏”者，也可能转化为“民”。在论述吴简“吏民”问题的系列拙文中曾反复论证：汉唐时期的“吏”具有相对固定性和相

---

① 《晋书》卷三三《石苞传》，第1000—1003页。

② 《华阳国志校补图注》卷一一《后贤志》附《益梁宁三州先汉以来士女目录》，第680页。

③ 《华阳国志校补图注》卷一《巴志·十一》，第31页。

④ 《华阳国志校补图注》卷一〇上《先贤士女总赞论》附《巴郡士女赞注残文辑佚》，第557页。

对流动性的特点，前者指世代相承为“吏”的现象，后者指“吏”与“民”之间的相互转换，即由“民”为“吏”以及由“吏”而“民”的频繁流动，曹魏正始十年（249）曹爽被诛后，傅嘏为河南尹，此地“郡有七百吏，半非旧也”[①]。七百位郡吏中有一半已换为新人，另一半不复任职者，除了少数可能升“官”之外，绝大多数应当复归于“民”。二百石以上长吏和百石以下官吏返归为民者尚属屡见不鲜，“给吏”者复归为民必定更多。

（二）“给吏”转化为“吏”的标志问题

既然“给吏”有可能转化为“吏”是一个客观存在的事实，那么，其转化为“吏”的标志是什么呢？可否以是否进入编制之内作为标志呢？不完全可以。何以言之？

首先，编制与吏员需求之间的矛盾是常态。编制与实际吏员人数及其需求的不统一，是一个经常性的现象和问题，而且随着社会历史的发展，一般来说是愈演愈烈的。上文的叙述已经部分触及到这个问题，例如我们在讨论郡县政府向附属的专业性官署遣吏问题时已经提到，西汉时期东海郡有盐官 3 人、铁官 2 人，他们的吏员共 107 人，以及县廷所“给”侯家的吏员，他们都是总计在该郡的全部吏员数目之内的，也就是说他们都是在编制之内的。但是到了东汉时期，则已明文规定上述种种专业性官署中的属吏虽然仍由“在所诸县均差吏更给之”，但是“置吏随事，不具县员”[②]。也就是说，这个时期县廷向这些盐铁官派遣的“给吏”者已经不在政府的吏员编制范围之内，设置吏员的自由度大为增加，可以根据工作的需要，增加员额，不受编制的限制束缚。同为“给吏”者，可以在编制之内也可以在编制之外，我们不能认为西汉时期的这些属于编制之内的“给吏”者才是“吏”，而东汉时期的这些在编制之外的“给吏”者则不属于“吏”。由此可见是否为“吏”并不完全由“编制”来决定，“吏”既可以在编制内，也可以在编制外，如上文“诸县均差吏更给之”中的给吏者明言为“吏”，但却是在编制之外的。一般来说，随着“吏”务的逐渐增加，编制亦应随之逐渐扩大，但是在实际上，相对

---

① 《三国志》卷二一《魏书·傅嘏传》注引《傅子》，第 624 页。

② 《续汉书·百官志五》，点校本《后汉书志》第二十八，第 3625 页。

固化的行政编制不能适应“吏”务发展的变化需求的情况是不可避免的，因此在实践中吏员数额往往突破编制的限制和束缚也是一种常态。政府部门“吏非员者众”[①]，亦即吏员膨胀，日益突破编制局限，是一个不可避免的趋势。但是这句话也明言这些众多“非员者”，亦即编制之外者也属于“吏”的范畴之中，表明编制之内固然为“吏”，编制之外也可能存在“吏”，故不能以“编制”一刀切以定其是否为“吏”。上述郡县附属盐铁官的吏员从编制内到编制外的这种变化，正是相对固化的行政编制与“吏”务实际需求发展变化之间存在矛盾的反映。从西汉到东汉，就已经发生郡县附属盐铁官“给吏”者由编制内向编制外的变化，何况到了孙吴时期“吏”务更为繁剧，其行政编制与“吏”务实际需求之间的矛盾必定更为尖锐突出。

顺便言及：文献中常见“家贫”为“吏”者，吴简中亦存在“给吏”者多为下品之户者，这种现象应该如何解释呢？除了孙吴时期吏务繁重，导致对吏的需求膨胀之外，同时还与孙吴地区的政治生态环境有关，从东汉后期到魏晋时期，郡县吏上纲多被世族豪家所把持，尤以孙吴地区为甚，“公族子弟及吴四姓多出仕郡，郡吏常以千数”[②]。或谓“孙吴远处江南，本恃地方豪族之支持而立国。郡县吏常以山越大族为之。”[③]贺齐守剡长，“县吏斯从轻侠为奸，（贺）齐欲治之，主簿谏曰：‘（斯）从，县大族，山越所附，今日治之，明日寇至。’（贺）齐闻大怒，便立斩（斯）从。（斯）从族党遂相纠合，众千余人，举兵攻县。”[④] 地方大族把持县吏的情形于此可见一斑，长沙郡县情况当与此相似。在这种情况下，由于上纲职位多由世家大族所把持，而吏务需求又不断膨胀，于是不得不从下户小民中调发“给吏”以满足需求，吴简中多见下品户为“给吏”者，与此不无关系。在这种政治生态环境之中，出身下品之户的“给吏”者进入政府法定编制之内的阻力和困难当较一般“吏”

---

① （东汉）荀悦撰，张烈点校：《两汉纪》上册《汉纪》卷五《孝惠皇帝纪》，中华书局2002年版，第74页。

② 《三国志》卷五六《吴书·朱治传》，第1305页。

③ 严耕望：《中国地方行政制度史》卷中《魏晋南北朝地方行政制度》，台北“中研院”《历史语言研究所专刊》之45，1963年版，第401页。

④ 《三国志》卷六〇《吴书·贺齐传》，第1377页。

更为严重。

其次，“吏”或“民”身份转换的轻易性。官吏职位、身份转换轻易是东汉时期的突出现象，东汉末年的荀爽有令名，“公车徵为大将军何进从事中郎。（何）进恐其不至，迎荐为侍中，及（何）进败而诏命中绝。献帝即立，董卓辅政，复徵之。（荀）爽欲遁命，吏持之急，不得去，因复就拜平原相。行至宛陵，复追为光禄勋。视事三日，进拜司空。（荀）爽自被徵 命及登台司，九十五日。”[①] 故赵翼《廿二史札记》卷五“召用不论资格”条谓：汉代“其有德隆望重由朝廷召用者，则布衣便可践台辅之位。”[②] 与此相联系，官吏的去就进退亦十分随意，东汉后期冀州饥荒，盗贼群起，“乃以（范）滂为清诏使，案察之……及至州境，守令自知臧污，望风解印绶去。”[③] 侍御史朱穆清正严明，桓帝永兴元年（153）黄河水患，“冀州盗贼尤多，故擢（朱）穆为冀州刺史……冀部令长闻（朱）穆济河，解印绶去者四十余人。”[④] 诸如此类擅自离职者史不绝书，《廿二史札记》卷五有“擅去官者无禁”条谓：“可见平时朝廷无禁人擅去官之令，听其自来自去而不追问也，法网亦太疏矣。”[⑤] 顺帝时左雄揭露时弊，指出地方政府长官轻于去就的情况曰：“典城百里，转动无常，各怀一切，莫虑长久。”“朱紫同色，清浊不分。故使奸猾枉滥，轻忽去就，拜除如流，缺动百数。”“选代交互，令长月易，迎新送旧，劳扰无已，或官寺空旷，无人案事，每选部剧，乃至逃亡。”[⑥] 在这种政治生态环境中，地方政府长官的职位、身份都如此轻忽，百石以下小吏更不必说。长沙五一广场东汉简牍记载有一位名祖者“给事县，署西市亭长”。后来却因“他犯亡”[⑦]，因犯其他罪而逃亡。上文所及之霍中孺，明言以“县吏”身份到侯家“给吏”，而“吏毕归家”娶妻生子，“因绝不相闻”，与侯家断绝联系，返归为“民”，其身份即在“吏”与“民”之间

---

① 《后汉书》卷六二《荀爽传》，第 2057 页。

② （清）赵翼著，王树民校证：《廿二史札记校证》卷五《后汉书》“召用不论资格”条，中华书局 1984 年版，第 104 页。

③ 《后汉书》卷六七《党锢列传 · 范滂传》，第 2203—2204 页。

④ 《后汉书》卷四三《朱穆传》，第 1470 页。

⑤ 《廿二史札记校证》卷五《后汉书》“擅去官者无禁”条，第 105 页。

⑥ 《后汉书》卷六一《左雄传》，第 2017—2019 页。

⑦ 《长沙五一广场东汉简牍选释》，木两行 CWJ1③：325－2－11，第 164 页。

转换，并非一成不变。东汉这种风气对孙吴不无影响，吴简中常见小吏“叛走”记载，论者多从吏役繁重、地位低下着眼，作为“吏户”的根据之一，其实个中缘由似未必如此单一，上述长吏因贪赃枉法担心被查处而“叛走”的记载，有助于我们理解孙吴小吏“叛走”的复杂原因。

那么，我们可以什么作为“给吏”者转化为“吏”的标志呢？

“给吏”之转化为“吏”，以下三条似为比较切合实际并具有可操作性的标志：一是否享受“吏”的待遇、权利。二是否履行相关吏职。三是否具有“吏”的职称。

1. 是否享受“吏”的待遇、权利

“给吏”者如果享受“吏”的待遇、权利，意味着他已经与老百姓有了区别。“吏”的待遇、权利，主要体现于俸禄和休假方面。

前引《华阳国志》文中“给吏休谒”这句话对于理解“给吏”的性质有重要价值。定期“休谒”是秦汉魏晋南北朝官吏制度中的一项法规，《初学记》：“李斐《汉书》曰：‘告，请也，言请休谒也。’”又引曰：“汉律：吏五日得一下沐，言休息以洗沐也。晋令：急假者，一月五急；一年之中，以六十日为限。千里内者疾病申延二十日，及道路解故九十五日。此其事也，书记所称曰归休，亦曰休急、休澣、取急、请急。”①因而“休谒”是“吏”所享受的应有待遇和权利，刘类于“嘉平中，为弘农太守。吏二百余人，不与休假，专使为不急。”②他剥夺吏的休假权，故被视为“酷吏”，为舆论所不容。故上述武都郡属县“沮县士民”在“给州府”时，由于交通困难导致“休谒往还，恒失日晷”，遂成为郡太守不辞艰难修建析里大桥的重要原因之一。这样我们就可以理解，为什么在文献、碑刻中“吏”往往与“休谒”相联系。按时“休谒”是行政法规所确定的吏的待遇和权利，虽然实际执行中是否能够做到是另一回事，但这是行政法规所确定的“吏”的权利，而老百姓是谈不上定期休假的，他们是“四时之间亡日休息”③ 的。上文提到的那些“给吏”者

① （唐）徐坚等：《初学记》卷二〇《政理部·假第六》“叙事”，中华书局1962年版，第482页。

② 《三国志》卷一五《魏书·梁习传》注引《魏略·苛吏传》，第471页。

③ 《汉书》卷二四上《食货志上》，第1132页。

多见“休谒”记载，原因在于此。

“俸禄”也是官吏的待遇和权利之一，东汉所制订的“百官受奉例”规定：“一百石奉，月十六斛。斗食奉，月十一斛。佐史奉，月八斛。”① 可见百石以下小吏也享受这一待遇和权利。只要经过“非真吏”的过渡时期，就可以得到全俸，“试守者，试守一岁，乃为真，食其全俸。”② 不论半俸还是全俸都意味着“吃官饭”，与普通老百姓有了区别。这样我们就可以理解，为什么文献记载常见因家贫而主动乃至父母催逼“给吏”者，例如上述朱博、逢萌、吴汉、许荆、郑玄等人均因“家贫”而为吏。此外如东汉人郭太，太原界休人，“家世贫贱。早孤，母欲使给事县廷。”③ 邓艾，“少孤，太祖破荆州，徙汝南，为农民养犊。年十二，随母至颍川……为都尉学士，以口吃，不得作干佐。为稻田守丛草吏。同郡吏父怜其家贫，资给甚厚”④。陶侃，“早孤贫，为县吏”⑤。这些都是因家庭贫穷而任郡县小吏者，俸禄虽然不多，但也有助于解救困厄。吴简中多见“给吏”者为下品户者，这也应是其原因之一。

2. 是否履行相关吏职

“给吏”者如果得以履行相关吏职，意味着他是在“吏”这一职务范围之内服务于政府相关职能部门，从而在事实上成为国家机器运转中的一个构成部件或分子。略举如下：

张惕：吴简之《竹简（柒）》和《竹简（壹）》均有张惕“给县吏”（柒·3543，壹·10182）的记载，《嘉禾吏民田家莂》有记其户主身份为“县吏”（田家莂·5·800）的竹简；而在《竹简（贰）》和《竹简（肆）》等中都有其为“吏”⑥（贰·460、肆·4668）的记载。不仅如此，在《竹简》诸书中，计有26简（可能有同名异人者）记载了其履行吏职的记录，例如：

---

① 《后汉书·百官志五》，点校本《后汉书志》第二十八，第3632—3633页。

② 《后汉书》卷二四《马援传》注引《前书音义》，第850页。

③ 《后汉书》卷六八《郭太传》，第2225页。按，同卷注［二］，“界休”作“介休”，曰“今汾州县。”

④ 《三国志》卷二八《魏书·邓艾传》，第775页。

⑤ 《晋书》卷六六《陶侃传》，第1768页。

⑥ 贰·460，第727页；肆·4668，第733页。

1. ☐……留事　十二月十五日户曹史张惕白（捌·5518）

2. ☐　口月五日户曹史张惕白（捌·5521）

3. ☐……事　八月廿七日兼田曹史张惕白（捌·5880）

张乐：《竹简（柒）》记其“给县吏”（柒·1050），在其他简牍中亦多处记其履行吏职事，如：

1. 九月卅日书佐张乐言（贰·7051）

2. 九月卅日口下书佐张乐言（叁·207）

3. 十一月卅日书佐张乐言（叁·220）

此外之其他“给吏”者亦有相应的履行吏职的记录，如：谢达（柒·2917）、张乔（叁·6782）、李思（柒·2911）、谢难（柒·573）、五陵（壹·1361，5589，贰·6582，叁·3892，柒·4471）、烝谓（肆·2577）、许迪（捌·4307，除此之外其职务犯罪简牍，不胜枚举）等均属如此。

现在我们讨论一下许迪这位“给吏”者是否转化为“吏”的问题。

1. 迪以建安廿一年中给吏到黄龙三年（捌·4243）

2. 出给县吏以吏次后不觉年中复给郡吏以黄龙三年正月廿日为曹所选为淕（捌·4075）

3. 廿一年中出给吏到过黄龙三年正月廿日受曹遣于淕口典受官盐一千七百廿四斛九斗皆得（捌·4177）

4. 廖咨料淕口典盐掾许迪所领盐一千五百一十二斛七斗（捌·4069）

5. 临湘言重实核淕口典盐吏许迪割用所领米一百一十二斛六斗八升前（捌·4183）

6. 尚书前言长[沙][郡][所][领]嘉禾二年官盐[簿][逵]口[典][盐]吏[许]迪卖盐（捌·4082）

7. 迪辞前[后]所卖官盐[合][得]米[二]千[五]百[六][十][一][斛][六][斗][九][升][迪]口（捌·4184）

8. 吏许迪以嘉禾二[年]中卖余盐四百廿六斛一斗九升八合四勺其（捌·4214）

9. ☐[库]吏许迪散用盐贾米[二][千][五][百][六][十][一][斛][六][斗][九][升]……（捌·303）

10. ……嘉禾四年十一月十七日兼金曹☐李珠白言郡吏许迪割盗盐米一百一十二斛六斗八升结正罪法（捌·4307）

上述诸简表明许迪于建安二十一年（216）“给吏”，先“给县吏”，后“给郡吏”。于黄龙三年（231）“为曹所选”，被“遣于逵口典受官盐”，具体职务为“逵口典盐掾”。嘉禾四年（235）案发。表明他从建安二十一年至黄龙三年的15年期间“给郡吏”于长沙郡，于黄龙三年被派遣担任“逵口典盐掾”，在此职位上计4年，于嘉禾四年贪污案发。

许迪在担任“逵口典盐掾”至嘉禾四年贪污案发的4年期间已经为“吏”应该没有问题，从上面所引简牍可知，案发之后加诸其身的称谓有“典盐吏”“典盐掾”“吏”“库吏”“郡吏”等，这些都明确表示他已经为“吏”。他之所以能够频繁贪污而且数额巨大，是因为由他经管的盐务数额巨大、次数频繁，这中间他有着独当一面的有利条件，故得以有机会上下其手。问题在于在此之前的“给郡吏”的15年中，他是否已经转化为“吏”了？

许迪之出任“逵口典盐掾”是经过“曹选”这一正常程序的，这个“曹”可能是“金曹”①。金曹为郡府办事机构之一，负责市易盐铁事宜，

① 《续汉书·百官志一》：“金曹主货币、盐、铁事。”（标点本《后汉书志》志第二十四，第3559页）也可能为“司盐曹”（捌·4193，第754页），孙吴可能将盐务从金曹中分出，另设“司盐曹”。

盐业及其买卖事务完全在其职分范围之内，故派遣许迪为“典盐掾”也是在其主管范围之内，从许迪案发之后“金曹”吏李珠参与经办此案亦可反推而证知。许迪被派遣出任“淕口典盐掾”应当说是被委以重任，因为盐在孙吴时期不仅是民生不可或缺的物资，而且是当时用以贸易的货币，是与国计民生有密切关系的物资。那么，郡府金曹何以从诸吏之中选拔许迪出任“淕口典盐掾”呢？这必定是相关主管部门对其在工作中的表现和能力有比较深入的了解，特别是市易和盐务等具体吏职中的表现有所了解。许迪被金曹所选拔派遣，表明他在“给郡吏”期间的工作部门可能就是在金曹，而且很可能经“署曹”而担任实职，为金曹之“职吏”，否则他的工作能力和表现无从发挥并被上司所发现和了解。他之所以能够在郡府盘桓、周旋15年之久，并最后被委以重任，这应当是比较合理的解释。如果许迪不在郡府，不在曹中承担吏职，则无从考察其表现和能力。因此，我们倾向于认为许迪在出任“淕口典盐掾”之前，已经完成了从“给郡吏”向“郡吏”的转换，已经是一位郡府的正式吏员了，亦即不仅已经进入“非真吏”阶段而且完成了向“真吏”的转化过程，否则不能很好地解释他何以在郡府度过如此漫长岁月，又何以得到提升并被委以重任。

3. 是否具有“吏”的职称

具有“吏”的职称是“给吏”者为“吏”的重要标志。上文所提及的传世文献记载和吴简中的“给吏”者我们之所以认为他们是“吏”，一个重要根据就是他们所具有的“吏”的职称，如郑玄之为“乡啬夫”，朱博、逢萌、吴汉等人之为“亭长”。凡被辟召至官府者需要经过“署”才能成为正式的“吏”，西汉兒宽以“功次补廷尉文学卒史”，廷尉张汤认为他“不习事”，于是“不署曹”。颜师古注曰：“署，表也，置也。凡言署官，表其秩位，置立为之也。”① 不被“署”即意味着不能入“曹”履职，没有成为正式的吏员。兒宽虽不属“给吏”，但其程序与“给吏”是类似的。长沙五一广场东汉简牍中的“给吏”者中，可以看到经“署”而担任具体职务者，有贪、祉、熊三人“以故吏给事县”，其中“熊，元兴元年十二月不处日，署长赖亭长。祉，延平元年十月七日，贪，其年

① 《汉书》卷五八《兒宽传》，第2628—2629页。

十二月十日各署视事”[①]。熊被“署”为亭长，祉、贪二人亦各被“署”而得以履行职务——“视事”。此外有名祖者“给事县，署西市亭长”[②]。上述郑玄之为“乡啬夫”，朱博、逢萌、吴汉等人之为“亭长”都应经过“署”而成为吏。与贪、祉、熊三人同时被述及的还有阳、陶二人，他们在贪、祉、熊三人被“署”县吏之“前各给桑乡小史”[③]，分别担任乡里的末吏，这里虽然没有记载其“署”，但有了具体的职称，则也应当已经完成了转化为“吏”的进程。此外有名董者，“良家子，给事县，备狱书佐”[④]。“备”当有“备员”之意[⑤]，虽然其与上述已“署”者有一定差距，但已向“吏”迈进了一步。吴简所见诸吏也应当是经过“署”的正式吏员，“给吏”者在履行吏职过程中，需要签署他们的职称，从中除了得以明了他们所从事的吏职活动情况，也可以了解他们在履行职务中的职称，例如张惕有“贼曹史”[⑥]“户曹史”[⑦]“兼田曹史”[⑧]等不同职称记载；张乐有“书佐”[⑨]的签署；李思有“从掾史”[⑩]的职称；谢难有“兼□用曹”[⑪]的职称；五陵有“桑乡典田掾”[⑫]的职称；许迪有“淕口典盐掾”[⑬]“典盐吏”[⑭]“库吏”[⑮]等职称。这些职称是地方政府赋予他们行使

---

① 《长沙五一广场东汉简牍选释》，木两行CWJ1①：94，第128页。

② 《长沙五一广场东汉简牍选释》，木两行CWJ1③：325－2－11，第164页。

③ 《长沙五一广场东汉简牍选释》，木两行CWJ1①：94，第128页。

④ 《长沙五一广场东汉简牍选释》，木两行CWJ1①：113，第134页。

⑤ （汉）孔安国传，（唐）孔颖达疏，廖明春、陈明整理，吕绍纲审定：《尚书正义》卷一八《周官第二十二》："官不必备，惟其人。"孔氏传："三公之官不必备员，惟其人有德乃处之。"（北京大学出版社2000年版，第569页）

⑥ 叁·6582，第865页。捌·4754作“贼曹史”，第765页。

⑦ 捌·5518、5521，第780、780页。柒·2979记为“兼户曹史”，第800页；又记为“兼户曹别主史”，柒·2900，第799页。

⑧ 捌·5880，第788页。

⑨ 贰·7051、8937，第861、899页；叁·207、220、3652，第723、723、802页；柒·2779，第797页。

⑩ 柒·2911，第800页。

⑪ 柒·573，第744页。

⑫ 贰·6582，第851页；壹·1361、5589，第922、1011页；叁·3892，第809页；柒·4471，第840页。

⑬ 捌·4064、4066、4069。

⑭ 捌·4082，第751页。

⑮ 捌·303，第670页。

权力的名分和依据。

从许迪经过15年的漫长岁月才完成从“给吏”转化为“吏”的过程，且其吏职之顶峰不过为“典盐掾”，表明“给吏”这一方式主要以下层民众为指向，并且其仕途多为百石以下小吏的特点，从而显示其与察举、征辟这类方式相比较所具有的差异性。再从我们上文所举吴简中“给吏”者所任吏职观之，多为户曹史、贼曹史、书佐、库吏、兼□用曹、兼田曹史、典田掾等百石以下小吏，乃至从掾史之类的散吏，而鲜见州郡上纲、主吏及二百石以上长吏者，亦显示了这一方式之特点。

以上三条实际上是相互关联的一个整体，吏的职称是“给吏”者得以履行吏职的名分和依据，由于他们履行了吏职，从而尽了为吏的义务，故得以享受吏的待遇和权利。当这些权利和义务、名分和依据均聚集于“给吏”者之身时，意味着他们已经具有了“吏”的基本属性，即可认定他们已经转化为“吏”，而不必追究他们是否进入编制之内。

（原刊《社会科学战线》2008年第11期。2016年5月北京师范大学出版社出版了黎虎先生的《先秦汉唐史论》，该书下编“吏民”卷收录此文时，黎虎先生对原刊文已经进行过修订，据文后“附言”云：“2016年3月3日接长沙简牍博物馆约稿通知：2016年时值长沙吴简出土二十周年，拟出版《长沙三国吴简研究论文精选》。遂根据新近公布的吴简资料对这一原刊文进行了补充、修改以应命。作者谨识于2016年3月31日。”岳麓书社2016年8月出版的长沙简牍博物馆编《走马楼吴简研究论文精选·上册》，其中收录有黎虎先生3篇文章，本文即为其一，据文后“附言”云：“本文根据新近公布的吴简资料对原刊文进行了补充和修改。作者谨识于2016年3月31日。本文在进行末校时，又承蒙张金龙教授提出宝贵的修改意见，谨致谢忱。作者再识于2016年5月22日。”据此可知，该文于2008年11月由《社会科学战线》刊出后，黎虎先生曾对此文进行过多次修订。此番整理《黎虎文集》，我们从黎虎先生所遗留的文件资料中，又发现了一篇最新文稿，经过比对可知黎虎先生对此文又有一些新的修订。兹据黎虎先生最后修订稿，并参考《走马楼吴简研究论文精选》等刊文整理定稿。李文才敬识）

说“军吏”

——从长沙走马楼吴简谈起

长沙走马楼吴简中有一些关于“军吏”的记载，在《嘉禾吏民田家莂》① 一书中，计有户主为“军吏”者18户。在《长沙走马楼三国吴简·竹简(壹)》② 一书中仍然有关于“军吏”的记载，如：

1. 東陽里戶人公乘翁確年卅筭一給軍吏　壹·8671
2. 高遷里戶人公乘黃毛年卅四筭一給軍吏　壹·10306
3. 軍故吏烝兄蓉年卌九　嘉禾四年四月十八日叛走　壹·7903
4. ☑給軍吏下品　壹·5652
5. 入平鄉嘉禾二年軍吏陳建稅米三斛五斗冑畢　嘉禾☑　壹·4739③

“军吏”是些什么人？其渊源流变如何？兹不揣谫陋，试略述之，以就正于方家。

早在先秦时期有关“军吏”的记载就已经大量出现。或谓“‘军吏’

① 长沙市文物考古研究所、中国文物研究所、北京大学历史学系走马楼简牍整理组编著：《长沙走马楼三国吴简·嘉禾吏民田家莂》（以下简称《嘉禾吏民田家莂》），文物出版社1999年版。

② 长沙市文物考古研究所、中国文物研究所、北京大学历史学系走马楼简牍整理组编著：《长沙走马楼三国吴简·竹简（壹）》（以下简称《竹简（壹）》，文物出版社2003年版。

③ 按，此五简均出自《竹简（壹）》，前面的“壹”表示《竹简（壹）》，后面的阿拉伯数字表示该竹简的简号，原书简号系用汉字书写，本文为醒目计而改用阿拉伯数字标示。又，本文凡引用出土简牍文献资料，均按整理时使用的繁体字迻录。

之名，始见于《汉书》卷一下《高帝纪》六年条”① 云云。此说不确。事实上，《左传》《国语》《周礼》《战国策》《越绝书》《吴越春秋》《韩非子》《墨子》等先秦文献中关于“军吏”已经多所记载。如《左传》记载鲁僖公二十五年（前635）“冬，晋侯围原，命三日之粮。原不降，命去之。谍出，曰：‘原将降矣。’军吏曰：‘请待之。’公曰：‘信，国之宝也，民之所庇也。得原失信，何以庇之。所亡滋多。’”② 这表明至少在春秋中期已经有了关于“军吏”的记载。除了传世文献中“军吏”的史料记载多见早于汉高帝六年（前201）者，出土的简牍文献中也有，如《里耶秦简》中就有二条“军吏”的材料：

1. 别軍吏，不當令鄉官別書軍吏
下定當坐者名吏里它坐訾　　简8·198（正）
2. 亥朔辛丑，琅邪叚守□敢告內史屬邦郡守主琅邪尉徒治即□
琅邪守四百卅四里□可令縣官有辟吏卒衣用及卒有物故當辟徵遝
告琅邪尉毋告琅邪守固留費且輒卻論吏當坐者它如律令敢□
□一書以蒼梧尉印行事／六月乙未洞庭守禮謂縣嗇夫聽書從事□
□軍吏在縣界中者各告之新武陵別四道以次傳別書寫上洞庭　8·657（正）③

可见，无论传世文献还是出土文献，都清楚地表明将“军吏”出现的时间定于汉高帝六年，是不符合史实的。“军吏”不仅出现时间远在此前，而且历秦汉魏晋南北朝关于“军吏”的记载可谓史不绝书。

那么，“军吏”从先秦到魏晋南北朝有何发展变化呢?《周礼》记大司马之职有云：“中秋，教治兵，如振旅之陈。辨旗物之用：王载大常，

① 高敏：《从〈嘉禾吏民田家莂〉中的“诸吏”状况看吏役制的形成与演变——读〈嘉禾吏民田家莂〉札记》，《郑州大学学报》（社会科学版）2001年第1期。

② （周）左丘明撰，（晋）杜预注，（唐）孔颖达正义，浦卫忠、龚抗云、胡遂、于振波、陈咏明整理，杨向奎审定：《春秋左传正义》卷一六，僖公25年，北京大学出版社2000年版，第492页。

③ 湖南省文物考古研究所编著：《里耶秦简（壹）》之《释文·第八层简牍》，文物出版社2012年版，第23、42页。

诸侯载旂，军吏载旗，师都载旜，乡遂载物，郊野载旐，百官载旟，各书其事与其号焉。”这里列举了自天子至百官等各种身份的人在治兵时所载不同的旗帜，其中即有“军吏”。郑玄注曰：“军吏，诸军帅也。”贾公彦疏曰：“亦谓从军将至下伍长皆是军吏也。”[①] 意谓军队中从最高的“军将”至最低层的“伍长”，各级军队负责人均为“军吏”。由此可见，在先秦时期“军吏”的涵义是非常宽泛的，部队中除了士兵之外的各级负责人均属“军吏”之列。据《周礼》记载，周代的军事编制是：“凡制军，万有二千五百人为军，王六军，大国三军，次国二军，小国一军，军将皆命卿；二千有五百人为师，师帅皆中大夫；五百人为旅，旅帅皆下大夫；百人为卒，卒长皆上士；二十五人为两，两司马皆中士；五人为伍，伍皆有长。”郑玄注曰：“言军将皆命卿，则凡军帅不特置，选於六官、六乡之吏。自乡以下，德任者使兼官焉。”[②] 贾公彦疏云：“则自乡已下至伍长，有武德堪任为军之吏者乃兼官。兼官者，在乡为乡官，在军为军吏。”[③] 指出各级军吏并无固定人员，均从民间调发，他们“在乡为乡官，在军为军吏。”而“军吏”一词的涵义即“为军之吏”。凡“为军之吏”者均属“军吏”，具体来说即军、师、旅、卒、两、伍之长均为“军吏”。

“军吏”所统为士卒。贾公彦疏《周礼》“旗居卒间”一语曰：“军吏各领己之士卒，执旗以表之，故旗居卒间也。”[④] 明言“军吏”所统为“士卒”。孔颖达《尚书正义》在训释“乃召六卿。王曰：‘嗟！六事之人……’”时，引郑玄云：“变六卿言六事之人者，言军吏下及士卒也。”[⑤] 亦将“军吏”与“士卒”作了区分，指出了他们之间的上下级关系。

上述郑玄、贾公彦关于“军吏”为各级军事负责人的说法可以得到其他先秦文献的印证。鲁文公十六年（前611），晋伐宋，“乃发令于太庙，召军吏而戒乐正，令三军之钟鼓必备。”孙吴时人韦昭注曰：“军吏，

---

① （汉）郑玄注，（唐）贾公彦疏，赵伯雄整理，王文锦审定：《周礼注疏》卷二九《夏官司马·大司马》，北京大学出版社2000年版，第908—909页。

② 《周礼注疏》卷二八《夏官司马》，第873页。

③ 《周礼注疏》卷二八《夏官司马》，第875页。

④ 《周礼注疏》卷二九《夏官司马·大司马》，第916页。

⑤ （汉）孔安国撰，（唐）孔颖达疏，廖名春、陈明整理，吕绍纲审定：《尚书正义》卷七《甘誓》，北京大学出版社2000年版，第207—208页。

主师旅。”① 明言“军吏”为军队负责人。这是出征誓师时召集“军吏”之事实，此“军吏”当指各级军官。再从“军吏”在战争中的实际表现观之，亦可知其为军官。上引鲁僖公二十五年晋军围原时，在究竟是否撤围的问题上，晋文公与“军吏”进行了争论，表明这些“军吏”在战争中参与决策，当为高级将领。鲁僖公二十八年（前632）晋、楚战于城濮，楚军“从晋师，晋师退。军吏曰：‘以君辟臣，辱也。且楚师老矣，何故退？’”② 接着，晋军的上军将领子犯解释了暂时退兵的理由。这些“军吏”也是有权参与决策的高级将领。鲁成公十六年（前575）晋、楚战于鄢，晋国降人伯州犁侍于楚王后，在观察晋军阵势时他们之间有一段对话：“王曰：‘骋而左右，何也？’曰：‘召军吏也。’‘皆聚于中军矣。’曰：‘合谋也。’”③ 可见在战争中需召集“军吏”到中军进行谋划。此“军吏”亦必为高级将领。

战国时期“军吏”的层级有所下移，逐渐指“军将”以下的中下级军官了。商鞅变法在秦国确立了军功赐爵制度，据刘劭《爵制》：一爵公士至四爵不更分别为“步卒”“御驷马者”“车右”等士卒。从五爵大夫至九爵五大夫，“皆军吏也”。而“自左庶长已上至大庶长，皆卿大夫，皆军将也。”④ 将军队中的成员划分为三个档次：一至四爵为士卒，五至九爵为“军吏”，十至十八爵为“军将”。“军吏”介于“军将”和士卒之间，军中之“吏”与军中之“将”已经有了明确的区分，九至十爵之间是其分界线。据说楚宣王时，齐兴兵伐楚，楚将子发帅军抵抗，不敌。于是子发派遣军中一位善偷者潜入齐营，数度盗取齐将的生活用品又归还齐人，“齐师闻之，大骇。将军与军吏谋曰：‘今日不去，楚君恐取吾头。’乃还师而去。”⑤ 这里也把“将军”与“军吏”作了区分。战国晚期，赵孝成王任命赵括为将，代替廉颇统帅御秦部队，赵括母亲向孝成

---

① 徐元诰撰，王树民、沈长云点校：《国语集解》卷一一《晋语五》，中华书局2002年版，第379页。

② 《春秋左传正义》卷一六，僖公28年，第512页。

③ 《春秋左传正义》卷二八，成公16年，第894页。

④ （晋）司马彪撰，（梁）刘昭补注：《续汉书·百官志五》注引刘劭《爵制》，点校本《后汉书志》第二十八，中华书局1965年版，第3632页。

⑤ 刘文典撰，冯逸、乔华点校：《淮南鸿烈集解》卷一二《道应训》，中华书局1989年版，第403—404页。

王陈述不赞成之意，其中一个理由是："其父（赵奢），时为将……大王及宗室所赐者尽以予军吏士大夫，受命之日，不问家事。今（赵）括一旦为将，东向而朝，军吏无敢仰视之者"，赵孝成王没有接受赵括母亲的意见，坚持任命赵括为将，"赵括既代廉颇，悉更约束，易置军吏。"① 这里"将"与"军吏"有别，"军吏"乃将领下面的军官。

到了汉代，将军与军吏的区分继续存在。汉初，刘邦令叔孙通制定朝仪，"汉七年，长乐宫成，诸侯群臣皆朝十月。仪：先平明，谒者治礼，引以次入殿门……功臣列侯诸将军军吏以次陈西方，东鄉（向）；文官丞相以下陈东方，西鄉（向）。"② 这里对武官系列中的"将军"和"军吏"作了区分，而将"军吏"排列在"将军"之下。《说苑》所记将帅拜授仪式："将师受命者：将率入，军吏毕入，皆北面再拜稽首受命，天子南面而授之钺，东行西面而揖之，示弗御也。"③ 将"将帅"与"军吏"作了区分。这应当是秦汉制度。淮南王刘安谋反准备的措施之一是："乃令官奴入宫，作皇帝玺，丞相、御史、大将军、军吏、中二千石、都官令、丞印，及旁近郡太守、都尉印"④，或记作："刻天子玺、将相军吏印。"⑤ 亦将"军吏"与将军作了区分。

那么，将军和军吏之间的分界线在哪里呢？西汉名将李广曾数度以将军领兵出征，然而"（李）广不得爵邑，官不过九卿"，而"诸（李）广之军吏及士卒或取封侯。"于是李广"尝与望气王朔燕语，曰：'自汉击匈奴，而广未尝不在其中，而诸部校尉以下才能不及中人，然以击胡军功取侯者数十人，而广不为后人，然无尺寸之功以得封邑者，何也？岂吾相不当侯邪？且固命也？'"⑥ 这里把将军李广的"军吏"指明为"诸部校尉以下"的人员。汉代军制："其领军皆有部曲。大将军营五部，部校尉一人，比二千石；军司马一人，比千石。部下有曲，曲有军候一

---

① （汉）司马迁撰，（南朝·宋）裴骃集解，（唐）司马贞索隐，（唐）张守节正义：《史记》卷八一《廉颇蔺相如列传》，中华书局1959年版，第2447页。

② 《史记》卷九九《叔孙通列传》，第2723页。

③ （汉）刘向撰，向宗鲁校证：《说苑校证》卷一五《指武》，中华书局1987年版，第370页。

④ 《史记》卷一一八《淮南王（刘安）列传》，第3091页。

⑤ 《史记》卷一一八《衡山王（刘赐）列传》，第3096页。

⑥ 《史记》卷一〇九《李将军列传》，第2873—2874页。

人，比六百石。曲下有屯，屯长一人，比二百石。”① 可知将军以下有“部校尉”“军司馬”“军候”“屯长”等从比二千石至比二百石的各级军官，他们即属于李广所谓“诸部校尉以下”的人员。他们对于将军来说都是“军吏”。居摄二年（7）翟义起兵反王莽，王莽大惧，乃拜其党亲七人为将军，令他们“自择除关西人为校尉军吏，将关东甲卒，发奔命以击义焉。”② 这七位将军也是选拔“校尉”以下的各级军官作为自己的“军吏”。可见校尉是将军和军吏的分界线。

东汉初，耿纯为东郡太守，历时四年，因事坐免，以列侯奉朝请。后他随从光武帝击董宪，道过东郡，百姓老小数千人随车驾涕泣，云“愿复得耿君”。光武帝谓公卿曰：“（耿）纯年少被甲胄为军吏耳，治郡乃能见思若是乎？”③ 耿纯年少时为“军吏”的情况如何呢？他早年在王莽当政时曾“学于长安，因除为纳言士。”④ 是为尚书吏员，并非“军吏”。后王莽败，更始立，耿纯遂游说舞阴王李轶，“轶奇之，且以其钜鹿大姓，乃承制拜为骑都尉，授以节，令安集赵、魏。会世祖度河至邯郸，纯即谒见，世祖深接之……拜纯为前将军，封耿乡侯。”⑤ 他“年少被甲胄为军吏”当指这段经历，即从被拜为骑都尉始，至拜为前将军、封耿乡侯止。刘秀所谓耿纯“年少被甲胄为军吏”当指其任“骑都尉”一事，而都尉是略低于校尉的军官。因此，汉代遂有将边防军中下级负责人泛称为“军吏”的情况。青海大通县上孙家寨汉简有云：“诸塞外蛮夷为外臣葆塞及不葆塞者，外有急，军吏谨以辨道。其不入葆及不居堑内、与吏卒相佐者，辄言二千……”⑥ 何以这里规定边境“外有急”时，

---

① 《续汉书·百官志一》，点校本《后汉书志》第二十四，第3564页。

② （汉）班固撰，（唐）颜师古注：《汉书》卷八四《翟方进附翟义传》，中华书局1962年版，第3427页。

③ （南朝·宋）范晔撰，（唐）李贤等注：《后汉书》卷二一《耿纯传》，中华书局1965年版，第765页。

④ 《后汉书》卷二一《耿纯传》，“注〔二〕”云：“王莽法古置纳言之官，即尚书也。每官皆置士，故曰纳言士也。”（第761页）

⑤ 《后汉书》卷二一《耿纯传》，第761—762页。

⑥ 国家文物局古文献研究室、大通上孙家寨汉简整理小组：《大通上孙家寨汉简释文》，《文物》1981年第2期，第338号简。又见青海省文物考古研究所《上孙家寨汉晋墓》，第338号简，文物出版社1993年版，第192页。又见李均明、何双全编《秦汉魏晋出土文献散见简牍合辑》之《青海大通县上孙家寨115号汉墓竹简》，文物出版社1990年版，第33页，该简被编为290号。

“军吏谨以辨道”？这是因为汉代边防的高级将领主要为边郡太守，其下分设“部都尉”以统帅边防军，此外还有负责候望、屯兵、屯田等系统的“候”“塞尉”“城尉”等各级军官①。按照上述区分标准，“部校尉”以下各级军官都属于“军吏”范畴。故此简文中以“军吏”泛指边防部队中的有关负责人。简文又说，“其不入葆及不居堑内”而“与吏卒相佐者”“辄言二千”。此“二千”当为“二千石”，即指太守，其为边防最高将领，故需向其请示报告。

汉代“军吏”的地位仍然在士卒之上。青海大通县上孙家寨汉简有关军队赐爵简文曰：“☑约者，军吏赐爵三级，也（他）吏卒赐☑”②，虽然“他吏卒”赐爵多少不明，但从前后文意观之，同样条件下，“军吏”赐爵似要高于“他吏卒”。张家山汉简《津关令》载御史奏言，“军吏”也是排列在“卒”前：“御史言……县邑传塞，及备塞都尉、关吏、官属人、军吏、卒乘塞者□其□□□□□日□□牧□□塞邮、门亭行书者得以符出入。制曰：可。”③ 而在《传食律》中，“军吏”在一些特定情况下与“丞相、御史及诸二千石官”所派出的僚属人员一样，也是可以享受“传食”的待遇的：“丞相、御史及诸二千石官使人，若遣吏、新为官及属尉、佐以上征若迁徙者，及军吏、县道有尤急言变事，皆得为传食。”④ 这表明汉代“军吏”待遇不低，肯定是在“卒”之上的。但是，汉代“军吏”的范畴较前代有所扩大。上述“部校尉”以下各级军事单位的军官，只是“军吏”的一部分。“军吏”还有另外一部分人员，那就是幕府中的各色吏员。汉昭帝时，宜城侯燕仓“以故大将军幕府军吏发谋反者骑将军上官安罪有功，封侯，邑二千户。”⑤ 此“大将军”指霍光，燕仓曾为其幕府中的“军吏”。上官安与其父上官桀等人“共谋令长公主

---

① 熊铁基：《秦汉军事制度史》，广西人民出版社 1990 年版，第 152—154 页。

② 《大通上孙家寨汉简释文》，《文物》1981 年第 2 期，第 073 号简，第 22 页。又见《上孙家寨汉晋墓》，第 73 号简，第 193 页。又见《秦汉魏晋出土文献散见简牍合辑》之《青海大通县上孙家寨 115 号汉墓竹简》，第 32 页，该简被编为 272 号。

③ 张家山二四七号汉墓竹简整理小组编著：《张家山汉墓竹简〔二四七号墓〕》之《释文注释·二年律令·津关令》，文物出版社 2001 年版，第 205 页。按，整理者在“军吏卒”处未加句读，鄙意“吏”“卒”之间应该点断，作“军吏、卒”。

④ 《张家山汉墓竹简〔二四七号墓〕》之《释文注释·二年律令·传食律》，第 164 页。

⑤ 《史记》卷二〇《建元以来侯者年表》，第 1061 页。

置酒，伏兵杀大将军（霍）光，徵立燕王为天子”①，燕仓得知后揭发了这一阴谋。又，“田延年，以军吏事昭帝；发觉上官桀谋反事”②，田延年也是因揭发上官父子谋反事立功。据《汉书》本传，田延年“以材略给事大将军莫府，霍光重之，迁为长史。”③ 则《史记》所谓“以军吏事昭帝”，实指其在昭帝朝曾为霍光幕府军吏一事。田延年受到霍光的重用，迁为长史。长史乃“众史之长”④，为幕府之总管。据《续汉志》将军幕府的吏员有：“长史、司马皆一人，千石。本注曰：司马主兵，如太尉。从事中郎二人，六百石。本注曰：职参谋议。掾属二十九人。令史及御属三十一人。本注曰：此皆府员职也。又赐官骑三十人，及鼓吹。”⑤ 从长史以下至掾、史等幕府吏员均属“军吏”范畴。青海大通县上孙家寨“军吏”赐爵简文中载有“军吏”秩级的相关信息：“十一军吏六百以上兵车御右及把摩干鼓正钺者拜爵赐论爵比士吏☐”⑥，简文中的“六百”当为“六百石”之谓，此简文大意是说六百石以上的军吏，以及“兵车御右”“把摩、干鼓、正钺者”，在拜爵、赐爵、论爵时，比照“士吏”，与前引《续汉志》所载将军幕府“从事中郎”六百石相互印证，可知六百石甚至秩级更高的“千石”之长史、司马，都可以列入“军吏”之列。

魏晋南北朝时期沿袭汉代，也以将领所辖各级军官和幕府属吏视为“军吏”。青龙二年（234）司马懿与诸葛亮对阵于渭南，“宣王将出战，辛毗杖节奉诏，勒宣王及军吏已下，乃止。”⑦ 这里把将军司马懿与“军吏”作了区分。甘露二年（257）诸葛诞反，大将军司马昭督诸军讨伐，

① 《汉书》卷七《昭帝纪》，第226—227页。

② 《史记》卷二〇《建元以来侯者年表》，第1063页。

③ 《汉书》卷九〇《酷吏·田延年传》，第3665页。

④ （汉）应劭撰，（清）孙星衍校集：《汉官仪》卷上，周天游点校：《汉官六种》，中华书局1990年版，第151页。

⑤ 《续汉书·百官志一》，点校本《后汉书志》第二十四，第3564页。

⑥ 《大通上孙家寨汉简释文》，《文物》1981年第2期，第339号简，第23页。又见《上孙家寨汉晋墓》，第339号简，第193页。又见《秦汉魏晋出土文献散见简牍合辑》之《青海大通县上孙家寨115号汉墓竹简》，第31页，该简被编为256号。

⑦ （晋）陈寿撰，（南朝宋）裴松之注，陈乃乾校点：《三国志》卷三《魏书·明帝纪》注引《魏氏春秋》，中华书局1959年版，第103页。

“分部围守，各有所统。”时镇南将军王基率部参战，围叛军于寿春。司马昭“敕军吏入镇南部界，一不得有所遣。”① 这里把司马昭所统军官称为“军吏”。后，司马昭发起进攻，“大将军司马胡奋部兵逆击，斩诞，传首，夷三族。”② 这位斩诸葛诞的司马胡奋即为大将军“军吏”之一。北齐唐邕曾为高澄大将军府参军，“天保初，稍迁给事中，兼中书舍人。”③ 他“专掌兵机……自督将以还，军吏以上，劳效由绪，无不谙练，每有顾问，占对如响。”④ 这里将“督将”等高级将领与“军吏”等中下级军官作了区分。总之，将领下面各级军官均可视为“军吏”。此外，“军吏”还有另外一部分人，就是军府属吏。东晋元兴三年（404）刘裕谋兴复晋室，被推为盟主后，问何无忌曰：“急须一府主簿，何由得之?”何无忌推荐刘穆之。刘裕于是召见刘穆之，刘穆之“往见高祖（即刘裕）。高祖谓之曰：‘我始举大义，方造艰难，须一军吏甚急，卿谓谁堪其选?’穆之曰：‘贵府始建，军吏实须其才，仓卒之际，当略无见逾者。’高祖笑曰：‘卿能自屈，吾事济矣。’即于坐受署。”⑤ 刘裕所要物色的“军吏”是其军府中的主簿。由此可见，军府之吏员亦谓之“军吏”。也就是说，这个时期的“军吏”也是包含将领下面的中下级军官或幕府吏员。

不过，这个时期“军吏”与“军将”并非截然划分，凝固不变，而是具有一定的相对性。各级军事单位的军官，他们对于将军来说是“军吏”，对于各自所在部队来说他们是将领。泰始元年（465）宋明帝继位后，四方反叛。次年正月，以沈攸之为宁朔将军、寻阳太守，率军据虎槛，“时王玄谟为大统，未发。前锋有五军在虎槛，五军后又络绎继至，每夜各立姓号，不相禀受。攸之谓军吏曰：‘今众军姓号不同，若有耕夫渔父，夜相呵叱，便致骇乱，取败之道也。’乃就一军请号，众咸从之。”⑥ 这里的“军吏”是指聚集于虎槛的十军的将领。故《通鉴》记此事称“攸之谓诸将曰”⑦ 云云。

---

① 《三国志》卷二七《魏书·王基传》，第754页。
② 《三国志》卷二八《魏书·诸葛诞传》，第773页。
③ （唐）李延寿撰：《北史》卷五五《唐邕传》，中华书局1974年版，第2001页。
④ （唐）李百药撰：《北齐书》卷四〇《唐邕传》，中华书局1972年版，第530页。
⑤ （梁）沈约撰：《宋书》卷四二《刘穆之传》，中华书局1974年版，第1303页。
⑥ 《宋书》卷七四《沈攸之传》，第1928页。
⑦ 《资治通鉴》卷一三一，宋明帝泰始二年（466）正月，第4094页。

在统帅未到的情况下，沈攸之与诸军将领协调，统一请号。沈攸之当时并非统帅，是方面军将领，但在这个问题上起到了统帅的作用。那么，对于统帅而言，“诸将”则属于“军吏”了。

由于“军吏”范围宽泛，其上下层亦相去悬远，下层“军吏”的地位低下。孙权赤乌年间，孟宗“初为骠骑将军朱据军吏，将母在营。既不得志，又夜雨屋漏，因起涕泣，以谢其母。母曰：‘但当勉之，何足泣也?’据亦稍知之，除为监池司马。自能结网，手以捕鱼，作鲊寄母。母因以还之，曰：‘汝为鱼官，而以鲊寄我，非避嫌也。’”[①] 孟宗为朱据军府“军吏”，后由“军吏”而提升为“监池司马”，那么，“监池司马”是否属于“军吏”？一般而言，“监池司马”也是军府属吏之一，也应属于“军吏”。但是从这个记载看，“军吏”与监池司马则有所不同。首先，孟宗在为“军吏”时感到“不得志”，后被朱据提拔为监池司马[②]，应当是地位较先前有所提高，由“吏”而为“官”，表明两者的地位是不同的；其次，在为“军吏”时，孟宗“将母在营”，在为监池司马后，其母已不随孟宗居住，而是回家居住，故孟宗为孝敬母亲需将鲊寄回家乡。同书在记载他由监池司马迁为吴县令后说：“每得时物，来以寄母”，因为“时，皆不得将家之官。”[③] 可见监池司马与县令一样，都是不得“将家之官”的官员。长沙走马楼吴简中既有“军吏”的记载，也有“监池司马”的记载，其官称与孟宗完全一致，如《竹简（壹）》中的简一·1124：“其卅八斛監池司馬付嘉禾二年”[④]。这似乎表明吴简中的“军吏”亦可能主要是这类下级吏员，而与监池司马这样级别较高的军府吏员有所区别。

---

① 《三国志》卷四八《吴书·孙晧传》注引《吴录》，第1169页。“监池”，或作“盐池”，卢弼《三国志集解》：“冯本盐作监。赵一清曰：作监是也。”“盐”“监”形近致讹，应为“监”。

② 严可均谓孟宗于“嘉禾中除监池司马”［（清）严可均辑：《全上古三代秦汉三国六朝文》之《全三国文》卷七三“孟宗”条，中华书局1958年版，第1444页］，似不确。据《三国志》卷四七《吴书·吴主传》载，嘉禾六年（237）曾讨论在官之吏服三年之丧问题，“其后，吴令孟宗丧母奔赴。已而自拘于武昌，以听刑”（第241页），明言此事在“其后”所发生，因此不能证明孟宗是在嘉禾年间除为监池司马。事实上，孟宗除监池司马是在朱据为骠骑将军时，朱据于赤乌九年（246）迁骠骑将军（见《三国志》卷五七《吴书·朱据传》，第1340页），则孟宗除监池司马必在是年之后。

③ 《三国志》卷四八《吴书·孙晧传》注引《吴录》，第1169页。

④ 《竹简（壹）》，第917页。

吴简中的“军吏”大概属于军中的下级吏员。从长沙走马楼吴简我们可以看到，这些“军吏”来自于编户齐民，本质上也是“吏民”。这是因为：第一，“军吏”与其他编户齐民一样被编入基层户籍。《嘉禾吏民田家莂》一书所载长沙地区“吏民”的户主身份有六种：普通农民（男子、大女）、吏（州吏、郡吏、县吏）、卒（州卒、郡卒、县卒）、复民、士、军吏。其中户主为男子者1388人，为大女者86人，为州吏者39人，为郡吏者58人，为县吏者70人，为军吏者18人，为州卒者9人，为郡卒者9人，为县卒者13人，为复民者13人，为士者9人。共计1712户[①]。“军吏”与其他五种身份的人一样被编入乡里基层之中，如简一·8671：“東陽里戶人公乘翁確年卅筭一給軍吏”[②]；简一·10306：“高遷里戶人公乘黄毛年卅四筭一給軍吏”[③]。他们分别为东阳里、高迁里中的“户人”，被征召而“给军吏”。从吴简可知孙吴时期已经实行户品制度，现已公布的简牍中可以看到的有上品、中品、下品、下品之下等四品。户品是家赀状况的反映。“军吏”与其他编户齐民一样被统一排列户等，如简一·5652：“☐給軍吏下品”[④]。此户“给军吏”者属于“下品”之户。第二，他们在经济上与其他“吏民”相同，都有“名田”的权利。在吴简中，上述六种“吏民”均租佃不同数量的国有土地——“假公田”。“名田”与“假公田”的性质虽然不同，但由于私田日益发展，可供“名”的土地日益减少，“假公田”遂日益成为无地少地农民获得土地的重要方式之一。当时长沙地区的人均租佃国有土地田亩数为32亩，“军吏”人均租佃34.35亩，高于平均田亩数。普通农民和“卒”的人均田亩数低于平均田亩数，分别为29.6亩和30亩，均在军吏之下。但是军吏的平均田亩数却低于“士”（79.22亩）、“吏”（51.37亩）、“复民”（38.38亩），位居第四[⑤]。第三，他们在经济上与其他“吏民”同样都有

① 据《嘉禾吏民田家莂》，简文残缺不清者不计入。详见拙文《“吏户”献疑——从长沙走马楼吴简谈起》，《历史研究》2005年第3期。

② 《竹简（壹）》，第1074页。

③ 《竹简（壹）》，第1106页。

④ 《竹简（壹）》，第1012页。

⑤ 据《嘉禾吏民田家莂》，简文残缺不清者不计入。详见拙文《“吏户”献疑——从长沙走马楼吴简谈起》，《历史研究》2005年第3期。

交纳赋税的义务。《嘉禾吏民田家莂》记录了当时“吏民”向国家交纳赋税的详细情况，他们租佃的国有土地主要分为“二年常限田”与“余力田”，这两种田又按照旱、熟不同情况交纳不同标准的赋税。“军吏”与普通农民以及卒、郡吏、县吏等按照同样标准交纳赋税，而逊于享受不同程度优惠待遇的“士”“复民”“州吏”等。第四，他们在政治上与其他“吏民”同样都有赐爵的权利。自商鞅变法确立军功赐爵制度之后，秦汉时期又派生出一种赐民爵的制度。这种赐爵虽无实际的政治、经济权益，但也是编户齐民政治待遇的一种体现。吴简记载显示，孙吴继续赐予“吏民”爵。“军吏”与其他五种“吏民”群体一样也得到赐爵，上引两简表明“给军吏”的翁确、黄毛均有“公乘”的爵号。

从吴简所反映的以上情况，我们可以看到，“军吏”与其他五种社会群体共同构成当时所谓的“吏民”。“军吏”在当时的六种“吏民”中，其各方面的待遇、地位等于或略高于普通农民和“卒”，而低于“士”“吏”和“复民”。吴简所反映的“军吏”与“卒”的差异，印证了上文所述“军吏”地位高于士卒的事实。由此可见，“军吏”在孙吴时期的社会地位是不高的，其主要成分当为军中的下级吏员。这与传世文献所反映的“军吏”状况大体相符。除了上述关于孟宗的记载反映了“军吏”地位不高的情况外，还有一些记载也印证了这种情况。孙权时张温引致暨艳，掌管选举。他与徐彪联手按照“率皆贬高就下，降损数等”的原则整顿百僚，其中一项措施是把“居位贪鄙，志节污卑者，皆以为军吏，置营府以处之”。这表明“军吏”在当时的官吏队伍中地位是比较低下的，因此将其作为被贬斥官吏的一种职位。其次表明“军吏”一般居于“营府”之中。上述孟宗为军吏时“将母在营”当是这种措施的表现。暨艳、徐彪的做法遭到许多人的反对，认为他们“专用私情，爱憎不由公理。”① 后来他们二人被孙权杀了，但是人们反对的不是“军吏”地位低下以及居于营府的问题，而是反对将百僚不分青红皂白降为“军吏”的做法。后来孟宗为“军吏”时的情况表明“军吏”的这种状况一直在延续着。

虽然三国时期的“军吏”被处之营府，但是他们的户籍仍然是在原

① 《三国志》卷五七《吴书·张温传》，第1331页。

籍。据《三国志·华佗传》记载："军吏梅平得病，除名还家，家居广陵，未至二百里，止亲人舍。有顷，佗偶至主人计，主人令佗视平，佗谓平曰：'君早见我，可不至此。今疾已结，促去可得与家相见，五日卒。'应时归，如佗所刻。"① 这个记载表明：第一，"军吏"在军中服役时只是在军中注有名籍，退役之后即除名。第二，"军吏"服役期间，其户籍仍然在原籍，故梅平除名之后得以返回原籍。这与吴简中"军吏"的情况可以相互印证。据吴简的记载，"军吏"不论平时还是在"给军吏"期间，其户籍一直在本乡里之中，照样租佃国有土地、交纳赋税，与其他"吏民"一样尽编户齐民所应尽的各项义务和享受各项应有的权利②。

但是，由于"军吏"的成员相当宽泛，故其地位高低、境遇优劣亦相去悬殊，不可一概而论；而且随着军府在两晋南朝政治中的地位、作用之提高，作为军府吏员，尤其是高级吏员的地位、作用亦相应提高。前述刘穆之被刘裕召为"军吏"，担任主簿后，其在刘裕军府中权力甚大，地位颇高。"从平京邑，高祖始至，诸大处分，皆仓卒立定，并穆之所建也。遂委以腹心之任，动止咨焉。穆之亦竭节尽诚，无所遗隐。时晋纲宽弛，威禁不行，盛族豪右，负势陵纵，小民穷蹙，自立无所。重以司马元显政令违舛，桓玄科条繁密。穆之斟酌时宜，随方矫正，不盈旬日，风俗顿改。"③ 他全面掌管军府事务，参与机密，制订各项政策措施，为刘裕的霸业作出了巨大贡献。

有的学者说："《宋书·良吏·徐豁传》还谓郡有大田武吏，则'大田武吏'属于'军吏'无疑，这表明此时之'军吏'已属于不折不扣的服重役者，见于嘉禾四年、五年吏民田家莂中的'军吏'，应当就是从汉代的'军假吏'演变而来的，其发展就应是刘宋时期的'大田武吏'。因此，嘉禾年间吏民田家莂中的'军吏'，恰是这个'军吏'演变链条中的

① 《三国志》卷二九《魏书·华佗传》，第800—801页。

② 按，"军吏"的户籍仍在原籍，他们的社会身份仍然是编户齐民——"吏民"，因此他们与魏晋南北朝时期实行营居制度的"兵户"（或称"营户""军户"）的户籍有着根本性的区别，"兵户"另立户籍，不与"吏民"同籍，社会身份低于普通编户齐民，但与一般意义上的"贱户"也不完全相同。

③ 《宋书》卷四二《刘穆之传》，第1304页。

一个环节。”① 认为吴简中的“军吏”是从汉代的“军假吏”演变而来，其发展就是刘宋时期的“大田武吏”，亦即刘宋时期的“大田武吏”是从吴简中的“军吏”演变而来的。此说似可商榷。首先，“军吏”并非汉代才出现的，早在先秦时期已经广泛存在，其内涵与范畴从先秦至魏晋南北朝经历了曲折的演变，已见于前文所论，无庸赘述。“假吏”是汉代用于官府或军中的下层吏员。汉武帝派遣苏武出使匈奴，“与副中郎将张胜及假吏常惠等募士斥候百余人俱”，颜师古注曰：“假吏，犹言兼吏也。时权为使之吏，若今之差人充使典矣。”② 是一种临时充役的吏员。郑玄注《仪礼》曰：“有司，群吏有事者，谓主人之吏，所自辟除，府史以下，今时卒吏及假吏是也。”③ 这是官府中有“假吏”。郑玄所谓“今”乃指东汉。军中之假吏则谓之“军假吏”，即“军中权置吏”④。由此可见，“军假吏”充其量只是“军吏”中的一小部分，没有根据认为孙吴时期的“军吏”就是由“军假吏”演变而来的。其次，也没有根据认为刘宋时期的“大田武吏”是由嘉禾年间的“军吏”演变而来的。早在汉代已将行政部门的吏员分别为“文吏”与“武吏”，“武吏”是相对于“文吏”而言的。西汉成帝永始（前16—前13）、元延（前12—前9）间，“长安中奸猾浸多，闾里少年群辈杀吏，受赇报仇，相与探丸为弹，得赤丸者斫武吏，得黑者斫文吏”⑤，表明“吏”有“文吏”与“武吏”之分。西汉末，何并为颍川太守，郡掾钟威贪赃千金，轻侠赵季、李款横

① 高敏：《从〈嘉禾吏民田家莂〉中的“诸吏”状况看吏役制的形成与演变——读〈嘉禾吏民田家莂〉札记》，《郑州大学学报》（社会科学版）2001年第1期。

② 《汉书》卷五四《苏建附子武传》，第2460页。

③ （汉）郑玄注，（唐）贾公彦疏，彭林整理，王文锦审定：《仪礼注疏》卷一《士冠礼第一》，北京大学出版社2000年版，第9页。

④ 《后汉书》卷一下《光武帝纪下》，第51—52页。

⑤ 《汉书》卷九〇《酷吏·尹赏传》，第3673页。何以探得赤丸者砍武吏，探得黑丸者砍文吏？颜师古注未言及此。汉代冠服之制，“武吏常赤帻，成其威也。”（《续汉书·舆服志下》，点校本《后汉书志》第三十，第3671页），故《论衡·遭虫篇》以虫害比吏，谓：“头赤则谓武吏，头黑则谓文吏所致也。”（黄晖撰：《论衡校释》卷一六《遭虫篇》，中华书局1990年版，第714页。据撰作者诠注篇名云：“‘商’，《御览》九四四引作‘遭’，是也。篇末云：‘天道自然，吉凶偶会，非常之虫遭生，贪吏遭署。人察贪吏之操，又见虫灾之生，则谓部吏之所为致也。’即此‘遭虫’之义。本书常以‘遭’‘适’‘偶’‘会’对言，故以‘遭虎’‘遭虫’题篇。‘遭’‘适’义同。今本形讹作‘商’，则无义矣。”[第713页]。其说可从，故《商虫篇》当作《遭虫篇》为是）由此可证，汉代习以头赤表示武吏，头黑表示文吏。

行郡中。何并到任后，“下车求勇猛晓文法吏且十人，使文吏治三人狱，武吏往捕之，各有所部。”① 可见郡吏有“文吏”与“武吏”，文吏负责治狱，武吏负责追捕。东汉顺帝永和（136—141）年间，任峻为洛阳令，“擢用文武吏，皆尽其能”②，县吏也有“文吏”“武吏”之分。那么，“武吏”与“文吏”的区分在那里呢？朱博为西汉成、哀时期人，史称其“本武吏，不更文法”，后来他迁为廷尉，对下属也自称“廷尉本起于武吏，不通法律”③ 云云。由此可知，所谓“文吏”是通晓法律的文职吏员，“武吏”是不通法律的武职吏员。沈钦韩《左传补注》曰：“文吏者，习文法之事，若功曹五官掾史等。武吏者，劾捕之事，若督盗贼游击等。”④ 可见，“武吏”属于行政系统，而“军吏”属于军事系统，两者是不同系统的吏员。

三国时期继承汉代制度，地方政府中仍然有武吏。曹魏齐王芳时，王凌、令狐愚于废立事败后，被剖棺暴尸，“兖州武吏东平马隆，托为（令狐）愚家客，以私财更殡葬，行服三年，种植松柏。”⑤ 令狐愚死前任兖州刺史，马隆于其时为兖州武吏。咸宁三年（277）三月，益州刺史王濬“被诏罢屯田兵，大作舟船，为伐吴调。别驾何攀以为佃兵但五六百人，无所辨。宜召诸休兵，借诸郡武吏，并万余人造作，岁终可成。濬从之。”⑥ 为伐吴制作战船之事由军事部门负责，原以“佃兵”（即屯田兵）从事，为了加快速度增加人力，遂召集休假士兵和诸郡武吏参加。休兵曰“召”，武吏曰“借”，前者由军事部门直接召集，后者属于地方政府，故须通过他们商借，而不能直接召集，两者之区别是清楚的。

到了西晋，武吏的内容性质有了巨大变化。西晋初，“吴平之后，帝诏天下罢军役，示海内大安，州郡悉去兵，大郡置武吏百人，小郡五十人。”⑦ 晋武帝在推行“州郡悉去兵”措施的同时于地方行政系统设置

---

① 《汉书》卷七七《何并传》，第3268页。

② 《后汉书》卷七六《循吏列传·王涣传》，第2470页。

③ 《汉书》卷八三《朱博传》，第3399、3404页。

④ 《论衡校释》卷一六《適虫篇》注引沈钦韩《左传补注》，第714页。

⑤ 《三国志》卷二八《魏书·王凌传》注引干宝《晋纪》，第761页。

⑥ （晋）常璩撰，任乃强校注：《华阳国志校补图注》卷八《大同志·三》，上海古籍出版社1987年版，第440页。

⑦ （唐）房玄龄等撰：《晋书》卷四三《山涛传》，中华书局1974年版，第1227页。

“武吏”，以代替原来的州郡兵。这是一种具有地方武装性质的“武吏”，与原先地方政府之“武吏”是不同的。因此，从晋武帝罢州郡兵之后，地方部门的“武吏”遂由两部分人而组成，一是继承汉代以来地方行政部门的“武吏”，二是罢州郡兵之后所设置的地方武装性质的“武吏”。“武吏”名称仍旧，但其内涵已经不完全一致。东晋时，应詹建议各级地方政府实行以耕济禄：“都督可课佃二十顷，州十顷，郡五顷，县三顷。皆取文武吏医卜，不得挠乱百姓。”[①] 元嘉二十七年（450），北魏太武帝拓跋焘率十万大军攻宋汝南，守将陈宪婴城固守。魏军败退后，宋文帝任命他为汝南新蔡二郡太守，“又以布万匹委宪分赐汝南城内文武吏民战守勤劳者”[②]。这些“武吏”均与“文吏”相提并论，似与汉魏时期地方行政系统之文武吏相当，但也可能其中有的是军事系统的武吏。刘颂上疏说：“至于平吴之日，天下怀静，而东南二方，六州郡兵，将士武吏，戍守江表，或给京城运漕，父南子北，室家分离，咸更不宁。”[③] 西晋末张昌作乱时，雍州刺史刘沈“自领州兵至蓝田，（河间王司马）颙又逼夺其众。长沙王（司马）乂命沈将武吏四百人还州。”[④] 这些用于战争的“武吏”无疑是地方武装性质的“武吏”[⑤] 而非原来行政部门的“武吏”了。《宋书·徐豁传》所载始兴郡“武吏”也应当是这种性质的武吏，而与一般所称的“军吏”有别，更与吴简中的“军吏”无涉。

汉魏晋至南朝前期，作为地方行政系统的武吏只是泛称与文吏相对而言的吏员，故职官志书关于地方政府吏员设置不特载武吏。到了南朝后期的梁、陈时期，才在地方政府吏员中正式设置“武吏”，即“郡县置吏，亦各准州法，以大小而制员。郡县吏有书僮，有武吏，有医，有迎新、送故等员。亦各因其大小而置焉。”[⑥] 这种“武吏”的性质已与两晋、

---

① 《晋书》卷七〇《应詹传》，第1860页。

② 《宋书》卷九五《索虏传》，第2345页。

③ 《晋书》卷四六《刘颂传》，第1305页。

④ 《晋书》卷八九《忠义·刘沈传》，第2306页。

⑤ 或谓晋武帝“罢州郡兵”实为“罢州郡领兵”，且其措施并不彻底，归于失败。（参见高敏著《魏晋南北朝兵制研究》之《东汉、魏、晋时期“州郡兵”知道的历史演变》《晋武帝“罢州郡兵”问题辨析》等章，大象出版社1998年版）但置武吏一事还是实行了的，故上述二则资料中既有州郡兵又有武吏。

⑥ （唐）魏徵、令狐德棻撰：《隋书》卷二六《百官志上》，中华书局1973年版，第729页。

宋齐时期军事性质的武吏不同，而是属于地方行政系统的吏员。两汉魏晋南北朝“武吏”大体经历了三个发展阶段：汉魏时期的“武吏”是行政系统中与“文吏”相对而言的吏员，他们是“吏”而非“兵”；两晋至南朝前期，既有前者性质的“武吏”，又有军事系统的“武吏”，后者属于“兵”而非“吏”；南朝后期所置“武吏”则是“吏”而非“兵”。

综上所述，魏晋南北朝时期的“军吏”，其意涵可以分为广义和狭义两种，广义而言包括军事系统和部门的中下级军官和吏员，狭义而言则主要指军事系统和部门的下层吏员，长沙走马楼吴简中的“军吏”就是这样的下层吏员。

（原刊《文史哲》2005 年第 2 期。2016 年 5 月出版的《先秦汉唐史论》下编“吏民”卷，收录《汉唐时期的军吏》一文，故未同时收录此文，盖因此文内容与之有所重复。从黎虎先生遗留的文档资料中，可知先生后来对此文仍作了一定程度的修订，而就内容来看，本文与《汉唐时期的军吏》一文也间有差异，故此文仍有单独成文之必要。今据黎虎先生最新刊后修订稿并参考原刊文整理，并以原刊文《说“军吏”——从长沙走马楼吴简谈起》为题，收入《黎虎文集：中国古代吏民问题研究》。李文才敬识）

汉唐时期的“军吏”

——从长沙走马楼吴简谈起

中国古代史籍中频见“军吏”一词，但长沙走马楼吴简中也有不少“军吏”的记载，但是“军吏”的范畴是什么？并没有明确的记载，是一个使用频度较高而涵义模糊的概念，因而也就没有引起学术界的注意，可谓论者寥寥①。学术界注重了军队将领乃至士卒的研究，而鲜有措意于军吏的研究。兹不揣谫陋，试略述汉唐时期“军吏”之内涵及其渊源流变，以抛砖引玉。

一　先秦秦汉时期的“军吏”

先秦时期有关“军吏”的记载就已经大量出现，《左传》《国语》《周礼》《战国策》《越绝书》《吴越春秋》《韩非子》《墨子》等先秦文献中都有所记载。如《左传》记载鲁僖公二十五年（前635）“冬，晋侯围原，命三日之粮。原不降，命去之。谍出，曰：‘原将降矣。’军吏曰：‘请待之。’公曰：‘信，国之宝也，民之所庇也。得原失信，何以庇之？所亡滋多。’”② 表明至少在春秋中期已经有了关于“军吏”的记载。此后，有关“军吏”的记载即史不绝书。

“军吏”的内涵是什么呢？

---

① 寡见仅有陈槃：《由汉简中之军吏名籍说起》，《大陆杂志》（台北）第2卷第8期，1951年4月；李学勤：《马王堆帛书〈刑德〉中的军吏》，《简帛研究》第二辑，法律出版社1996年版。前者通过居延汉简中的徐宗、礼忠两简叙述汉代名籍问题，后者将于下文进行讨论。

② （周）左丘明撰，（晋）杜预注，（唐）孔颖达正义，浦卫忠、龚抗云、胡遂、于振波、陈咏明整理，杨向奎审定：《春秋左传正义》卷一六，僖公25年，北京大学出版社2000年版，第492页。

《周礼》记大司马之职有云："中秋，教治兵，如振旅之陈。辨旗物之用：王载大常，诸侯载旂，军吏载旗，师都载旜，乡遂载物，郊野载旐，百官载旟，各书其事与其号焉。"这里列举了自天子至百官等各种身份的人在治兵时所载不同的旗帜，其中即有"军吏"。郑玄注曰："军吏，诸军帅也。"贾公彦疏曰："亦谓从军将至下伍长皆是军吏也。"① 军队中从最高的"军将"至最低层的"伍长"，各级军队负责人均属"军吏"。由此可见，在先秦时"军吏"的涵义是非常宽泛的，部队中除了士兵之外的各级负责人均属"军吏"之列。据《周礼》记载，周代的军事编制是："凡制军，万有二千五百人为军，王六军，大国三军，次国二军，小国一军，军将皆命卿；二千有五百人为师，师帅皆中大夫；五百人为旅，旅帅皆下大夫；百人为卒，卒长皆上士；二十五人为两，两司马皆中士；五人为伍，伍皆有长。"郑玄注曰："言军将皆命卿，则凡军帅不特置，选于六官、六乡之吏。自乡以下，德任者使兼官焉。"② 贾公彦疏云："则自乡已下至伍长，有武德堪任为军之吏者乃兼官。兼官者，在乡为乡官，在军为军吏。若无武德不堪任为军吏者，则众属他军吏，身不得为军吏，是无所将也。"③ 可知"军吏"一词的涵义即"为军之吏"，具体来说即军、师、旅、卒、两、伍之长。

"军吏"所统为士卒。贾公彦疏《周礼》"旗居卒间"一语曰："军吏各领己之士卒，执旗以表之，故旗居卒间也。"④ 明言"军吏"所统为"士卒"。孔颖达《尚书正义》在训释"乃召六卿。王曰：'嗟！六事之人……'"时，引郑玄云："变六卿言六事之人者，言军吏下及士卒也。"⑤ 亦将"军吏"与"士卒"作了区分，指出了他们之间的上下关系。

上述郑玄、贾公彦关于"军吏"为各级军事负责人的说法，可以得到先秦文献的印证。上引鲁僖公二十五年晋军围原时，在究竟是否撤围

---

① （汉）郑玄注，（唐）贾公彦疏，赵伯雄整理，王文锦审定：《周礼注疏》卷二九《夏官司马·大司马》，北京大学出版社 2000 年版，第 908—909 页。

② 《周礼注疏》卷二八《夏官司马》，第 873 页。

③ 《周礼注疏》卷二八《夏官司马》，第 875 页。

④ 《周礼注疏》卷二九《夏官司马·大司马》，第 916 页。

⑤ （汉）孔安国撰，（唐）孔颖达疏，廖名春、陈明整理，吕绍纲审定：《尚书正义》卷七《甘誓》，北京大学出版社 2000 年版，第 207—208 页。

的问题上，晋文公与“军吏”进行了争论，表明这些“军吏”在战争中参与决策，当为高级将领。鲁僖公二十八年（前632），晋、楚战于城濮，楚军“从晋师，晋师退。军吏曰：‘以君辟臣，辱也；且楚师老矣，何故退?’”① 接着，晋国的上军将领子犯解释了暂时退兵的理由。这些“军吏”也是有权参与决策的将领。鲁成公十六年（前575），晋、楚战于鄢，晋国降人伯州犁侍于楚王后，在观察晋军阵势时他们之间有一段对话：“王曰：‘骋而左右，何也?’曰：‘召军吏也。’‘皆聚于中军矣。’曰：‘合谋也。’”② 可见在战争中需召集“军吏”到中军进行谋划，此“军吏”亦必为高级将领。鲁文公十六年（前611），晋伐宋，“乃发令于太庙，召军吏而戒乐正，令三军之钟鼓必备。”韦昭注曰：“军吏，主师旅。”③ 他也是将这里的“军吏”解释为军队之负责人。

马王堆帛书《刑德》甲、乙种有一段关于军吏的记载：

> 凡以风占军吏之事，子午，刑德将军；〔丑未〕丰隆司空；寅申，风柏（伯）候；卯酉，大音尉；辰戌，雷公司马；巳亥，雨师冢子；各当其日，以□〔风杀邻，其官有事，若〕无事，〔乃有罪〕。④

按，《刑德》甲种有“今皇帝十一年”文字，研究者指出此为抄写于汉高祖十一年（前196）；乙种干支表中有“孝惠年”记载，研究者认为应抄写于惠帝二年（前193）至高后二年（前186）之间⑤。李学勤先生根据《刑德》甲、乙种抄写年代作出判断，认为上述军吏制度，“反映了汉初的职官情况”⑥。但是，抄写年代未必就是该书的撰写年代。有的研究者指出，《刑德》篇中之星占书实形成于战国中晚期之交的公元前284

---

① 《春秋左传正义》卷一六，僖公28年，第512页。

② 《春秋左传正义》卷二八，成公16年，第893—894页。

③ 徐元诰撰，王树民、沈长云点校：《国语集解》卷一一《晋语五》，中华书局2002年版，第379页。

④ 傅举有、陈松长编著，周士一、陈可风翻译：《马王堆汉墓文物》，湖南出版社1992年版，第137页。前揭李学勤文对此作了修正。

⑤ 陈松长：《马王堆帛书〈刑德〉研究论稿》，台湾古籍出版有限公司2001年版，第68页。

⑥ 李学勤：《马王堆帛书〈刑德〉中的军吏》，《简帛研究》第二辑，法律出版社1996年版。

年前后[①]。而且《刑德》所举六种“军吏”之一“冢子”并不见于秦汉时期，而是战国时期三晋职官[②]。其他五种“军吏”亦均为先秦所有。由此可以断定，《刑德》所反映的军吏制度，符合《周礼》所述先秦制度，应当是战国中晚期之前的军吏制度。

由此可见，先秦时期军队由军吏与士卒两个层级组成。而到了秦汉时期军队组成已发展为军将、军吏、士卒三个层级。故秦汉时期“军吏”的层级有所下移，逐渐指“军将”以下的中下级军官了。这个时期的军功赐爵制度，据刘劭《爵制》：一爵公士至四爵不更分别为“步卒”“御驷马者”“车右”等士卒。从五爵大夫至九爵五大夫，“皆军吏也”。而“自左庶长已上至大庶长，皆卿大夫，皆军将也。”[③] 将军队中的成员划分为三个档次：一至四爵为士卒，五至九爵为“军吏”，十至十八爵为“军将”。“军吏”介于“军将”和士卒之间，军中之“吏”与军中之“将”已经有了区分。汉初，刘邦令叔孙通制定朝仪，“汉七年，长乐宫成，诸侯群臣皆朝十月。仪：先平明，谒者治礼，引以次入殿门……功臣列侯诸将军军吏以次陈西方，东向；文官丞相以下陈东方，西向。”[④] 这里对武官系列中的“将军”和“军吏”作了区分，而将“军吏”排列在“将军”之下。《说苑》所记将帅拜授仪式：“将师受命者：将率入，军吏毕入，皆北面再拜稽首受命，天子南面而授之钺，东行西面而揖之，示弗御也。”[⑤] 将“将帅”与“军吏”作了区分。这应当是秦汉制度。汉武帝元狩元年（前122）淮南王刘安谋反时所准备的措施之一是：“乃作皇帝玺，丞相、御史大夫、将军、军吏、中二千石及旁近郡太守、都尉印”[⑥]，

---

① 《马王堆帛书〈刑德〉研究论稿》，第72页。

② 李家浩：《战国时代的“冢”字》，《语言学论丛》第7辑，商务印书馆1981年版。

③ （晋）司马彪撰，（梁）刘昭注补：《续汉书·百官志五》注引刘劭《爵制》，点校本《后汉书志》第二十八，中华书局1965年版，第3632页。

④ （汉）司马迁撰，（南朝·宋）裴骃集解，（唐）司马贞索隐，（唐）张守节正义：《史记》卷九九《叔孙通列传》，中华书局1959年版，第2723页。

⑤ （汉）刘向撰，向宗鲁校证：《说苑校证》卷一五《指武》，中华书局1987年版，第370页。

⑥ （宋）司马光撰，（元）胡三省音注：《资治通鉴》卷一九，汉武帝元狩元年（前122）三月，中华书局1956年版，第625页。《史记》卷一一八《淮南王（刘安）列传》记此事曰：“乃令官奴入宫，作皇帝玺，丞相、御史、大将军、军吏、中二千石、都官令、丞印，及旁近郡太守、都尉印”（第3091页），《通鉴》所载“御史大夫”，《史记》作“御史”；另外，《史记》还多了“都官令、丞印”，其他皆同。

或记作“刻天子玺、将相军吏印。”[①] 亦将“军吏”与将军作了区分。

那么，将军和军吏之间的分界线在哪里呢？西汉名将李广曾数度以将军领兵出征，然而“（李）广不得爵邑，官不过九卿”，而“诸（李）广之军吏及士卒或取封侯。”于是李广“尝与望气王朔燕语，曰：‘自汉击匈奴而广未尝不在其中，而诸部校尉以下，才能不及中人，然以击胡军功取侯者数十人，而广不为后人，然无尺寸之功以得封邑者，何也？岂吾相不当侯邪？且固命也？’”[②] 这里把将军李广的“军吏”指明为“诸部校尉以下”的人员。汉代军制：“其领军皆有部曲。大将军营五部，部校尉一人，比二千石；军司马一人，比千石。部下有曲，曲有军候一人，比六百石。曲下有屯，屯长一人，比二百石。”[③] 可知将军以下有“部校尉”“军司马”“军候”“屯长”等从比二千石至比二百石的各级军官，他们对于将军来说都是“军吏”。居摄二年（7）翟义起兵反王莽，王莽大惧，乃拜其党亲七人为将军，令他们“自择除关西人为校尉军吏，将关东甲卒，发奔命以击义焉。”[④] 这七位将军也是选拔校尉以下的各级军官作为自己的“军吏”以统领“甲卒”，组成军队。可见校尉是将军和军吏的分界线。

东汉初，耿纯为东郡太守，历时四年，因坐事免，以列侯奉朝请。后他随从光武帝击董宪，道过东郡，百姓老小数千人随车驾涕泣，云“愿复得耿君”。光武帝谓公卿曰：“（耿）纯年少被甲胄为军吏耳，治郡迺能见思若是乎？”[⑤] 耿纯“年少”时的情况是：早年在王莽当政时曾“学于长安，因除为纳言士。”[⑥] 是为尚书吏员，并非“军吏”。后王莽败，更始立，耿纯遂游说舞阴王李轶，“轶奇之，且以其钜鹿大姓，迺承制拜为骑都尉，授以节，令安集赵、魏。会世祖度河至邯郸，纯即谒见，

① 《史记》卷一一八《衡山王（刘赐）列传》，第3096页。

② 《史记》卷一〇九《李将军列传》，第2873—2874页。

③ 《续汉书·百官志一》，点校本《后汉书志》第二十四，第3564页。

④ （汉）班固撰，（唐）颜师古注：《汉书》卷八四《翟方进附翟义传》，中华书局1962年版，第3427页。

⑤ （南朝·宋）范晔撰，（唐）李贤等注：《后汉书》卷二一《耿纯传》，中华书局1965年版，第765页。

⑥ 《后汉书》卷二一《耿纯传》，“注〔二〕”云：“王莽法古置纳言之官，即尚书也。每官皆置士，故曰纳言士也。”（第761页）

世祖深接之……拜纯为前将军，封耿乡侯。"[①] 他"年少被甲胄为军吏"当指这段经历，即从被拜为骑都尉始，至拜为前将军、封耿乡侯止。刘秀所谓耿纯"年少被甲胄为军吏"当指其任"骑都尉"一事，而都尉是略低于校尉的军官。汉代"军吏"的地位仍然在士卒之上。悬泉置汉简《过长罗侯费用簿》，记载西汉元康五年（前61）置吏接待常惠所率使团事："出酒十八石，以过军吏廿、斥候五十人，凡七十人。"[②] 这里将"军吏"与"斥候"分别记载。斥候为负责候望、警戒之士卒，为出使远方的使团所常备，苏武出使匈奴时"募士斥候百余人俱"，颜师古释曰："募人以充士卒，及在道为斥候者。"[③] 故斥候又常称为"斥候士"[④]。可见"军吏"是在士卒之上的一个群体。

但是，汉代"军吏"的范畴较前代又有所扩大。上述"部校尉"以下各级军事单位的军官，只是"军吏"的一部分。"军吏"还有另外一部分人员，那就是幕府中的吏员。汉昭帝时，燕仓"以故大将军幕府军吏发谋反者骑将军上官安罪有功，封侯，邑二千户。"[⑤] 此"大将军"指霍光，燕仓曾为其幕府中的"军吏"。上官安与其父上官桀等人"共谋……杀大将军（霍）光，征立燕王为天子。"[⑥] 燕仓得知后揭发了这一阴谋。又，"田延年，以军吏事昭帝；发觉上官桀谋反事"[⑦]，田延年也是因揭发上官父子谋反事立功。据《汉书》本传，田延年"以材略给事大将军莫府，霍光重之，迁为长史。"[⑧] 则《史记》所谓"以军吏事昭帝"实指其在昭帝朝曾为霍光幕府军吏一事。田延年受到霍光的重用，迁为长史，长史乃"众史之长"[⑨]，为幕府之总管。据《续汉志》所载，将军幕府的吏员有："长史、司马皆一人，千石。本注曰：司马主兵，如太尉。从事

① 《后汉书》卷二一《耿纯传》，第761—762页。
② 甘肃省文物考古研究所：《敦煌悬泉汉简释文选》，《文物》2000年第5期。
③ 《汉书》卷五四《苏武传》，第2460页。
④ 《汉书》卷九六上《西域传上》，杜钦语，第3886页。
⑤ 《史记》卷二〇《建元以来侯者年表》，第1061页。
⑥ 《汉书》卷七《昭帝纪》，第226—227页。
⑦ 《史记》卷二〇《建元以来侯者年表》，第1063页。
⑧ 《汉书》卷九〇《酷吏传·田延年传》，第3665页。
⑨ （汉）应劭撰，（清）孙星衍校集：《汉官仪》卷上，周天游点校：《汉官六种》，中华书局1990年版，第151页。

中郎二人，六百石。本注曰：职参谋议。掾属二十九人。令史及御属三十一人。本注曰：此皆府员职也。又赐官骑三十人，及鼓吹。”[①] 因此，从长史以下至掾、史等幕府吏员均属“军吏”范畴。

二 魏晋南北朝时期的“军吏”

魏晋南北朝时期沿袭汉代，也以将领所辖军官和幕府属吏视为“军吏”，其概念范畴甚为宽泛。青龙二年（234），司马懿与诸葛亮对阵于渭南，“宣王将出战，辛毗杖节奉诏，勒宣王及军吏已下，乃止。”[②] 这里把将军司马懿与“军吏”作了区分。甘露二年（257）诸葛诞反，大将军司马昭督诸军讨伐，“分部围守，各有所统。”时镇南将军王基率部参战，围叛军于寿春。司马昭“敕军吏入镇南部界，一不得有所遣。”[③] 这里把司马昭所统诸部军官称为“军吏”。后，司马昭发起进攻，“大将军司马胡奋部兵逆击，斩诞，传首，夷三族。”[④] 这位斩诸葛诞的司马胡奋无疑为大将军“军吏”之一。北齐唐邕曾为高澄大将军府参军，“天保初，稍迁给事中，兼中书舍人。”[⑤] 他“专掌兵机……自督将以还，军吏以上，劳效由绪，无不谙练，每有顾问，占对如响。”[⑥] 这里将“督将”等高级将领与“军吏”等中下级军官作了区分。总之，将领下面各级军官均可视为“军吏”。

此外，“军吏”还有另外一部分人，那就是军府僚佐。东晋元兴三年（404），刘裕谋兴复晋室，被推为盟主后，问何无忌曰：“急须一府主簿，何由得之?”何无忌推荐刘穆之。刘裕于是召见刘穆之。刘穆之“往见高祖（即刘裕）。高祖谓之曰：‘我始举大义，方造艰难，须一军吏甚急，卿谓谁堪其选?’穆之曰：‘贵府始建，军吏实须其才，仓卒之际，当略无见逾者。’高祖笑曰：‘卿能自屈，吾事济矣。’即于坐受署。”[⑦] 刘裕

① 《续汉书·百官志一》，点校本《后汉书志》第二十四，第3564页。

② （晋）陈寿撰，（南朝宋）裴松之注，陈乃乾校点：《三国志》卷三《魏书·明帝纪》注引《魏氏春秋》，中华书局1959年版，第103页。

③ 《三国志》卷二七《魏书·王基传》，第754页。

④ 《三国志》卷二八《魏书·诸葛诞传》，第773页。

⑤ （唐）李延寿撰：《北史》卷五五《唐邕传》，中华书局1974年版，第2001页。

⑥ （唐）李百药撰：《北齐书》卷四〇《唐邕传》，中华书局1972年版，第530页。

⑦ （梁）沈约撰：《宋书》卷四二《刘穆之传》，中华书局1974年版，第1303页。

所要物色的“军吏”是其军府中的主簿。由此可见军府之吏员亦谓之“军吏”。说明这个时期的“军吏”也是包含将领下面的中下级军官和幕府吏员两部分人。

不过，“军吏”与“军将”并非截然划分、凝固不变，而是具有一定的相对性。各级军事单位的军官，他们对于将军来说是“军吏”，但对于各自所在部队来说他们又是将领。泰始元年（465），宋明帝继位后，四方反叛。次年正月，以沈攸之为宁朔将军、寻阳太守，率军据虎槛，“时王玄谟为大统，未发。前锋有五军在虎槛，五军后又络绎继至，每夜各立姓号，不相禀受。攸之谓军吏曰：‘今众军姓号不同，若有耕夫渔父，夜相呵叱，便致骇乱，取败之道也。’乃就一军请号，众咸从之。”[①] 这里的“军吏”是指聚集于虎槛的十军的将领。故《通鉴》记此事称“攸之谓诸将曰”[②] 云云。在统帅未到的情况下，沈攸之与诸军将领协调，统一请号。沈攸之当时并非统帅，是方面军将领，但在这个问题上起到了统帅的作用。那么，对于统帅而言，“诸将”则属于“军吏”了。

魏晋南北朝承袭前代传统，军吏地位亦在士卒之上。晋元帝以戴若思“出为征西将军、都督兖豫幽冀雍并六州诸军事、假节，加散骑常侍。发投刺王官千人为军吏，调扬州百姓家奴万人为兵配之。”[③] “军吏”发“投刺王官”为之，“兵”则调“百姓家奴”为之；前者千人，后者万人。两者的区分是显然的。

由于“军吏”范围宽泛，其上下层级亦相去悬远，下层“军吏”的地位低下。孙权赤乌（238—251）年间，孟宗“初为骠骑将军朱据军吏，将母在营。既不得志，又夜雨屋漏，因起涕泣，以谢其母，母曰：‘但当勉之，何足泣也?’据亦稍知之，除为监池司马。自能结网，手以捕鱼，作鲊寄母。母因以还之，曰：‘汝为鱼官，而以鲊寄我，非避嫌也。’”[④] 孟宗为朱据幕府“军吏”，后由“军吏”而提升为“监池司马”，地位

---

① 《宋书》卷七四《沈攸之传》，第1928页。

② 《资治通鉴》卷一三一，宋明帝泰始二年（466）正月，第4094页。

③ （唐）房玄龄等撰：《晋书》卷六九《戴若思传》，中华书局1974年版，第1847页。

④ 《三国志》卷四八《吴书·孙晧传》注引《吴录》，第1169页。“监池”，或作“盐池”，卢弼《三国志集解》：“冯本盐作监。赵一清曰：作监是也。”“盐”“监”形近致讹，应为“监”。

有了改善和提高。首先，孟宗在为“军吏”时感到“不得志”，可见当时他是下层军吏，后被朱据提拔为监池司马①，应当是地位较先前有所提高，由“吏”而为“官”，表明两者的地位是不同的；其次，在为“军吏”时，孟宗“将母在营”，在为监池司马后，其母已不随孟宗居住，而是回家居住，故孟宗为孝敬母亲需将鲊寄回家乡。同书在记载他由监池司马迁为吴县令后说：“每得时物，来以寄母”，因为“时皆不得将家之官。”② 可见，监池司马与县令一样，都是不得“将家之官”的官员。

长沙走马楼吴简中有一些关于“军吏”的记载，为我们了解军吏这个群体提供了宝贵资料。

吴简中的“军吏”大概属于军中的中下级吏员。从长沙走马楼吴简我们可以看到，这些“军吏”来自于编户齐民，具有和编户齐民相同的社会身份性质：第一，“军吏”与其他编户齐民一样被编入基层户籍。《嘉禾吏民田家莂》③ 一书所载长沙地区“吏民”的户主身份有六种：普通农民（男子、大女）、吏（州吏、郡吏、县吏）、卒（州卒、郡卒、县卒）、复民、士、军吏。其中户主为男子者 1388 人，为大女者 86 人，为州吏者 39 人，为郡吏者 58 人，为县吏者 70 人，为军吏者 18 人，为州卒者 9 人，为郡卒者 9 人，为县卒者 13 人，为复民者 13 人，为士者 9 人。共计 1712 户④。“军吏”与其他五种身份的人一样被编入乡里基层之中，如简八六七一：“东阳里户人公乘翁确年卅筭一给军吏”；简一〇三〇六：

---

① 严可均谓孟宗于“嘉禾中除监池司马”［（清）严可均辑：《全上古三代秦汉三国六朝文》之《全三国文》卷七三“孟宗”条，中华书局 1958 年版，第 1444 页］，似不确。据《三国志》卷四七《吴书·吴主传》载，嘉禾六年（237）曾讨论在官之吏服三年之丧问题，“其后，吴令孟宗丧母奔赴。已而自拘于武昌，以听刑”（第 241 页），明言此事在“其后”所发生，因此不能证明孟宗是在嘉禾年间除为监池司马。事实上，孟宗除监池司马是在朱据为骠骑将军时，朱据于赤乌九年（246）迁骠骑将军（见《三国志》卷五七《吴书·朱据传》，第 1340 页），则孟宗除监池司马必在是年之后。

② 《三国志》卷四八《吴书·孙晧传》注引《吴录》，第 1169 页。

③ 长沙市文物考古研究所、中国文物研究所、北京大学历史学系走马楼简牍整理组编著：《长沙走马楼三国吴简·嘉禾吏民田家莂》（以下简称《嘉禾吏民田家莂》），文物出版社 1999 年版。

④ 见拙文《“吏户”献疑——从长沙走马楼吴简谈起》，《历史研究》2005 年第 3 期，文中数据根据《嘉禾吏民田家莂》资料统计，简文残缺不清者不计人。

"高迁里户人公乘黄毛年卅四筭一给军吏"①。他们分别为东阳里、高迁里中的"户人"，被征召而"给军吏"。从吴简可知孙吴时期已经实行户品制度，现已公布的简牍中可以看到的有上品、中品、下品、下品之下等四品。户品是家赀状况的反映。"军吏"与其他编户齐民一样被统一排列户等，如简五六五二："☐给军吏下品"②。此户"给军吏"者属于"下品"之户。第二，他们在经济上与其他"吏民"相同，都有"佃田"的权利。在吴简中，上述六种"吏民"人均"佃田"亩数为32亩，军吏人均34.35亩，高于平均田亩数。普通农民和"卒"的人均田亩数低于平均田亩数，分别为29.6亩和30亩，均在军吏之下。但是军吏的平均田亩数却低于"士"（79.22亩）、"吏"（51.37亩）、"复民"（38.38亩），位居第四③。第三，他们在经济上与其他"吏民"同样都有交纳赋税的义务。《嘉禾吏民田家莂》记录了当时"吏民"向国家交纳赋税的详细情况，他们的"佃田"主要分为"二年常限田"与"余力田"，这两种田又按照旱、熟不同情况交纳不同标准的赋税。"军吏"与普通农民以及卒、郡吏、县吏等按照同样标准交纳赋税，而逊于享受不同程度优惠待遇的"士""复民""州吏"等。第四，他们在政治上与其他"吏民"同样都有赐爵的权利。自商鞅变法确立军功赐爵制度之后，秦汉时期又派生出一种赐民爵的制度。这种赐爵虽无实际的政治、经济权益，但也是编户齐民的政治待遇的一种体现。吴简记载显示，孙吴继续赐予"吏民"爵。"军吏"与其他五种"吏民"群体一样也得到赐爵，上引两简表明"给军吏"的翁确、黄毛均有"公乘"的爵号。

长沙走马楼吴简中既有"军吏"的记载，也有"监池司马"的记载，其官称与上述孟宗的官历完全一致。

从吴简所反映的以上情况，我们可以看到，"军吏"与其他五种社会群体共同构成当时所谓的"吏民"。"军吏"在当时的六种编户民中，其

---

① 简文来自长沙市文物考古研究所、中国文物研究所、北京大学历史学系走马楼简牍整理组编著：《长沙走马楼三国吴简·竹简（壹）》以下简称《竹简（壹）》，文物出版社2003年版，第1074、1106页。

② 《竹简（壹）》，第1012页。

③ 见拙文《"吏户"献疑——从长沙走马楼吴简谈起》，《历史研究》2005年第3期，文中数据根据《嘉禾吏民田家莂》资料统计，简文残缺不清者不计入。

各方面的待遇、地位等于或略高于普通农民和“卒”，而低于“士”“复民”和“吏”。由此可见，“军吏”在孙吴时期的社会地位是不高的，其主要成分当为军中的中下级吏员。这与传世文献所反映的“军吏”状况大体相符。孙权时张温引致暨艳，掌管选举。他与徐彪联手按照“率皆贬高就下，降损数等”的原则整顿百僚，其中一项措施是把“居位贪鄙，志节污卑者，皆以为军吏，置营府以处之”。这首先表明“军吏”在当时的官吏队伍中地位是比较低下的，因此将其作为被贬斥官吏的一种职位。其次表明“军吏”一般居于“营府”之中。上述孟宗为军吏时“将母在营”当是这种措施的表现。暨艳、徐彪的做法遭到许多人的反对，认为他们“专用私情，爱憎不由公理”①，暨、徐二人后来终究因此被孙权所杀，不过人们反对的不是“军吏”地位低下以及居于营府的问题，而是反对将百僚不分青红皂白降为“军吏”的做法。而后来孟宗为“军吏”时的情况表明“军吏”的这种状况还在延续着。

虽然三国时期的“军吏”被处之营府，但是他们的户籍仍然是在原籍。据《三国志·华佗传》记载：“军吏梅平得病，除名还家，家居广陵，未至二百里，止亲人舍。有顷，佗偶至主人计，主人令佗视平，佗谓平曰：‘君早见我，可不至此。今疾已结，促去可得与家相见，五日卒。’应时归，如佗所刻。”② 这个记载表明：第一，“军吏”在军中服役时只是在军中注有名籍，退役之后即除名。第二，“军吏”服役期间，其户籍仍然在原籍，故梅平除名之后得以返回原籍。这与吴简中“军吏”的情况可以相互印证。据吴简的记载，“军吏”不论平时还是在“给军吏”期间，其户籍一直在本乡里之中，照样“佃田”并交纳赋税，与其他“吏民”一样尽编户齐民所应尽的各项义务和享受各项应有的权利。

三　隋唐五代时期的“军吏”

隋唐五代沿袭前代，“军吏”仍为介于“军将”和“士卒”之间的一个群体。麟德元年（664），唐高宗派刘仁愿率部接替检校熊津都督刘仁轨，令其率部还，刘仁轨对刘仁愿说：“国家悬军海外，欲以经略高

① 《三国志》卷五七《吴书·张温传》，第 1331 页。

② 《三国志》卷二九《魏书·华佗传》，第 800—801 页。

丽，其事非易。今收获未毕，而军吏与士卒一时代去，军将又归。夷人新服，众心未安，必将生变。不如且留旧兵，渐令收获，办具资粮，节级遣还；军将且留镇抚，未可还也。”① 这里将军队成员分为“军将”“军吏”“士卒”三个层次，“军吏”为两者之间的一个群体。这是唐代前期的情况。唐懿宗咸通元年（860），裘甫之乱发生，“时二浙久安，人不习战，甲兵朽钝，见卒不满三百，郑祗德更募新卒以益之，军吏受赂，率皆得孱弱者。”② 浙东观察使郑祗德派遣“军吏”负责招募“新卒”，以补充“见卒”之不足。这里的“军吏”仍然是介于“军将”与“士卒”之间的群体。这是唐代后期的情况。《宋史·天文志》在叙述“天大将军十一星”时说：“客星守之，大将不安，军吏以饥败。流星入，大将忧。苍白云气犯之，兵多疾。”③ 亦有“大将”“军吏”“兵”三个层次之分，当为包含前代军吏观念之反映。

但这是一个笼统、宽泛的界域。具体来说“军吏”包括哪些人呢？

我们先来考察“军吏”之上限，即他们与“军将”的分界。隋炀帝时以来护儿统帅征辽东，“高丽主高元扫境内兵以拒之，列阵数十里。诸将咸惧，护儿笑谓副将周法尚及军吏曰：‘吾本谓其坚城清野以待王师，今来送死，当殄之而朝食。’”④ 这里把“副将”与“军吏”作了区别，可见副将在军吏之上。唐肃宗时以邓景山为太原尹，“及至太原，以镇抚纪纲为己任，检覆军吏隐没者，众惧。有一偏将抵罪当死，诸将各请赎其罪，景山不许。”⑤ 这位被检察出了问题的偏将无疑是在“军吏”范畴之内的。唐末，刘晟“以军吏补新兴镇将，事节度使李可举。”⑥ 时李可举为幽州节度使，据此则“军吏”在“镇将”之下。唐律所规定的“在外长官”，包括“都督、刺史、折冲、果毅、镇将、县令、关监等。”⑦ 即

---

① 《资治通鉴》卷二〇一，唐高宗麟德元年（664）十月，第6341—6342页。

② 《资治通鉴》卷二五〇，唐懿宗咸通元年（860）正月，第8079页。

③ （元）脱脱等撰：《宋史》卷五一《天文志四》，中华书局1975年版，第1035页。

④ 《北史》卷七六《来护儿传》，第2591页。

⑤ （后晋）刘昫等撰：《旧唐书》卷一一〇《邓景山传》，中华书局1975年版，第3313页。

⑥ （宋）薛居正等撰：《旧五代史》卷一三五《僭伪列传第二·刘守光传》，中华书局1976年版，第1799页。

⑦ （唐）长孙无忌等撰，刘俊文点校：《唐律疏议》卷一〇《职制》“长官及使人有犯”条，中华书局1983年版，第212页。

道、州、军、镇、县、关等部门之长官，镇将为其中之一。据此可以推知，一般而言各军事部门长官即为军将，而其下之军官、僚佐即为“军吏”。所以，刘晟补为镇将之后，已不属于“军吏”，而属于“军将”了。但是，节度使李可举对于刘晟来说，又是其军将，而刘晟则为其军吏。唐中后期有李惠登“自军吏为随州刺史”①，或记作“自军校授随州刺史”②。可见“军吏”相当于军队的中下级军官——“军校”。李惠登任随州刺史之前的“军吏”经历是：平卢军裨将——试金吾卫将军——以兵二千镇随州（或谓“随州镇遏使”）③，这些职务都属于“军吏”。天复二年（902），“杨行密发兵讨朱全忠，以副使李承嗣权知淮南军府事。军吏欲以巨舰运粮，都知兵马使徐温曰：‘运路久不行，葭苇堙塞，请用小艇，庶几易通。’军至宿州，会久雨，重载不能进，士有饥色，而小艇先至，行密由是奇温，始与议军事。”④ 则方镇之都知兵马使似亦不在“军吏”之内而属于“军将”。

由此可见，“军吏”并非固定的概念，而是一个相对的、模糊的概念，一般而言军将之下的中下级军官均属于军吏范畴。但是军吏与军将又是一个根据不同场合而发生相应变化的范畴。

我们再来具体看看“军吏”的下限，即他们与士卒之间的分界。唐末，杨行密“应募为州兵，戍朔方，迁队长。岁满戍还，而军吏恶之，复使出戍。行密将行，过军吏舍，军吏阳为好言，问行密行何所欲。行密奋然曰：‘惟少公头尔！’即斩其首，携之而出，因起兵为乱，自号八营都知兵马使。”⑤ 这一记载似表明，“队长”在“军吏”之下而不属于“军吏”。但

① （宋）王谠撰，周勋初校证：《唐语林校证》卷二《政事下》，中华书局1987年版，第112页。

② （唐）李肇撰，聂清风校注：《唐国史补校注》卷中“李惠登循吏”条，中华书局2021年版，第141页。

③ 《旧唐书》卷一八五下《良吏下·李惠登传》，第4828页；（宋）欧阳修、宋祁撰：《新唐书》卷一九七《循吏·李惠登传》，中华书局1975年版，第5627页；（宋）王溥撰：《唐会要》卷六八《刺史上》，中华书局1955年版，第1422页；（宋）王钦若等编：《册府元龟》卷一六五《帝王部·招怀三》，中华书局1960年版，第1989页。

④ 《资治通鉴》卷二六三，唐昭宗天复二年（902）六月，第8577页。

⑤ （宋）欧阳修撰，（宋）徐无党注：《新五代史》卷六一《吴世家·杨行密》，中华书局1974年版，第747页。

《新唐书·杨行密传》记此事曰："以功补队长。都将忌之，俾出戍。将行，都将问所乏，对曰：'我须公头！'即斩之。"[①] 前文所谓"军吏"实指"都将"。"队"为唐末五代最基层的军事编制，"队长"似不能排除在"军吏"之外而与"士卒"等同。一般而言，由"士卒"升迁为"队长"并非易事，而是一个重要变化。唐末，朱温"与仲兄存俱入（黄）巢军，以力战屡捷，得补为队长。"[②] 李茂贞"时隶本军为市巡，累迁至队长。"[③] 冯晖"为效节军卒，以功迁队长。"[④] 可见，士卒须经相当战功累积或特殊才能等方能升迁为队长，故杨行密由"州兵"积功升迁为队长，表明他已由士卒转变为军吏。唐末五代人王都的养父李应之在兵乱中被杀后，"众不解甲。乃逼牙帐请杀（王）都，（王）处直坚靳之，久乃得免。翌日赏劳，籍其兵于卧内，自队长已上记于别簿，渐以佗事孥戮，迨二十年，别簿之记，略无孑遗。"[⑤] 何以为报此仇而专门建立的簿籍只登记自队长以上，然后加以杀害？表明队长以上与一般士卒是不同的。在军事编制中，"队长"是与士兵有别而构成军官范围之内的底层成员。李茂贞，"为博野军卒，戍凤翔。黄巢犯京师，郑畋以博野军击贼，茂贞以功自队长迁军校。"[⑥] 经历了由"军卒"而"队长"而"军校"的阶梯。因此，我们可以认为"队长"已与"士卒"不同而属于"军吏"了，它是士卒与军吏的一个分界。

后唐天成元年（926），"明宗军变，从马直军吏张破败率众杀将校，纵火焚营躁呼。""从马直"为后唐所建立之"天子亲军"[⑦]，即禁卫军。"后唐庄宗选诸军骁勇者为亲军，分置四指挥，号从马直。"[⑧] 但是，有的记载称张破败为"军士"[⑨]。这一记载之差异，或表明"军吏"之下层与

---

① 《新唐书》卷一八八《杨行密传》，第5451页。

② 《旧五代史》卷一《梁书一·太祖本纪一》，第2页。

③ 《旧五代史》卷一三二《世袭列传一·李茂贞传》，第1737页。

④ 《新五代史》卷四九《杂传第三十七·冯晖传》，第554页。

⑤ 《旧五代史》卷五四《唐书三十·王处直附子都传》，第732页。

⑥ 《新五代史》卷四〇《杂传第二十八·李茂贞传》，第429页。

⑦ 《新五代史》卷四六《杂传第三十四·霍彦威传》，第505页。

⑧ （明）冯琦、冯瑗撰：《经济类编》卷五七《武功类三·兵制》，上海古籍出版社1991年版，第962页。

⑨ 见《旧五代史》卷三五《唐书十一·明宗本纪一》，第488页；《资治通鉴》卷二七四，后唐明宗天成元年（926）二月，第8965页。

“军士”之间的界线是模糊的，难以截然区分。

“军吏”的范围十分广泛，分布于从中央到地方的各军事单位，其高下层级亦相去悬远。仪凤四年（679），裴行俭“平都支、遮匐，大获瑰宝，蕃酋将士愿观之，行俭因宴设，遍出历示。有马脑盘，广二尺余，文彩殊绝。军吏王休烈捧盘，历阶趋进，误蹑衣，足跌便倒，盘亦随碎。休烈惊惶，叩头流血，行俭笑而谓曰：‘尔非故也，何至于是。’更不形颜色。”① 此为唐前期行军总管府之军吏。唐德宗时，天德军判官任迪简因军宴后至而被军吏误以醋为酒饮之②，此为唐后期方镇使府之军吏。此二例之军吏皆为军宴中之服务人员，唐代军中之下层有“一人军正，主军令，斩决罪隶，及行军、礼仪、祭祀、宾客、进止。”③ 军宴当在其职掌“礼仪”“宾客”范围，则此二军吏当为“军正”或其下之吏员。冯定与于頔为旧交，“后（于）頔帅襄阳，（冯）定乘驴诣军门，吏不时白，定不留而去。頔惭，笞军吏，驰载钱五十万，及境谢之。”④ 据《旧唐书·于頔传》，唐德宗贞元十四年（798），于頔为襄州刺史，充山南东道节度观察。此为把守节度使军门之下层“军吏”。唐文宗大和六年（832），苏州刺史刘禹锡“遣军吏某乙，具少牢清酌之奠，敬祭于故虢州杨公之灵。”⑤ 此为军吏受差遣之杂役。白居易为杭州刺史，为了调节钱塘湖水的利用，规定“先须别选公勤军吏二人，一人立于田次，一人立于湖次，与本所由田户据顷亩，定日时，量尺寸，节限而放之。”⑥ 唐宣宗时，李荀为楚州刺史，“俾军吏之敏察者觇公田之稼，得将隐谩之谷，不翅万斛；掌公财而坐于市，占军籍而蔽其家”⑦，均为州郡下层军吏。

---

① 《旧唐书》卷八四《裴行俭传》，第2805—2806页。

② 《唐国史补校注》卷中“任迪简呷醋”条，第144页。

③ （唐）李筌著，张文才、王陇译注：《太白阴经全解》卷三《杂仪类·将军篇第二十七》，岳麓书社2004年版，第143页。

④ 《旧唐书》卷一六八《冯宿附弟定传》，第4390页。

⑤ （唐）刘禹锡撰，陶敏、陶红雨校注：《刘禹锡全集编年校注》卷一八《祭虢州杨庶子文》，岳麓书社2003年版，第1167页。

⑥ （唐）白居易撰，朱金城笺校：《白居易集笺校》卷六八《钱塘湖石记》，上海古籍出版社1988年版，第3668页。

⑦ （清）董诰等编：《全唐文》卷七六三（郑吉）《楚州修城南门记》，中华书局1983年版，第7933页。

他们所承担的职务已超越军事而涉民事，但由于他们都“占军籍”，因此都是以“军吏”身份而参与地方政府事务。

唐五代时期“军吏”较两汉魏晋南北朝时期也发生了某些变化：

（一）军吏范畴的变化

唐五代时期“军吏”的范畴较前代有所变化，府署僚佐并不笼统纳入军吏范畴，而主要指其中的武职僚佐，似不包括其中的文职僚佐。唐宪宗元和五年（810），李鄘出为扬州大都督府长史、淮南节度使，史称他“当官严重，为吏以峻法立操，所至称理，而刚决少恩。镇扬州七年，令行禁止，擒擿生杀，一委军吏，参佐束手，居人颇陷非法，物议以此少之。”[①] 这里将“军吏”与“参佐”对举，表明两者有别。唐顺宗永贞元年（805），河东节度使严绶“申命前清源令范阳卢惮假符于州……秋九月一日，率其属，有摄长史程义光，摄司马周利用，军从事王僔，州主簿赵鄂、王青溪、杨果云、连道冲，并军吏群从数十人，致斋陈信……”[②] 前往祷奠沁源县之琴高泉。这里的长史、司马、军从事、主簿为州郡文职僚佐，而与“军吏”对举，也表明军吏与一般文职僚佐有别。唐德宗时，“任迪简为天德军判官，军宴后至，当饮觥酒，军吏误以醋酌。迪简以军使李景略严暴，发之则死者多矣，乃强饮之，吐血而归”[③]，表明方镇文职僚佐——判官也不在“军吏”之列。《宋史·颜衎传》：“后唐天成中为邹平令。符习初镇天平，（符）习，武臣之廉慎者，以书告属邑，毋聚敛为献贺。（颜）衎未领书，以故规行之，寻为吏所讼，习遽召衎笞之，幕客军吏，咸以为辱及正人。”[④] 这里也将幕客与军吏对举。出现这种变化的原因，与方镇使府和州府僚佐性能结构的变化有关，到了唐代后期，文武分途更为发展，不仅府州僚佐而且方镇使府也已经井然区分为文职与武职两套人员[⑤]，而军吏则属其中的武职人员。

---

① 《旧唐书》卷一五七《李鄘传》，第4149页。

② 《全唐文》卷五四三（令狐楚）《沁源县琴高灵泉碑记》，第5508页。

③ 《唐国史补校注》卷中“任迪简呷醋”条，第144页。

④ 《宋史》卷二七〇《颜衎传》，第9253页。

⑤ 参见严耕望《唐代府州僚佐考》《唐代方镇使府僚佐考》，《严耕望史学论文集》卷上《政治制度编》，上海古籍出版社2009年版，第339—395、406—452页。

（二）军吏作用的变化

军吏的作用在唐五代时期曾有突出表现。军吏中的上层在军事行动中参与指挥决策，历代皆然，毋庸赘述。唯至唐五代时期，军吏在政治上的作用亦日益突出，尤以唐代中后期为甚。唐代中后期政治上的两个突出现象，是宦官与藩镇势力的膨胀，从而对其时的政治产生了巨大的影响。而其中的一些军吏扮演了重要的角色，某些情况下具有举足轻重的作用。

军吏在方镇主帅的任用、更替中扮演了重要角色。唐代宗大历八年(773)，相州刺史，充相、卫、洺、邢等州节度观察使薛嵩卒，其子薛平年十二，为磁州刺史，“军吏欲用河北故事，胁（薛）平知留后务。”① 大历十年（775)，魏博节度使田承嗣“逡巡磁、相，仍劫（孙）知古偕行，先令侄（田）悦权扇军吏，至使引刀自割，抑令腾口相稽，当众喧哗，请归（田）承嗣。”②《通鉴》记此事曰：“使其将士割耳剺面，请承嗣为帅。”③ 田承嗣在魏博“数年之间，其众十万。仍选其魁伟强力者万人以自卫，谓之衙兵。”④ 其所倚仗之“军吏”，主要就在这些亲兵之中。唐德宗时，泗州刺史张伾卒，“有子重政，军吏欲立为郡将，重政母徐氏固拒不从。”⑤ 徐申为岭南节度使，“前此守臣物故，军吏乘变，窃发印符，易置部校，拔用恶少年百辈，军中几乱，相率亡命。”⑥ 唐宪宗元和五年(810)，义武节度使张茂昭去职，朝廷派任迪简为义武行军司马，“虞候杨伯玉作乱，囚迪简”，杨伯玉被将士杀之；“兵马使张佐元又作乱，囚迪简”，张佐元又被将士所杀，并奉任迪简“主军务”，这样任迪简才得以被任命为义武节度使⑦。但是当时义武“公私殚罄，迪简至，欲飨士，

① 《旧唐书》卷一二四《薛嵩附子平传》，第3526页。

② 《旧唐书》卷一四一《田承嗣传》，第3839页。

③ 《资治通鉴》卷二二五，唐代宗大历十年（775）二月，第7229页。

④ 《旧唐书》卷一四一《田承嗣传》，第3838页。

⑤ 《旧唐书》卷一八七下《忠义下·张伾附子重政传》，第4909页。

⑥ （唐）权德舆撰，郭广伟校点：《权德舆诗文集》卷二四《唐故金紫光禄大夫检校礼部尚书使持节都督广州诸军事兼广州刺史御史大夫充岭南节度支度营田观察处置本管经略等使东海郡开国公赠太子少保徐公墓志铭并序》，上海古籍出版社2008年版，第357页。《新唐书》卷一四三《徐申传》记此事曰：“前使死，吏盗印，署府职百余员”云云（第4695页)，此“吏”实即权德舆文所称“军吏”，欧阳修撰《新唐书》一味追求“文省事增”，将“军吏”简写为“吏”，以致史事不甚分明，洵为其失。

⑦ 《资治通鉴》卷二三八，唐宪宗元和五年（810）十月，第7679—7680页。

无所取给，乃以粝食与士同之。身居戟门下凡周月，军吏感之，请归堂寝，迪简乃安其位。”[①] 在这个反复曲折的过程中，先后作乱的虞候、兵马使实际上都是军吏，而任迪简之得以接替为义武节度使并站住脚，也主要依靠军吏的支持。后梁开平三年（909），夏州“牙将高宗益等作乱，（李）彝昌遇害，时（李）仁福为蕃部指挥使，本州军吏迎立仁福为帅。”[②] 南唐时清源军副使陈洪进与留后张汉思争权，张汉思“虑洪进先发，常严兵为备。洪进子文显、文颢皆为指挥使，勒所部欲击汉思，洪进不许。一日，洪进袖置大锁，从二子常服安步入府中，直兵数百人，皆叱去之。汉思方处内斋，洪进即锁其门，使人叩门谓汉思曰：‘郡中军吏请洪进知留务，众情不可违，当以印见授。’汉思惶惧不知所为，即自门间出印与之。洪进遽召将校吏士告之曰：‘汉思昏耄不能为政，授吾印，请吾莅郡事。’将吏皆贺。即日迁汉思别墅，以兵卫送。遣使请命于李煜，煜以洪进为清源军节度、泉南等州观察使。”[③] 陈洪进也是在军吏的支持下夺得帅印，其所召之“将校吏士”即主要为“军吏”。这些情况表明军吏在地方政权中是一股不可忽视的力量，他们的向背往往影响、决定了镇帅的更替。

“军吏”在方镇与中央的关系中也显示了突出的作用。唐武宗会昌元年（841），幽州发生军乱，牙将陈行泰杀节度使史元忠，随后陈行泰又为次将张绛所杀，雄武军使张仲武“遣军吏吴仲舒表请以本军伐叛”，于是“上遣宰臣询其事”[④]。宰相李德裕向唐武宗详细汇报了这次他接见幽州军吏吴仲舒的情况：“臣伏见报状，见幽州雄武军使张仲武已将兵马赴幽州。今日奏事官吴仲舒到臣宅，臣扶疾与之相见细问，雄武军只有兵士八百人在，此外更有土团子弟五百人。臣问：‘兵马至少，如何去得?’仲舒答臣云：‘只系人心归向，若人心不从，三万人去亦无益。’据此说，即是仲武得幽州人心。又云：‘张绛初处置陈行泰之时，已曾唤仲武，欲让与留务。只是衙门内一二百人未肯。仲武行至昌平县，去幽州九十里，

---

① 《旧唐书》卷一八五下《良吏下·任迪简传》，第4829页。

② 《旧五代史》卷一三二《世袭列传第一·李仁福传》，第1746页。

③ 《宋史》卷四八三《陈氏世家·陈洪进》，第13960页。

④ 《旧唐书》卷一八〇《张仲武传》，第4677页。

却令归镇。’臣又问：‘万一入不得，即有何计？’仲舒云：‘幽州军粮并贮在妫州及向北七镇。若万一入未得，却于居庸关守险，绝其粮道，幽州自存立不得。’伏以陈行泰、张绛，皆是邀求符节，固不可比仲武先布款诚，候朝廷指挥。因此拔用，必能尽节，加之恩宠，亦似有名。”① 军吏吴仲舒是以藩镇奏事官身份前往朝廷汇报幽州局势的。奏事官是唐后期藩镇与朝廷联系的重要纽带。胡三省谓：“方镇遣牙职入奏事，因谓之奏事官。”② 认为奏事官多由藩镇牙职人员担任。而所谓牙职，乃“牙前将校之职”③。方镇牙前将校中的多数是军吏，他们为奏事官人选之一。军吏承担这一使命并非个别。如唐宪宗元和六年（811）冬，“振武军吏走驿马诣阙告饥，公卿廷议以转运使不得其人，宜选才干之士往换之，吾族子重华适当其任。至则出赃罪吏九百余人，脱其桎梏，使耕其傍便近地，以偿所负，释其粟之在吏者四十万斛不徵。吏……相率尽力以奉其令……连二岁大熟，吏得尽偿其所亡失四十万斛者而私其赢余……”④，其中所云“赃罪吏”在韩重华到任后被放免而使其耕种，他们都是振武节度使府下属的各种“吏”，在这些“吏”中也同时包含一些“军吏”无疑。元和十五年（820）成德节度使王承宗死，“镇州军吏以节度使王承宗死上闻，诏（田）宏正除中书令代焉。”⑤ 后唐明宗天成元年（926）“卢文进至幽州，遣军吏奉表来上。”⑥ 这些都是以“军吏”为奏事官。唐懿宗咸通九年（868），庞勋为了与唐朝廷联系，“遣押牙张琯奉表诣京师”⑦。张琯虽然不是藩镇奏事官，但其性质亦类似。此外，藩镇之间的联系也常利用军吏。唐德宗建中二年（781），成德节度使李宝臣死，其子李惟岳擅领父众，图谋背叛朝廷，判官邵真“劝惟岳遣其弟惟简入朝，

---

① （唐）李德裕撰，傅璇琮、周建国校笺：《李德裕文集校笺》卷一七《密状·论幽州事宜状》，中华书局2018年版，第388—389页。按，此段文字标点，著者有所改动。

② 《资治通鉴》卷二四八，唐武宗会昌四年（844）闰月胡注，第8003页。

③ 《资治通鉴》卷二四七，唐武宗会昌三年（843）四月胡注，第7979页。

④ （唐）韩愈撰，马其昶校注，马茂元整理：《韩昌黎文集校注》卷四《送水陆运使韩侍御归所治序》，上海古籍出版社1986年版，第286页。

⑤ 《全唐文》卷六一五（庾承宣）《魏博节度使田布碑》，第6213页。

⑥ 《旧五代史》卷三七《唐书十三·明宗纪第三》，第512页。

⑦ 《资治通鉴》卷二五一，唐懿宗咸通九年（868）十月，第8128页。

仍遣军吏薛广嗣诣河东节度马燧军求保荐。”[①] 襄阳节帅卢尚书与李商隐的联系也是通过军吏：“昨晚又伏蒙远遣军吏，重降手笔，揄扬转极，抚纳滋深。”[②] 一般情况下奏事官不以牙前上佐充任，唐僖宗光启二年（886）因黄巢之乱播迁宝鸡，时邠宁节度使朱玫遣“奏事判官李松年至凤翔”，胡三省注曰：“唐末藩镇遣其属奏事，皆谓之奏事官。判官，幕府右职也，朱玫遣之奏事行在所，故曰奏事判官，以别于寻常奏事官。”[③] 以判官为奏事官是个特例，故称之为“奏事判官”。可见“寻常奏事官”并不常以上佐充任。然而，奏事官不仅需要非常了解方镇各方面的情况和藩帅的意图，回答宰相甚至皇帝提出的各种问题，而且还得提出决策的建议和依据，这些又恐非低级僚佐所能胜任，他们必须是藩帅的亲信人物。因此，我们可以推测，方镇奏事官似多以中级僚佐承担，军吏即为其中人选之一。我们可以看到，尽管奏事官的作用十分重要，但是其地位并不很高，元和十一年（816）“敕诸道奏事官非急切不得乘驿马”[④]，可能就是这种情况的反映。

军吏不仅活跃于方镇与朝廷之间和藩镇之间，而且往往直接参与朝廷大事。中央的神策军是掌握在宦官手中的禁卫军，神策军中的军吏，就成为南衙与北司斗争中的争夺对象。唐昭宗光化三年（900），神策左军中尉刘季述、右军中尉王仲先等废唐昭宗，以太子监国。时“有神策军巡使孙德昭者，颇怒季述之废立”，宰相崔胤“伺知之，令判官石戬与德昭游，伺其深意。每酒酣，德昭泣下，戬知其诚，乃与之谋曰：‘今中外大臣，自废立已来，无不含怒。至于军旅，亦怀愤惋。今谋反者，独季述、仲先耳。足下诛此二竖，复帝宝位，垂名万代，今正其时。持疑不断，则功落他人之手也！’德昭谢曰：‘予军吏耳，社稷大计，不敢自专。如相公委使，不敢避也。’胤乃割衣带，手书以通其意。十二月晦，德昭伏兵诛季述。昭宗反正”[⑤]。孙德昭自称“军吏”，《资治通鉴》将

① 《旧唐书》卷一八七下《忠义下·邵真传》，第4905页。

② 刘学锴、余恕诚：《李商隐文编年校注》第四册“大中二年八月下旬”《献襄阳卢尚书启》，中华书局2002年版，第1773页。

③ 《资治通鉴》卷二五六，唐僖宗光启二年（886）正月，第8330页。

④ 《旧唐书》卷一五《宪宗纪下》，第457页。

⑤ 《旧唐书》卷一七七《崔慎由附子胤传》，第4583—4584页。

“军吏”改称“小校”[1]，表明两者涵义是相通的。这个“军吏”具体指什么职务呢？孙德昭在起事之前的官历有诸多不同记载：护驾盐州都将[2]、都将[3]、盐州雄毅军使[4]、神策军巡使[5]、左神策指挥使[6]、左神策军将[7]、神策军大将[8]、侍卫军将[9]、右神策军都指挥使[10]等。其中《资治通鉴》记作：“有盐州雄毅军使孙德昭为左神策指挥使”[11]，似比较近于事实。据《旧五代史》本传，孙德昭为盐州五原县人，“世为州校”[12]，他先为本州为雄毅军使，后调神策军。在神策军中的都指挥使、指挥使、巡使等职，均属高级将领中尉、统军、大将军之下的中级将领，故均可归入“军吏”之列。在皇权与宦官的斗争中，军吏成为双方争取利用的对象，而军吏的向背成为斗争成败的关键。宰相崔胤利用神策军吏而击败了宦官势力的图谋，拨乱反正。唐文宗用宋申锡为宰相，亦图谋铲除宦官势力。太和五年（831），“（宋）申锡谋未果，为（郑）注所察，（王）守澄乃令军吏豆卢著诬告申锡与漳王谋逆，申锡坐贬。”[13] 时宦官王守澄为神策军中尉，豆卢著为神策军虞候。神策军与藩镇使府体制大体相同，也有都虞候、虞候等军官。豆卢著为神策军虞候，故史称其为“军吏”。这次是宦官势力利用自己所控制的神策军吏而得手。宦官利用神策虞候进行诬告，可能与虞候具有“职在刺奸”[14]的职能有关。

---

① 《资治通鉴》卷二六二，唐昭宗光化三年（900），第 8544 页。
② 《旧唐书》卷二〇上《昭宗纪》，第 771 页。
③ 《新唐书》卷二〇八《宦者下·刘季述传》，第 5895 页。
④ 《唐会要》卷三三《诸乐》，第 619 页；卷六五《内侍省》，第 1131 页。
⑤ 《旧唐书》卷一七七《崔慎由附子胤传》，第 4583—4584 页。
⑥ 《资治通鉴》卷二六二，唐昭宗光化三年（900），第 8543 页。
⑦ 《新唐书》卷一〇《昭宗纪》，第 297 页。
⑧ 《新唐书》卷二二三下《奸臣下·崔胤传》，第 6355 页。
⑨ 《旧五代史》卷二《太祖纪二》，第 27 页。
⑩ 《旧五代史》卷一五《梁书十五·列传第五·孙德昭传》，第 211 页。
⑪ 《资治通鉴》卷二六二唐昭宗光化三年（900），第 8543 页。
⑫ 《旧五代史》卷一五《梁书十五·列传第五·孙德昭传》，第 211 页。
⑬ 《旧唐书》卷一八四《宦官·王守澄传》，第 4770 页。
⑭ 《全唐文》卷四一三（常衮）《授张自勉开府仪同三司制》，第 4237 页。

（三）军吏地位的变化

军吏的范围非常广泛，故其地位高下亦各不相同，不可一概而论。但就军吏的大多数而言，则处于社会下层，其经济、政治地位是不高的。唐朝在西北地区建有巨大的牧场，唐代宗宝应（762—763）年间，“凤翔节度请监牧废田给贫人及军吏已上者，相承数十年矣。”① 这里将军吏与贫民并举。而到了唐宪宗元和十二年（817），“闲厩使张茂宗举故事，尽收岐阳坊地，民失业者甚众。”② 包括军吏在内的民众因而失去了土地，可见其经济地位并不高。“战士留滞于外府，军吏咨嗟于下寮”③，则是其政治地位的写照。

但另一方面，也有一些军吏的地位则比较突出。在唐五代时期某些军吏的政治经济地位较两汉魏晋南北朝时期有了不少变化和提高。唐末五代有些军吏一定程度上形成了带有世袭性特征的群体。上述“世为州校”的孙德昭即是这样的军吏世家。此外如：赵克裕，“祖、父皆为军吏。克裕少为牙将，好读书，谨仪范，牧伯皆奇待之。累居右职，擢为虎牢关使。”④ 这是一个三代皆为军吏的家庭。马嗣勋，“世为军吏。嗣勋有口辩，习武艺，为州客将。”⑤ 也是一个军吏世家。军吏一般好文者少，而尚武少文者多。后唐时“有上介胡饶，本出军吏，性麤犷，因事诟（冯）道于牙门，左右数报不应。（冯）道曰：‘此必醉耳！’”⑥ 是为军吏群体特征的写照。这个时期某些军吏政治地位之上升，从上述第一点中已经可以看到。同时其经济地位也有了提高，如：王宗，“善殖财货，富拟王侯，初为唐神策军吏，官至金吾大将军，领兴元节度使。”⑦ 元和四年（809）许孟容拜京兆尹，“军吏李昱贷富人钱八百万，三岁不肯归。”⑧ 于是“孟容遣吏收捕械系，刻日命还之，曰：‘不及期当死。’……

① 《唐会要》卷六五《闲厩使》，第 1129 页。

② 《新唐书》卷五〇《兵志》，第 1339 页。

③ 彭庆生校注：《陈子昂集校注》卷四《为河内王等论军功表》，黄山书社 2015 年版，第 733 页。

④ 《旧五代史》卷一五《梁书十五·列传第五·赵克裕传》，第 213 页。

⑤ 《旧五代史》卷二〇《梁书二十·列传第十·马嗣勋传》，第 274 页。

⑥ 《旧五代史》卷一二六《周书十七·列传第六·冯道传》，第 1658 页。

⑦ 《新五代史》卷三九《杂传第二十七·王处直传》，第 419 页。

⑧ 《新唐书》卷一六二《许孟容传》，第 5000 页。

孟容刚正不惧，以法绳之，一军尽惊，冤诉于上。立命中使宣旨，令送本军，孟容系之不遣。中使再至，乃执奏曰：‘臣诚知不奉诏当诛，然臣职司辇毂，合为陛下弹抑豪强。钱未尽输，昱不可得。’上以其守正，许之。自此豪右敛迹，威望大震。”① 李昱为神策军吏②，或谓其为左神策军吏③。这个事件表明：神策军吏平日在长安地区横行霸道，为非作歹，甚至欺压富商，已经成为豪强势力的一支；京兆尹整治违法的神策军吏遭遇很大的阻力，诉状直达天听，皇帝两次出面为之开脱，中使往还干预。由此可见神策军吏在唐后期政治、经济地位的膨胀。这种状况是与当时的政治形势密切相关的，“神策军自兴元后，日骄恣，府县不能制。”④ 因为“自兴元已后，禁军有功，又中贵之尤有渥恩者，方得护军，故军士日益纵横，府县不能制。”⑤ 因此这是皇权衰落、宦官势力膨胀的结果，也是以往任何一个时代所不曾出现过的现象。李昱事件看来不是偶然的，唐宪宗元和十五年（820）王仲舒为江南西道观察使，至则“罢军吏官债五千万，悉焚簿文书。”⑥ 这些军吏的负债，虽然多数可能因贫困所致，但也不能排除如李昱那样的情况。

唐五代军吏与前代相比发生的这些变化，是与这个时期社会政治结构、制度的变化相关联的。军吏范畴之相对单一和纯粹，反映了从秦汉开始的文武分途，经过两汉魏晋南北朝漫长的发展演变，到了这个时期已经完成，文吏与武吏、文官与武官已经井然有序，泾渭分明，不再混淆。部分军吏之成为藩镇与朝廷沟通的重要中介之一，以及成为皇权与宦官势力都要加以争夺和利用的工具，正是这个时期皇权衰弱的反映，是唐后期政治局势的一种反映。这部分作用比较突出的军吏，主要是在藩镇和神策军中，而这二者乃影响唐后期政治的关键势力和因素。本来地位并不高的军吏之所以能够发挥政治上的这种重要作用，与旧有的阶

---

① 《旧唐书》卷一五四《许孟容传》，第 4102 页。

② 《册府元龟》卷六九六《牧守部二十六·抑豪强》，第 8308 页；《太平御览》卷二五二《职官部五〇·尹》，第 1189 页。

③ 《唐会要》卷六七《京兆尹》，第 1187 页；《资治通鉴》卷二三八，唐宪宗元和四年（809）九月，第 7666 页。

④ 《新唐书》卷一六二《许孟容传》，第 5000 页。

⑤ 《旧唐书》卷一五四《许孟容传》，第 4102 页。

⑥ 《韩昌黎文集校注》卷七《故江南西道观察使赠左散骑常侍太原王公墓志铭》，第 535 页。

官品级制度的式微和使职差遣制度的发展有密切关系。这些发挥了积极作用的军吏，大多是在使职差遣体系中的成员，在这种体制和制度下，他们可以不受官阶品级的限制而因缘际会，乘时成事立功，发挥了重要作用，这在过去是不可想象的。职是之故，这个时期某些军吏的政治、经济地位有了不同程度的提高，他们中的部分已经形成一个世袭性的，带有豪强色彩的群体，他们通过盘踞津要的部分表达了自己的政治主张和诉求。他们已经成为在政治、军事上都不可忽视的一个群体。从军吏这样一个独特的视觉来研究中古时期的军事制度乃至社会政治历史，也许是一个可供选择的途径。

［附记：本文为笔者于2005年11月4日在日本唐代史研究会于京都大学会馆举行的学术讨论会上的讲演稿，后来又发表于日本唐代史研究会主办的《唐代史研究》第9号（2006年7月）。兹稍事修改，以就正于国内的读者。原来我在《文史哲》2005年第2期发表的《说“军吏”——从长沙走马楼吴简谈起》只谈了先秦秦汉和魏晋南北朝时期的情况，本文补充了隋唐五代的内容。不过，其中的先秦秦汉及魏晋南北朝部分内容虽然与《说“军吏”》一文有所重复，但补充了一些新资料，关于“军吏”层级下移的时间也作了新的考虑。］

［原刊（日本）《唐代史研究》9号，2006年7月；后转载于《阴山学刊》2006年第6期，中国人民大学报刊复印资料《魏晋南北朝隋唐史》2007年第3期全文转载。后收入《先秦汉唐史论》下编“吏民”卷，北京师范大学2016年版。今据黎虎先生最新刊后修订稿整理。李文才敬识］

魏晋南北朝“吏户”问题四献疑

长沙走马楼吴简面世之后，我根据吴简这一崭新资料对于传统的“吏户”论重新审视，提出了质疑，发表了《“吏户”献疑——从长沙走马楼吴简谈起》①，指出从《嘉禾吏民田家莂》等观之，吏、民的户籍被混合编制于地方政府基层乡里，不存在单独编制的“吏户”，吏与民同样享有平等的经济、政治乃至文化等方面的权利和应尽的义务，吏的地位还略高于普通编户民。这些事实表明当时并不存在地位低于普通编户民、另外编籍的所谓“吏户”。接着又陆续发表了《魏晋南北朝“吏户”问题再献疑——“吏”与“军吏”辨析》②《魏晋南北朝“吏户”问题三献疑——“吏户”论若干说法辨析》③ 等文，从不同角度质疑魏晋南北朝史领域中长期居于统治地位的“吏户”论，向学术界朋友请益，以求得对这一学术问题的进一步认识。从第一篇请益文章发表至今已经 11 年了，可谓弹指一挥间。就这个问题而言，应当说这十余年来在学术界还是发生了一些变化的，例如现在人们对于“吏户”问题已经采取比较慎重的态度了，不再那么轻易将吴简及相关一些问题简单归结于“吏户”问题了，与十余年前动辄即“吏户”云云的情况有所改变，有一些学者已经开始以严肃的态度在思考“吏户”问题了；与此同时，以“吏户”问题为中心，展开了对于吴简诸吏问题的研究、讨论，已蔚为风气，提出了对于诸如“真吏”“给吏”“军吏”等相关问题的讨论。这些都是应当加以肯定的。但不得不指出的是，关于“吏户”问题尽管到目前为止已经有了几位热心的赐教者，但是在下所得真正的教益并不多，而暴露出来

① 刊于《历史研究》2005 年第 3 期。

② 刊于《史学月刊》2007 年第 3 期。

③ 刊于《史学集刊》2006 年第 4 期。

的问题却并不算少，从这方面来说是未如人意的。从这几位坚持“吏户”论的赐教者的大作观之，虽然举出了一些似是而非的资料和论据进行辩解，但是并没有提出有说服力、足以否定我的质疑的新旧史料或论据，以驳倒拙文所阐述的基本观点，但由此而滋生的学风问题却并不为少。十年来不断有朋友建议我对某些赐教作出回应，但是我的积极性一直不高，动力不足，主要是感觉没有多少有价值的话可说，徒然浪费出版资源和读者时间，故而迁延至今。今年欣逢吴简发现二十周年，故勉为其难撰此拙文，谨向某些热心赐教者以及学术界的先进请益。

一　“吏户”论究竟由哪些基本论点组成？

头号热心赐教者非孟彦弘先生莫属，他在大作《吴简所见“事”义臆说》中说：

> 最近黎虎先生撰文，根据走马楼所出吴简的材料，否定了当时吏户的存在。他的根据主要两点，一是当时吏、民户籍是混合编制的，同为编户齐民，并不存在独立于民户之外的吏户；二是当时吏户的地位，不仅不比普通百姓低，甚至还高过普通百姓。我认为这两点与吏户存在与否都没有必然的关系。①

不愧为大手笔！以“这两点与吏户存在与否都没有必然的关系”一言以蔽之，四两拨千斤，不费吹灰之力就将拙文对于“吏户”论的种种质疑、论难拒之门外。但是，孟先生应当知道，这两点却是“吏户”论者众口一词所提出、所坚持并赖以构成“吏户”论的基本论点，并非笔者所造，这是“吏户”论所构建的诸多“必然联系”中的两个重要组成部分，他人似无权越俎代庖将此“必然联系”强行切割。

本文不得不以“‘吏户’论究竟由哪些基本论点组成”作为第一个标题进行申述，实在是一件悲哀的事情。请看“吏户”论是如何将这两个问题与“吏户”论进行“必然联系”的：关于“吏”被另立户籍，有专

---

① 孟彦弘：《吴简所见“事”义臆说——从“事”到“课”》，《吴简研究》第二辑，崇文书局2006年版，第207页。以下引用此文简称《臆说》。

门的“吏籍”的问题，是“吏户”论者率先提出并将其命名曰“吏户”的重要前提，为此而明确无误地表述道：“孙吴时期，吏是像兵一样和一般人户分开的。”[①]“那时候，吏有单独的户籍。”[②]“吏一般都有专门设置的户籍，谓之‘吏籍’。”[③]吴简问世之后，继续声言嘉禾四、五年的“‘诸吏’已有区别于民籍的特殊户籍——‘吏籍’。”[④]关于“吏户”地位较普通百姓低贱的问题，也有明确无误的表述，其基本观点认为：孙吴时期“吏是从人民中间征发出来的职役，范围非常广泛，原来应该各自有他们本等的职务，但由于他们一经为‘吏’，便隶属于所在的机构，听长官的使唤，因而成为最便于奴役的人，一切徭役很自然的集中在他们身上，以致使吏的身份非常卑贱。”[⑤]东晋南朝的吏大致有两类，“一类是强制征发的”“这一类的吏在军府、州府的大量属吏中占很大比例，他们的境遇十分困苦，身份卑微。”[⑥]“医卜是带有世袭性的特殊户口，吏与医卜并举，表明他们不是一般的百姓。”[⑦]“魏晋南北朝时期，吏和兵、卒、僮往往连称，以供公私力役，充分反映吏的社会地位很低。”[⑧]吏户“类似乎曹魏的‘士家’和东吴及两晋、南朝的‘兵户’。”[⑨]“史籍上常见‘吏僮’、‘吏客’、‘吏卒’等词，吏与僮、客、卒并称，地位的卑贱可以想见。”[⑩]“魏晋北朝时期，吏和兵、卒、僮往往连称，以供公私力役，充分反映吏的社会地位很低，常常要遭受统治阶级的轻蔑和毒打。”[⑪]

显然，这两个问题是“吏户”论赖以成立的两个“必然联系”，并非

---

① 唐长孺：《三至六世纪江南大土地所有制的发展》，上海人民出版社1957年版，第41页。

② 张泽咸：《六朝的徭役制度》，载《社会科学战线》编辑部编《中国古史论集》，吉林人民出版社1981年版，第224页。

③ 高敏主编：《魏晋南北朝经济史》（下），上海人民出版社1996年版，第548页。

④ 高敏：《从〈嘉禾吏民田家莂〉中的“诸吏”状况看吏役制的形成与演变》，《郑州大学学报》（社会科学版）2001年第1期。

⑤ 《三至六世纪江南大土地所有制的发展》，第41页。

⑥ 唐长孺：《魏晋南北朝时期的吏役》，《江汉论坛》1988年第8期。

⑦ 《魏晋南北朝时期的吏役》，《江汉论坛》1988年第8期。

⑧ 张泽咸：《魏晋北朝的徭役制度》，载中国社会科学院历史研究所魏晋南北朝隋唐史研究室编《魏晋隋唐史论集》第二辑，中国社会科学出版社1983年版，第123页。

⑨ 《魏晋南北朝经济史》（下），第548页。

⑩ 《六朝的徭役制度》，载《中国古史论集》，第224页。

⑪ 《魏晋北朝的徭役制度》，载《魏晋隋唐史论集》第二辑，第123页。

拙文外加于“吏户”论之身的。凡是坚持“吏户”论的著述，都必须对上述问题作出回答：上述论点是否符合当时的历史事实的问题，不能加以回避。如今孟文否定这两个问题与“吏户”论有“必然联系”，不管孟先生愿意与否，其矛头实际上是指向了“吏户”论本身的，从这个角度来说，孟文与拙文是一致的，是“同一条战壕里的战友”，不过拙文指向的是“吏户”论这些观点并不符合历史事实的问题，孟文指向的是“吏户”论这些观点与“吏户”论之间是没有“必然联系”的问题，从而回避了“吏户”论的要害问题。

尽管孟文极力将上述两个问题与“吏户”论加以切割，但在实际上却做不到，于是又不得不将这两个问题与“吏户”论进行了事实上的“必然联系”，从而导致其逻辑上的混乱。且看孟文的种种辩解。其一曰：

> 我们现在从走马楼吴简中的户籍资料来看，其中既有普通民户，也有标明为吏的户。因为编绳已断，这些户籍是混合编排的，还是分别编排后存放在一处的，我们现在还不能肯定。如果是混合编排，这可以纠正以前学术界通常所持的“吏户”是与民户分开、单独编制的认识，但不能据此而否定吏户的存在。①

在这段既背离基本历史事实而又逻辑混乱的辩辞中，有几个问题有必要提出讨论。

一是“吏”与“民”的户籍究竟是“混合编排”还是“分别编排”的？孟文说这个问题“现在还不能肯定”，因为“编绳已断”。拙文之所以认定“吴简中的‘吏’与秦汉时期一样，也是与‘民’一起被编制于乡里基层之中的”，并非依据“编绳已断”与否，其主要根据是《嘉禾吏民田家莂》本身的记载，嘉禾四、五年长沙郡境“吏民”中的“吏”分布于324个“丘”中的84个“丘”中，在“这84个‘丘’中都是既有一般的‘民’，又有‘吏’”，他们错杂居处于同一“丘”之中。又“由于‘吏’、‘民’一起编制于乡里基层之中，故当时各乡、里政府在上报材料中，凡涉及户口数量时都是‘吏民’一起进行统计和上报的。”复

① 《臆说》，第208页。

次，“当时上报户口《年纪簿》时也都是‘吏民’一起而不分的。”从而得出结论：“吏”和“民”都是“属于基层编户，没有证据表明有独立于基层编户之外的‘吏户’。”① 由此可见，当时“吏”与“民”的户籍是“混合编排”还是“分别编排”的，并非“现在还不能肯定”，而是可以肯定的，即“吏”与“民”的户籍是“混合编排”的。得出这种肯定的结论，并非依据“编绳已断”与否，而是根据《嘉禾吏民田家莂》自身明确的记载，与“编绳已断”与否并没有“必然联系”。

二是对待历史事实应取何种态度？对于上述明确无误的历史事实，孟文是采取什么态度对待的呢？由于孟文是针对拙文而进行辩论的，我们有理由要求孟文应当对于拙文在这个问题上提出的基本史实和观点作出答辩。如果孟文不同意拙文对这一问题的说法，可以而且应当举出历史事实对于拙文的这一认识加以反驳，反之则应当承认上述明确无误的历史事实，但是不可以也不应当采取这种回避或模糊的态度。孟文对此辩解道：“如果是混合编排，这可以纠正以前学术界通常所持的‘吏户’是与民户分开、单独编制的认识。”这里所谓“以前学术界通常所持的‘吏户’是与民户分开、单独编制的认识”是哪些人关于什么问题上的认识呢？这种“认识”究竟来自何方呢？事实上，这就是“吏户”论的“认识”，但是孟文却不愿意也不敢正面承认这是“吏户”论的“认识”，更不必说正面接受拙文提出的历史事实了。人们从他这句话的开头先加上“如果”云云，不难感受到孟文对于这个确凿无误的历史事实所采取的忸怩、回避态度，研究历史的基本要求是尊重历史事实，连历史事实都没有勇气承认，似非一个历史研究者所应取的态度。

三是这个问题究竟与“吏户”论有无“必然联系”呢？孟文在含糊其辞地回避当时有没有单独的“吏户”这一基本事实和问题之后，却豪不含糊地说：“但不能据此而否定吏户的存在”。为什么？孟文没有作出任何解释，不过在其大作的前部分中有这么一段话：“户籍的编排形式只是一个形式问题，身份性才具有本质意义。”② 不论孟文是否愿意或明白，

① 黎虎：《“吏户”献疑——从长沙走马楼吴简谈起》，《历史研究》2005 年第 3 期。以下引用此文简称《献疑》。

② 《臆说》，第 207 页。

在这里他实际上是指向了“吏户”论的“形式”与“本质”之间关系的问题，“吏户”论正是从存在单独的“吏户”这一“形式”而论到“吏户”的“本质”，诸如地位低贱等等。因此，在这里我倒要替“吏户”论抱打不平，向孟文讨一点公道：任何事物都是“本质”和“形式”相互依存的一个整体，没有脱离“形式”而可以单独存在的“本质”，没有一定的“形式”，则何谈“本质”？尽管我认为“吏户”论存在诸多问题和错误，但是他们从“形式”而论及吏户“本质”的这种逻辑关系却并没有错。孟文企图切割“形式”和“本质”之间的“必然联系”，否定“吏户”论关于存在单独的“吏籍”的这一“形式”而空谈所谓“本质”，违反了事物基本的逻辑关系。

孟文之逻辑混乱，更重要的还表现在他在否定“吏户”论关于存在单独的“吏户”这一“形式”问题的同时，却又步“吏户”论之后尘，把当时存在独立于民户之外的“吏户”作为自己主张的“吏户”论的重要论据，而其主要根据仍然是以往“吏户”论用来作为主要根据的吴、蜀亡国时所献户口数的那两条记载。在这篇大作中引用《晋阳秋》所载孙吴亡国时有“户五十二万三千，吏三万二千，兵二十三万，男女口二百三十万”这一资料①，在另一篇大作《吴简所见的‘子弟’与孙吴的吏户制》中再次引用《晋阳秋》加上《蜀记》所记吴、蜀亡国时的户口数，认为他们的“统计口径都是将本国人口分作男女口（普通百姓）、吏、兵三类。”从而将吴国“吏三万二千”、蜀国“吏四万人”视为与民户并列的“吏户”②。在这里要提醒孟文的是，这个记载正是“吏户”论者认为当时存在独立于“民户”之外的“吏户”的重要根据，孟文在这里陷入了令人

---

① 《臆说》，第205—206页。

② 孟彦弘：《吴简所见的“子弟”与孙吴的吏户制》，《魏晋南北朝隋唐史资料》2008年第24辑，第20页。以下引用此文简称《吏户制》。案：孟文在利用这两条材料以证明吴国“吏三万二千”、蜀国“吏四万人”为与民户并列的“吏户”时，略施小技，在《臆说》中没有直接说这些都是“吏户”，而是绕着弯说：“如果将上引孙吴灭国时的‘户五十二万三千，吏三万二千，兵二十三万，男女口二百三十万’中的‘吏三万二千’视作户数，‘户五十二万三千’视作民户（它与‘男女口二百三十万’对应，与户均4—5人亦相合），则吏户与民户之比约为1：17。两个数字之比颇为接近。”（第210页）在《吏户制》中说：“蜀汉的‘领户二十八万’、孙吴的‘户五十二万三千’，是指本国总的户口数。蜀汉的男女口九十四万、孙吴男女口二百三十万，这是普通百姓。参以当时普遍实行的兵户制度，吏户制度的实行是可信的。”（第20页）

啼笑皆非的自相矛盾之中。还应当指出的是，拙文特设第三节“‘吏户’论若干文献资料依据之辨析”，其中头一条就是辨析《晋阳秋》和《蜀记》关于吴、蜀亡国时户口数的问题，指出那里所载吴国的“吏三万二千”和蜀国的“吏四万人”并非户数而是人数，这条资料“并不能证明当时有编户之外单独的所谓‘吏户’的存在”①。孟文有权利不赞同拙文的这个意见，那么就应当对于拙文所论证的“吏三万二千”和“吏四万人”并非“吏户”的三个基本论点逐一指出其错误之所在，其中哪条史料或哪个观点存在什么问题，而不是采取视而不见的回避态度。这样才能够称得上学术讨论，才能够使问题愈辩愈明，否则有何益处和意义呢?

孟文无视拙文提出的问难，坚执认为那个记载里关于孙吴的“吏三万二千”就是与“户五十二万三千”的“民户”相对应的“吏户”，从而算出“吏户与民户之比约为1∶17”。为了加强他的这一说法，又引吴简《竹简（壹）》的资料以为佐证，说什么在《竹简（壹）》的一万余枚简中，以“户人”开头的户籍简近390枚，其中标明“真吏”或“吏”的“吏户”48枚，则属“民户”者约350户，“吏户与民户之比约为1∶15”，从而得出结论：“两个数字之比颇为接近”。先不论其在这里所谓的“吏户”与“民户”区分的说法有什么科学性，就以孟文给出的数据来说，吏户与民户的比例怎么能够算出是1∶15呢?我是个从小学到中学算术都不及格的人都能够算出两个数字之比是1∶7.3，与孟文所谓孙吴的“吏户与民户之比约为1∶17”相去甚远，而不是什么“两个数字之比颇为接近”。孟先生如果真的连这么简单的算术都还有困难，则建议先补习算术之后再来搞什么吴简的统计；如果与算术不及格无关，而是有意糊弄读者，则是性质不同的另外一个问题了。孟文之玩弄数据游戏还表现在：在将48户认定为“吏户”的同时，又给出了另一个“吏户”的数据，说道：“在这390余户中，明确标明为吏户者约48户，不明户属有103户（这其中既可能有民户，也可能有吏户）；即使将这不明户属的103户全部视作吏户，则吏户共计为151户。”在孟先生手中，“吏户”既可以是48户，又可以是151户，即使是其中可能既有民户也有吏户，也

① 详见拙文《“吏户”献疑——从长沙走马楼吴简谈起》，《历史研究》2005年第3期，兹不赘。

可以“全部视作吏户”，所谓统计数字犹如孟先生手中的儿童玩具橡皮泥，可以任意捏塑，试问这样的数据能够让读者信任吗？令人始料不及的是，这种数字游戏并未到此为止，而是逐步升级，进而说什么：“作为吏户简的结句简，‘凡口若干事若干算若干事若干’的简在《长沙走马楼三国吴简·竹简（壹）》中，共有约180余枚。也就是吏户应是180余户，与这批简中，明确标明为吏户的近五十枚起首简相差甚大。若将不明户属者全部视作吏户（共150余户。当然这不可能），二者颇为接近。”请注意：这里又出来180余户“吏户”这样的数字，更令人如坠五里雾中的是，一方面以肯定的口气说这里的“吏户”180余户与150余户“二者颇为接近”，另一方面又有点心虚，在括弧内加上了“当然这不可能”一句话。这里我们不必去问读者究竟相信孟文的哪一个数字，而是要问问孟先生自己是相信哪个数字的？更令人震惊的是，这种文字游戏和数字游戏最后是这样终场的，说道：“由于现在公布的材料有限，而且对这些现已公布的材料，我们又无法排除它们属于不同时期的可能性（起首简与结句简可能分属不同时期，即使同一时期也可能分属不同的户），因此，上面的统计意义不大。”在一而再再而三说什么“两个数字之比颇为接近”“二者颇为接近”，牵着读者在数字迷宫中转得不分东西南北之后，最后以“因此，上面的统计意义不大”一语谢幕。孟文最后抖出的这个大“包袱”，读者是笑不起来的。以如此不严肃、不负责任的态度玩弄读者，可谓空前绝后，应当纳入吴简研究领域乃至学术研究领域中的诚信缺失记录之最。因此，其对《晋阳秋》中孙吴“吏三万二千”为“吏户”的说辞以及《长沙走马楼三国吴简·竹简［壹］》中的所谓吏户、民户之数据多少云云，均属无稽之谈。

其二曰：

> 吏户地位的高低与吏户是否存在，也是两个问题，其间并无必然的关系。同时，吴简所反映的吏户的地位，也并不等于魏晋南北朝的吏户的地位；不能用吴简的材料来概括整个魏晋南北朝的情况。从整个魏晋南北朝时期来看，吏的地位在逐渐卑微化，恐是不争的事实；吴简所反映的情况，可能正处在两汉时期吏的地位较高，向

两晋南北朝时期吏的地位卑微化的转折时期。[①]

这仍然是一段既背离基本历史事实而又违反逻辑的辩辞。首先需要指出的是，“吏”的地位卑贱是“吏户”论的重要的、基本的、不可缺少的组成部分之一，其基本观点已见上述。孟文不是强调“本质”问题才是重要的吗？“吏”的地位问题难道不是一个“本质”性的问题吗？孟文在把矛头指向拙文的同时却又回避拙文提出的问题，即从吴简观之，“吏”的地位不仅与“民”相同，甚至还高于一般的“民”这样一个击中“吏户”论要害的根本性问题，继续采取模糊手法以避开并搅混这一要害问题。由于孟文是针对拙文而发，我们同样有理由要求孟文对于拙文根据吴简资料作出的上述论述和观点作出回应，回答关于“吏”的地位并不低于“民”的论述和观点是否符合历史事实的问题，采取诚实面对的态度，而不是顾左右而言他。

由于孟文仍然如上文所指出的那样采取回避和模糊策略，因而再一次陷入自相矛盾的泥淖之中，他在强调“地位高低”与“吏户”问题没有关系的同时，却又不得不拿起“地位”问题以为自己的“吏户”论主张进行辩解，说什么“吴简所反映的吏户的地位，也并不等于魏晋南北朝的吏户的地位”云云。既然“吏的地位高低”与“吏户是否存在”没有“必然联系”，那么，孟文在这里强调“两汉时期吏的地位较高”，孙吴是“向两晋南北朝时期吏的地位卑微化的转折时期”有何意义和必要呢？原来“地位”问题在孟文中自有妙用，一方面将吏的“地位”问题与传统的“吏户”论加以切割，达到维护传统“吏户”论的目的，另一方面又将“吏的地位在逐渐卑微化”作为孟氏“吏户”论的根据。于是吏的“地位”问题在孟文中成了一把左右逢源的双刃神剑，可以根据自己不同的需要而随意变换功能。

这里还必须指出，孟文鼓吹吏的地位高低与吏户之存在与否没有“必然联系”，而强调“身份性才具有本质意义”的。事实上，吏的地位高低的问题是比孟文所谓“身份性”更“具有本质意义”的问题，人作为个体或群体是生活在社会之中的，其社会地位高低是某一个体或

① 《臆说》，第208页。

群体所享有的经济、政治、文化等权利高低或大小的一种集中体现，任何一个个体或群体都不能脱离其在社会中所处地位的高低，无视或否定个体或群体的社会地位问题，实际上是否定了人的社会性，是背离历史科学研究本义的无根之谈。离开吏的社会地位高低，去空谈吏的所谓“身份性”，究竟有什么意义呢？这种抽象的“身份性”与历史科学究竟有什么关系呢？孟文将“吏户”论的上述两个观点与传统“吏户”论进行切割，试图维护传统“吏户”论。但是这个目的是不可能达到的，这在实际上是撤掉了传统“吏户”论赖以建构的两根支柱，从而架空了传统“吏户”论，使“吏户”论陷入更加不能自圆其说的境地。而孟文这种“空”上加“空”的“空炮”与真正的学术讨论也是有区别的，对于学术来说是谈不上什么正面助益的。如果提倡“吏户”论的学者地下有知，似不会认同孟先生以这种方式和态度来维护其说的。

在将传统“吏户”论的上述两个问题与“吏户”问题进行切割之后，孟文在实际上是提出了自己的“吏户”论，说道：

> 我认为，判断其是否为吏户，最基本也是最重要的标准应当是它是否具有身份性，乃至世袭性。从走马楼吴简来看，这一时期的吏具有身份性（户主为吏，则该户所属人丁即为吏），这样的户，我认为就可以视作“吏户”。户籍的编排形式只是一个形式问题，身份性才具有本质意义。[①]

首先需要指出的是，这种孟氏“吏户”论实际上并没有跳出传统“吏户”论窠臼，被其认为是“吏户”的“最基本也是最重要的标准”——所谓“是否具有身份性，乃至世袭性”云云，完全是传统“吏户”论早已一再强调过的问题，并非孟文的创新。传统“吏户”论关于这个问题的基本观点是：“吏是全家服役的，也是世袭的。”[②] 是“世袭专

① 《臆说》，第207页。

② 《三至六世纪江南大土地所有制的发展》，第42页。

业户”[①]。吏的世袭性是与吏有专门的“吏籍”相联系的，“一旦隶于‘吏籍’，就得世代为‘吏’，父死子继。”[②] 由此可见，孟氏“吏户”论实际上是传统“吏户”论的翻版，并非什么创新，不过孟氏“吏户”论试图撤掉传统“吏户”论的三根支柱中的两根而成为独脚“吏户”论，这种独脚“吏户”论未必能够比传统“吏户”论行稳致远一些。这种与吏有特殊的户籍、吏的地位十分卑贱相脱离的孟氏“吏户”论，不过是孟氏想象中的空中楼阁而已。

第二，需要指出的是，这种独脚“吏户”论究竟有什么资料能够证明呢？哪些吴简或传世文献资料证明了吏的世袭性呢？孟文并没有举出吴简或相应的传世文献资料以证明吏的世袭性问题，主要论据是元代的“诸色户计”，说道：“在中国历史上，身份性的户籍制度最为典型的是元代，称为诸色户计。以其中的军户为例，一经征点为兵，不仅要终身服役，而且具有世袭性。但汉军的户籍却可由当地地方官兼管。换句话说，这些军户的户籍是在当地官府存放的。”[③] 孟先生上通秦汉魏晋南北朝，下通宋元明清，其博学非浅陋如鄙人能够望其项背，自愧学涉有限，故宋元以下绝不敢置喙。不过，这个高论与孙吴时期存在世袭性“吏户”究竟有什么“必然联系”，鄙人一时还摸不着头脑。建议孟文还是不要舍近求远为好，请举出孙吴时期特别是吴简资料，乃至魏晋南北朝时期的资料来论证这个问题，以便愚等能够读懂为是。拙文《魏晋南北朝“吏户”问题三献疑——“吏户”论若干说法辨析》对于“世代为吏”的问题专有一节加以辨析，认为吏这个群体“兼具相对稳定性和相对变动性”的特点[④]，对于所谓世袭性有所质疑，建议孟文还是回到这里来发表意见也许有些益处。

综上所述，“吏户”论是由上述三个紧密联系的、不可分割的基本观点组成的，即：第一，吏有单独的“吏籍”，被编制于“民户”之外，从而被称为“吏户”；第二，吏的地位很低贱，他们不是一般的百姓，类似于“兵户”；第三，吏是“世袭专业户”“一经为吏，世代为吏，父死子

---

① 《魏晋南北朝时期的吏役》，《江汉论坛》1988 年第 8 期。

② 《魏晋南北朝经济史》（下），第 548 页。

③ 《臆说》，第 207—208 页。

④ 《史学集刊》2006 年第 4 期。

继。”这三者是一个完整的体系，凡欲维护“吏户”论而不同意拙文对于“吏户”论诘难者都应当对上述三个问题作出回答，应当尊重“吏户”论的基本观点，而不应回避，那种将“吏户”论加以割裂、抽换，肆意取舍，从而为自己的“臆说”做铺垫的做法，不仅是对于“吏户”论者的缺少尊重，也是对广大读者的缺少尊重，于问题的探讨并无益处。

二 研究历史应该有怎样的“思路”?

孟先生接着又发表了另一篇大作《吴简所见的“子弟”与孙吴的吏户制》，除了重复前文已有说法之外，进一步”深入”到我个人的层面，说道：“黎虎先生撰写了系列文章，沿着汪征鲁的思路，进行了论证。”① 这实际上是提出了我是怎样以及如何会关注并进行“吏户”问题乃至吴简有关问题研究的，进而言之是研究历史与“思路”的关系问题，因而是一个不能不辨明的问题。

在拙著《先秦汉唐史论》的“绪言”中正好有一段话是讲述这一问题的，兹转引如下：

> 我是怎样开始关注“吏民”问题并由此而引起对于长沙走马楼吴简中一系列问题的研究兴趣的呢？事情要从2003年审读一份博士后出站报告说起，这份出站报告是以长沙走马楼吴简为中心而做的一个问题，在这个报告中一再提到走马楼吴简中存在“吏户”的资料，说在孙吴户籍简中“吏民”总户数之下是分列“吏户”、“民户”的，甚至还有一种叫做“真吏”的“吏户”云云。如所周知，尽管魏晋南北朝时期存在“吏户”是广泛流行于学术界的传统说法，但是在文献中并没有明确的、直接的资料和证据，如今地下发现的孙吴时期的第一手资料有这样的记载，自然十分难能可贵，从而引起了我的好奇心。于是我找来吴简进行阅读，但是从中反复查找也没有发现能够证明“吏户”存在的记载。特别是当我对长沙走马楼吴简中各类“吏民”的人均土地进行统计，发现“吏”的人均土地远高于普

① 孟彦弘：《吴简所见的“子弟”与孙吴的吏户制》，《魏晋南北朝隋唐史资料》第24辑，2008年。

> 通农民人均土地之后，对于“吏户”论及其种种说法和所谓证据的症结所在遂有了全新的认识，大有涣若冰释、豁然开朗之感。[①]

由此可见，我在接触吴简资料之后，首先就注意到了其中所载六种“吏民”的占田数量问题，并进行了统计，从而揭示了六种“吏民”的人均占田数量及其多寡的排序，这一真相的揭示，导致我的“思路”发生了决定性的转变，从根本上认定“吏户”论是背离历史事实的一种说法。我的“思路”与孟文加之于我的“思路”正好是截然相反的。

> 孟文的“思路”是：他人的“思路”→“系列文章”；
> 我的“思路”是：吴简资料→“系列文章”。

一个是从他人的“思路”中就可以写出“系列文章”来，亦即从“观点”到“文章”的一种“思路”；一个是在掌握资料的基础上写出“系列文章”来，亦即从“资料”到“文章”的一种“思路”。

再看看孟文加之于我的“思路”是否符合事实。

先看汪著的“思路”是怎样的？汪征鲁先生在《魏晋南北朝选官体制研究》中的“思路”是这样的：魏晋南北朝时期存在贱民与自由民两个阶层，前者包括奴婢、兵户、杂户等，他们另立户籍，后者则有高门、士族、寒门[②]。针对“吏户”论将“狭义之吏”，即官府属吏及一切负担吏役者均视为国家依附民、类似贱民的“吏户”这一问题，汪著对于“狭义之吏”的层级区分及其出身情况等，根据文献资料进行了深入细致的分析，认为“狭义之吏”存在三个层级，即已经入仕的大吏；尚未入仕的小吏、少吏；官府服役性的吏[③]。认为三个层级中的后两者出身主要为寒人，亦即自由民、编户齐民，少部分由军户上升而来，并不属于贱民[④]。而官府之法定属吏之社会地位高于一般的平民百姓，因为整体而言它是统治阶

① 黎虎：《先秦汉唐史论》“绪言”，北京师范大学出版社 2016 年版，第 8 页。
② 汪征鲁：《魏晋南北朝选官体制研究》，福建人民出版社 1995 年版，第 109 页。
③ 《魏晋南北朝选官体制研究》，第 85、113 页。
④ 《魏晋南北朝选官体制研究》，第 85、89、91、113 页。

级的一个有机组成部分，并非“封建国家的依附民”或贱民[①]。由此可见，汪著针对“吏户”论指出了两点，一是官府属吏主要从自由民即编户齐民中产生，并非属于贱民阶层的“吏户”；二是整体而言官府属吏之社会地位高于一般的平民百姓。这两点看法一是建立在对于魏晋南北朝社会阶层分析，即贱民与自由民区分的基础之上的，二是建立在对于“吏”的层级分析以及政治属性基础之上的。在吴简资料尚未面世的情况下，仅仅依靠传统文献资料而得出上述看法，是十分难能可贵的。

再看看拙文的“思路”是怎样的？孟文评论拙文说：“他的根据主要两点，一是当时吏、民户籍是混合编制的，同为编户齐民，并不存在独立于民户之外的吏户；二是当时吏户的地位，不仅不比普通百姓低，甚至还高过普通百姓。”但是人们从上面介绍的汪著的“思路”中可以看到，汪著对于拙文的“第一点”并没有涉及，并没有论述“当时吏、民户籍是混合编制的，同为编户齐民，并不存在独立于民户之外的吏户”的问题。这是因为在汪著出版时像吴简那样明确记载吏、民混合编制于基层乡里的资料尚未问世，故还不可能具有从户籍制度的角度论证不存在“吏户”的“思路”。这一点是拙文根据吴简资料首次提出并进行论证的。

关于第二点“当时吏户的地位，不仅不比普通百姓低，甚至还高过普通百姓”的问题，汪著提出了官府之法定属吏的地位“高于一般的平民百姓”[②] 的见解。但其主要是从“吏”属于“统治阶级的一个有机组成部分”的概括性的性质推导中加以认定的，而且没有举出具体的资料并加以论证；而拙文则是根据吴简资料，对于当时所见六种“吏民”的占田数量进行了统计并加以排序，通过这一排列，从中发现“吏”的占田数量处于六种“吏民”中的第二位，远远高于占田数量处于第六位亦即最后一位的普通农民，进而指出“吏”的地位不仅高于普通农民而且高于除“士”之外的其余三种吏民——“复民”“军吏”和“卒”，将“吏”的地位高于一般“吏民”的认识奠基于确凿的数据之上。这在中国古代历史的研究中是第一次，不仅弄清楚了基层“吏民”由哪些成分组成，而且窥见了这些基层“吏民”经济地位之差异，将其奠定于确凿的

---

① 《魏晋南北朝选官体制研究》，第 106、109 页。

② 《魏晋南北朝选官体制研究》，第 106 页。

数据统计上面，这是对于中国古代“吏民”的认识首次建立在科学的基础之上，是对中国古代“吏民”的一次革命性认识，推动“吏民”研究进入了一个新的历史阶段。中国古代是一个农民社会，占田数量多少决定了其经济地位，从而影响其社会地位，故这是研究中国古代社会的一个关键。拙文的“思路”在于找到这个角度并进行了相关的统计。拙著在回顾吴简研究的相关文字中写道：

> 治中国古代社会经济史的一个困难是苦于缺乏材料以资进行统计，如今打开了古代基层社会的档案库，可以利用这些翔实的资料进行统计，以可信的数据揭示历史的真相，实属千载不遇的良机。[①]

吴简资料中对于各种基层“吏民”及其占田数量的记载，是我的“思路”的基础和核心，进行统计之后发现六种基层“吏民”占田数量的差异，是我赖以揭示当时“吏民”地位乃至打开中古时代社会的一把钥匙，从而有了“主心骨”，这就是我的“思路”的核心所在。数据统计看似容易，实则并不容易，而且数据统计亦决定于统计者的“思路”，《嘉禾吏民田家莂》中所记载嘉禾四年、五年长沙地区六种“吏民”的占田数量，是公开的资料，人人都能够看到，而且我对于走马楼吴简的涉猎起步还是比较晚的，为什么在我之前没有人从这个角度对这一数据有所关注并进行统计?[②] 这就是由于不同研究者“思路”不同所决定的。在拙文于《历史研究》发表若干年之后见到了日本学者阿部幸信先生的《嘉

① 《先秦汉唐史论》“绪言”，第8页。

② 这一统计数据完成于2004年，拙文《吏户献疑》于2005年在《历史研究》发表时由于篇幅所限而没有附发，直到2016年拙著《先秦汉唐史论》出版时才得以首次公开发表［见该书所附《〈嘉禾吏民田家莂（四年)〉所见吏民田亩数统计表》《〈嘉禾吏民田家莂（五年)〉所见吏民田亩数统计表》《〈嘉禾吏民田家莂〉无年份标识吏民田亩数统计表》以及《总数据统计表》］，前后历时已12年。这个期间一有机会即对于这个统计加以核查、修改、补充，其次数已难于数清了。有时为了一个或若干数据的问题而不得不全盘重新进行查对、校核和修改，所费时间与精力大大超过撰写文章所费。可以告慰的是，尽管其中有少许数字有过若干微小的变化或调整，但基本统计数据和所得结论则仍如当年《历史研究》文之旧，而没有变化。这些年有关吴简的文章也有不少使用了不同统计数据，但是其角度均与拙文不同，而且其中不乏严肃性、科学性不足者，兹不一一评述。

禾吏民田家莂田土额一览》①，与拙表比较类似，但是两者的区别也是显然的，主要是两者目的性方面的差异，拙表的目的性非常明确，主要是为了求得不同身份吏民占田数量的多寡，而阿部表目的性并非单一，故事无巨细一律进行统计，例如他对于吏民占田的町数亦加以统计，与此相联系的是不论户主身份明确与否一并进行统计，这看似详尽，但所得田亩数据的社会意义则难以显示，而拙表只统计户主身份及占田总亩数明确者，从而可以显示六种身份的吏民占田数量的差异。我的目的从一开始就是明确的，就在于试图看看“吏”这一群体在当时社会中的地位境况，故对于这一数据统计倾注了颇多心力，基本上是围绕这一数据而展开吴简资料的解读和研究的，从而产生了关于吴简问题的“系列文章”。由此可见，论著作者个人的“思路”的差异决定了其观察、运用史料的不同路径并导致不同的认识和结果。

学术发展的普遍规律，是后来者必然是在前人已有基础上前进，所谓“学如积薪，后来居上”。这与孟文所鼓吹“沿着”已有的“思路”即可写出“系列文章”是两码事，前者是学术领域的不断创新发展，后者是原地踏步，重复前人。虽然拙文与汪著均认为“吏”的地位高于一般吏民，因为这是一个客观存在的事实，故必然所见略同，但是两者的“思路”是不同的，质言之一个“思路”是从政治着眼的，一个“思路”是从经济着眼的，这是由于各人的视角不同以及所掌握的资料和对于资料解读的不同所决定的。所谓资料的不同，在这里主要体现于是否掌握吴简资料的问题，可以说吴简资料及其面世是认识“吏户”问题的一个分水岭，可以区分为前后两个阶段，即从仅仅依靠传统文献资料进入到考古资料与传统文献资料相结合的新阶段。从这个角度来说，拙文与汪著的“思路”又是相同的，都是由“资料”而“观点”的，从而与孟文之由“观点”而“观点”的“思路”是大相径庭的。不仅吴简资料面世前后会产生不同的“思路”，即使是同样面对吴简资料，由于人们的“思路”之差异导致视角不同，故对于这种数据有人重视而有人并不重视甚至视而不见。

---

① ［日］阿部幸信：《嘉禾吏民田家莂“丘”再考》，原刊《东洋史研究》第62卷第4号，2004年3月。后转载于魏斌主编《古代长江中游社会研究》，上海古籍出版社2013年版。

我正是依托于这种“古代基层社会的档案库”——吴简，并有幸得到了“可信的数据”——吏民占田数量差异，从而有了判定是非的“标杆”和“主心骨”，因而不仅对于“吏户”问题提出了质疑，进而对于其他相关问题也有了自己的“思路”，从而撰写了“系列文章”，显然，这些“系列文章”，就是这一核心“思路”之下的产物。

孟文断言，不仅拙文关于“吏户”问题的两个观点是“沿着汪征鲁的思路”，而且其他“系列文章”都是“沿着汪征鲁的思路”而撰写的。鄙人关于吴简问题的“系列文章”大约可分为三组，第一组三篇是讨论“吏户”问题的，第二组五篇是讨论“吏民”问题的，第三组三篇是讨论“吏民”中的“真吏”“给吏”“军吏”等具体问题的。这三组论文又可划分为两类，第一组为第一类，是属于“破”的，即对于学术界传统的“吏户”论进行质疑和商榷的；第二、三组为第二类，是属于“立”的，即正面阐述我对于“吏民”以及“吏民”中的“真吏”“给吏”“军吏”等方面的问题。这11篇拙文不是零散的、互不关联的片断，并不是到处去找寻别人的“思路”，然后东抓一把，西插一杠子而拼凑的大杂烩，而是一个相互联系的整体，其中贯穿着个人对于当时中国古代基层社会一种全新的“思路”，这个“思路”不是从天上掉下来的，也不是脑子里固有的，而是从资料中得到的。孟文却断言鄙人的“系列文章”都是“沿着汪征鲁的思路”而“进行论证的”。也就是说，只要从他人那里找来“思路”就可以写出“系列文章”来，在孟先生看来，学术研究是如此轻巧的事情，这恐怕只能是以己之心度人之腹罢了。

从资料到观点再到文章，是鄙人研究历史一贯的“思路”，可谓由来已久。除了上述吴简研究的“系列文章”之外，其他“系列文章”莫不如此。例如我对于中国古典外交制度的研究“思路”，在拙著《汉唐外交制度史》的“后记”中有所涉及：“这个课题是在80年代初酝酿确定的。从1982年开始资料搜集工作，当时决定从最基础的工作做起，用笨办法、下苦功夫，力图全面、系统地掌握第一手资料。大约到80年代末、90年代初做完了基本资料的搜集，共得卡片十六盒约二万余张。之后便开始将已经抄录的卡片进行分类排比，思考、酝酿如何把握有关问题。从排比、分析资料中逐渐理出了一些头绪，放弃了一些不符合历史实际情况的想法，肯定了一些被资料证明是符合历史实际的想法，从而形成了大体上可以提挈这一问题的纲领，初步确立了本书的结构。这些认识来自对基本史料的分析理解，并非凭空臆想。”[①] 可以说这种从资料到观点再到“文章”的“思路”已经成为我的“习惯”了。但是偶尔也有没有按照这个“习惯”去做的，例如收入拙著《魏晋南北朝史论》[②] 中的《魏晋徭役制度三题》就是从他人的“吏户”论“思路”观点出发而拿一些材料去填充而写成的，这样是谈不上什么创新的，只能是原地踏步、老调重弹而已。这个反面教训证明：从他人的“思路”中去讨生活，去写文章是要不得的，这与真正的学术研究是大相径庭的。

荒谬如上述“臆说”，居然能够在本应严肃的吴简研究刊物中堂而皇之地发表出来，吴简研究中的某些乱象由此可见一斑。于振波先生曾经撰文批评孟彦弘先生在吴简研究中表现出来的学风问题，指出其“肆意歪曲本人观点者有之，断章取义者有之，拾人牙慧者有之，无的放矢者有之，自吹自擂、夸夸其谈者有之，极尽吹嘘自己、诋毁他人之能事！”[③] 看来本文所述，不过是为之添加了一个注脚而已。我在这里还想补充一点，类似孟彦弘先生那样的情形在吴简讨论中实属无独有偶，本文不拟细数，只举一个小例以明之：于先生在评论文中提到孟先生在“批判”于先生观点时的一个表现是自以为别人没有读懂古书而只有自己读懂了，本人不幸也有此遭遇，有一位赐教者也很热心给我讲解古文，认为我没有读懂此文，遂不厌其烦给我讲解从篇章结构到意义应该如何如何……可惜我拜读完其“导读”之后却如坠五里雾中，丈二和尚摸不着头脑，啼笑皆非者久之。

[原文附记：《宜春学院学报》一再约稿，盛情难却，聊以此拙文应命。笔者谨识。]

（原刊《宜春学院学报》2016 年第 10 期。今据黎虎先生遗存文档资料中的文章，并参考原刊文整理。李文才敬识）

---

① 黎虎：《汉唐外交制度史》“后记”，兰州大学出版社 1998 年版，第 592 页。

② 黎虎：《魏晋南北朝史论》，学苑出版社 1999 年版。

③ 于振波：《学术批评的价值在于学术良知——评孟彦弘〈评走马楼吴简初探〉及其他》，学术批评网，2006 年 11 月 24 日。